dtv

Otto Fürst von Bismarck (1815–1898), der »Eiserne Kanzler« und Begründer des Deutschen Reiches von 1871, gilt heute noch bei vielen als Deutschlands bedeutendster Staatsmann. Johannes Willms entwirft ein anderes Bild: Er zeigt Bismarck als ausgeprägten Opportunisten, als fintenreichen Machtpolitiker und Hasardeur, der ein System widersprüchlicher Allianzen und Bündnisse entwarf und die Einheit des Deutschen Reiches zwar vordergründig schuf, aber dessen innere Gegensätze bestehen ließ. Für Willms ist Bismarck einer der Mitverantwortlichen für die katastrophale Entwicklung zum Ersten Weltkrieg und zur NS-Diktatur. Seine kritische Biografie ist eine anregende Auseinandersetzung mit dem Bismarck-Mythos, fundiert, zugespitzt und sehr aufschlussreich.

Johannes Willms, geboren 1948, ist promovierter Historiker. Er war viele Jahre als Journalist im In- und Ausland tätig und ist Autor einer Reihe von Büchern zu Themen und Personen der deutschen und französischen Geschichte. Zuletzt erschien: ›Tugend und Terror. Geschichte der Französischen Revolution‹.

Johannes Willms

BISMARCK

Dämon der Deutschen

Anmerkungen zu
einer Legende

Deutscher Taschenbuch Verlag

Dieses Buch erschien erstmals 1997 im Kindler Verlag.
Die vorliegende Ausgabe ist um ein Vorwort ergänzt.

Ausführliche Informationen über unsere Autoren und Bücher finden Sie auf unserer Website www.dtv.de

MIX
Papier aus verantwortungsvollen Quellen
FSC® C019821

Neuausgabe 2015

Umschlagkonzept: Balk & Brumshagen
Umschlagbild: Artothek
Gesamtherstellung: Druckerei C.H.Beck, Nördlingen
Gedruckt auf säurefreiem, chlorfrei gebleichtem Papier
Printed in Germany · ISBN 978-3-423-34838-6

»Aber die dämonische charakterzerstörende und vergiftende Gewalt, die jene ›Spottgeburt von Dreck und Feuer‹ auf unsere nicht sehr widerstandsfähige Nation ausgeübt hat, ist gefallen, und das ist viel.«

Theodor Mommsen in einem Brief
an Wolfgang Helbig, Berlin, 12. Mai 1890, in:
Lothar Wicken, *Theodor Mommsen. Eine Biographie*,
Frankfurt am Main 1980, Bd. IV, S. 92.

INHALT

VORWORT

In den Erinnerungen Christoph von Tiedemanns über die sechs Jahre seiner Tätigkeit als Chef der Reichskanzlei von 1875 bis 1881, die 1909 erschienen, wird von einem Abendessen berichtet, zu dem er gemeinsam mit dem Historiker Heinrich von Sybel am 25. Januar 1875 bei Bismarck eingeladen worden war: »Gegen halb acht bittet der Fürst Sybel und mich ihm in sein Arbeitszimmer zu folgen. Hier stellt er uns zunächst vorsorglich sein nebenan gelegenes Schlafzimmer zur Verfügung. Wir treten dort ein und finden unter einem Riesenbett die Gegenstände, die wir suchen, in zwei Exemplaren von geradezu phänomenalen Dimensionen. Als wir uns an die Wand stellen, sagt Sybel so recht aus tiefstem Herzen: *Es ist doch alles groß an dem Mann, selbst die S…!*«

Die Anekdote ist in verschiedener Hinsicht sehr aufschlussreich. Bismarck war nur einer von einer ganzen Reihe europäischer Staatsmänner seiner Zeit, die sich der ausschließlich von nationalen Interessen gestimmten Klaviatur politischen Handelns, auch *Realpolitik* genannt, virtuos zu bedienen verstanden. Aber weder der britische Premier Benjamin Disraeli noch der russische Kanzler Alexander Gortschakow, die nicht weniger versiert und verschlagen, wenn auch als Politiker nicht so erfolgreich wie Bismarck waren, wurden von den Nationen, deren Geschick sie bestimmten, nur entfernt so vergöttert, wie dies Bismarck vonseiten der Deutschen widerfuhr. Seine Landsleute stilisierten den Nationalheros nach 1871 zum Idol einer geradezu nordischen Gottheit vermeintlich urdeutscher Prägung, deren dämonische Kraft Gegner wie Verbündete gleichermaßen in Bann schlug. Dieses Image des »eisernen Kanzlers« fassonierten damals wie später vorzugsweise Historiker wie Heinrich von Treitschke oder Heinrich von Sybel, die in Bismarck den titanischen Vollender einer teleologisch verstandenen Geschichte sahen und die deshalb auch ohne jede Ironie in ungeschlachten Nachtgeschirren den fraglosen Ausweis seiner Größe erkannten.

Dieser mündelsichere Bismarck-Mythos einer zutiefst unpolitischen Heldenverehrung, deren Vehikel eine kaum überschaubare populäre Bismarckliteratur war, leistete einen eminenten Beitrag dazu, dem Nationalsozialismus und Hitler den Weg zu bereiten. Ohne im Mindesten erahnen zu können, wie sich die Dinge in Deutschland nach der damals schon absehbaren Niederlage im Weltkrieg gestalten würden, notierte Max Weber bereits im Sommer 1918 die Diagnose: »Die heutige Lage unseres parlamentarischen Lebens ist eine Hinterlassenschaft der langjährigen *Herrschaft des Fürsten* BISMARCK in Deutschland und jener inneren Stellung, welche die Nation seit dem letzten Jahrzehnt seiner Reichskanzlerschaft zu ihm einnahm. Diese Stellungnahme findet kein Beispiel in der Haltung irgendeines anderen großen Volkes zu einem Staatsmann von dieser Größe. Nirgends sonst in der Welt hat selbst die schrankenloseste Bewunderung der Persönlichkeit eines Politikers eine stolze Nation veranlasst, ihre eigenen sachlichen Überzeugungen ihm so restlos zu opfern.«

Der auf Grundlage des allgemeinen Männerwahlrechts zustande kommende Reichstag, den Bismarck als »parlamentarische Hochdruckmaschine« apostrophierte, diente ihm allein zu dem Zweck, eine zutiefst antiparlamentarische Pointe auf Dauer zu stellen: Allein dank des überlegenen Managements dieses Organs, von dem das politische Wollen der Nation vermeintlich repräsentiert wurde, dem gegenüber er als Reichskanzler aber nicht verantwortlich war, konnte Bismarck die Unabhängigkeit der eigenen Machtstellung gegenüber der Krone, von deren Wohlwollen er allein abhängig war, behaupten. Den Preis, der dafür fällig wurde, die politische Nichtigkeit des Parlaments und der von ihm als »unzünftig« geschmähten Parteipolitiker, hat Bismarck nicht nur als unvermeidliche Folge akzeptiert, sondern durchaus gewollt und absichtsvoll einkalkuliert. Darin erkannte Max Weber sehr zu Recht das politische Erbe Bismarcks, dem er attestierte: »Er hinterließ eine Nation *ohne alle und jede politische Erziehung* […]. Und vor allem eine Nation *ohne allen und jeden politischen Willen*, gewohnt, dass der große Staatsmann an ihrer Spitze für sie die Politik schon besorgen werde.« Dieses Erbe lieferte der Agitation, mit der die Nationalsozialisten gegen die Republik von Weimar vorgingen, zwei Stichworte, die an Haltungen appellierten, die längst von vielen geteilt wurden: Antiparlamentarismus und der Glaube an eine charismatische Führergestalt, die allein berufen ist, eine Antwort auf die das Land bedrängenden Fragen zu geben.

Ein anderes, nicht minder folgenreiches Erbe Bismarcks war die von ihm nach 1871 verfolgte Außenpolitik, deren vermeintliche kluge Mäßigung und Voraussicht noch heute weithin bewundert und gerühmt wird. Mit »Blut und Eisen« hatte Bismarck zwischen 1864 und 1871 in drei Kabinetts-Kriegen die deutsche Einheit vollendet. Das war der eine, fraglos erfolgreiche Ertrag seiner Politik als preußischer Ministerpräsident. Ein anderes, sehr schwerwiegendes Ergebnis dieses Erfolgs aber war, wie der britische Premierminister Benjamin Disraeli dies bereits in einer berühmten Unterhausrede am 9. Februar 1871 konstatierte, dass damit das europäische Mächtegleichgewicht, das seit 1815 dem Kontinent eine Periode des Friedens verschafft hatte, zerstört wurde. Das hat Bismarck nie angefochten, wie allein schon die Annexion von Elsass-Lothringen zeigt, die dem Deutschen Reich die unversöhnliche Feindschaft Frankreichs verschaffte. Daraus erwuchs für Bismarck jener Albdruck von Koalitionen, den er als Reichskanzler mit einer Bündnispolitik zu bannen suchte, die im Wesentlichen mit zwei Mächten, mit Österreich und Russland, hantierte, deren wachsende Interessengegensätze ihn zu immer neuen und fragwürdigeren Aushilfen in Form einander widersprechender und deshalb geheimer Verträge und Abreden nötigten. Schließlich suchte er Zuflucht in einer Maxime, die er am 6. Februar 1888 in seiner letzten großen Rede vor seiner Entlassung aus dem Amt im März 1890 gebrauchte und die seither von seinen Bewunderern als Mantra ad nauseam wiederholt wurde: »Wir Deutsche fürchten Gott, aber sonst nichts in der Welt.« Solche Gottesfurcht war jedoch, wie Deutschland und die Welt seither zweimal leidvoll erfahren mussten, keine politische Weisheit, die das von ihm zur realpolitischen Durchsetzung der preußischen Dominanz mutwillig zerstörte europäische Mächtegleichgewicht hätte ersetzen können.

VOR DEM STURM

Am Beginn von Bismarcks politischem Wirken stehen zwei prägende Erfahrungen: die Krise des bürokratischen Absolutismus und die Revolution. Zunächst einmal eröffneten ihm beide, Krise wie Revolution, die willkommene Chance, einer Situation zu entrinnen, in der er keine Perspektive mehr zu haben schien und die ihn nach eigenem Bekunden mehr und mehr bedrückte.

Nach dem Studium der Jurisprudenz trat der am 1. April 1815 in Schönhausen in der Altmark geborene Otto von Bismarck im Juli 1836 als Referendar in die Verwaltung der preußischen Rheinprovinz ein, die ihren Sitz in Aachen hatte. Sein ursprünglicher Wunsch war es, in den diplomatischen Dienst Preußens aufgenommen zu werden, aber ein entsprechendes Ansinnen wurde abschlägig beschieden. Das war die erste herbe Niederlage, die der sehr selbstbewusste und von seinen Fähigkeiten überzeugte Bismarck hinnehmen musste. Andererseits bedeutete Aachen, das damals ein bei der europäischen Gesellschaft sehr beliebter Badeort war, für Bismarcks verletztes Selbstwertgefühl eine gewisse Kompensation. Kopfüber stürzte er sich in die ihm hier gebotenen Vergnügungen und führte ein ausschweifendes Leben, dessen Aufwendungen er durch Schuldenmachen bestritt. Alle Versuche, dieser sich anbahnenden Misere durch Glück am Spieltisch zu entrinnen, schlugen indes fehl, und Bismarck sah sich gezwungen, dem Vater dieses »factum von so betrübender Natur« mitzuteilen. Aus dieser ersten großen Lebenskrise Bismarcks, die ihn sogar an Selbstmord denken ließ – »setzte mich zu diesem Behuf in den Besitz eines Stranges gelber Seide, den ich mir *pour la râreté du fait* aufheben werde« –, rettete ihn im Herbst 1836 ein Sturz vom Pferd, der ihn zu Bettruhe und Einkehr zwang. Allein, die während der Genesung gefassten guten Vorsätze waren nicht von Dauer, und sobald sich die »gute Gesellschaft« im Frühjahr 1837 wieder in Aachen einfand, begann auch Bismarck sein altes Leben erneut, dessen kostspieliger Snobismus ihn bald in noch größere Schulden stürzte. Seine Versuche, sich mittels einer glänzenden Heirat mit einer vermeintlich vermögenden, schönen und geistreichen Engländerin finanziell zu sanieren, scheiterten indes kläglich. So war denn die »ganz enorme Summe von Schulden«, wie er dies erst seiner Braut Johanna von Puttkamer zu Beginn des Jahres 1847 eingestand, »ein Hauptgrund« dafür, dass er seinen Dienst im September 1838 in Aachen quittierte. Ein anderer dürfte gewesen sein, dass er sich die Nachsicht seiner Aachener Vorgesetzten endgültig dadurch verscherzt hatte, dass er ohne deren vorherige Genehmigung einen mehrwöchigen Urlaub nahm.

Normalerweise hätte dies das frühe und jähe Ende von Bismarcks Beamtenlaufbahn in Preußen bedeutet. Seine Familie verfügte jedoch über gute Kontakte zum Hof, und in Berlin fand man sich schließlich dazu bereit, über diese »Desertion« eines Sprösslings aus gutem Hause den Mantel des Vergessens zu breiten. Für drei Monate fand Bismarck eine Anstellung bei der Zentralverwaltung in Potsdam, ehe er im Frühjahr 1838 zur Ableistung seines Militärdienstes in ein Jägerbataillon der Garde eintrat. Unterdessen aber drückte ihn der Berg der in Aachen aufgehäuften Schulden immer heftiger, wurden die Forderungen der Gläubiger drängender und peinlicher, sodass Bismarck zu der Einsicht gezwungen wurde, lediglich eine umfassende Sanierung der in Pommern und an der Elbe gelegenen Familiengüter könne ihm Aussicht bieten, seine Schulden zu tilgen. Sein Entschluss, nach Ende der einjährigen Militärdienstzeit nicht in den schlecht bezahlten Staatsdienst zurückzukehren, sondern sich der Ertragssteigerung der väterlichen Güter zu widmen, entsprang vor allem dieser Zwangslage. Ein solches Eingeständnis wäre aber mit dem ihm eigentümlichen Stolz unvereinbar gewesen, weshalb er in einem Brief an seine Cousine Caroline von Malortie vom August 1838, den er auch seinem Bruder Bernhard, seinem Vater und noch neun Jahre später seiner Braut Johanna zeigte, seine Entscheidung ganz anders motivierte und dabei seine wahren Beweggründe geschickt verschleierte.

Dieser Brief gibt wie kein anderer Aufschluss über Bismarcks charakterliche Prägung, seinen unbändigen Ehrgeiz wie über die Ziele seines Strebens. In der Kernpassage dieses Schreibens behauptet Bismarck: »Daß mir von Hause aus die Natur der Geschäfte und der dienstlichen Stellung unserer Staatsdiener nicht zusagt, daß ich es nicht unbedingt für ein Glück halte, Beamter und selbst Minister zu sein, daß es mir ebenso respektabel und unter Umständen nützlicher zu sein scheint, Korn zu bauen als administrative Verfügungen zu schreiben, daß mein Ehrgeiz mehr danach strebt, nicht zu gehorchen, als zu befehlen: das sind facta, für die ich außer meinem Geschmack keine Ursache anzuführen weiß, indessen, dem ist so.« Und dann, mit einer geschickten Volte vom eigenen Befinden auf die allgemeine Situation im Staatsdienst überleitend, heißt es weiter: »Die Wirksamkeit des einzelnen Beamten bei uns ist wenig selbständig, auch die des höchsten, und bei den anderen beschränkt sie sich schon wesentlich darauf, die administrative Maschine in dem einmal vorgezeichneten Geleise fortzuschieben. Der preußische Beamte gleicht dem Einzelnen im Orchester; mag er die erste Violine oder den Triangel spielen: ohne Übersicht und Einfluss auf das Ganze, muß er sein Bruchstück abspielen, wie es ihm gesetzt ist, er mag es für gut oder für schlecht halten. Ich will aber Musik machen, wie ich sie für gut erkenne, oder gar keine.«

Dieser letzte, so überaus stolze Satz formuliert Bismarcks Lebensmotto, sein Credo unbedingter Unabhängigkeit und

Entscheidungsfreiheit. Gleichzeitig waren seine Schulden ihm aber auch eine Lehre, die er sein ganzes weiteres Leben beherzigte, achtete er doch seither stets darauf, sich die materielle Unabhängigkeit des Privatlebens zu erhalten und nach Kräften auszubauen. Diese war die Bedingung für das hohe Maß an persönlicher Freiheit, das für seinen ebenso herrischen wie ehrgeizigen Charakter unverzichtbar blieb.

Als Junker machte Bismarck seine Sache gar nicht schlecht, und binnen weniger Jahre gelang es ihm, die Erträge seiner Güter zu steigern und so seine Schulden zurückzuzahlen. Doch je länger das Landleben währte, desto unbefriedigender schien es Bismarck, desto lastender wurde ihm die schiere Borniertheit seiner Existenz, vor der er sich in ausgedehnte Lektüren zu flüchten suchte. In einem Brief an seinen Freund Louis von Klitzing vom 10. September 1843, der ganz vom Überdruss an seiner junkerlichen Existenz durchtränkt ist, schreibt er resümierend: »Wenn sich gewisse Arrangements, die ich in Bezug auf meine Besitzung vorhabe, auf Wunsch durchführen lassen, so denke ich einige Jahre Asiat zu spielen, um etwas Veränderung in die Dekoration meiner Komödie zu bringen, meine Zigarren am Ganges statt an der Rega zu rauchen.« Und den Vater ließ er in einem von Kniephof vom 1. Oktober 1843 datierten Brief wissen: »Ich langweile mich zum Hängen, wenn ich hier allein bin.«

Diese und andere briefliche Mitteilungen lassen eine tiefe Lebenskrise erahnen, die Bismarck in den 1840er-Jahren befiel und der zu entrinnen er sogar mit dem Gedanken spielte, wieder in den Staatsdienst einzutreten, ein Experiment, das er aber nach wenigen Wochen wieder abbrach. An seinen Studienfreund Gustav Scharlach schrieb er darüber am 9. Januar 1845 von Kniephof aus: »Aber teils war mir die krähwinkelige Anmaßung oder lächerliche Herablassung der Vorgesetzten nach langer Entwöhnung noch fataler als sonst, teils nötigten mich häusliche Vorfälle … die Verwaltung meiner Güter wieder selbst zu übernehmen. Seitdem sitze ich hier, unverheiratet, sehr einsam, 29 Jahre alt, körperlich wieder gesund, aber geistig ziemlich unempfänglich, treibe meine Geschäfte mit Pünktlichkeit, aber ohne besondere Teilnahme, suche meinen Untergebenen das Leben in ihrer Art behaglich zu machen und sehe ohne Ärger an, wie sie mich dafür betrügen. Des Vormittags bin ich verdrieslich, nach Tische allen milden Gefühlen zugänglich. Mein Umgang besteht in Hunden, Pferden und Landjunkern, und bei Letzteren erfreue ich mich einigen Ansehens, weil ich Geschriebenes mit Leichtigkeit lesen kann, mich zu jeder Zeit wie ein Mensch kleide, und dabei ein Stück Wild mit der Accuratesse eines Metzgers zerwirke, ruhig und dreist reite, ganz schwere Zigarren rauche und meine Gäste mit freundlicher Kaltblütigkeit unter den Tisch trinke. Denn leider Gottes kann ich nicht mehr betrunken werden, obschon ich mich dieses Zustandes als eines sehr glücklichen erinnere. So vegetiere ich fast wie ein Uhrwerk, ohne besondere Wünsche oder Befürchtungen zu haben.«

Bismarcks persönliche Situation war, wie dieses Schreiben enthüllt, ziemlich hoffnungslos. Das Junkerdasein, in das er hineingeboren war, unterforderte, wie er lebhaft empfand, seine Möglichkeiten und Anlagen bei Weitem. Der Staatsdienst, in dem er sich wieder versucht hatte, war auch keine Alternative. Und gegen den aktiven Militärdienst hatte er in den wenigen Monaten, in denen er die Uniform eines Jägerleutnants trug, eine lebhafte Abneigung entwickelt. Unter diesen Umständen schien ihm kein anderes Schicksal als das der meisten seiner Standesgenossen beschieden zu sein: auf den eigenen Gütern zu verbauern und zu versauern. Was ihn davor bewahrte, war ebenjene Krise und die sich aus ihr entwickelnde Revolution, auf die Preußen zusteuerte. Darin erkannte Bismarck seine Chance.

Im Unterschied zu den anderen deutschen Staaten waren Preußen und Österreich verfassungslos. In Preußen wurde das am 22. Mai 1815 gegebene und später mehrfach erneuerte

Verfassungsversprechen des Königs nie eingelöst. Statt dessen erhielten die acht preußischen Provinzen 1823 je eigene Landtage, die unverbunden nebeneinander existierten und in denen Repräsentanten des ritterschaftlichen Grundbesitzes, der Junker, jeweils die Hälfte aller Sitze einnahmen. Die politische Funktion dieser Landtage erschöpfte sich darin, den ständischen, vor allem den junkerlichen Geltungsansprüchen ein Ventil zu verschaffen, damit diese nicht die stille Tätigkeit der Verwaltung störten. Unter diesen Umständen fungierte die Bürokratie, die nach 1815 zügig ausgebaut wurde, gleichsam als Ersatz für die bis 1848 nie einberufene preußische »Nationalrepräsentation«.

Diese Entwicklung wurde durch das erfolgreiche Vordringen reaktionärer Adelsinteressen gefördert, das sich in einer Erneuerung des alten Bündnisses von Krone und Junkern materialisierte. Zu diesem Bündnis gab es unmittelbar nach 1815 keine brauchbare Alternative, denn entgegen ihren ursprünglichen Absichten schien es den preußischen Reformern bald nicht mehr ratsam, aus den von ihnen bislang geschaffenen Reformgesetzen die fälligen verfassungspolitischen Konsequenzen zu ziehen. Ausschlaggebend für diese Zurückhaltung war, dass die liberale Wirtschaftsgesetzgebung die ständische Interessenschichtung keineswegs beseitigt, sondern im Gegenteil noch verstärkt hatte. Damit stellte sich den Reformern ein doppeltes, unter den gegebenen Umständen unlösbares Problem: Einerseits mussten sie die liberalen Wirtschaftsgesetze, vor allem die schrankenlose Gewerbefreiheit, gegen den erbitterten Widerstand der Stände und deshalb notwendig unter Verzicht auf politische Liberalität durchsetzen; andererseits bedeutete die Liberalität der besitzenden und gebildeten Schichten, die sich in deren entschiedenem Eintreten für Grundrechte, wie Pressefreiheit oder Steuerbewilligungsrecht, politisch artikulierte, nicht auch deren gleichzeitigen und freiwilligen Verzicht auf ihre jeweiligen ständischen Herrschaftsrechte und Privilegien, da auf diesen nach wie vor ihre gesellschaftliche Position basierte. Folglich blieben die Reformen in Preußen überall dort stecken, wo sie eine soziale Bewegung freisetzten, die den Interessen der ständisch fixierten Gesellschaft zuwiderlief. Damit jedoch wurde eine ständische Opposition reaktiviert, die durch die Reform hätte überwunden werden sollen.

Eine weitere Konsequenz dieser Entwicklung war, dass zwischen Bürokratie und liberaler Öffentlichkeit eine deutliche Entfremdung einsetzte. Diese wurde von einer Verwaltung beschleunigt, die in den folgenden Jahren alle Maßnahmen auszuführen hatte, die von Staats wegen gegen den sich regenden patriotisch-liberalen Zeitgeist ergriffen wurden. Darüber geriet die Bürokratie nicht nur in den Verruf, Büttel des Absolutismus zu sein, sondern sie begünstigte in Preußen auch die Entwicklung eines politischen Dualismus, der sich später im Deutschen Reich von 1871 mit noch verhängnisvolleren Folgen wiederholen sollte. Der grundsätzliche Widerspruch, der die Verwaltung Preußens im Vormärz charakterisierte und den Karl Marx 1843 treffend mit den Worten kennzeichnete, dass es ihre Aufgabe sei, »den Staat gegen die bürgerliche Gesellschaft zu verwalten«, schädigte deren Ansehen in den Augen der liberalen Öffentlichkeit auf Dauer nachdrücklich: Staat und bürgerliche Gesellschaft entfernten sich immer mehr voneinander. Der Staat tat überdies alles, diesen Graben zu verbreitern, anstatt ihn zuzuschütten.

Die trotz des Scheiterns der politischen Reformen fortlaufende und zäh verteidigte wirtschaftliche Entwicklung, die wie die soziale Bewegung durch die Gesetzgebung in der preußischen Reformzeit angestoßen worden war, ließ sich aber nicht mehr ungeschehen machen. Der Versuch, die politischen Konsequenzen zu vermeiden, die spätestens ab 1840 aus diesen beiden Bewegungen zu ziehen waren, ist der wichtigste Grund für die Revolution von 1848. Die Bürokratie wurde in diesem Prozess verbraucht, den sie selbst in Gang gesetzt hatte. Die Tatsache, dass zwischen 1840 und 1848 fast so viele Minister verschlissen wurden wie in der Zeit von 1815 bis 1840, belegt dies drastisch.

Mit Friedrich Wilhelm IV. kam im Sommer 1840 ein Mann auf den preußischen Thron, der das Zeug zum Künstler oder Gelehrten gehabt hätte. Er war sehr kultiviert, belesen, freundlich und lebte in einer Traumwelt, für deren realistische Möblierung ihm kein Aufwand zu groß war, wie beispielsweise die »Römischen Bäder« im Park von Sanssouci zeigen. Er war ein Romantiker, der felsenfest vom Gottesgnadentum der Könige überzeugt war. Allen Ernstes glaubte er auch, dass Könige Anteil hätten an der göttlichen Allmacht und dass sie deshalb ihren Untertanen und Ratgebern an Intellekt und Kenntnis der Dinge weit überlegen seien.

Die Feststellung ist gewiss nicht übertrieben, dass dieser Herrscher seiner Zeit mit tiefem Unverständnis begegnete. Gegen eine Wirklichkeit, die ihn befremdete, suchte er seine eigene, vom Mittelalter geprägte Vorstellungswelt durchzusetzen. Dies zeigte sich bereits bei seiner Thronbesteigung in Königsberg und Berlin, zu deren Anlass Huldigungsfeste abgehalten wurden, als sei das »Volk« nach wie vor ständisch gegliedert.

Das Spektakel dieser Feierlichkeiten, das bei Friedrich Wilhelm IV. einen unauslöschlichen Eindruck hinterließ, hatte erheblichen Anteil daran, dass die aus akuten finanzpolitischen Erwägungen sich immer dringlicher stellende Verfassungsfrage von ihm zunächst kategorisch verneint wurde. Eine Verfassung galt ihm, wie er noch in seiner Thronrede zur Eröffnung des Vereinigten Landtags im April 1847 ausführte, lediglich als »papierener Wisch«.

Die Einberufung dieses Vereinigten Landtags, dessen Repräsentanten von den Landtagen der acht preußischen Provinzen delegiert wurden, stellte eine Verlegenheitslösung dar. Aber sie entsprach zugleich ganz dem romantischen Politik-

und Staatsverständnis Friedrich Wilhelms IV. Ihm schwebte eine Generalversammlung der drei Stände seines Königreichs vor. Dieser wollte er in erhabener, gleichwohl paternalistischer Manier präsidieren. Dabei erwartete er, dass die Versammlung sich seinen Wünschen loyal fügen und anschließend wieder auseinandergehen werde.

Dies alles zeigt, wie wenig der König, der von einem Kordon unverantwortlicher Berater und Schranzen gegen die Außenwelt abgeschirmt wurde, eine Situation begriff, die die Einberufung einer solchen Repräsentativversammlung selbst im verfassungslosen Preußen unumgänglich machte. Der preußische Staat benötigte dringend Geld, das aus dem Steueraufkommen nicht zu erübrigen war, um eine Bahnlinie von Berlin nach Königsberg zu bauen. Bislang waren die Eisenbahnen in Preußen mit privatem Anlagekapital finanziert worden, das auf den Finanzmärkten durch den Verkauf von Aktien stets reibungslos beschafft werden konnte. Der preußische Staat kaufte jeweils einen Aktienstock, um sich so eine Option auf den Erwerb des gesamten Pakets zu sichern. Diese Finanzierungsmethode war so lange sehr erfolgreich – in Preußen grassierte zeitweilig ein regelrechtes »Eisenbahnfieber« –, wie Bahnverbindungen geplant und gebaut wurden, die industrielle und kommerzielle Zentren miteinander verbanden und schöne Profite abwarfen. Solche Aussichten bot die Bahnverbindung Berlin – Königsberg jedoch nicht, da hierfür nicht wirtschaftliche, sondern rein strategische Gründe ausschlaggebend waren. Mit anderen Worten: Der Staat musste selbst unternehmerisch tätig werden. Dafür fehlte es aber am notwendigen Kapital, weshalb er sich entweder verschulden oder neue Steuern erheben musste. Beide Möglichkeiten waren aber durch das Edikt vom 17. Januar 1820 mit der Auflage verbunden, Staatsschulden »der Disposition der Reichsstände zu unterstellen«.

Dieses nie aufgehobene Edikt stellte eines der insgesamt fünf Verfassungsversprechen dar, die Friedrich Wilhelm III.

gegeben hatte. Jetzt erzwang die Kapitalnot vor dem Hintergrund der in Gang kommenden industriellen Revolution die Einlösung des Versprechens. So mussten es jedenfalls die Liberalen sehen, denen der Vertretungsschlüssel der Provinziallandtage von Anfang an nicht gefallen hatte, entsprach dieser doch ganz der hinterwäldlerischen sozialen Situation in den östlichen Provinzen Preußens. Außerdem waren sie es leid, von der Bürokratie geschurigelt zu werden. Diese Männer, die mehrheitlich aus den Kreisen der rheinischen Industrie stammten, waren deshalb entschlossen, auf dem Vereinigten Landtag nicht nur die Eisenbahnvorlage zu diskutieren, sondern auch die Chance zu nutzen, ihre Forderungen nach einer geschriebenen Verfassung, einer gewählten und regelmäßig tagenden Repräsentativversammlung, die ihnen eine gewisse Teilhabe an einer gegenüber dieser Versammlung verantwortlichen Regierung in Aussicht stellte, durchzusetzen.

Die Ideen jedoch, die Friedrich Wilhelm IV. leiteten, waren diesen Erwartungen diametral entgegengesetzt. Nachdem er sich zu dem Gedanken, einen Vereinigten Landtag einberufen zu müssen, mühsam und nach ausgiebigen Konsultationen mit den beiden verbündeten autokratischen Ostmächten Russland und Österreich durchgerungen hatte, erteilte Friedrich Wilhelm IV. allen Aspirationen, die auf die Verabschiedung einer Verfassung zielten oder sich wenigstens eine unabhängige Repräsentativversammlung erhofften, eine unmissverständliche Absage. Um den drohenden Unmut zu dämpfen, fand er sich aber zu einem bemerkenswerten und für die reaktionären Interessen der Krone fatalen Zugeständnis bereit: Er erlaubte die Pressefreiheit, d. h., er gab die Zensur, diese dem Absolutismus unverzichtbare Waffe, aus der Hand. Die Folge war, dass jedes kritische Wort, das auf dem Vereinigten Landtag fiel, in ganz Preußen und darüber hinaus verbreitet wurde. Das verursachte einen beträchtlichen Mobilisierungseffekt, zumal nach diesem Zugeständnis eine

Rückkehr zu den alten Zuständen ausgeschlossen schien. Von da an konnten alle politischen Auseinandersetzungen nicht mehr auf den Kreis geheimer Räte und die Konsultationen von Botschaftern befreundeter Mächte beschränkt bleiben, sondern wurden in aller Öffentlichkeit geführt. Um diese neue Situation zu bestehen, brauchte die Krone einen Mann, der fähig, entschlossen und kämpferisch genug war, den Status quo zu verteidigen. Dieser Mann, von dem damals noch niemand etwas wusste, der von sich selbst und seinen Fähigkeiten jedoch hinlänglich überzeugt war, der dank seines Herkommens über eine im Sinne der Krone richtige Überzeugung verfügte und der gewillt war, seine ganze Kraft den Interessen der preußischen Monarchie, die er von Anfang an mit seinen eigenen Interessen gleichsetzte, zu widmen, stand in den Kulissen bereit: Otto von Bismarck.

In seinen Lebenserinnerungen hat Bismarck von seinen politischen Einstellungen und Ansichten, die ihn in dem für ihn überaus entscheidenden Jahr 1847 beherrschten, Rechenschaft abgelegt. Allerdings ist man gut beraten, kein Wort davon zu glauben: Im Gegensatz zu der »ständisch-liberalen Stimmung«, die er sich selbst bescheinigt, wie auch zu seinem Bekenntnis, »die unumschränkte Autorität der alten preußischen Königsmacht war und ist nicht das letzte Wort meiner Überzeugung«, und im Widerspruch zu seiner Behauptung, »die in meiner Kindheit empfangenen Eindrücke waren wenig dazu angetan, mich zu verjunkern«, war Bismarck zu Beginn seiner politischen Tätigkeit ausgeprägt antiliberal. Er war von dem Glauben durchdrungen, dass nur eine von den Junkern kontrollierte Monarchie eine ideale, d. h. deren Interessen gemäße Staatsverfassung verkörpere. In völliger Verkennung der grundsätzlich veränderten sozialen Situation war er außerdem davon überzeugt, dass allein das uneingeschränkte paternalistische Regime der Gutsherren die Wohlfahrt des Landes sichere. Deshalb war er ein leidenschaftlicher Gegner der Bürokratie, die seit der preußischen Reformzeit in einer hartnäckigen Auseinandersetzung mit der junkerlichen Grundherrschaft und deren Exponenten stand und insgesamt das Ziel verfolgte, Untertanenpflichten zu beseitigen und stattdessen Staatsbürgerrechte zu schaffen.

Von Anfang an erstrebte Bismarck politische Wirksamkeit nicht als Revolutionär, sondern als Reaktionär. Allerdings war er stets gewillt, solche vermeintlich »liberalen« Konzessionen, die dem Zeitgeist Weihrauch streuten, zuzulassen, denn er war sich sehr sicher, diese in seinem Sinne handhaben und für seine reaktionären Absichten ausnützen zu können.

Der Legende zufolge, die er von Anfang an mit großem Geschick um sein Wirken zu weben verstand, lag ihm damals nichts ferner, als politisch aktiv zu werden. Viel lieber hätte er auf seinem Gut Schönhausen den Landjunker gespielt, der sich auf den Ehestand vorbereitete. Stattdessen habe er sich verpflichtet gefühlt, der Aufforderung der Magdeburger Stände nachzukommen und als Vertreter ihres erkrankten Abgeordneten von Brauchitsch nach Berlin zum Vereinigten Landtag zu gehen. Dies teilte er nicht ohne Stolz seiner Braut in einem Brief vom 8. Mai 1847 mit. Der Erklärung fügte er noch einen bemerkenswerten Satz hinzu: »Ich schreibe Dir dieß Alles um Dir klar zu machen, daß ich den Ruf nicht ablehnen kann, ohne die Magdeburger Stände entschieden zu beleidigen, und mir jede Aussicht für die Zukunft, die sich auf ständische Verbindung gründet, zu verderben.«

Nichts als saure Pflicht? Sicherlich: Er hatte die Einberufung des Landtags als Fehler kritisiert. Aber nun, da er stattfand, setzte er alles daran, dabei zu sein. Dass er zum ersten der sechs Stellvertreter des erkrankten Abgeordneten gewählt wurde, obwohl er zunächst gar nicht auf deren Liste stand und überdies »ganz neu in der Provinz« war, zeigte, wie viel Geschick und Energie er darauf verwandt haben muss, dieses

Mandat zu erlangen. Tatsächlich gestand er seiner Braut unter dem 18. Mai 1847 unumwunden ein: »Es war mein eifriger Wunsch, Mitglied des Landtags zu sein.«

Die Veröffentlichung des königlichen Patents am 3. Februar 1847, das die Einberufung des Vereinigten Landtags bestimmte, dürfte den in Bismarck schlummernden Ehrgeiz geweckt haben. Insbesondere in den frühen Briefen finden sich zahlreiche Hinweise, die von einem sich anbahnenden Wandel in seiner Persönlichkeit künden. War es zuvor sein Stolz, der ihm jegliche Form von Unterordnung unerträglich erscheinen ließ, so tritt nun immer deutlicher das Verlangen in den Vordergrund, selbst zu bestimmen, zu befehlen, und sei dies auch nur deshalb, weil ihn die Inkompetenz anderer ärgerte und zu dem Schluss kommen ließ, dass nichts richtig ausgeführt werde, es sei denn, er kümmere sich selbst darum.

Die Einberufung des Vereinigten Landtags sollte ihm für seine politische Karriere als Sprungbrett dienen. Für den »Nachrücker« Bismarck, in Berlin noch ein weithin Unbekannter, galt es deshalb, um jeden Preis aufzufallen. Für Aufsehen aber sorgt allemal das, was Empörung auslöst und auf Widerspruch stößt. Die Chance bot sich ihm am 17. Mai 1847, als er den Ausführungen seines Vorredners, des Abgeordneten von Saucken, der die Verfassungserwartungen der liberalen Opposition artikuliert hatte, mit scharfen Worten entgegentrat.

Mit ironischer Häme und diabolischer Demagogie zerpflückte Bismarck die angebliche Ansicht der Liberalen, der preußische Freiheitskampf gegen Napoleon sei nicht allein von dem Verlangen inspiriert worden, das Land von einem fremden Usurpator zu befreien; zumindest ebenso ausschlaggebend sei das Motiv des Widerstands gegen einen einheimischen Tyrannen gewesen, dem nur Waffenhilfe geleistet worden sei, nachdem er das Versprechen einer Verfassung abgegeben habe.

Weder sein Vorredner noch irgendjemand sonst in der Versammlung hatte aber die Ansicht vertreten, dass das preußische Volk nur deshalb zu den Waffen gegriffen habe, weil ihm eine Verfassung in Aussicht gestellt worden sei. Es wurde lediglich gesagt, es sei besser gefochten worden, weil dieses Verfassungsversprechen Krone und Land zu einem engeren Schulterschluss gebracht habe. Mit anderen Worten: Es sei in den Jahren 1813 bis 1815 nicht nur gegen das napoleonische Joch gekämpft worden, sondern auch für die Freiheit an sich.

Dies ist das erste Beispiel für die Bismarck'sche Technik der Verdrehungen, Verkürzungen und Klitterungen, mit der er es überaus geschickt verstand, nicht gerade die Unwahrheit zu sagen, aber das von ihm Gesagte oder Geschriebene doch so zu wenden, dass jeder unweigerlich begriff, was er eigentlich meinte. Hinterher distanzierte er sich stets mit dem Argument, dass er es so gar nicht gesagt habe. Was er in seiner Jungfernrede zunächst mehr mit Unverfrorenheit vorführte, entwickelte Bismarck später zur Meisterschaft, mit der er zunächst Preußen, dann Deutschland und schließlich ganz Europa verwirrte: Sein stur-reaktionäres Beharren auf dem Status quo tarnte er mit revolutionär anmutender Rhetorik, mit unorthodoxen Winkelzügen und einem geradezu jakobinischen Temperament. In seiner Jungfernrede und in weiteren Debattenbeiträgen auf dem Vereinigten Landtag verfolgte Bismarck jedoch einzig das Ziel, aufzufallen, sich als unbedingten Anhänger der Monarchie auszuweisen und ihr zu empfehlen.

Bismarck hatte mit dieser Rede jedoch auch die Empfindungen vieler seiner Junker-Freunde getroffen, auf deren Unterstützung er immer noch angewiesen war. Deshalb nutzte er die nächste Gelegenheit dazu, den von ihm verursachten Schaden wiedergutzumachen. Dies gelang ihm mit den scharfen Angriffen, die er in seiner Rede vom 1. Juni 1847 gegen den Führer der Liberalen, Georg von Vincke, vortrug. Bismarck pointierte dabei seinen ultra-royalistischen Standpunkt noch deutlicher. Was mancher bei dieser etwas konfusen, mit historischen Analogien und Reminiszenzen gespickten Rede vielleicht überhörte, war jedoch, dass Bismarck sich eine der Kernforderungen der Liberalen zu eigen gemacht hatte: Wie diese verlangte er, dass der Vereinigte Landtag in regelmäßigen Abständen zusammentreten solle und nicht einfach auf ein Wort des Monarchen hin aufgelöst werden könne, auf die Gefahr hin, nie wieder einberufen zu werden.

Bismarcks Absicht war klar, musste er doch fürchten, mit dem Verschwinden des Landtags selbst die Bühne seiner gerade erprobten politischen Wirksamkeit zu verlieren. Damit wäre seine Karriere, kaum dass sie so vielversprechend begonnen hatte, auch schon wieder beendet gewesen.

Am 7. und 8. Juni ergriff Bismarck auf dem Landtag wieder das Wort, um weitere Proben seiner demagogischen Begabung abzulegen. Vor allem bei seiner Rede »Zur Judenfrage« bediente er sich zum ersten Mal der Methode, die er ebenfalls später zu infamer Kunst verfeinern sollte, grundsätzlich alles, was den Vorstellungen der Regierung nicht entsprach, moralisch zu verdächtigen. In seinen mit Sarkasmen und Invektiven gespickten Ausführungen bekannte er sich aber auch – gewiss zur Freude seiner pietistischen Gönner – unbedingt zum »christlichen Staat«, der es sich zur Aufgabe gestellt habe, Gottes Willen, wie er sich in den Evangelien offenbare, zu realisieren.

Gottes Wille aber, das sollte später seine unerschütterliche Überzeugung sein, hatte sich ihn, Otto von Bismarck, zu seinem Werkzeug ausersehen und offenbarte sich in seinen Werken und Taten. Bis es aber so weit sein würde, hatte Bismarck noch einen langen und mühevollen Weg voller Anfechtungen zurückzulegen. Und allein mit aufsehenerregenden Parlamentsreden, das erkannte er sehr schnell, würde er nicht weit kommen.

Daher war Bismarck in der letzten Phase des Landtags, der Ende Juni geschlossen wurde, nachdem die Eisenbahnanleihe abgelehnt worden war und der König die von den Liberalen geforderte Einlösung des väterlichen Verfassungsversprechens verweigert hatte, emsig damit beschäftigt, eine konservative Sammlungsbewegung mit entschieden antiliberaler Stoßrichtung zu formieren. Motor dieser Initiative waren die Brüder Ludwig und Leopold von Gerlach, in seinen politischen Anfängen die wichtigsten Förderer Bismarcks. Die Gerlachs waren pietistisch gesinnte Hochkonservative, deren soziales und politisches Credo in dem Satz Ludwig Gerlachs aufgehoben war: »Als Herrschaft in einer wahren Gemeinschaft des Glaubens mit den armen Leuten leben.« Und seine Definition des Staates lautete, er sei »das Reich des Gesetzes Gottes in der Menschheit«.

Mit solchen Ansichten war es den Gerlachs bitter ernst, wie Bismarck noch erfahren sollte. Was er davon hielt, mag dahingestellt bleiben. Jedenfalls hütete er sich, irgendeinen Zweifel an seiner Gesinnung aufkommen zu lassen; denn solange er noch von der Protektion der Gerlachs, die erheblichen Einfluss auf Friedrich Wilhelm IV. hatten, abhängig war, das heißt, solange er keine wirklich unabhängige Stellung im politischen Leben Preußens erlangt hatte, gebot es Bismarck die Klugheit, hier nicht zu widersprechen. Im Übrigen forderte ihm dies auch kein Opfer ab, da er selbst noch nicht wusste, welchen übergeordneten Zielen er seine Fähigkeiten dienstbar machen wollte.

Auch wenn der Vereinigte Landtag erfolglos blieb, war er dennoch ein bedeutsames politisches Ereignis. Die während seiner Dauer geführten Diskussionen über die drängenden Fragen der Zeit hatten zur Herausbildung loser Parteifraktionen geführt, die sich um die jeweiligen liberalen oder konservativen Grundanschauungen sammelten. Bismarck, der sich mit dem ersten Debattenbeitrag seinen Freunden im Lager der Konservativen entfremdet hatte, konnte in der Folge das verlorene Terrain nicht nur wieder wettmachen, sondern er stieg sogar zum informellen Führer der Konservativen auf.

In einem Schreiben an seine Braut vom 21. Mai 1847 berichtete er jedenfalls: »Außerdem ist es mir gelungen, einigen Einfluß auf eine große Anzahl, oder doch einige Abgeordnete der sogenannten Hof-Parthei, und der sonstigen Ultra-Conservativen von mehrern Provinzen zu gewinnen, den ich benutze, sie soviel wie möglich vom Durchgehn und ungeschickten Seitensprüngen abzuhalten, was ich, nachdem ich meine Richtung unumwunden ausgesprochen, auf das Unverdächtigste thun kann.«

Derart von den eigenen politischen Führungsfähigkeiten überzeugt, stürzte er sich, kaum dass der Landtag geschlossen worden war, in das Projekt, gemeinsam mit den Gerlachs eine konservative Zeitung herauszugeben. Von der Pressefreiheit hatten bislang nur die Liberalen regen Gebrauch gemacht, die über eine Reihe von Zeitungen verfügten, mit denen sie ihren Standpunkt publik machen konnten. Am 17. Juli 1847 machten die Gerlachs das Zeitungsprojekt per Rundschreiben bekannt; am 28. Juli 1847 heiratete Otto von Bismarck Johanna von Puttkamer. Unmittelbar danach brachen die Frischvermählten zu ihrer Hochzeitsreise auf. Die Gerlachs hatten dazu geraten, die Flitterwochen in Bayern oder in der Schweiz zu verbringen, wohin sie notfalls hätten nachreisen können, um das Zeitungsvorhaben weiter zu besprechen. Aber Bismarck war von dieser Aussicht nicht begeistert und entschied sich für eine Rundreise durch das Habsburgerreich. Sie führte das Paar in neun Wochen über Prag, Wien, Salzburg, durch Tirol über Bozen bis nach Venedig. Ausgerechnet in Venedig geschah etwas, das Bismarck bislang schmerzlich vermisst und dessen Ausbleiben auch sein durch die Erfolge am Landtag gesteigertes Selbstwertgefühl entschieden gedämpft haben musste. Friedrich Wilhelm IV. hatte es bei den zahlreichen Festen und Empfängen bei Hofe, die während der Landtagssession gegeben wurden, stets ostentativ vermieden, das Wort an den Abgeordneten Bismarck zu richten, und es auch danach unterlassen, seinem treuesten Anhänger ein Wort des Dankes zu übermitteln. Der Italiensehnsucht seiner Kronprinzenjahre folgend, weilte der Monarch gleichfalls in Venedig, erkannte Bismarck im Theater und zog ihn an seine Tafel. In seinen Lebenserinnerungen berichtet Bismarck, wie sehr ihn diese Aufmerksamkeit angesichts seiner leichten Reisegarderobe, die noch durch »die Unfähigkeit der Schneider des Ortes« gesteigert wurde, insofern diese ihm nicht »die Möglichkeit gewährten, in korrektem Anzug zu erscheinen«, in Verlegenheit stürzte. »Mein Empfang war ein so wohlwollender und die Unterhaltung auch auf politischem Gebiet derart, daß ich eine aufmunternde Billigung meiner Haltung im Landtage daraus entnehmen konnte.« Diese und weitere Unterredungen während des Winters in Berlin gaben Bismarck nach eigenem Bekunden die Überzeugung, »daß der König, wenn er zur Zeit der Landtagssitzungen vermieden hatte, öffentlich mit mir zu reden, damit nicht eine Kritik meines politischen Verhaltens geben, sondern nur seine Billigung den andern zur Zeit nicht zeigen wollte«.

So endete dieses für Bismarck überaus erfolgreiche Jahr mit der Gewissheit, sich der Aufmerksamkeit und Gunst seines Monarchen erfreuen zu dürfen. In einer absoluten Monarchie, wie sie in Preußen nach wie vor bestand, musste sich ein solcher Beweis königlicher Huld über kurz oder lang in der Berufung des derart Ausgezeichneten in ein hohes, politisch verantwortungsvolles Amt materialisieren. Dessen konnte sich Bismarck im Übrigen umso sicherer sein, als ihm die auf dem Vereinigten Landtag gemachten Erfahrungen gezeigt hatten, dass ihm kein anderer aus den Kreisen der Hof-Partei und der Ultrakonservativen, was politisches Talent und Rednergabe anbelangte, das Wasser reichen konnte. Als sich jedoch mit dem Eisgang auf der Elbe das Nahen des Frühjahrs ankündigte, schienen all diese frohen Hoffnungen, in denen Bismarck den Winter über hatte schwelgen können, ebenfalls dahinzuschmelzen.

REVOLUTION UND REAKTION

Im März des Jahres 1848 hatte es den Anschein, als sei ganz Europa in Aufruhr. Im Februar war in Paris eine Revolution ausgebrochen, die Louis Philippe vom Thron fegte. Von Paris war der Funke der Revolution nach Wien übergesprungen und setzte binnen Kurzem ganz Österreich in Brand. Metternich sah sich gezwungen, nach England zu fliehen. Zeitgleich mit dem Wiener Volksaufstand begannen auch Ungarn, Italiener und Tschechen aufzubegehren, und längst schon war die revolutionäre Gärung in den deutschen Staaten offen zutage getreten. Das Ende der alten nach-napoleonischen Ordnung, des Systems der Metternich-Zeit, schien angebrochen.

Die Flucht Metternichs, jener Symbolgestalt der europäischen Friedhofsruhe, wurde, als man am 16. März 1848 in Berlin davon erfuhr, sofort als Fanal verstanden. Bereits einen Tag später verkündete Friedrich Wilhelm IV. die Einberufung des Vereinigten Landtags, der am 2. April zusammentreten und eine Verfassung ausarbeiten sollte. Der preußische König wollte sich offenbar an die Spitze der Revolution stellen. Alle Forderungen der nationalen und liberalen Kräfte sollten in ihm ihren Anwalt haben. Als das Patent zur Einberufung des Vereinigten Landtags am 18. März 1848 veröffentlicht wurde, musste sich der König mehrmals der jubelnden Menge auf dem Schlossplatz zeigen. Das alte, absolute preußische Königtum, so wurde es allgemein empfunden, hatte in dieser Stunde endgültig abgedankt: Preußens Krone beugte sich der Revolution.

Aber war es wirklich ernst damit? Setzte der König nicht

vielmehr auf Zeitgewinn? Berlin glich seit Tagen schon einem Heerlager. Die Garnison hatte mobilgemacht und war durch Einheiten von außerhalb verstärkt worden. Wozu all diese Truppen, fragten sich nicht wenige, nachdem sich der König bereit erklärt hatte, die revolutionären Forderungen und Rechte anzuerkennen? Sollte der endgültige Sieg der Revolution mit Waffengewalt verhindert werden? Einander widersprechende Gerüchte liefen um, die Ungewissheit der ständig anwachsenden Menge auf dem Schlossplatz über die wahren Absichten des Königs vergrößerte sich. »Das Militär zurück!«, riefen die Versammelten immer drohender zu den Schlossfenstern hinauf. Dann erhielt eine Schwadron Dragoner den Befehl, die Menge zu zerstreuen. Mit blankem Säbel ritten die Soldaten plötzlich auf die dicht gedrängten Menschen zu. Und obwohl so nicht befohlen, sah alles nach einem Angriff aus. Panik kam auf. Plötzlich krachten zwei Schüsse. Die Menge schrie »Verrat!«, und die Dragoner hieben mit flachen Säbelklingen wahllos auf die wehrlosen Menschen ein.

Zwar war niemand verletzt worden, aber wen interessierte dies schon im allgemeinen Chaos? Der Aufruhr, durch neue Spekulationen und wilde Gerüchte in seiner Wut gesteigert, entfaltete rasch eine eigene Dynamik. Keine Seite war zum Einlenken bereit. Eine Zurücknahme der Truppen als Möglichkeit, alles wieder zu beruhigen, wurde als unvereinbar mit der »Waffenehre« abgelehnt. Der Kampf begann.

Wahrscheinlich wäre dieser Ausgang zu vermeiden gewesen, aber Friedrich Wilhelm IV. war viel zu sehr in seinen Vorstellungen von Gottesgnadentum befangen und umgeben von unverantwortlichen Beratern. Außerdem musste er sich die Einwände des Prinzen Wilhelm, seines jüngeren Bruders, anhören, der die Lösung jedes Konflikts nur vom militärischen Standpunkt aus ansah. Kurz, in Kenntnis der Personen und Umstände musste es so kommen, wie es kam. Der König sah sich bald gezwungen, seine Zuflucht zu Lüge und Anbiederung zu nehmen, musste manche Demütigung erleiden, und alles nur, um Thron und Krone zu retten.

Der schwärzeste Tag nahte für Friedrich Wilhelm IV. mit dem 19. März, einem Sonntag. Nach den Straßenkämpfen vom Vortag waren die Truppen erschöpft von einem Kampf, für den sie nicht ausgebildet waren. Stündlich wuchs die Gefahr, dass die demoralisierten Linientruppen zu den Aufständischen überlaufen würden. Deshalb gebot es die militärische Klugheit, die Truppen schleunigst aus der Stadt zurückzuziehen, um sich ihre Kampfkraft für eine spätere Gelegenheit zu erhalten. Damit aber war der König dem Aufruhr schutzlos preisgegeben. In seiner Not flüchtete er sich in eine erste Anbiederung an die revolutionäre Volksbewegung und entwarf seine berühmte Adresse »An meine lieben Berliner«. Allein, Worte genügten nun nicht mehr. Die Menge wollte Taten sehen, dem Monarchen eine symbolische Geste abnötigen, die gewissermaßen die Revolution besiegelte: An jenem 19. März wurde der König gezwungen, mit der Königin am Arm, im Schlosshof den dort aufgebahrten und teilweise schrecklich entstellten Leichen der am Vortag gefallenen Barrikadenkämpfer entblößten Hauptes seine Reverenz zu erweisen. Dieser Demütigung folgte noch am selben Tag eine weitere: Die letzten Truppen rückten aus Berlin unter den Beschimpfungen der Einwohner nach Potsdam und Spandau ab.

Nach diesen Erlebnissen wurde dreimal eine nächtliche Flucht des Königs aus Berlin erwogen und vorbereitet, aber jedesmal wurde das Unternehmen buchstäblich in letzter Minute wieder abgeblasen. Fürs Erste wurde damit die Option, die Revolution in Berlin mit militärischen Mitteln gewaltsam zu ersticken, aufgegeben.

Auf diese Tragödie folgte ein Satyrspiel mit Mummenschanz. Am 21. März erklärte sich der König in einem »Aufruf an die Deutsche Nation« zum »konstitutionellen Fürsten« und gleichzeitig auch zum »Führer des gesamten Deutschen

Volkes«. Diese großen Worte eines zutiefst Gedemütigten suchte Friedrich Wilhelm IV. noch durch eine beispiellose Charade zu unterstreichen: Hoch zu Roß, eine schwarz-rotgoldene Binde um den linken Arm geschlungen, erschien er an verschiedenen Plätzen im Zentrum Berlins und hielt improvisierte Ansprachen, in denen er seine konstitutionelle Gesinnung beteuerte und sich zu seinem deutschen Beruf bekannte, indem er lauthals verkündete: »Von nun an geht Preußen in Deutschland auf!« – In aller Öffentlichkeit verleugnete er seine innersten Überzeugungen. Tiefer konnte ein König nicht stürzen.

An diesem 21. März erschien Bismarck mit der Absicht in Potsdam, den König aus der Gewalt der Aufständischen zu befreien. Von den Ereignissen hatte er erfahren, als er sich im Hause seines Gutsnachbarn von Wartensleben aufhielt, zu dem sich einige Damen der Berliner Gesellschaft geflüchtet hatten. Dass sich ein Sturm zusammenbraute, war für ihn aber auch schon vorher erkennbar gewesen. Ihm musste bekannt sein, dass selbst auf dem platten Lande die Spannung stieg, dass es sogar in kleineren Städten zu Unruhen kam. Auch von den Hungeraufständen der schlesischen Weber, von der Unzufriedenheit unter den Bergleuten und Hüttenarbeitern in Westfalen und in der Rheinprovinz, die sich verschiedentlich Luft machte, muss er Kunde gehabt haben. Aber das schienen ihm nur lokale Vorkommnisse zu sein, die vermeintlich von je besonderen Beschwerden und Missständen verursacht wurden und die man durch entschlossenes Zupacken rasch wieder beheben konnte.

Die Revolution in Frankreich und in Österreich, die europäische Dimension dieses Geschehens, der riesige Vorrat an sozialem Zündstoff, der seit den 1840er-Jahren allenthalben aufgehäuft worden war und von dem viele Zeitgenossen sicher waren, dass er eines nicht fernen Tages zur Explosion gebracht werden würde, all das wurde von ihm gar nicht wahrgenommen. Allein dies zeigt, wie sehr Bismarcks Politik- und Weltverständnis damals noch auf den eigenen engen Lebenskreis von illiteraten Bauern und junkerlichen Freunden begrenzt war, die dem bekannten Wort Ludwig Gerlachs zufolge in der negativen Haltung »die Front zum Mist, den Rücken gegen den Ansprüche machenden Staat« verharrten. Diese bei einem Bismarck doch überraschende Beschränktheit, noch dazu von pietistischen und ultra-royalistischen Anschauungen überformt, mag zu einem Gutteil seine Hysterie in den folgenden Tagen und Wochen erklären.

Kaum hatte Bismarck von den Berliner Ereignissen erfahren, eilte er nach Schönhausen zurück, um seinen Besitz gegen, wie er wähnte, raubgierige Revolutionäre zu verteidigen. Bei seiner Ankunft fand er jedoch alles ruhig, aber am nächsten Tag, dem 20. März, erschien eine aus dem benachbarten Tangermünde kommende Deputation mit der Forderung, auf dem Kirchturm die schwarz-rot-goldene Fahne zu hissen. Dieses rein symbolische Ansinnen stürzte Bismarck in hektische Aktivität: Im Dorf Schönhausen richtete er einen Sammelplatz für allerhand Flinten ein, zu denen er zwanzig Jagdgewehre aus eigenem Bestand beisteuerte. Diese wurden an vertrauenswürdige Bauern verteilt, die damit das Eindringen revolutionären »Gelichters« in den Gutsbezirk abwehren sollten. Außerdem sandte er reitende Boten nach Jerichow und Rathenow aus, Pulver herbeizuschaffen, und ließ auf dem Kirchturm eine weiße Fahne mit schwarzem Kreuz »in Form des eisernen« aufziehen. Nach diesen Vorbereitungen besuchte er mit seiner Frau die umliegenden Dörfer, wo er »die Bauern eifrig bereit fand, dem Könige nach Berlin zu Hilfe zu ziehn«. »Nur mein nächster Nachbar«, so berichtet Bismarck in seinen Lebenserinnerungen, »sympathisierte mit der Berliner Bewegung, warf mir vor, eine Brandfackel in das Land zu schleudern, und erklärte, wenn die Bauern sich wirklich zum Abmarsch anschicken sollten, so werde er auftreten und abwiegeln. Ich erwiderte: ›Sie kennen mich als einen ruhigen

Mann, aber wenn Sie das tun, so schieße ich Sie nieder.‹ – ›Das werden Sie nicht tun‹, meinte er. – ›Ich gebe mein Ehrenwort darauf‹, versetzte ich, ›und Sie wissen, dass ich das halte, also lassen Sie das.‹«

Dieser Nachbar war der Einzige, der offenbar noch seinen Verstand besaß, im Gegensatz zu Bismarck, denn was hätte eine mit schlechten Flinten bewaffnete, undisziplinierte Bauernrotte in Berlin anderes ausrichten können, als allgemeine Heiterkeit zu erregen? Aber Bismarck war, wie die kommenden Tage zeigten, noch zu ganz anderen unüberlegten Handlungen fähig.

Zu seinen Gunsten ließe sich allenfalls sagen, dass er damals, kurz vor seinem 33. Geburtstag, noch ein unerfahrener Anfänger war, der dies vor sich und anderen mit schneidiger Draufgängerei zu verbergen suchte. Eben darin aber zeigt sich das ganze Ausmaß seines Ehrgeizes und auch seiner Angst davor, dass das von ihm nicht vorhergesehene Geschehen in Berlin seine gerade begonnene politische Karriere ruinieren könne. Wahrscheinlich glaubte Bismarck selbst nicht daran, dass es ihm mit seinen Bauern gelänge, den König aus den Fängen der Revolution herauszuhauen. Aber er wollte seinem Monarchen dennoch als einer erscheinen, der, wie Ludwig Gerlach in seinem Tagebuch notierte, »in der einen Hand die Zuckerrübe, in der anderen den Degen«, für die Belange der Monarchie kämpfte.

Sein lächerliches Betragen wäre vermutlich längst vergessen, hätte es Bismarck nicht selbst ein halbes Menschenalter später in seinen *Gedanken und Erinnerungen* in behaglicher Breite geschildert. Also war er wohl noch im Alter stolz auf sein damaliges Tun und hat es deshalb, im Unterschied zu manchen anderen Situationen, in denen er ebenfalls eine eher peinliche Figur abgab, auch erwähnt.

Bismarck erschien in Potsdam mit einem geladenen Revolver in der Tasche und glaubte sich dort sogleich von »spionartigen Civilisten« verfolgt, die »drohende Reden« gegen ihn führten. Er suchte seinen Freund Roon auf, der damals den Rang eines Majors bekleidete und ihm vermutlich Zugang zum Stadtkommandanten von Berlin, General von Prittwitz, verschaffte. Diesem gegenüber entwickelte Bismarck allen Ernstes den Plan, mit seinen Bauern nach Berlin zu ziehen, ein Vorhaben, das der Offizier entschieden zurückwies. Stattdessen riet er seinem Besucher, dem er wohl ansah, dass er in seinem Eifer, sich in irgendeiner Weise für seinen König einzusetzen, kaum zu bremsen wäre, er möge lieber Kartoffeln und Korn für die Verpflegung der Truppen schicken. Schließlich bemerkte Prittwitz, der sich möglicherweise durch den Tatendrang dieses Zivilisten unangenehm bei seiner ohnehin beleidigten militärischen Ehre gepackt fühlte, dass er sehr wohl stark genug sei, Berlin mit Gewalt zu nehmen. Aber was könne er tun, »nachdem der König uns befohlen hat, die Rolle des Besiegten anzunehmen? Ohne Befehl kann ich nicht angreifen.«

Das war das Stichwort, das Bismarcks Handlungsdrang eine neue Richtung gab. Ein Befehl musste her, und da dieser »von dem unfreien König nicht zu erwarten war«, hielt er es für seine Aufgabe, diesen »von einer anderen Seite zu beschaffen«. Ein Befehl musste her, und der, der ihn erteilte, erhielte als Preis dafür aus Bismarcks Hand ein Königreich.

Das war in seinem nüchternen Kern der Gedanke, den Bismarck hegte, als er zum Prinzen Wilhelm vorzudringen suchte, um ihn dazu zu bewegen, diesen Befehl auszusprechen. Hier zeigt sich Bismarcks Spielernatur in aller Krassheit: Würde sich der Prinz zu diesem Befehl überreden lassen, wäre dies ein Akt des Hochverrats. Allein der König war befugt, eine solche Weisung zu erteilen. Da dieser jedoch augenscheinlich handlungsunfähig war, lag gewissermaßen ein Staatsnotstand vor, der die auf einen Staatsstreich zielenden Absichten Bismarcks unter der Voraussetzung decken mochte, dass sein Plan sich tatsächlich erfolgreich ausführen ließe. Dann aber, dies war Bismarcks ureigenstes Kalkül, würde er neben dem König zum starken Mann in Preußen aufsteigen. Oder noch präziser: Prinz Wilhelm wäre König von Preußen, aber weniger von Gottes als vielmehr von Bismarcks Gnaden.

Die machthungrige Skrupellosigkeit Bismarcks, die unter dem dünnen Schleier seiner ultra-royalistischen Haltung überdeutlich hervortritt, war ein Charakterzug, der ihn ein Leben lang beherrschte und seine Handlungen leitete. Später war er erfahren genug, ihn gegenüber Dritten zu verbergen, ja, er gab sogar erfolgreich ein über allen kleinlichen Interessen stehendes Bestreben vor, das den großen Staatsmann auszeichnet, dessen Sinnen und Trachten nur dem Allgemeinen gilt.

Bismarck, der formal als Emissär einer Junkerdeputation agierte, die sich um das weitere Schicksal des Königs und der Monarchie sorgte, ließ sich auch nicht durch die Mitteilung beirren, dass Prinz Wilhelm nach England geflohen sei. Unverdrossen wandte er sich deshalb an den Prinzen Karl, um von diesem einen Angriffsbefehl zu erhalten. Ihn, den jüngsten Bruder Friedrich Wilhelms IV., mit einem Hang zum Intrigantentum, vermochte Bismarck aber wenigstens insoweit für seine Absichten zu interessieren, als dieser ihm einen Brief gab, der Bismarck Einlass ins Berliner Schloss verschaffen sollte. Bismarck wurde aber nicht vorgelassen und kehrte unverrichteter Dinge nach Potsdam zurück. Am nächsten Tag hatte er eine neuerliche Unterredung mit dem Prinzen, der ihm diesmal den folgenden aberwitzigen Rat gab: Da der König offensichtlich gelähmt, Prinz Wilhelm aber außer Landes sei, wäre es doch das Allersinnvollste, wenn der erst sechzehnjährige Sohn des Prinzen Wilhelm als Regent eingesetzt werden würde. Dazu müsse man nur die Unterstützung von dessen Mutter, der Prinzessin Augusta, gewinnen.

Prinzessin Augusta, die nachmalige preußische Königin und deutsche Kaiserin, eine Tochter von Goethes fürstlichem Freund und Mentor, Großherzog Karl-August von Sachsen-Weimar, empfing Bismarck auf Drängen ihres Schwagers, den sie zutiefst verabscheute, tatsächlich. Von dieser Unterredung ist keine Niederschrift erhalten. Es dürfte jedoch außer Frage stehen, dass sich Bismarck damals in der Prinzessin eine lebenslange, erbitterte Gegnerin schuf. Sie hatte nun unmittelbar den Eindruck gewonnen, dass dieser Junker nichts weniger im Schilde führte, als die königliche Familie für seine eigenen dunklen Ziele einzuspannen, und dass Bismarck nichts anderes war als ein intriganter, illoyaler Karrierist und Reaktionär. Von dem Plan, sie für eine Regentschaft ihres Sohnes zu gewinnen, wollte sie ganz und gar nichts wissen. Der schiere Gedanke, sich gegen ihren Schwager, den König, zu wenden, erschien ihr als Verrat. Und der Einfall Bismarcks, ihr eigener Gatte, Prinz Wilhelm, sollte der Thronfolge entsagen, dürfte ihr nicht weniger verwerflich erschienen sein. Noch am selben Tag schrieb sie einen kurzen Brief an Wilhelm, in dem sie ihn von der Unterredung mit Bismarck unterrichtete und hinzufügte: »Ich ließ mir sein Ehrenwort geben, daß weder Dein Name noch der unseres Sohnes bei einem solchen Reaktionsversuch kompromittiert werden würde.«

Bismarck hat sich an dieses Ehrenwort nicht gehalten. Darüber hinaus stellte er in seinen Lebenserinnerungen den Inhalt dieser Unterredung auf den Kopf: Seiner Version zufolge legte er die Vorstellungen und Pläne der Prinzessin einfach in den Mund. Eine Verdrehung der Wahrheit, gegen die jene sich nicht mehr wehren konnte, da sie bei der Veröffentlichung des ersten Teils der *Gedanken und Erinnerungen* bereits tot war.

Am 25. März, zwei Tage nach dem Treffen mit Prinzessin Augusta, war Bismarck bei der Rede zugegen, die Friedrich Wilhelm IV. vor den Offizieren seiner Armee im Marmorsaal von Potsdam hielt. Da muss ihm endgültig klar geworden sein, dass seine Putschpläne, mit denen er die Revolution gewaltsam ersticken und sich selbst eine Machtposition hatte verschaffen wollen, gescheitert waren. Friedrich Wilhelm IV. betonte, dass er nach Potsdam gekommen sei, um zu zeigen,

»daß ich in aller Beziehung ein freier König bin«, aber auch, um den Berlinern zu beweisen, »daß sie von Potsdam aus keine Reaktion zu befürchten haben, und daß alle die beunruhigenden Gerüchte darüber durchaus unbegründet sind«. Er schloss seine kurze Ansprache mit den Worten, die den Offizieren und Bismarck besonders bitter in den Ohren klingen mussten: »Ich bin niemals freier und sicherer gewesen als unter dem Schutze meiner Bürger. – Was ich gegeben und getan habe, das habe ich aus vollster und freier Überzeugung getan und längst vorbereitet; nur die großen Ereignisse haben den Abschluß beschleunigt und keine Macht kann und wird mich bewegen, das Gegebene zurückzunehmen.«

Diese Worte des Königs formulierten Bismarcks große politische und moralische Niederlage. Er hatte hoch gespielt, ja hasardiert. Jetzt schien alles verloren. Was und wie es der König sagte, musste sich für ihn anhören wie der Anfang vom Ende der Monarchie, die die Voraussetzung seiner politischen Karriere war und blieb. Bei nüchterner Überlegung jedoch boten sich ihm zwei Optionen: entweder in der Versenkung des Landlebens spurlos zu verschwinden und bei Ackerbau und Viehzucht als ein zweiter Cincinnatus seine Tage zu beschließen oder sich mit den neuen Verhältnissen vorsichtig zu arrangieren und die weitere Entwicklung abzuwarten; denn bislang hatte sich der König nur mit Worten, aber noch nicht mit Taten festgelegt.

Für eine Entscheidung zwischen beiden Optionen bot sich Bismarck bereits eine Woche später eine Gelegenheit. Zum 2. April war der Vereinigte Landtag einberufen worden, um die Wahlen für die geplante Konstituierende Versammlung vorzubereiten. Auf der Tagesordnung stand auch die Abstimmung über eine formelle Adresse an den König, mit der diesem für seine großherzigen Zugeständnisse an den Willen des Volkes gedankt werden sollte. Bismarcks Rede in dieser »Adressdebatte« würde Aufschluss darüber geben, wofür er sich entschied. Die Gerlachs jedenfalls sahen diese Rede als

Chance, ihre scharfe Ablehnung der konstitutionellen Zugeständnisse deutlich zu machen. Deshalb übermittelten sie Bismarck einen vier Punkte umfassenden Forderungskatalog, den er in sein Redekonzept einarbeiten sollte. Während der Beschäftigung mit dieser Rede muss Bismarck aber klar geworden sein, dass ihn die ultra-konservativen Anschauungen, zu denen er sich bislang unter dem Einfluss der Gerlachs rückhaltlos bekannt hatte, nunmehr politisch isolieren würden. Jedenfalls ließ er den vorbereiteten Redetext einfach beiseite und improvisierte stattdessen. Was er am 2. April im Landtag sagte, klang deshalb merkwürdig matt, geradezu konziliant. Dreimal kam er auf die Umstände zu sprechen, die ihn den derzeitigen Status quo akzeptieren ließen. Dann aber trug er jene berühmte Passage vor, die als einzige aus dem verworfenen Redekonzept übernommen wurde: »Die Vergangenheit ist begraben, und ich bedauere es schmerzlicher als viele von Ihnen, daß keine menschliche Macht im Stande ist, sie wieder zu erwecken, nachdem die Krone selbst die Erde auf ihren Sarg geworfen hat.«

Das war die eigentliche Essenz. Nach einigen weiteren Sätzen brach er ab, überwältigt von den eigenen Emotionen. In einem Brief an seine Frau vom 3. April 1848 bemerkte er dazu: »Beurteile die wenigen Worte, die ich gestern gesprochen habe, nicht nach dem, was in der *Berliner Zeitung* steht. Ich werde sehen, daß ich Dir ein Exemplar der Rede mitbringe, die weiter keine Bedeutung hat, als daß ich nicht unter der Kategorie einiger feiler Bürokraten begriffen werden wollte, die ihren Mantel mit verächtlicher Schamlosigkeit nach dem Winde drehten.«

Diese Erklärung, die sich nur auf die zitierte Passage beziehen kann, ist plausibel. Zum Weiteren dürfte er damit auch die Absicht verfolgt haben, den Gerlachs die für sie bittere Einsicht zu versüßen, dass sich ihr politischer Ziehsohn innerlich von ihnen abzuwenden begann. Während der Berliner März-Wirren hatte er für sie den Don Quijote gespielt, der gegen die Windmühlenflügel der Revolution anrannte. Die Erfolglosigkeit seines Agierens war ihm eine nachdrückliche Lehre. Ein weiteres Mal wollte er sich dieser Erfahrung nicht aussetzen.

Den Brüdern Gerlach blieb dieser sich anbahnende Sinneswandel ihres politischen Günstlings natürlich nicht verborgen. Unmittelbar nach der Rede erschien Ludwig Gerlach und »übte«, wie Bismarck Johanna mitteilte, »2 Tage ... das Executorenamt an mir«. Er habe sich aber nicht aus dem Geleise bringen lassen, fügte er hinzu, zumal ihn seine Frau beschworen hatte: »Du geliebtes Herz, laß Dich doch nur von Arnim, Thadden und Gerlach nicht anstecken. Bekomme doch nur ja nicht die schreckliche Reaktionskrankheit!«

Das markanteste Symptom dieser »Reaktionskrankheit« war die Prinzipienreiterei der Hochkonservativen. Bismarck erkannte im Unterschied zu ihnen klar, dass die Revolution die latenten Interessengegensätze der unterschiedlichen sozialen Schichten über kurz oder lang zum Vorschein brächte. Dann würde auch das Zweckbündnis zerbrechen, das ihnen bislang Einheit verlieh. Für die Einsicht Bismarcks, dass Interessen und nicht Prinzipien nach den März-Ereignissen 1848 ausschlaggebend seien, wenn man künftig erfolgreich Politik treiben wolle, kann überdies die Rede, die er am letzten Sitzungstag des Vereinigten Landtags, am 10. April 1848, hielt, geradezu als Manifest verstanden werden.

Um der darniederliegenden Industrie und dem notleidenden Handel wieder aufzuhelfen, hatte der neue liberale Finanzminister Hansemann den Landtag um die Bewilligung von 25 Millionen Talern ersucht. In seinem Debattenbeitrag machte Bismarck dem Finanzminister deshalb den Vorwurf, »die Zustände unseres Vaterlandes mehr durch die Brille des Industrialismus« aufzufassen »als mit dem klaren Auge des Staatsmannes, der alle Interessen des Landes mit gleicher Unparteilichkeit überblickt«. Diesen grundsätzlichen Vorwurf präzisierte und verschärfte Bismarck im Weiteren mit der aus der Luft gegriffenen Vermutung, »daß bei der neuen Belastung die Last vorzugsweise auf das platte Land und auf die kleinen Städte gewälzt werden wird, und daß die Verwendung der aufgebrachten Mittel überwiegend der Industrie und dem Geldverkehr der größeren Städte zukommen wird«. Eine derartige Verteilung von Lasten und Nutzen, so Bismarcks Schlussfolgerung, enthülle aber den wahren Charakter des neuen Regimes, das unter dem Schleier allgemeiner Redensarten nur den extrem egoistischen Interessen der ganz kleinen Schicht des Besitzbürgertums der großen Städte diene.

Das war nichts weniger als ein Frontalangriff auf den als Ergebnis der Revolution vorherrschenden Liberalismus. Dabei argumentierte Bismarck nicht wenig ideologisch, wenn er das »platte Land« und die »kleinen Städte« in einen Topf warf, so als hätten Handwerker, Bauern und Junker dieselben Interessen.

Bismarck gelang es damit, eine eigene Linie zu formulieren, ohne sich seinen hochkonservativen Gönnern, deren Unterstützung er nach wie vor brauchte, zu entfremden. Durch die Märzereignisse gewitzt und durch die Einsicht in seine lächerliche Rolle als Schildknappe Gerlach'scher Prinzipienfestigkeit eines Besseren belehrt, spielte Bismarck nun gewissermaßen ein doppeltes Spiel. Dazu brauchte es keine sonderliche Verstellung. Bismarck sprach als Mitglied der konservativen Opposition im Landtag dieselbe Sprache und bekannte sich zu denselben Anschauungen wie seine Partei- und Gesinnungsgenossen. Deshalb arbeitete er auch an der *Kreuzzeitung*, dem Zentralorgan der Hochkonservativen, mit. Solange Bismarck lediglich die wirtschaftlichen und sozialen Interessen der Junker zu vertreten suchte, wurde seine innere Distanz zur Gerlach'schen Prinzipienpolitik noch nicht allzu deutlich. Daran änderte sich gleichfalls wenig, als Bismarck anfing, sich eine eigene Machtbasis zu schaffen, auch wenn die Ergebnisse dieser Bestrebungen gelegentlich die Missbilligung der Gerlachs fanden. In dieser Absicht beteiligte er sich an der Gründung des »Vereins zur Wahrung der Interessen des Grundbesitzes« im Sommer 1848, den er und einige andere Gesinnungs- und Standesgenossen der jüngeren Generation zu einer Sammlungsbewegung der Junkerinteressen ausbauen wollten. Sehr zustatten kam ihm dabei die Agrarpolitik der liberalen Regierung Camphausen-Hansemann, die ihre Absicht verkündete, alle noch bestehenden feudalen Rechte entschädigungslos aufzuheben. Ferner sollten die Grundsteuerbefreiungen, deren Nutznießer ausnahmslos der ritterschaftliche Besitz war, beseitigt werden. Beide Reformmaßnahmen waren nur recht und billig, aber die von ihnen betroffenen Junker stimmten dennoch ein lautes Protestgeschrei an.

Die politische Organisation der Interessen seiner Standesgenossen bot Bismarck eine Möglichkeit, sich in Zeiten geschäftig zu machen, in denen der Liberalismus den Ton angab. Außerdem bekam er so die Chance, sich in einem gewissermaßen pragmatischen Konservatismus zu üben. Der unterschied sich von jenem der Gerlachs dadurch, dass er eine konkrete, ideologisch nur notdürftig kaschierte Interessenpolitik mit populistischen Konzessionen verfolgte, um auch Bauern und Handwerker, kurz, das »platte Land«, um das Banner des Junkertums zu scharen. Das waren verhältnismäßig moderne Methoden, die man sich von den Liberalen abgeguckt hatte, die aber unübersehbar die Gefahr in sich bargen, den Wesenskern des älteren, prinzipienstarren Konservatismus aufzuweichen. Der pragmatische Konservatismus hatte derlei längst als obsolet durchschaut. Seine Einsicht war, dass die traditionelle ständische Ordnung von einem System materieller Abhängigkeiten, einer Klassenstruktur also, abgelöst wurde. Die ständische Verbrämung einer solchen Gesellschaft war nur mehr romantische Verklärung. Praktische Politik hingegen musste den neuen Gegebenheiten Rechnung tragen.

Wie richtig diese Einschätzung war, die auch Bismarck teilte, zeigte sich bei den Wahlen zum Preußischen Abgeordnetenhaus 1849, als es den Konservativen gelang, nach ihrer vernichtenden Niederlage von 1848 wieder eine starke parlamentarische Position zu erringen: Bei den Februarwahlen 1849, die nach allgemeinem Wahlrecht abgehalten wurden, erhielten sie bereits 53 Abgeordnetensitze, deren Zahl sich nach den Juli-Wahlen – nach Einführung des neuen Dreiklassenwahlrechts – mit 114 Sitzen mehr als verdoppelte.

Doch war es für Bismarck nicht einfach, sich in jener Anfangsphase eines konservativen Wiedererstarkens politisch zu behaupten, denn sein ultra-konservatives Gebaren unmittelbar vor und während der revolutionären Wirren hing ihm hartnäckig an. Er galt als Mann der äußersten Rechten, als scharfzüngiger Einzelgänger, dem aber selbst seine Gesinnungsfreunde nicht recht über den Weg trauten. Bezeichnend dafür ist, dass die Parole vieler seiner Wahlmänner in den Juli-Wahlen 1849 lautete: »Wir sind konservativ, sehr, aber nicht Bismarckisch.« Das hat er selbst berichtet.

Noch aufschlussreicher ist, dass er es gar nicht erst wagte, sich für die Wahlen zur Preußischen Nationalversammlung am 8. Mai 1848 aufstellen zu lassen. Wie er seinem Bruder Bernhard am 19. April schrieb, hatte er »wenig oder gar keine Aussicht gewählt zu werden«. Nein, mit dem vorläufigen Sieg der Revolution hatte Bismarck bei seinen Freunden viel von seinem Ansehen eingebüßt. Deshalb zog er es klugerweise vor, sich fürs Erste nach Schönhausen zurückzuziehen und den Dingen ihren Lauf zu lassen.

Ohne politisches Mandat war Bismarck auf seine Tätigkeit im »Verein für König und Vaterland«, der am 3. Juli 1848 gegründet wurde, und auf die Gutsbesitzervereinigung, die sich mit dem sogenannten Junkerparlament am 18. und 19. August konstituierte, beschränkt. Durch diese Aktivitäten kam es dann im September 1848 zu einer endgültigen Wiederannäherung an die Gerlachs, über die er erneut mit Hofkreisen in Verbindung trat. Welcher Art Bismarcks Umtriebe nach erfolgter Aussöhnung mit seinen ultra-konservativen Gönnern waren, erhellt eine Tagebuchnotiz Ludwig Gerlachs, die ihn als den »sehr tätigen und intelligenten Adjutanten unseres Kamarilla-Hauptquartiers« bezeichnet. Bismarck bestätigt das in seinen Briefen aus dieser Zeit zumindest indirekt, ist in ihnen doch viel davon die Rede, er sei in »politischen Umtrieben unterwegs«, er müsse »wühlen« und »intrigieren« und dergleichen mehr.

Diese Kamarilla war nichts weniger als eine informelle, vom Schleier tiefen Geheimnisses umgebene hochkonservative Gegenregierung, ein »ministère occulte«, wie sie Leopold Gerlach treffend nannte. Ihre selbst gestellte Aufgabe war es, die bürgerlich-liberale Regierung in ihrer Königstreue zu überwachen. Außerdem wollte die Kamarilla eine preußische Verfassung nach französischem Vorbild verhindern. Schließlich war es ihr ein Herzensanliegen, den engen Kontakt zum Zarenhof zu erhalten, um mit diesem bei Gelegenheit eventuelle konterrevolutionäre Aktionen rechtzeitig abzustimmen. Als »Adjutant« war es Bismarcks Aufgabe, Botendienste zwischen der Kamarilla, Ludwig Gerlach und den konservativen und königstreuen Vereinen wie dem für »König und Vaterland« zu leisten. Über seine sehr rege Aktivität schrieb er rückblickend seinem Bruder Bernhard am 9. Dezember 1848 von Schönhausen aus: »Sonst bin ich seit dem September wie ein Perpendikel zwischen hier und Berlin, Potsdam und Brandenburg hin- und hergegangen, so daß ich die Genthiner Chaussee nicht mehr von Weitem sehen mag. Indessen schmeichle ich mir nicht ohne Nutzen, die Schwanzklemmer mitunter gepfeffert zu haben, und sehe mit Befriedigung auf mein Tagewerk zurück.«

Was Bismarck zustattenkam, war der Umstand, dass zwischen dem 28. und 31. Oktober 1848 Regierungstruppen unter dem Kommando des Fürsten Windischgrätz in Wien der Revolution blutig den Garaus gemacht hatten. Fürst Felix zu

Schwarzenberg nahm nun die Zügel in die Hand und vollendete politisch, was sein Schwager Windischgrätz militärisch begonnen hatte. Österreich hatte damit ein Beispiel gegeben, dem Preußen nacheifern konnte.

Am 2. November 1848 fielen auch in Berlin die Würfel: Graf Brandenburg, ein Sohn Friedrich Wilhelms II. und der schönen Gräfin Dönhoff, der »Bastard von Preußen«, wie ihn Friedrich Wilhelm IV. in Anspielung auf Schillers »Bastard von Orleans« nannte, wurde zum preußischen Ministerpräsidenten ernannt. Brandenburg wusste, dass er die Revolution zu beenden hatte. Er sollte den Elefanten spielen, der die Revolution zusammentrampelt, sagte er selbst einmal von sich.

In den Novembertagen schien sich auch Bismarcks Trachten nach einer politischen Karriere zu erfüllen: Der Regierung Brandenburg mangelte es an fähigen Ministern. Auf einer der Kabinettslisten, die Graf Brandenburg dem König vorlegte, fand sich auch Bismarcks Name, wie er in seinen Erinnerungen berichtet. »Wie mir der General [Leopold] Gerlach erzählte, hatte der König dazu an den Rand geschrieben: ›Nur zu gebrauchen, wenn das Bajonett schrankenlos waltet.‹« Noch hübscher ist die Version dieser berühmten Glosse, die der sächsische Diplomat Graf Vitzthum von Eckstädt in seinen Erinnerungen an die Jahre seiner Tätigkeit in Berlin und Wien anbietet: »Rother Reactionär, riecht nach Blut, später zu gebrauchen.«

Auch wenn Bismarck damals von der Ablehnung seiner Person durch den König nichts wissen konnte, so besaß er jetzt Instinkt und politischen Verstand genug, sich nicht, wie noch im März, mit allen Mitteln in den Vordergrund zu spielen. Nach eigener Aussage beschied sich Bismarck vielmehr damit, den widerstrebenden Otto von Manteuffel – von dem ihm Graf Brandenburg in Potsdam gesprächsweise anvertraut haben will: »Ich brauche einen ›Kornak‹, einen Mann, dem ich traue und der mir sagt, was ich tun kann« – einen Tag und eine halbe Nacht lang zu bearbeiten, den Posten des Innenministers zu übernehmen.

Wie klug Bismarck mit seiner Zurückhaltung beraten war, muss ihm spätestens am 5. Dezember 1848 aufgegangen sein, als »die neue Preußische Verfassung, gegeben seinem Volke von Friedrich Wilhelm IV.« verkündet wurde. Diese oktroyierte Verfassung war ganz im Gegensatz zu dem, was man aufgrund der Umstände ihres Zustandekommens erwarten konnte, alles in allem sehr liberal ausgefallen. Zum einen war ein allgemeines, wenngleich indirektes Wahlrecht vorgesehen, zu dessen Ausübung allerdings erst ein bestimmtes Einkommen berechtigte. Außerdem wurden neben der Presse-, Vereinigungs- und Versammlungsfreiheit noch eine ganze Reihe weiterer Freiheiten gewährt, die in den Forderungskatalogen der Liberalen stets an prominenter Stelle erschienen waren. Schließlich beseitigte die Verfassung auch die Patrimonialgerichtsbarkeit der Junker, das gutsherrliche Polizeiwesen wie überhaupt alle Standesprivilegien. Es handelte sich also um eine Verfassung, gegen die sich revolutionäres Aufbegehren nicht lohnte, mit der man sich auch als liberaler Bürger arrangieren konnte. Dass die Befehlsgewalt über die Armee und damit auch die Entscheidung über Krieg und Frieden uneingeschränkt beim König lag, war in ruhigen Zeiten, wie es scheinen mochte, ohne Belang.

Die Verfassung war vom König gewissermaßen auch der Kamarilla aufgenötigt worden, die aus prinzipiellen Erwägungen dagegen war. Deshalb hatte er sie vorher auch gar nicht von seiner Absicht unterrichtet. Bismarck hingegen hatte schon im September in einem Schreiben an Ludwig Gerlach »zum Oktroyieren einer Charte, nach Auflösung der Versammlung« geraten. Vermutlich war ihm die Verfassung am Ende aber doch zu liberal ausgefallen. Namentlich die Beseitigung der gutsherrlichen Rechte muss ihn geschmerzt haben, aber er hütete sich, Kritik an ihr oder gar am König zu üben. Ganz im Gegenteil rühmte er in dem Schreiben an seinen Bruder vom 9. Dezember 1848: »Der König allein hat nie den Mut und nie das Ziel aus den Augen verloren, seit ich ihn um Johanni zuerst wiedersah, obschon man jede Mine gegen ihn springen ließ und keine Lüge schonte, um ihn einzuschüchtern.«

Zwar spricht Bismarck vom König, aber man hat den Eindruck, er rede von sich selbst. Tatsächlich konnte er mit sich und dem Fortgang seiner Karriere, allen revolutionären Widrigkeiten und eigenen Fehlern zum Trotz, rundum zufrieden sein. Auch das zeitweilig drohende Zerwürfnis mit den Gerlachs war angesichts der gemeinsamen großen Aufgabe, die Revolution weiterhin wirksam zu bekämpfen, zumindest übertüncht worden. Außerdem hatte Bismarck auch bewiesen, dass es ihm weitaus mehr um die Sache als um die Befriedigung seines Ehrgeizes ging, als er sich in den Novembertagen erfolgreich als Ministermacher betätigte. Und schließlich musste er sich nicht, wie viele Mitglieder der Kamarilla, vorwerfen, das Zaudern und Zögern des Königs gegenüber der Revolution kritisiert zu haben. Dieser hatte gewiss Fehler gemacht, aber es letzten Endes dennoch vermocht, die Revolution ohne bürgerkriegsähnliche Exzesse wie in Österreich zu beenden. Das alte Preußen hatte sich bei seiner Rückkehr nicht mit dem Blut seiner Untertanen befleckt.

Unmittelbar vor Oktroyierung der Verfassung war die Preußische Nationalversammlung auseinandergejagt worden, sodass wieder alle Macht in Händen des Monarchen lag. Allerdings bargen die Volkswahlen zur Zweiten Kammer noch einen gewissen Unsicherheitsfaktor. In einem ersten Schritt wurden am 22. Januar 1849 in einer »Urwahl« die Wahlmänner bestimmt, die dann ihrerseits in einem zweiten Schritt am 5. Februar die Abgeordneten für die Zweite Kammer wählen sollten. Dieser Modus erlaubte mancherlei Manipulationen, von denen Bismarck ausgiebig Gebrauch machte, um sich in der Stadt Brandenburg gegen seinen dortigen, sehr populären Konkurrenten, Bürgermeister Franz Ziegler, durchzusetzen, wenn auch nur mit knapper Mehrheit.

Während sich Bismarck in dem kurzen Wahlkampf sehr konziliant und gemäßigt gab, um seinen Ruf als Erzreaktionär nicht noch weiter zu fördern, legte er sich in der Sitzungsperiode dieses Landtags, der am 26. Januar eröffnet wurde, in dieser Hinsicht keinerlei Beschränkungen mehr auf. Vielleicht wollte er mit der unbedingten Schärfe, die er vorführte, die Schwäche der Ultra-Konservativen, die nach Einschätzung Ludwig Gerlachs gerade drei Abgeordnete einschließlich Bismarcks zählten, einigermaßen wettmachen. Wie auch immer, Bismarck vertrat jedenfalls einen unbedingt junkerlichen Standpunkt und plädierte mit Nachdruck gegen die Aufhebung des Belagerungszustands und gegen eine Amnestie für die »Märzrebellen«. Während dieses »kurzlebigen Landtags« aber kam Bismarck erstmals in seiner Karriere als Politiker mit einem Thema in Berührung, das entgegen der hartnäckig sich haltenden Auffassung nicht sein Schicksal wurde, sondern dessen Schicksal er werden sollte: die Einheit Deutschlands.

Die vorderhand gebändigte Revolution hatte Bismarck bislang nur unter jenen Aspekten beschäftigt, die einen unmittelbar nachteiligen Einfluss auf seine eigenen Interessen hatten. Dass sie auch eine nationale Dimension aufwies, dass sein politischer Hauptgegner, der Liberalismus, die nationale Einheit aller Deutschen in einem freien Staat mit repräsentativer Verfassung anstrebte, war ihm natürlich bekannt. Zunächst galt ihm das aber nur als »Frankfurterei«, als Hirngespinst, dem die in der Frankfurter Paulskirche tagende deutsche Nationalversammlung nachjagen mochte. Dass sein romantisch gesinnter König sich von Anfang an mit pathetischen Worten zu dieser Einheit bekannt und überdies öffentlich erklärt hatte, sie mit Herz und Hand fördern zu wollen, verbuchte er als Ausdruck monarchischen Überschwangs. Kaum aber war in Preußen die alte Ordnung, wenngleich eingewickelt in den »papierenen Wisch« einer Verfassung, wieder aufgerichtet, brachte sich die Frankfurter Nationalversammlung unangenehm in Erinnerung, indem sie Friedrich Wilhelm IV. die deutsche Kaiserkrone antrug.

Wie stand Bismarck zur deutschen Frage, als die »Kaiserdeputation« der deutschen Nationalversammlung am 2. April 1849 in Berlin eingetroffen war, um dem König von Preußen in aller Form jene Krone anzubieten, die dieser im vertraulichen Gespräch als »Schweinskrone« und »Wurstprezel« bezeichnet hatte, die nicht von Gottes Gnaden sei, sondern »vom Meister Bäcker und Metzger«? Tatsächlich hatte sich Bismarck mit der deutschen Frage, bevor sie Gegenstand der Debatte im Preußischen Landtag wurde, nie auseinandergesetzt. Wenn er in den Anfängen seiner politischen Wirksamkeit dennoch einmal den Blick über den preußischen Tellerrand schweifen ließ, dann sah er nur Polen, das er sein Leben lang mit Hass verfolgte.

Deutschland als Wille und Vorstellung dagegen war auf Bismarcks politischer Landkarte, unbeschadet des mit der Revolution aufbrandenden Nationalismus, ein weißer Fleck, in keinem Fall mehr als eine vage historische Reminiszenz. Gegenüber Hermann Wagener, dem Chefredakteur der *Kreuzzeitung*, ließ er sich bereits am 9. Juni 1848 einmal gesprächsweise vernehmen: »Preußen sind wir und Preußen wollen wir bleiben ... Wir wollen das preußische Königtum nicht verschwommen sehen in der faulen Gärung süddeutscher Gemütlichkeit.« Das war auch in späteren Zeiten sein wahrer Standpunkt.

Das Deutschland der Paulskirche jedoch, das konkrete Gestalt dadurch annehmen sollte, dass der preußische König die Kaiserkrone annahm, galt ihm lediglich als revolutionäre Parole, der mit aller Entschiedenheit widersprochen werden müsse. Ideologische Rücksichten spielten für Bismarck dabei nur eine nachgeordnete Rolle. Vorrangig ging es ihm darum, die preußische Machtstellung gegen jeden Versuch, diese zu »mediatisieren«, wie dies Friedrich Wilhelm IV. einmal formuliert hatte, zu verteidigen. Dementsprechend argumentierte er am 21. April 1849 in der Debatte der Zweiten Kammer des Preußischen Landtags gegen eine Annahme der deutschen Kaiserkrone durch den preußischen König in bildkräftiger Sprache, die ganz auf das romantische Sehnen Friedrich Wilhelms IV. abgestellt war: »Die Frankfurter Krone mag sehr glänzend sein, aber das Gold, welches dem Glanze Wahrheit verleiht, soll erst durch das Einschmelzen der preußischen Krone gewonnen werden.«

Es fällt jedoch auf, wie zurückhaltend Bismarck in dieser Rede, wie bei anderen öffentlichen Äußerungen jener Zeit, das Thema deutsche Einheit behandelt. Geradezu verblüffend ist der Satz in seiner Rede: »Die deutsche Einheit will ein jeder, den man danach fragt, sobald er nur deutsch spricht; mit dieser Verfassung aber will ich sie nicht.« Vielmehr glaubte er, »daß gerade dann, wenn wir ihnen [i. e. den »Frankfurter Souveränitätsgelüsten«, wie er sich ausdrückte] unsere Unterstützung verweigern, Preußen umso eher im Stande sein wird, die deutsche Einheit auf dem von der Regierung betretenen Wege herbeizuführen«.

Zu vermuten ist, dass Bismarck öffentlich nur deshalb so redete, weil ihm die »teutschen« Träumereien, in denen sein königlicher Herr nach wie vor schwelgte, nur zu geläufig waren. Sobald Friedrich Wilhelm IV. am 3. April 1849 die Annahme der Kaiserkrone eines kleindeutschen Nationalstaates abgelehnt hatte, wurde den deutschen Staaten in einer Zirkulardepesche angezeigt, dass Preußen mit dieser Entscheidung keineswegs auf jene Vormachtstellung in Deutschland verzichten wolle, die ihm von der Paulskirche zugedacht worden war. Preußen sei vielmehr entschlossen, eine Lösung der deutschen Frage anzustreben. Deshalb wurden die deutschen

Staaten aufgefordert, auf dem Wege der »Vereinbarung« eine deutsche Reichsverfassung auszuarbeiten.

Kaum hatte sich der Politiker in Friedrich Wilhelm IV. dazu entschieden, die Offerte der Paulskirche abzulehnen, gewann der Träumer in ihm erneut die Oberhand. Das Deutschland, das ihm vorschwebte, malte sich seine Phantasie als ein großes, starkes Deutsches Reich aus, das dem Glanz jenes alten, untergegangenen Heiligen Römischen Reiches gleichkommen sollte. Zwar müsste, so phantasierte es sich Friedrich Wilhelm IV. zusammen, die erbliche deutsche Kaiserwürde aus Gründen der tausendjährigen Tradition an Österreich fallen, aber zugleich plante er, die alte politische Ohnmacht der Kaiser zu restaurieren, denn die Macht sollten die Fürsten ausüben. Beileibe jedoch nicht alle vierunddreißig souveränen Häupter, sondern nur die größeren unter ihnen, die an der Spitze neu zu bildender »Reichsherzogtümer« stehen sollten. Für den preußischen König erdachte er sich das erbliche Amt eines »Reichserzfeldherrn«.

Die ausufernde Künstlerphantasie Friedrich Wilhelms IV. verlor sich ganz in der Ausgestaltung dieser pseudomittelalterlichen Reichsvisionen. Nichts davon wurde Wirklichkeit. Doch der historisch-romantische Zug seines Wesens erfand etwas, das seither zum Symbol alles Preußischen geworden ist: die Pickelhaube, die Friedrich Wilhelm IV. höchst eigenhändig entwarf und bei der Truppe einführte.

PREUSSENS DEUTSCHE POSSE

Für die Verwirklichung seiner »teutschen« Träume glaubte Friedrich Wilhelm IV. in Joseph Maria von Radowitz, Katholik ungarischer Abstammung, den geeigneten Mann gefunden zu haben. Bismarck spottete über ihn in seinen Erinnerungen mit einigem Recht, er sei der »geschickte Garderobier der mittelalterlichen Phantasie« seines Herrn gewesen und habe dazu beigetragen, »daß der König über historische Formfragen und reichsgeschichtliche Erinnerungen die Gelegenheiten zu praktischem Eingreifen in die Entwicklung der Gegenwart versäumte«. Radowitz diente Friedrich Wilhelm IV. als deutschlandpolitischer Berater und drängte in dieser Eigenschaft den Grafen Brandenburg in den Hintergrund. Der versah, nachdem er seiner Elefantenpflicht genügt und die Revolution niedergetrampelt hatte, still das Amt des preußischen Ministerpräsidenten bis zu seinem Tod im folgenden Jahr. Der Revolution von unten sollte nun die Revolution von oben folgen, die dasselbe Ziel verfolgte: eine kleindeutsche Antwort auf die großdeutsche Frage.

Radowitz hatte schon vor 1848 vorgeschlagen, mittels einer Reform des Deutschen Bundes einen engeren Zusammenschluss der einzelnen Mitgliedstaaten zu bewerkstelligen. Diese Vorschläge appellierten wegen ihres nationalen Pathos sehr an das romantische Gemüt Friedrich Wilhelms IV. Was diesen aber nicht weniger fasziniert haben dürfte, war die konservativ-christliche Auffassung, mit der dieser Plan sich anheischig machte, alle einzelstaatlichen Interessen und Egoismen zu überspielen und sie in einer europäischen Werteordnung aufzuheben. Das war natürlich politische Romantik *sans phrase*.

Außerdem war für Österreich nach der Revolution eine Antwort auf die deutsche Frage gleichbedeutend mit einer Entscheidung über Leben und Tod. Die idealistische Verblendung, mit der man sich jetzt in Preußen anschickte, aktive Deutschlandpolitik zu treiben, wurde noch befördert durch das machtpolitische Kalkül, dass die Aufstände, die in Ungarn ausgebrochen waren, den Vielvölkerstaat mit einem Flächenbrand nationaler Erhebungen überziehen, in jedem Fall aber dessen Aufmerksamkeit vom deutschen Schauplatz ablenken würden. Insofern sprach vordergründig einiges für die Absicht Friedrich Wilhelms IV., das nationale Werk der Revolution auf seine Weise zu vollenden – durch eine Revolution von oben ohne Beteiligung der Nation, dafür im Bunde mit den Fürsten.

Längst war unterdessen aber auch die innerpreußische Situation wieder in Bewegung gekommen. Am 27. April hatte der »zweite Staatsstreich« stattgefunden, war die Zweite Kammer des Landtags aufgehoben worden. Den Vorwand dazu lieferte sie selbst am 21. April 1849, als sie die Verfassung der Frankfurter Paulskirche als rechtsgültig anerkannte. Damit stellte sie sich gegen die preußische Regierung, die die Reichsverfassung auf Weisung des Königs am 28. April endgültig verwarf. Am 30. Mai 1849 wurde dann, gleichsam als krönender Abschluss dieses zweiten Staatsstreichs auf Raten, die Abschaffung des allgemeinen und gleichen Wahlrechts und seine Ersetzung durch das Dreiklassenwahlrecht, das bis 1918 in Preußen gültig bleiben sollte, verfügt. Preußen hatte sich damit auf eine konservative, gegenrevolutionäre Lösung der deutschen Frage festgelegt. Dabei unterschätzte man jedoch Österreich, die Zählebigkeit des kleinstaatlichen Partikularismus und vor allem die Furcht des »dritten Deutschland«, unter die Vormundschaft einer der beiden Flügelmächte zu geraten. Nicht die Ablehnung der Kaiserkrone war der kapitale Fehler Preußens, sondern die Verwerfung der von der Paulskirche ausgearbeiteten Reichsverfassung. Nur im stillen Bündnis mit der Revolution hätte Preußen Erfolg mit seiner Deutschlandpolitik haben können, denn nur dieses wäre geeignet gewesen, den Widerstandswillen der vier auf ihre eigene staatliche Kraft vertrauenden deutschen Königreiche Hannover, Sachsen, Württemberg und Bayern zu brechen. Preußen aber tat das genaue Gegenteil und gab damit seine letzte Trumpfkarte aus der Hand. Und dies nur deshalb, weil Friedrich Wilhelm IV. uneinsichtig darauf bestand, auch den geringsten Anschein des Verdachts zu vermeiden, die preußische Politik sei eine Komplizenschaft mit der Revolution eingegangen.

Dieses Trauerspiel einer ebenso prinzipienfesten wie törichten preußischen Deutschlandpolitik hatte einen genauen Beobachter: Otto von Bismarck. Das innenpolitische Szenario der Jahre 1864 bis 1870/71, als Bismarck die deutsche Einheit bewerkstelligte, unterschied sich, cum grano salis, nur in einer Hinsicht von der Konstellation der Jahre 1849/50. Fünfzehn Jahre später hatte die aller politischen Reaktion zum Trotz unaufhaltsam fortschreitende industrielle Revolution im Verbund mit dem von Preußen geführten Deutschen Zollverein die wirtschaftlichen Lebensgrundlagen der deutschen Klein- und Mittelstaaten längst ausgehöhlt. Von den inneren Voraussetzungen her stellten sich Bismarcks Konzept einer Einigung Deutschlands damit keine sonderlichen Hemmnisse in den Weg. Entscheidend allerdings war, dass er die Fehler vermied, die Friedrich Wilhelm IV. und Radowitz damals vorgeführt hatten und aus denen er als Unbeteiligter, aber dennoch privilegierter Beobachter seine Schlüsse zog.

Die Politik des Königs und seines Beraters Radowitz in der deutschen Frage war letzten Endes eine »unpolitische Politik«. Ludwig Gerlach urteilte in seinem Tagebuch über Friedrich Wilhelm IV. treffend: »Ihm schweben immer nur (junkertümlich) die Fürsten und ihre Verhältnisse, nicht die wahre Lage der Dinge vor.« Der bornierte Legitimismus, dem Friedrich Wilhelm IV. huldigte, vermochte in der Tat nur die Fürsten und ihre vermeintlich identischen Interessen wahrzunehmen. Er übersah dabei völlig, dass es in Wahrheit die Interessen der Staaten und Völker, genauer, die ihrer leitenden Politiker sind, welche die Politik bestimmen. Das erkannt und aus dieser Einsicht in Übereinstimmung mit seinen ureigensten Absichten und Fähigkeiten die richtigen Konsequenzen gezogen zu haben war die große Lektion, die Bismarck während seiner Lehrzeit, die erst mit seiner Ernennung zum preußischen Ministerpräsidenten im Jahre 1862 enden sollte, lernte.

Am 28. April 1849 lud das Ministerium Brandenburg die deutschen Staaten zu einer Konferenz nach Berlin ein. Thema sollte die Regelung der deutschen Verfassungsfrage sein. Was der preußischen Regierung vorschwebte, präzisierte eine Note vom 9. Mai, mit der das Projekt einer »Union« vorgestellt wurde. Diese »Union« war in ihrer Substanz nichts anderes als die von der »kleindeutschen« Mehrheit in der Paulskirche einst favorisierte Lösung eines deutschen Bundesstaates unter Ausschluss aller österreichischen Lande. Allerdings sollte das im Frankfurter Entwurf vorgesehene Parlament in seiner Machtfülle weitgehend durch eine Hegemonie der miteinander verbündeten Reichsfürsten ersetzt werden.

Bereits am 16. Mai 1849 wurden die preußischen Unionspläne von der österreichischen Regierung Schwarzenberg verworfen. Damit scheiterte das gesamte Projekt, noch ehe es richtig in Gang gekommen war. Lediglich die Königreiche Sachsen und Hannover, die unter den preußischen Kanonen lagen, fanden sich am 26. Mai 1849 zum Abschluss des sogenannten Dreikönigsbündnisses mit Preußen bereit. Nach den Vorstellungen von Radowitz sollte es der Kern des künftig von Preußen geführten deutschen Bundesstaates sein. Doch dieser Kern war von Anfang an faul, denn Sachsen und Hannover kündigten sogleich an, sie würden aus diesem Bündnis wieder austreten, wenn es allein auf Norddeutschland beschränkt bliebe und ihm nicht wenigstens auch Bayern beiträte, dessen Gewicht die übrigen süddeutschen Staaten nach sich zöge. Aber Bayern verspürte weder Neigung noch Zwang zu einem solchen Schritt. Außerdem appellierten Sachsen und Hannover insgeheim und mit allem Nachdruck an die Münchener Regierung, einen Beitritt zum Dreikönigsbündnis zu unterlassen.

Unter mancherlei Vorbehalten und aus jeweils unterschiedlichen Motiven traten im Laufe des Sommers aber dennoch die meisten der nord- und mitteldeutschen Fürsten dem Bündnis bei. Der Erfolg, den die preußischen Unionsbestrebungen bis zum August 1849 erzielen konnten, war mithin äußerst fragwürdig. Zugleich aber wurden die Aussichten immer trüber, auf dieses wackelige Bündnissystem eine dauerhafte und erfolgversprechende Politik zu gründen, hatte sich unterdessen doch die Situation ringsum vollständig verändert. Mithilfe russischer Truppen war es Österreich gelungen, den Aufstand der Ungarn blutig zu ersticken. Österreich hatte damit die Hände wieder frei, und die Fürsten der deutschen Mittelstaaten begannen erneut, Morgenluft zu wittern. Am 12. Juli 1849 erklärte die Münchener Regierung definitiv, sie wolle dem Dreikönigsbündnis nicht angehören. In einer Zirkularnote an die bayerischen Gesandten in den deutschen Staaten hieß es, »daß Preußen keine anderen Absichten verfolge als rechtswidrige Vergrößerung der eigenen Macht«.

Spätestens jetzt hätte Preußen erkennen müssen, dass seine Unionspläne gescheitert waren. Bismarck gehörte zu jenen aus dem konservativen Lager, die diese Einsicht hatten, die sich aber mit öffentlicher Kritik zurückhielten, weil sie nur zu gut wussten, dass diese – verfehlte – Deutschlandpolitik Friedrich Wilhelms IV. liebstes Kind war. Bismarck wagte es jedoch, diese Politik in zwei, allerdings urgezeichneten, Artikeln, die am 26. und 31. August 1849 in der *Kreuzzeitung* erschienen, zu zerpflücken. Hätte der preußische König, der sich über beide Aufsätze sehr erregte, gewusst, wer ihr Autor war, dann hätte das, wie Leopold Gerlach in seinen *Denkwürdigkeiten* mit Blick auf Bismarck schrieb, »wahrscheinlich seine Anstellung unmöglich gemacht«. Nachdem sich Bismarck damit Zorn und Verbitterung von der Seele geschrieben hatte, konnte er am 6. September 1849 in seiner Rede vor dem im Juli nach dem Dreiklassenwahlrecht neu gewählten Landtag in einer bis zur Selbstverleugnung moderaten Weise zu dieser Politik Stellung nehmen. Den Anlass dazu bot eine Rede von Radowitz, mit der dieser den Landtag über den Stand des Unionsprojektes und der deutschen Verfassung informierte, der die preußische Verfassung zu gegebener Zeit angeglichen werden musste. Das verstand sich zwar nach Artikel 111 dieser Verfassung von selbst, die Liberalen legten jedoch besonderen Wert auf ausdrückliche Klarstellung, um sicherzustellen, dass die Rechtsverhältnisse zwischen Reich und Gliedstaaten harmonisiert würden. Dies war für sie die Voraussetzung, dass mit dem Unionsprojekt eine Einheit gestiftet wurde, die über einen bloßen Staatenbund hinausging.

Hier genau setzte Bismarcks Kritik an: Im Schutze seines Rufs, Erzreaktionär zu sein, bezeichnete er dieses Verlangen als den Versuch, die tatsächlichen Machtverhältnisse zugunsten einer Partei auf den Kopf zu stellen. Mit der geplanten Verfassung solle doch nur das durchgesetzt werden, was zuvor an der Weigerung Friedrich Wilhelms IV., die Kaiserkrone anzunehmen, bereits gescheitert sei. Letzten Endes gehe es um nichts anderes als darum, die in den Einzelstaaten herrschenden monarchisch-aristokratischen Ordnungen zu beseitigen. Vom Standpunkt eines Konservativen aus betrachtet sei eine derartige Politik unverantwortlich, vor allem deshalb, weil sie den eigentlichen Charakter der revolutionären Bewegung von 1848 hartnäckig verkenne. Seiner Meinung nach verhielte es sich hingegen so, »daß die ›bewegenden Prinzipien‹ des vorigen Jahres viel mehr sozialer als nationaler Natur waren; die nationale Bewegung wäre auf wenige, aber allerdings hervorragende Männer in engeren Kreisen beschränkt geblieben, wenn nicht dadurch der Boden unter unseren Füßen erschüttert wurde, daß das soziale Element in die Bewegung hineingezogen, daß durch falsche Vorspiegelungen die Begehrlichkeit der Besitzlosen nach fremdem Gute, der Neid der Minderbegüterten gegen die Reichen aufgestachelt wurde und diese Leidenschaften nur um so leichter Boden gewinnen, je mehr durch eine langjährige, von oben genährte Freigeisterei die sittlichen Elemente des Widerstandes in den Herzen der Menschen vernichtet waren«.

Bismarcks beschränkte Weltsicht, das enthüllt diese Passage, verstellte ihm nach wie vor das Verständnis der großen sozialen Probleme, die der rasche Übergang von einer ständisch, zünftig und lokal gebundenen Subsistenzwirtschaft zur kapitalistisch-industriellen Wirtschaft, die sich notwendig national entfalten musste, verursachte. Daran änderte sich erst etwas, als Bismarck nach 1859 vielfältige Geschäftsbeziehungen mit dem jüdischen Bankier Gerson Bleichröder aufnahm, der wenigstens Bismarcks Borniertheit in wirtschaftlichen Belangen etwas zu mildern vermochte.

Diese Rede Bismarcks ist noch aus einem anderen Grunde bemerkenswert. Zum ersten Mal führte er jenen Trick vor, den er später meisterlich beherrschen sollte: Er reduzierte komplexe Sachverhalte auf schlichte Machtfragen. Mit dieser Methode, Politik zu einer Dreisatz-Aufgabe und damit jedermann verständlich zu machen, avancierte er schon bei Lebzeiten zum Idol aller Professoren und leitartikelnden Lehnstuhlstrategen. Was die Attraktivität und vordergründige Plausibilität dieser Verfahrensweise zusätzlich steigerte, war Bismarcks Technik, sich zu ihrer Illustration kühner historischer Analogien zu bedienen, die den Anschein widerspruchsloser Evidenz hatten.

Wie stets in der Politik, dozierte Bismarck, gehe es auch hier nur um den erbitterten Konkurrenzkampf organisierter politischer Interessen und Gruppen. Wer das nicht erkenne, der könne auch die Konsequenzen seines Handelns nicht mehr übersehen, weil er dann nur noch damit beschäftigt sei, »die nimmersatten Anforderungen eines Phantoms zu befriedigen, welches unter dem fingierten Namen Zeitgeist oder öffentlicher Meinung die Vernunft der Fürsten und Völker mit seinem Geschrei betäubt, bis jeder sich vor dem Schatten des anderen fürchtet und alle vergessen, daß unter der Löwenhaut des Gespenstes ein Wesen steckt von zwar lärmender, aber wenig furchtbarer Natur«. Statt darauf hereinzufallen, so Bismarcks Fazit, gelte es, sich in der gegenwärtigen Lage auf tatsächlich gegebene Machtpositionen zu beziehen, und das sei allemal der preußische Staat und seine inzwischen teilweise wiederhergestellte innere Ordnung. Davon ausgehend müsse man folglich eine Politik treiben, die ihre Realisierungschancen unter Berücksichtigung innerer wie äußerer Gegebenheiten einschätzte. Eine solche Politik könne ohne Weiteres auch den Charakter einer expansiven Machtpolitik tragen, nur gelte es, darauf zu achten, dass man dabei nicht die Kontrolle verliere und die Geschäfte anderer besorge.

Bismarck hütete sich wohl, seine Kritik an der Unionspolitik zu deutlich zu formulieren. Stattdessen benutzte er eine fragwürdige historische Analogie, indem er die seiner Meinung nach fundamentalen Unterschiede, die zwischen der Unionspolitik und der Politik Friedrichs II., die in diesem Zusammenhang von ihm immer wieder beschworen wurde, herausarbeitete. Friedrich, so Bismarck, hätte sich nicht mit ängstlichem Taktieren aufgehalten, sondern sich auf die Armee und auf das »kriegerische Element« als die »hervorragendste Eigentümlichkeit preußischer Nationalität« verlassen, um eine klare und rasche Entscheidung herbeizuführen. »Er hätte«, so Bismarck weiter, indem er nun seine eigenen kritischen Ansichten der unangreifbaren Lichtgestalt der preußischen Geschichte unterschob, »die Wahl gehabt, sich nach dem Bruch mit Frankfurt an den alten Kampfgenossen, an Österreich, anzuschliessen, dort die glänzende Rolle zu übernehmen, welche der Kaiser von Rußland gespielt hat, im Bunde mit Österreich den gemeinsamen Feind, die Revolution, zu vernichten. Oder es hätte ihm freigestanden, mit demselben Recht, mit dem er Schlesien eroberte, nach Ablehnung der Frankfurter Kaiserkrone den Deutschen zu befehlen, welches ihre Verfassung sein solle, auf die Gefahr hin, das Schwert in die Waagschale zu werfen. Dies wäre eine nationale preußische Politik gewesen. Sie hätte Preußen im ersten Fall in Gemeinschaft mit Österreich, im anderen Fall durch sich allein die richtige Stellung gegeben, um Deutschland zu der Macht zu helfen, die ihm in Europa gebührt. Der vorliegende Verfassungsentwurf aber vernichtet das spezifische Preußentum.« Gegen Ende bekräftigte Bismarck seine Position noch einmal mit den drastischen Worten: »Das Volk … hat kein Bedürfnis, sein preußisches Königtum verschwimmen zu sehen in der fauligen Gärung süddeutscher Zuchtlosigkeit.«

Mit dieser Rede erscheint zum ersten Mal der ganze Bismarck in seiner politischen Spielernatur. Was er, durch das Temperament eines Friedrich II. gesehen, formuliert, ist nichts anderes als eine politische Alternative, die durch ihre kahle Nüchternheit zu faszinieren vermag, von der er selbst aber zu dem Zeitpunkt, als er sie aussprach, kaum hätte sagen können, welche Lösung denn nun die »richtige« sei. Die eine Alternative sah vor, sich mit Österreich auf der Basis der konservativen Solidarität, wenngleich bei gegenüber 1848 veränderter Gewichtsverteilung, wieder zu verständigen. Die andere zielte auf eine entschlossene preußische Expansions- und Annexionspolitik, um auf diesem Wege in irgendeiner Form eine kleindeutsche Lösung zustande zu bringen.

Noch aufschlussreicher als diese außenpolitische Analyse

der beiden Optionen ist der Geist, von dem sie durchdrungen waren. Bismarck wurde und wird hartnäckig eine Modernität politischen Denkens attestiert, die ihn seinen in einem vorgestrigen Wertekonservatismus befangenen und uneinsichtig darin verharrenden Gönnern und Gesinnungsgenossen entfremden musste. Eine solche Auffassung entbehrt jedoch jeder Grundlage. Bismarcks politisches Denken war, wie diese Rede zeigt, alles andere als modern. Vielmehr orientierte er sich ausschließlich am Machtzynismus der Staatsräson, wie er der Kabinettspolitik des 18. Jahrhunderts als Ideal vorschwebte und wie ihn Friedrich II. mit dem Glück des Hasardeurs in fataler Beispielhaftigkeit realisierte. Mit anderen Worten: Bismarcks politisches Denken war seinem innersten Wesen nach geradezu antimodern.

Angesichts der politischen Situation in Mitteleuropa im Sommer 1849 waren selbst Bismarcks scharfsinnig formulierte außenpolitische Alternativen lediglich Hirngespinste, die auch er nicht hätte umsetzen können. Österreich war wieder aus seiner Ohnmacht erwacht und strebte zurück zur alten vorrevolutionären Ordnung in Deutschland, die ihm mittels einer Reaktivierung des Deutschen Bundes seine traditionelle Vormachtstellung garantierte. Ein erster Schritt dazu war die Verständigung mit Preußen über die sogenannte Interimslösung, mit der die immer noch bestehende provisorische »Reichszentralgewalt«, die Regierung der Paulskirche, beseitigt wurde und eine österreichisch-preußische Bundeskommission die Funktionen einer vorläufigen Zentralbehörde übernahm. Diese Lösung war bis zum 1. Mai 1850 befristet. Beide Seiten gaben sich der Hoffnung hin, die deutsche Frage bis zu diesem Datum im je eigenen Sinne beantworten zu können. Aber Preußen brachte sich damit unter Zeitdruck. Am 19. Oktober 1849 setzte es im Verwaltungsrat der Union den Beschluss durch, für den 15. Januar 1850 Wahlen zu einer konstituierenden Versammlung des geplanten deutschen

Bundesstaates anzuberaumen. Dieser Beschluss veranlasste Sachsen und Hannover, aus dem Dreikönigsbündnis auszutreten.

Nach dem Scheitern der Revolution hatte man in den europäischen Kabinetten gänzlich das Interesse an der deutschen Frage, den »querelles allemandes«, verloren. Aber die Ruhe wurde noch einmal gestört durch das Wiederaufflammen des Konflikts um die beiden Elbherzogtümer Schleswig und Holstein. Ursache dieses Konflikts waren überaus komplizierte dynastische Konstellationen, die dazu führten, dass die beiden Herzogtümer der dänischen Krone gehörten, während das Herzogtum Holstein dessen ungeachtet Mitglied des Deutschen Bundes war. Die Paulskirche hatte versucht, diesen Knoten mit einem Schwertstreich zu durchhauen, Schleswig ebenfalls in den Deutschen Bund aufzunehmen und es damit für den künftigen deutschen Nationalstaat zu reklamieren. Das weckte nicht nur den dänischen Nationalismus, sondern rief auch die Großmächte auf den Plan, denen daran gelegen war, den schmalen Ostseezugang von Dänemark und nicht von einer möglichen neuen Großmacht namens Deutschland kontrollieren zu lassen. Der daraus resultierende Konflikt provozierte in den deutschen Staaten einen überschäumenden Nationalismus, sodass sich die damalige liberale preußische Regierung auf eine »Bundesexekution« einließ: Im Auftrag der Paulskirche eroberten preußische Truppen die Elbherzogtümer. Der Druck, den die Großmächte, insbesondere Russland und England, daraufhin ausübten, zwang Preußen dazu, seine Truppen bis zur nördlichen Sprachgrenze bei Flensburg zurückzunehmen und in den Waffenstillstand von Malmö einzuwilligen. Diesen Waffenstillstand kündigte Dänemark Ende März 1849, woraufhin am 3. April erneut Kampfhandlungen ausbrachen, in die Preußen höchst widerwillig hineingezogen wurde. An seinen Vertrauten Bunsen schrieb Friedrich Wilhelm IV. damals, alles, was mit den

Elbherzogtümern im Zusammenhang stehe, habe für ihn »Mumienfarbe und Aasgeruch«. Russland und England setzten Preußen unter Druck, hinter dem aber keine ernst zu nehmende Interventionsdrohung stand. Dennoch genügte ein Stirnrunzeln des Zaren, um Friedrich Wilhelm IV. einzuschüchtern. Am 10. Juli 1849 schlossen Preußen und Dänemark einen zweiten Waffenstillstand, der den dänischen Ansprüchen noch erheblich weiter entgegenkam als die Waffenruhe von Malmö. In den Augen der nationalgesinnten Deutschen, für die das Schicksal der beiden Elbherzogtümer die Symbolkraft einer *cause célèbre* besaß, hatte Preußen damit die deutsche Sache erneut an Dänemark verraten. Die Empörung darüber flammte in Deutschland derart auf, dass nur fünf Regierungen es wagten, diesen Waffenstillstand, mit dem der noch immer offiziell als »Reichskrieg« geführte Konflikt beigelegt wurde, zu ratifizieren.

Dessen ungeachtet jagte Radowitz seinem Traumgespinst nach, Deutschland allein durch die freiwillige Zustimmung seiner Fürsten und gesalbten Häupter einigen zu können. Damit das Ganze aber einen Anstrich bekam, der dem von Bismarck verachteten Zeitgeist genügte, sollte diese Übereinkunft durch ein Parlament abgesegnet werden, das am 20. März 1850 in Erfurt in der Augustinerkirche Luthers zusammentrat. Dieses Erfurter Parlament war eine merkwürdige, melancholisch stimmende Karikatur seines großen Frankfurter Vorbilds, zumal dessen Abgeordnete auf Grundlage des preußischen Dreiklassenwahlrechts bestimmt worden waren. Was Wunder also, dass dieses, übrigens bei geringster Wahlbeteiligung zustande gekommene Gremium ein äußerst willfähriges Instrument war, das dem ihm vorgelegten Verfassungsentwurf umstandslos zustimmte. Im Übrigen stammte gut die Hälfte der Abgeordneten aus Preußen.

Bismarck, der sich als Abgeordneter auch in dieses Erfurter Unionsparlament hatte wählen lassen, nutzte seine hier am

15. April 1850 gehaltene Rede dazu, seine Position nochmals scharf zu umreißen. Zu seinem Antrag, den zur Abstimmung vorliegenden Verfassungsentwurf gründlich zu überarbeiten, führte er unter anderem aus: »Wenn es doch einmal geschehen soll, daß wir auf den Leib der deutschen Einheit den fadenscheinigen Rock einer französischen Konstitution ziehen«, dann dürfe dies unter keinen Umständen zur Folge haben, dass Preußen von den deutschen Mittel- und Kleinstaaten und deren wahlberechtigter Bevölkerung bevormundet werde. Diese Gefahr sei aber bei dem vorliegenden Entwurf gegeben, »und das zu einer Zeit, wo das preußische Volk von der Ansicht beherrscht ist, daß die Anstrengungen, die es gemacht hat, um sich selbst aus dem Elende der Revolution aufzuraffen und seinen Nachbarn eine teils materielle, teils moralische Stütze zu gewähren, einen besonderen Anspruch auf politische Berechtigung« habe. Das hieß nichts anderes, als dass Deutschland in Preußen aufginge, und nicht Preußen in Deutschland. Damit formulierte Bismarck gleichsam *en passant* eine politische Prämisse, die für ihn immer oberste Priorität haben sollte.

Im Grunde aber musste ihm sein politischer Instinkt sagen, dass die vorgeschlagene Verfassung eine zu schmale, unsichere Grundlage für das Gebäude darstellte, das auf ihr errichtet werden sollte. Die ganze Union war ein Kartenhaus, das der geringste Windstoß zum Einsturz bringen konnte.

Am 29. April 1850 gab Radowitz dem Erfurter Parlament den Abschied. Am 1. Mai lief die Frist für das österreichisch-preußische Interim über die provisorische Bundeszentralgewalt aus. Die Unionsverfassung, umgehend in Kraft gesetzt, hätte Fakten geschaffen, doch Friedrich Wilhelm IV. zögerte. Jetzt, da das Gehäuse einer deutschen Union errichtet war, erwies sich das ganze Vorhaben als ein ungeliebter Wechselbalg. Alle waren dagegen: die Kamarilla vorneweg, das Ministerium Brandenburg, das Verwicklungen mit Österreich fürchtete, der König, dem der Erhalt der russischen Freundschaft über alles ging, denn auch dem Zaren missfiel das gesamte Unternehmen. Friedrich Wilhelm IV. verlegte sich deshalb aufs »Temporisieren«. Er ließ den verbündeten Regierungen die fertige Verfassung mit der Aufforderung zuleiten, diese möchten gefälligst einen endgültigen Beschluss fassen. Insgeheim aber hoffte er, »daß Erfurt durch Fäulnis oder durch eine Explosion sich auflöse«.

Preußen hatte die deutsche Sache damit endgültig zur Posse und sich selbst lächerlich gemacht. Aber es kam noch schlimmer. Bereits am 19. April 1850 hatte Österreich seine Absicht verkündet, alle deutschen Regierungen nach Frankfurt einzuladen, um dort über die Wiederherstellung des Deutschen Bundes und des Bundestages zu beraten. Am 26. April ergingen Einladungen zu diesem Kongress, der für den 10. Mai anberaumt war, an die einzelnen Regierungen und damit auch an die Staaten, die der Union angehörten. In Berlin wäre es dem Innenminister Manteuffel, einem Mann der Kamarilla und Gegner der Union und ihres Erfinders Radowitz, beinahe gelungen, Friedrich Wilhelm IV. zu überreden, nach Frankfurt zu reisen. Radowitz, der seine gesamte Politik durch diesen Schritt völlig zu Recht gefährdet sah, stemmte sich mit aller Leidenschaft dagegen. Preußen, argumentierte er, dürfe an diesem Kongress nicht teilnehmen, solange sich die beiden Flügelmächte nicht über eine Neugestaltung Deutschlands verständigt hätten. Dem stünden aber zwei gegensätzliche Positionen entgegen: Österreich fordere die Aufnahme des gesamten Kaiserstaats in den wieder zu errichtenden Deutschen Bund, während Preußen von Österreich die Anerkennung des Rechts der deutschen Staaten verlangte, sich enger in der Union zusammenzuschließen. Wenn Österreich dem nicht zustimmen wolle, dann müsse eine schiedsrichterliche Entscheidung über die Vereinbarkeit beider Konzepte mit den Bundesverträgen gesucht werden. Einseitigen Beschlüssen Österreichs und seiner Bundesgenossen aber könne sich Preußen nicht unterwerfen. Im Falle eines Falles müsse Preußen sich der Eventualität stellen, gewaltsam gegen bundesbrüchige Angriffe Österreichs vorzugehen.

Durch die diplomatische Gegenoffensive Österreichs war die von Radowitz nur noch sehr zögerlich betriebene Unionspolitik endgültig zum Erliegen gekommen. Mehr noch: Es begann sich die Gefahr einer politischen Niederlage Preußens abzuzeichnen, die sich nur noch dadurch bannen ließ, dass man die Entscheidung in einem Krieg zwischen den beiden Flügelmächten suchte. Eine militärische Auseinandersetzung mit Österreich aber wollte Friedrich Wilhelm IV. mindestens ebenso sehr vermeiden, wie ihn andererseits Radowitz' Argument überzeugte, ein Eingehen auf die österreichischen Forderungen bedeute für Preußen eine schwere Niederlage. Der König suchte in dieser heillos verfahrenen Situation nach einem Ausweg, den es nicht gab. Er klammerte sich deshalb an eine Ausrede, die Graf Brandenburg fand und die immerhin die Chance bot, wenigstens Zeit zu gewinnen. Graf Brandenburg sprach sich einerseits für das Konzept aus, das Radowitz vorgetragen hatte. Zugleich gab er aber zu bedenken, dass es nicht um die Alternative Widerstand oder Unterwerfung gehe, sondern allein um die Frage, ob man unter allen Umständen entschlossen sei, die Unionspolitik fortzusetzen.

Das war so recht nach dem Geschmack Friedrich Wilhelms IV., der sich jetzt zu der Erklärung verstieg, »die Sache der Union nimmermehr fallen zu lassen«. Auch wenn er dies noch so laut verkündete, insgeheim hoffte er doch mehr denn je, die Union werde sich in Luft auflösen, er aber nicht als derjenige dastehen, der Preußens Politik an Österreich verraten habe. Die Chancen, dass »Fäulnis« das Ihre zur Beseitigung der Union beitrüge, standen im Übrigen nicht schlecht, denn Berlin konnte nicht verborgen geblieben sein, dass mit der österreichischen Einladung nach Frankfurt jene Mitglieder der Union neue Hoffnung zu schöpfen begannen, die ohnehin nur noch mit halbem Herzen bei der Sache waren. Und das waren alle, Preußen eingeschlossen.

Vor diesem Hintergrund muss der damals von der preußischen Regierung gefasste Beschluss gesehen werden, der von Österreich nach Frankfurt einberufenen Konferenz durch einen »Fürstentag« der Unionsländer zuvorzukommen. Er sollte am 8. Mai 1850 in Berlin stattfinden. Damit zeigte Preußen einerseits selbstbewusst Stärke Österreich gegenüber und verschaffte sich andererseits die Möglichkeit, Aufschluss über die innere Festigkeit der Union zu erlangen. Der Hintergedanke aber war, mittels dieses »Fürstentages« den Fäulnisprozess der Union zu beschleunigen, eine Erwartung, die nicht trog: Hessen-Darmstadt erklärte sogleich, sich nicht mehr am weiteren Ausbau der Union beteiligen zu können. Auch der Herzog von Nassau ließ mitteilen, er werde nicht erscheinen. Das war schon etwas, aber immer noch nicht genug. Als Friedrich Wilhelm IV. am 9. Mai den Fürstentag eröffnete, gab er deshalb sogleich unmissverständlich zu erkennen, wie viel ihm selbst noch an der ganzen Union gelegen war: »Ich rede keinem der verbündeten Herren zu, dem Bündnis treu zu bleiben, und werde es auch ebenso keinem der Herren verargen, wenn er aus Rücksichten der Landeswohlfahrt in dem Augenblicke die Chancen des Krieges nicht laufen will und aus dem Bunde ausscheidet.«

Der mit viel Gepränge inszenierte »Fürstentag« entpuppte sich somit als pompöses Leichenbegängnis, bei dem die Union zu Grabe getragen wurde. Lediglich eine Minderheit der kleinsten und schwächsten ihrer Mitglieder erklärte sich bereit, die Erfurter Verfassung anzunehmen. Alle anderen machten Einwände geltend oder retteten sich in Ausflüchte. Selbst Radowitz musste sich nun eingestehen, dass er in der Hauptsache gescheitert war. Leopold Gerlach, den trübe Ahnungen plagten, schrieb unter dem 12. Mai 1850 an seinen Bruder Ludwig: »Und alles freut sich mit lächerlicher Naivität, daß der Bundesstaat sich nunmehr auflösen wird.«

Aber auch die Frankfurter Konferenz vom 10. Mai 1850 war für Österreich bestenfalls ein halber Erfolg: Von den 36 eingeladenen deutschen Staaten entsandten nur zehn ihre Vertreter. So war die Konferenz nicht wirklich handlungsfähig, aber dennoch in zweierlei Hinsicht bedeutsam: Mit ihr begann sich der Deutsche Bund wieder zu formieren, und Österreich zerstreute jeden Zweifel an seiner Entschlossenheit, die alte Ordnung in Deutschland gegen jegliche »revolutionäre« Neuerung zu verteidigen. Dabei wusste sich Österreich in Übereinstimmung mit einer Macht, deren Wünschen Preußens Friedrich Wilhelm IV. sich niemals versagen würde: Russland. Ende Mai 1850 reisten sowohl Kronprinz Wilhelm von Preußen als auch Fürst Schwarzenberg nach Warschau, wo sich Zar Nikolaus I. aufhielt. Der Herrscher aller Reußen verlangte, dass die deutschen Flügelmächte ihre Händel beilegten und sich stattdessen im Geiste der »Heiligen Allianz« seligen Angedenkens zusammentäten, um die Revolution endgültig zu begraben. Voraussetzung dafür sei, dass beide zunächst einmal ihre Verfassungen abschafften. Preußen wurde außerdem dazu ermahnt, endlich Frieden mit Dänemark zu schließen. Im Übrigen, so versicherte der Zar, werde er jede deutsche Macht unterstützen, die angegriffen werde. Aber, fügte er sibyllinisch hinzu, Angreifer sei nicht immer nur der, der attackiere, sondern auch der, der Unruhe stifte. »Moskwa locuta«, Moskau hatte gesprochen, und in Berlin beeilte man sich, zu gehorchen und mit Dänemark zu einem Frieden zu kommen.

Dieser »Berliner Frieden« vom 2. Juli 1850, der von Preußen auch im Namen des Deutschen Bundes geschlossen wurde und in dem Preußen die Herzogtümer aufgab, stellte der Unionspolitik den Totenschein aus. Dass es dann zunächst aber noch einmal anders kam, war eine ganz besondere Leistung der preußischen Politik. Der Grund dafür war, dass das Schicksal von Schleswig-Holstein weit über das Lager der Nationalgesinnten hinaus einen beträchtlichen Symbolwert besaß. Insbesondere die reaktionären Kreise in Preußen, die Revolution und Nation in gleicher Weise verabscheuten und gegen beide den Grundsatz fürstlicher Legitimität ins Feld führten, missbilligten die Auslieferung der beiden Elbherzogtümer an die dänische Krone, obwohl dies in völligem Einklang mit ebenjenem Legitimismus stand, auf den sie sich sonst immer beriefen. Friedrich Wilhelm IV. geriet dadurch innenpolitisch in eine unmögliche Situation: Während er dem Zaren zu Willen war, überwarf er sich nun mit seinen Parteigängern. Damit nicht genug, vermochte Dänemark sich nicht in den Besitz der Elbherzogtümer zu bringen, da die mit dem zweiten Waffenstillstand dort eingesetzte Statthalterschaft den Friedensschluss nicht anerkannte und den Krieg auf eigene Faust fortsetzte. Der dänische König appellierte deshalb an die von Österreich nach Frankfurt einberufene Bundeskonferenz. Dabei konnte er sich auf Artikel 4 des »Berliner Friedens« stützen, der ihm zugestand, »gemäß dem Bundesrecht um die Intervention des Deutschen Bundes zur Wiederherstellung der Ausübung seiner rechtmäßigen Hoheitsgewalt in Holstein« zu ersuchen. Der dänische Hilferuf gab Österreich die willkommene Gelegenheit, die Frankfurter Konferenz am 2. September wieder als ordentliche Bundesversammlung zu konstituieren. Am 3. September 1850 ratifizierte der Bundestag auch im Namen des Deutschen Bundes den »Berliner Friedensvertrag«. Der Deutsche Bund war damit endgültig wieder von den Toten auferstanden. Das war eine Ironie der Geschichte, denn der Streit um die Elbherzogtümer hatte der deutschen Sache in der Revolution so viel Auftrieb gegeben und sollte es dereinst wieder tun. Die Beendigung dieser Auseinandersetzung erweckte nun erneut einen Bund zum Leben, der zwar Deutscher Bund hieß, aber dessen letzter Zweck darauf zielte, Deutschland zu verhindern.

Die Restaurierung des Bundestages durch Österreich bedeutete für Preußen eine empfindliche Schlappe. Radowitz stellte den König vor die Entscheidung, ihn und die Unionspolitik endgültig fallen zu lassen oder aber energisch gegen das »widerrechtliche« Vorgehen Österreichs einzuschreiten. Friedrich Wilhelm IV. blieb sich auch diesmal treu, entschied sich für Radowitz und ernannte ihn gegen den Widerstand der Kamarilla am 26. September 1850 zum Außenminister. Gleichzeitig erklärte er auf dessen Betreiben hin die Bundestagsbeschlüsse in Sachen Schleswig-Holstein für null und nichtig und bezeichnete die gegen Holstein verhängte Bundesexekution als rechtswidrig. Preußen war, so hatte es den Augenschein, zum Krieg gegen Österreich entschlossen – und dies wegen einer Angelegenheit, die für Friedrich Wilhelm IV. nur »Mumienfarbe« hatte und aus der ihn »Aasgeruch« anwehte. Die preußische Politik schien zu äußerster Inkonsequenz bereit, dies aber mit aller Konsequenz.

Der sich im Spätsommer 1850 wegen der Elbherzogtümer bedrohlich zuspitzende Konflikt zwischen Preußen und Österreich wurde aber rasch von einer weiteren Krise in den Hintergrund gedrängt, die die preußischen Machtinteressen viel unmittelbarer berührte: durch den berühmt-berüchtigten Verfassungskonflikt in Kurhessen, das Bismarck boshaft nur als »Hurhessen« zu bezeichnen pflegte. Der kurhessische Verfassungsstreit schwelte seit Februar 1850. Damals sah Kurfürst Friedrich Wilhelm von Hessen-Kassel, ein Herrscher, der alle Unarten des Kleindespotismus aufwies, seine Stunde gekommen, um auf seine Weise mit der Revolution abzurechnen: Das liberale Ministerium der Revolutionszeit wurde durch ein reaktionäres ersetzt, das eine Kreatur namens Hassenpflug leitete, die ganz den Wünschen ihres Herrn entsprach. Akut aber wurde die Krise erst durch die Weigerung der Landstände, den Haushalt zu bewilligen. Nach zweimaliger Auflösung der Landstände und deren wiederholter Weigerung, dem Etat zuzustimmen, verfügte der Kurfürst Anfang September 1850 die Erhebung von Steuern und Abgaben ohne gesetzliche Grundlage.

Auf diesen klaren Verfassungsbruch der Regierung antwortete das ganze Land mit einer in der deutschen Geschichte beispiellosen Einmütigkeit: Sämtliche Beamte traten zurück, die meisten Offiziere quittierten den Dienst, und so gut wie alle Bürger verweigerten die Steuerzahlung. Der Kurfürst und sein famoser Hassenpflug reagierten auf diesen zivilen Ungehorsam mit der Verhängung des Kriegszustands, einer Maßnahme, die ebenfalls nicht von der Verfassung gedeckt war. Doch auch das fruchtete nichts, denn die auf die Verfassung vereidigte Armee verweigerte unter Berufung auf ebendiese den Gehorsam. Außerstande, sich gegen den geschlossenen Widerstand seines Landes durchzusetzen, wandte sich der Kurfürst am 12. September 1850 an den gerade wieder lebendig gewordenen Bundestag in Frankfurt, damit dieser ihm zu seinen legitimen Fürstenrechten verhelfe. Obwohl die Rechtsgrundlagen, auf die er sich dabei berief, äußerst fragwürdig waren, erklärte der Bundestag auf Betreiben Österreichs, er sei bereit, »alle zur Sicherung oder Wiederherstellung des gesetzlichen Zustands erforderlich werdenden Anordnungen zu treffen«. Der Bundestag begann also sein Wirken mit einer Verhöhnung des Rechts: Man stellte einem als korrupt und sittenlos verschrienen Kurfürsten eine Intervention des Bundes in Aussicht, um sein gesetzloses Regime wiederzuerrichten.

Österreich tat dies aber nicht, um einem von aller Welt verachteten Fürsten wieder zu »seinem Recht« zu verhelfen, sondern um die günstige Gelegenheit zu nutzen, im Kampf um die Vormachtstellung in Deutschland ein für Preußen strategisch besonders wichtiges Feld zu besetzen. Kurhessen lag nämlich zwischen dem Kerngebiet Preußens und dessen rheinischen Provinzen. In komplizierten Verträgen war deshalb 1834 ein Durchmarschrecht für preußische Truppen auf zwei Etappenstraßen durch kurhessisches Gebiet vereinbart worden. Eine Intervention österreichischer Bundestruppen in Kurhessen, die mit dem Bundesbeschluss vom 21. September wahrscheinlich geworden war, bedrohte also unmittelbar diesen preußischen Lebensnerv. Preußen protestierte sofort aufs Schärfste und begann sogleich, Truppen an der Grenze zu Kurhessen zusammenzuziehen, Österreich antwortete darauf mit dem Abschluss der Bregenzer Konvention vom 12. Oktober 1850, in der es sich mit Bayern und Württemberg gegen eine preußische Intervention in Kurhessen verbündete.

Beide Seiten gaben sich den Anschein, als seien sie wirklich zum Äußersten entschlossen. Aber die preußische Seite bluffte, denn bis auf Radowitz war niemand gewillt, einen Krieg gegen Österreich zu führen. Am allerwenigsten die Kamarilla, die eine militärische Auseinandersetzung mit der konservativen Brudermacht als Todsünde wider die ureigensten Prinzipien ansah. Fürst Schwarzenberg andererseits schien im Bewusstsein der Unterstützung Russlands zu einem Waffengang entschlossener denn je. Das ahnte man auch in Berlin und bat deshalb, um in letzter Minute den Kopf aus der Schlinge zu ziehen, die man sich mit der verfehlten Unionspolitik selbst um den Hals gelegt hatte, den Zaren um Vermittlung. Nikolaus I. akzeptierte dieses Ansinnen nur zu bereitwillig, zwang aber nun die österreichische Seite, seine Vermittlung anzunehmen, und drohte, im Weigerungsfalle seinerseits aktiv in den Konflikt einzugreifen. Graf Brandenburg und Fürst Schwarzenberg eilten nach Warschau zum Zaren, der Pythia der preußischen Politik im 19. Jahrhundert. Das Ergebnis war die sogenannte Warschauer Übereinkunft vom 28. Oktober 1850, in der Preußen, dank des großen Verhandlungsgeschicks Schwarzenbergs, vollständig vor den österreichischen Vorstellungen kapitulierte.

Mit der Warschauer Übereinkunft begannen in der preußischen Politik wieder Augenmaß und Vernunft an Boden zu gewinnen. Als Graf Brandenburg das Berliner Kabinett am 1. November vom Ergebnis seiner Warschauer Mission unterrichtete, vermochten sich weder Radowitz, der schäumte und seinen Rücktritt einreichte, noch Prinz Wilhelm durchzusetzen, der ebenfalls für einen Krieg gegen Österreich eintrat. Die ganze Überspanntheit der preußischen Deutschlandpolitik fing nun an, in sich zusammenzubrechen. Die Mobilisierung der preußischen Truppen wurde aufgehoben, obwohl der Einmarsch bayerischer und österreichischer Einheiten in Kurhessen gemeldet wurde. Daraufhin rang man sich schließlich doch noch dazu durch, einige preußische Detachements in Kurhessen einrücken zu lassen, um die Etappenstraßen zu sichern. Aber zugleich signalisierte man Wien, dass man auf keinen Fall einen bewaffneten Konflikt wolle. Außerdem beeilte man sich, Österreich den vollständigen Verzicht auf die Erfurter Union anzubieten, mit der Versicherung, keinerlei Einwände gegen eine Bundesintervention in Kurhessen zu haben, sofern die preußischen Ansprüche auf ungehinderte Benutzung der Etappenstraßen gewahrt blieben. Aber Schwarzenberg wollte die in Berlin herrschende Regierungskrise, verschärft durch die tödliche Erkrankung des Grafen Brandenburg, bis zum Letzten ausnutzen und blieb hart: Erst müssten die preußischen Truppen aus Kurhessen abgezogen werden, ehe man ans Verhandeln denken könne. Das ließ er Brandenburgs Vertreter, den bisherigen Innenminister Manteuffel, wissen. Damit rührte er an das Selbstgefühl Friedrich Wilhelms IV., der am 5. November die preußische Mobilmachung befahl. Am 8. November kam es zu der denkwürdigen »Völkerschlacht von Bronnzell«, wie Leopold Gerlach sie sarkastisch bezeichnete: Bei diesem Geplänkel wurden vier österreichische Soldaten verwundet und der Schimmel eines preußischen Trompeters getötet. Es war das erste Mal seit 1778, dass Österreicher und Preußen aufeinander schossen.

Ein totes preußisches Pferd genügte, um Friedrich Wilhelm IV. wieder anderen Sinnes werden zu lassen. Die preußischen Truppen in Kurhessen erhielten Befehl, sich auf die Etappenstraßen zurückzuziehen. Außerdem beantragte der preußische König beim Fürstenkollegium der Union die Aufhebung der Erfurter Verfassung. Das war zwar nur noch eine Formalie, denn von der Union konnte schon lange keine Rede mehr sein, aber dieser Schritt sollte Österreich deutlich machen, dass auch Preußen sich wieder zur alten, vorrevolutionären Ordnung in Deutschland bekannte.

Friedrich Wilhelm IV. war völlig gebrochen, seine so hochgemut begonnene Deutschlandpolitik ein Scherbenhaufen. Am 14. November 1850 schrieb er an seinen Vertrauten Bunsen in London, dass er sich, auch wenn Österreich ihn zwingen werde, Krieg zu führen, dabei nie und nimmer revolutionärer Mittel bedienen werde. Niemals werde er ein Bündnis mit Frankreich oder Sardinien schließen oder sich mit »Rothen und Gothaern [die gemäßigten Liberalen, die sich im sogenannten Gothaer Programm vom 28. Juni 1849 darauf verständigt hatten, auf die Forderung nach Freiheit zu verzichten, um die Einheit zu gewinnen], mit Königsmördern und Kaisermachern« vereinen. – Das sind in schöner Vollzähligkeit all jene Mächte und Bewegungen, derer sich Bismarck bedienen und die er gegeneinander ausspielen sollte, als er sich anschickte, sein Konzept der deutschen Einheit zu realisieren.

Was Friedrich Wilhelm IV. Bunsen gegenüber aussprach, war nichts anderes als seine innere Bereitschaft, sich den österreichischen Ansprüchen zu unterwerfen. Jetzt aber wollte Fürst Schwarzenberg den Triumph bis zur Neige auskosten und Preußen eine umfassende politische und moralische Niederlage bereiten, damit es ein für allemal Österreich die Gestaltung der deutschen Angelegenheiten überließ.

Am 24. November 1850 stellte Schwarzenberg Berlin ein neues Ultimatum, in dem er die vollständige Räumung der von preußischen Truppen besetzten Etappenstraßen in Kurhessen verlangte. Friedrich Wilhelm IV. war nun einmal mehr zum Äußersten entschlossen, um den Ausbruch eines großen Konflikts mit Österreich zu vermeiden: Man war in Berlin zur Kapitulation bereit. Otto Freiherr von Manteuffel, der nach dem Tod des Grafen Brandenburg Anfang November das Amt des preußischen Ministerpräsidenten und nach dem Rücktritt von Radowitz auch das des Außenministers übernommen hatte, reiste Ende November in das mährische Olmütz, um mit Fürst Schwarzenberg eine Verständigung um nahezu jeden Preis zu erzielen. Am 28. November trafen Manteuffel und Schwarzenberg im Gasthaus »Zur Krone« zusammen. Bei ihren Verhandlungen, deren Ergebnis eher einem österreichischen Diktat gleichkam – Manteuffel musste seine bereits sehr weitgefassten Vollmachten noch überschreiten, um überhaupt zu einem Abschluss zu gelangen –, saß ein Dritter mit am Tisch: Meyendorff, der russische Botschafter in Wien. Am 30. November 1850 unterzeichneten Manteuffel und Schwarzenberg die »Olmützer Punktation«: Preußen gab die Erfurter Union endgültig auf und versprach seine Teilnahme am Deutschen Bund und am Bundestag, ohne dafür von Österreich die Zusage auf Parität bei der Leitung des Bundes zu erhalten. Außerdem erklärte Preußen seine Zustimmung zur Bundesintervention in Hessen und Holstein. In einem geheimen Zusatzartikel zur »Punktation« verpflichtete sich Preußen darüber hinaus, zunächst mit der Demobilisierung seiner Armee zu beginnen, kapitulierte also auch in der militärischen Prestigefrage.

Die »Punktation von Olmütz« ist damals wie auch später sehr unterschiedlich bewertet worden. Friedrich Wilhelm IV. sah in ihr allen Ernstes einen Triumph Preußens. Die Zeitgenossen bis weit ins konservative Lager hinein, vor allem aber jene, die sich von einem großen europäischen Konflikt noch immer eine Antwort auf die deutsche Frage erhofften, hielten sie für eine schmachvolle Demütigung des preußischen Staates, eine Ansicht, die ebenfalls nicht ganz zutreffend ist. Olmütz war in erster Linie der Offenbarungseid, der auf die längst schon bankrotte, von Radowitz inspirierte großpreußische Deutschlandpolitik geleistet wurde. Olmütz war aber auch kein eindeutiger »Sieg« Österreichs, weil die »Punktation« letzten Endes die Aufnahme ganz Österreichs in den Deutschen Bund blockierte. Allerdings schlossen Preußen und Österreich am 16. Mai 1851 eine geheime Allianz, mit der Preußen die Integrität ganz Österreichs garantierte. Die Allianz war »gegen die Revolution« gerichtet, die das Gemüt Friedrich Wilhelms IV. noch immer ängstigte, die jedoch für den österreichischen Vielvölkerstaat eine stetige, sehr reale Bedrohung seiner Existenz darstellte; Preußen hingegen hätte sie die Chance geboten, mit ihrer Hilfe seine Macht auf ganz Deutschland auszudehnen.

Der wirkliche »Sieger« von Olmütz aber war der russische Zar Nikolaus I. Seit dem Ausbruch der Revolution war es das Ziel seiner Politik gewesen, Österreich und Preußen wieder auf die vertragliche Grundlage der nach-napoleonischen Ordnung in Deutschland zu verpflichten. Diese Situation in Mitteleuropa garantierte zusammen mit der »polnischen Leiche« im gemeinsamen Keller, der pathologischen Furcht des preußischen Königs vor der »Revolution« und der existenzgefährdenden Bedrohung des Vielvölkerstaates durch ebendiese die Schiedsrichterrolle Russlands in der europäischen und deutschen Politik.

Die Feststellung aber, allein die unüberwindliche Abneigung Friedrich Wilhelms IV. gegen die Revolution habe verhindert, dass Preußen schon damals seinen »deutschen Beruf« ergriff, muss eingeschränkt werden. Richtig ist, dass sich Preußen im Gegensatz zu Österreich mittels des von ihm beherrschten Deutschen Zollvereins immer tiefer nach Deutschland hineinfraß. Die preußische Zukunft lag in Deutschland. Aber die Angst des preußischen Königs vor einer »deutschen Revolution« entsprang einer eigenen, sehr preußischen Logik, zu der sich auch Bismarck bekannte. Preußen war gerade stark genug, um der Revolution von 1848 Herr zu werden. Aber es hatte noch längst nicht die Kraft, die Phantasie und den Willen, die Revolution »abzuschneiden«, um dann deren Ziele im Sinne der eigenen preußischen Interessen zu verwirklichen. Hätte Preußen 1848/49, worauf die Liberalen hofften, entschlossen seinen »deutschen Beruf« ergriffen, dann wäre möglicherweise die nationalstaatliche Einigung erreicht worden – allerdings um den Preis des Endes der spezifischen staatlichen Existenzform Preußens. Dieser Preis aber war damals wie später zu hoch für Preußen.

Preußen ergriff seinen »deutschen Beruf« in dem Augenblick, als es sich im Besitz jener Kraft wusste, die es ihm gestattete, Deutschland zu einen, ohne in jenem von ihm geschaffenen und beherrschten Deutschland aufgehen zu müssen. Diese Kraft, die Preußen zwischen 1866 und 1871 die Verwirklichung des Deutschen Kaiserreichs ermöglichte, verdankte es nicht so sehr, wie die nationale Legende will, der politischen Potenz des Titanen Bismarck, sondern vor allem jenen vielfältig wirksamen Kräften der sozialen und wirtschaftlichen Bewegung, die sich nach 1850 mit der industriellen Revolution in Deutschland entfalteten. Es war dann in der Tat Bismarck, der die sich überstürzenden Entwicklungen im richtigen Moment in eine Bahn zwang, welche die Wasser sowohl auf die neuen Mühlen der wirtschaftlich-industriellen Interessen als auch auf jene lenkte, die im Dienste der feudalistisch-militaristischen Mächte Preußens klapperten. Der Grundirrtum des nachmaligen Bismarck'schen Reiches aber war die Annahme, dass mit der Reichsgründung 1871 die soziale, wirtschaftliche und politische Revolution ein für allemal gezähmt sei und dass sich deren Bewegungskräfte in der steten Mehrung von Ruhm und Macht des preußisch-deutschen Reiches kontrolliert verzehren würden.

Am 3. Dezember 1850 legte Manteuffel in einer Rede vor der Zweiten Kammer die Ergebnisse seiner Verhandlungen dar und gestand damit das Scheitern der Unionspolitik ein.

Er verfuhr dabei nicht ungeschickt, als er argumentierte, dass die Regierung allein aus gekränkter Ehre keinen Krieg habe führen wollen. Die Liberalen andererseits sahen in der anschließenden Debatte ihre Stunde gekommen, an den König zu appellieren, »dem System ein Ende zu machen, durch welches das Land in diese verhängnisvolle Lage gebracht sei und dessen Träger die gegenwärtigen Ratgeber der Krone« seien. So äußerte sich deren Führer Vincke. Diesem Votum schloss sich auch der zweite Redner der Opposition, Archivrat Riedel, an, der emphatisch ausrief: »Hinweg mit diesem Systeme der Politik!«

Es war Bismarck, dem die auf den ersten Blick äußerst undankbare Aufgabe zufiel, Olmütz zu rechtfertigen. Für ihn muss es aber auch eine willkommene Gelegenheit gewesen sein, das Wort in einer Sache zu ergreifen, die die allermeisten seiner politischen Weggenossen in stille Verzweiflung gestürzt hatte. Er nutzte diese Gelegenheit, sein grundsätzliches Politikverständnis darzulegen und damit seine staatsmännischen Fähigkeiten unter Beweis zu stellen. Der König und das gesamte politische Establishment Preußens waren durch Olmütz gedemütigt worden. Da er auf beide nach wie vor angewiesen war, musste Bismarck es sich versagen, eine Rede zu halten wie jene vom 6. September 1849, in der er mithilfe einer fragwürdigen historischen Analogie die Unionspolitik aufs Schärfste kritisiert hatte. Jetzt musste Bismarck an sich halten, nicht den billigen Triumph auszukosten, mit seiner damaligen Kritik in allen Stücken recht gehabt zu haben. Schließlich musste Bismarck auch seine eigenen Überzeugungen vollständig verbergen. Noch am 13. November 1850 war er in einem Artikel in der *Kreuzzeitung* dafür eingetreten, dass, »so lange Preußen, dem schwarz-weißen Preußen, nicht die mit Österreich überall gleiche und vor allen übrigen bevorzugte Berechtigung in Deutschland durch klare und vollgültige Verträge gesichert ist, so lange wollen auch wir Krieg«. Mit Olmütz aber wurde die Unterordnung Preußens unter

Österreich in allen deutschen Belangen besiegelt. Schon am 22. November 1850 notierte Leopold Gerlach in sein Tagebuch: »Abends Kleist und Bismarck bei mir; in entschiedener Opposition gegen das Ministerium wollen sie in der Kammer gegen die Räumung von Hessen auftreten. Ich wurde ganz heftig, da ich mich nun auf der Bresche von Allen verlassen sehe.«

Davon findet sich in Bismarcks großer Olmütz-Rede am 3. Dezember nicht mehr die geringste Spur. War das einzig und allein eine Folge intensiver Seelenmassage, die die Gerlachs Bismarck angedeihen ließen? Dagegen spricht, dass Bismarck spätestens seit seiner Rede vom 6. September 1849 die Unionspolitik entschieden ablehnte. Gewiss standen ihr auch die Gerlachs äußerst skeptisch gegenüber, aber Bismarcks Kritik ging von wesentlich anderen Voraussetzungen aus als jenen, die den Gerlachs als unverrückbare Prinzipien galten. Nein, Bismarcks Sinneswandel in seiner Olmütz-Rede gründete in der Einsicht, dass es mit Blick auf seine eigenen Interessen höchst unklug wäre, Olmütz zum Anlass zu nehmen, der Regierung das Sündenregister ihrer politischen Fehlleistungen vorzuhalten. Er konnte für sich aber alles gewinnen, wenn er Olmütz geradezu als einen Sieg staatsmännischer Vernunft und Mäßigung darstellte. In diesem Sinne legte er seine Rede an. Die verhängnisvolle Politik, die nach Olmütz geführt hatte, blendete er fast ganz aus und skizzierte dafür vor allem die Perspektiven, die sich geboten hätten, wenn es zu einem Krieg mit Österreich gekommen wäre. Dabei bediente er sich des theatralischen Kniffs, die Dimensionen dieser Auseinandersetzung derart aufzublähen, dass die konkreten Anlässe zu diesem Konflikt samt und sonders als höchst lächerlich erscheinen mussten. Allerdings konnte er es sich zu Beginn seiner Ausführungen nicht ganz versagen, seinem Zorn über die Unionspolitik und deren Repräsentanten, wenigstens in sehr allgemeiner und verklausulierter Form, freien Lauf zu lassen.

»Der Adressentwurf«, und damit leitete er nach ironischem Vorgeplänkel zum ersten Teil seiner Rede über, »nennt diese Zeit eine große.« In Berlin habe er jedoch »nichts Großes gefunden als persönliche Ehrsucht, nichts Großes als Mißtrauen, nichts Großes als Parteihaß. Das sind drei Größen, die in meinem Urteil diese Zeit zu einer kleinlichen stempeln und dem Vaterlandsfreunde einen trüben Blick in unsere Zukunft gewähren.« In diesem Kleingeist werde in einer Situation verhandelt, in der jede Stellungnahme der preußischen Kammer über Krieg und Frieden entscheiden könne. »Und, meine Herren, welchen Krieg? Keinen Feldzug einzelner Regimenter nach Schlesien oder Baden, keine militärische Promenade durch unruhige Provinzen, sondern einen Krieg im großen Maßstabe gegen zwei unter den drei großen Kontinentalmächten, während die dritte beutelustig an unserer Grenze rüstet … Ein Krieg, meine Herren, der uns nötigen wird, bei seinem Beginnen einen Teil der entlegeneren preußischen Provinzen preiszugeben, in dem ein großer Teil des preußischen Landes sich sofort von feindlichen Heeren überschwemmt sehen, der die Schrecken des Krieges in vollem Umfang unsere Provinzen empfinden lassen wird.«

Alles in allem entwarf Bismarck damit das Szenario eines europäischen Konflikts, das entschieden mehr Ähnlichkeit mit dem des Siebenjährigen Krieges hatte als mit einer preußenfeindlichen Mächtekonstellation Ende 1850. Dabei überspielte er geschickt, woran es Preußen vor allem fehlte: die Entschlossenheit, Krieg zu führen, eine traurige Wahrheit, an die Bismarck nicht rühren durfte.

Nach diesem europäischen Kriegstheater kam er zu seinem Hauptthema: der Verantwortung des politisch Handelnden schlechthin. Legitim und auch moralisch gerechtfertigt könne Politik nur sein, wenn sie nicht den Interessen einer bestimmten Partei, sondern denen des Staates diene. »Warum führen große Staaten heutzutage Krieg? Die einzige gesunde

Grundlage eines großen Staates, und dadurch unterscheidet er sich wesentlich von einem kleinen Staate, ist der staatliche Egoismus und nicht die Romantik, und es ist eines großen Staates nicht würdig, für eine Sache zu streiten, die nicht seinem eigenen Interesse angehört.«

Dieser eine Satz formuliert das ganze Credo des Bismarck'schen Politikverständnisses, dem er ein Leben lang die Treue halten sollte. Es ist überdies charakteristisch für den Stil seiner politischen Reden, die auch etwas von hoher Literatur haben, denn er bedient sich unmittelbar danach wieder seiner bildkräftigen Sprache, um das abstrakt und apodiktisch Gesagte mit ironisch getönter Anschaulichkeit auf den konkreten Fall anzuwenden. »Zeigen Sie mir also, meine Herren, ein des Krieges würdiges Ziel, und ich will Ihnen beistimmen. Es ist leicht für einen Staatsmann, sei es in dem Kabinette oder in der Kammer, mit dem populären Winde in die Kriegstrompete zu stoßen und sich dabei an seinem Kaminfeuer zu wärmen oder von dieser Tribüne donnernde Reden zu halten, und es dem Musketier, der auf dem Schnee verblutet, zu überlassen, ob sein System Sieg und Ruhm erwirbt oder nicht. Es ist nichts leichter als das, aber wehe dem Staatsmann, der sich in dieser Zeit nicht nach einem Grunde zum Kriege umsieht, der auch nach dem Kriege noch stichhaltig ist. Ich bin der Überzeugung, Sie sehen die Fragen, die uns jetzt beschäftigen, nach einem Jahre anders an, wenn Sie sie rückwärts durch eine lange Perspektive von Schlachtfeldern und Brandstätten, Elend und Jammer, von hunderttausend Leichen und hundert Millionen Schulden erblicken werden. Werden Sie dann den Mut haben, zu dem Bauern auf der Brandstätte seines Hofes, zu dem zusammengeschossenen Krüppel, zu dem kinderlosen Vater hinzutreten und zu sagen: Ihr habt viel gelitten, aber freut Euch mit uns, die Unionsverfassung ist gerettet. Freut Euch mit uns, Hassenpflug ist nicht mehr Minister …« Weder die holsteinische noch die kurhessische Sache seien ein Kriegsgrund für Preußen: »Die preußische Ehre besteht nach meiner Überzeugung nicht darin, daß Preußen überall in Deutschland den Don Quijote spiele für gekränkte Kammerzelebritäten, welche ihre lokale Verfassung für gefährdet halten.«

Hatte er in seiner Rede vom 6. September 1849 alles politische Handeln auf die simple Machtfrage reduziert, so entwickelte er hier den zweiten zentralen Gedanken, der seinem politischen Handeln künftig zugrunde lag: die unbedingte, weder von moralischen noch von emotionalen Einreden beeinträchtigte oder beeinflusste Verfolgung und Durchsetzung der Staatsinteressen, mit dem einzigen Ziel, die Macht des Staates zu erhalten und zu vergrößern. Diese banale Idee enthält die Quintessenz Bismarck'scher *Realpolitik*. Darin wird aber auch das große Handicap erkennbar, das ihn während seiner gesamten politischen Karriere daran hinderte, zu begreifen, dass die wahren, langfristigen Interessen eines Staates nicht selten in direktem Gegensatz stehen können zu seinen kurzfristigen, um nicht zu sagen kurzsichtigen Interessen.

Aber noch etwas anderes gab Bismarck in dieser Rede von sich preis: seine Fähigkeit, die Folgen politischen Handelns ebenso anschaulich wie anrührend zu imaginieren. Indem er ein Tableau des Kriegselends entwarf, von Krüppeln und Witwen, von all dem Leid, das man zahllosen Menschen erspart habe, verstand er es, die von vielen als schmachvolle Niederlage erlebten Ereignisse als Triumph verantwortungsvollen politischen Handelns hinzustellen. Das war eine bemerkenswerte Leistung. Doch die Politik, deren Ergebnis er solchermaßen Vernunft und Augenmaß attestierte, wurde von ihm in derselben Rede als »ein zwitterhaftes Produkt furchtsamer Herrschaft und zahmer Revolution« verhöhnt. Ganz zu schweigen davon, dass die drei Kriege, die er später wegen der angeblichen Interessen Preußens führte, Schreckensbilder genau der geschilderten Art zeitigten, die ihm aber keineswegs den Schlaf raubten oder ihn nach dem Krieg in die Verlegenheit gebracht hätten, sie nicht mit stichhaltigen Gründen rechtfertigen zu können.

Was Bismarck in seiner Rede mit keiner Silbe andeutete, war der ihm wohl bewusste Umstand, dass Zar Nikolaus I. Preußen in Olmütz vor der drohenden Vernichtung bewahrt hatte. Dies wusste auch Schwarzenberg, der mit dem diplomatischen Erfolg von Olmütz zufrieden sein konnte. Aber dass mit Olmütz auch die deutsche Frage ein für allemal erledigt sei, darin irrte Fürst Schwarzenberg. Gegenüber einem Vertrauten sagte er damals: »Was ist Deutschland? – Reden wir überhaupt nicht von Deutschland, es existiert nicht! Ich bin als Soldat und Diplomat immer auswärts gewesen und habe stets gefunden, daß es niemand kennt.« Noch glücklicher aber wäre er über einen militärischen Sieg gewesen, denn dieser, so soll er sich auch geäußert haben, hätte vielleicht Frieden für die nächsten fünfzig Jahre bedeutet.

Der schmähliche Ausgang jener deutschen Posse, zu der sich Preußen hatte hinreißen lassen, enthüllte einige politische Grundtatsachen, die auch in den nächsten Jahren ihre Gültigkeit behielten und mit denen jeder rechnen musste, der in Mitteleuropa erfolgreich Politik treiben wollte. Die eine unübersehbare Grundtatsache war, dass die von der Revolution aufs Tapet gebrachte Forderung nach der Einheit Deutschlands sich durch nichts mehr aus der Welt schaffen ließ. Die zweite Grundtatsache war, dass Preußen unter den fünf europäischen Großmächten die mit Abstand schwächste war. Olmütz hatte in schonungsloser Klarheit gezeigt, dass Preußens Macht sich im Wesentlichen dem Wohlwollen des Zaren verdankte, der, so die dritte Grundtatsache, Schiedsrichter in allen mitteleuropäischen Fragen war. Die vierte Grundtatsache schließlich lautete, dass Österreich, ungeachtet aller Anzeichen von Schwäche, eine sich immer noch aus eigener Kraft behauptende Großmacht darstellte und deshalb keineswegs bereit war, Preußen von seiner traditionellen Vormachtstellung in Deutschland auch nur ein Stück abzutreten. In den nächsten zehn Jahren sollte sich diese Konstellation gründlich ändern: Russland würde, nachdem es im Krimkrieg unterlegen war, sehr geschwächt und Österreich, als es nach verlustreichen Kriegen fast alle seine italienischen Provinzen hatte preisgeben müssen, nur noch ein Schatten seiner selbst sein. Aber auch in Preußen vollzog sich in dieser Zeit ein stiller, aber gründlicher Wandel: Insbesondere die rasch expandierende Industrie in der Rheinprovinz und in Schlesien trug erheblich zur Stärkung seiner inneren Machtbasis bei, ohne dass dies nach außen besonders aufgefallen wäre. Schließlich, auch das ein wichtiger Faktor der Veränderungen, stand dann ein Mann an der Spitze der Politik, der sich auf dieses Geschäft wie kaum ein anderer seiner Zeitgenossen verstand: Bismarck.

Die Olmütz-Rede, die seine Parteifreunde in zwanzigtausend Exemplaren im Lande verteilen ließen, war für Bismarck das *entrée-billet* seiner politischen Karriere. Vier Monate später sah er sich zum preußischen Gesandten beim Deutschen Bund in Frankfurt am Main ernannt, den Bismarck zuvor, am 6. März 1851, im Preußischen Landtag gegen den Vorwurf des Abgeordneten Beckerath aus Krefeld, diese Einrichtung habe sich die »Verachtung der Nation zugezogen«, mit den Worten verteidigte: »Ich fordere den Herrn Abgeordneten für Krefeld auf, mir seit den Zeiten der Hohenstaufen irgend eine Periode in der deutschen Geschichte nachzuweisen, … wo Deutschland größeren Ansehens im Auslande, eines höheren Grades politischer Einheit und größerer Autorität in der Diplomatie sich erfreut hat, als während der Zeit, wo der Bundestag die auswärtigen Beziehungen Deutschlands gelenkt hat.« Das war natürlich, wie Bismarck sehr wohl wusste, Unsinn, denn in Wahrheit stand der Deutsche Bundestag für das genaue Gegenteil all dessen, was Bismarck ihm hier nachrühmte.

Außer dem Umstand, dass Leopold Gerlach, der als Generaladjutant Friedrich Wilhelms IV. Einfluss auf den Monarchen besaß, sich für seine Bestallung eingesetzt hatte, sprach für Bismarck in den Augen des Königs und seines Ministerpräsidenten und Außenministers Manteuffel vor allem, dass er Olmütz gutgeheißen hatte. Das ließ erwarten, dass er dazu beitragen würde, ein gedeihliches Verhältnis zu Österreich zu entwickeln. Natürlich fand diese Entscheidung nicht ungeteilte Zustimmung, zumal es Bismarck an fachlicher Qualifikation mangelte und ein so herausgehobener Posten bislang stets mit einem erfahrenen Diplomaten besetzt worden war. Ein anderes Bedenken äußerte Ludwig Gerlach: Man schade der eigenen Sache, betreibe man die Ämterpatronage durch derart »violente Beförderungen« und ernenne einen Mann zum Bundestagsgesandten, »dessen amtliche Lebensstellung bisher nur die eines verdorbenen Regierungsreferendars war«.

Bismarck sah das alles ganz anders. Er, zu dessen facettenreicher Persönlichkeit auch ein tiefer Glaube gehörte, erkannte darin, und hier lag ihm jegliche Ironie fern, geradezu das Werk der Vorsehung. Seiner Frau schrieb er am 28. April 1851: »Ihr habt Euch oft beklagt, daß man aus mir nichts machte von oben her; nun ist dieß über mein Erwarten und Wünschen eine plötzliche Anstellung auf dem augenblicklich wichtigsten Posten unsrer Diplomatie; ich habe es nicht gesucht, der Herr hat es gewollt muß ich annehmen, und ich kann mich dem nicht entziehen, obschon ich voraussehe, daß es ein unfruchtbares und dornenvolles Amt sein wird, wo ich bei dem besten Bemühen die gute Meinung vieler Leute einbüßen werde. Aber es wäre feig abzulehnen.« Seiner Frau, die die Aussicht, künftig als Diplomatenfrau im Ausland, in Frankfurt am Main, zu leben, alles andere als entzückte, schrieb Bismarck erneut unter dem 3. Mai 1851: »Aber ich wiederhole, ich habe mit keiner Sylbe herbeigeführt oder auch nur erwünscht was geschieht, ich bin Gottes Soldat, und wo er mich hinschickt da muß ich gehn, und ich glaube, daß er mich schickt, und mein Leben zuschnitzt, wie Er es braucht.«

Am 8. Mai 1851 hatte Bismarck seine Abschiedsaudienz beim König. Dabei wurde endgültig geregelt, dass ihn der preußische Gesandte in St. Petersburg, General Theodor von Rochow, in Frankfurt in die dortigen Geschäfte einarbeiten sollte, ehe er den Posten übernähme. Friedrich Wilhelm IV., berichtet Bismarck in seinen Erinnerungen, habe bei dieser Gelegenheit ihm gegenüber bemerkt, er, Bismarck, besitze offenkundig viel Mut, wenn er »so ohne weiteres« ein ihm »fremdes Amt« anzutreten bereit sei. Worauf Bismarck, versetzt haben will: »Der Mut ist ganz auf seiten Eurer Majestät, wenn Sie mir eine solche Stellung anvertrauen, indessen sind Euer Majestät ja nicht gebunden, die Ernennung aufrecht zu erhalten, sobald sie sich nicht bewährt … Ich habe den Mut zu gehorchen, wenn Eure Majestät den haben zu befehlen.«

DIPLOMATISCHER FEINSCHLIFF

Bismarcks Ahnung, dass ihn in Frankfurt ein »unfruchtbares und dornenvolles Amt« erwarte, erfüllte sich nicht. Die Frankfurter Jahre scheinen vielmehr die glücklichsten seines Lebens gewesen zu sein. Allerdings plagten ihn in seiner Anfangszeit einander heftig widersprechende Gefühle. Sein Sehnen nach den einfachen Wonnen eines geruhsamen Landlebens, das er nun missen musste, war nicht minder ausgeprägt als sein unwiderstehliches Verlangen danach, sich als diplomatischer Mitspieler an den großen weltbewegenden Angelegenheiten zu beteiligen. Aber diese Stimmungswechsel verebbten rasch angesichts der Fülle neuer Eindrücke und Erfahrungen, mit denen er in Frankfurt konfrontiert wurde und die ihm das Rüstzeug zum Staatsmann verschafften.

Bis zu seiner Frankfurter Zeit war Bismarck trotz Kultur und Bildung, die er vor allem aus umfangreicher Lektüre geschöpft hatte, ein ziemlich bornierter Landjunker. Die Welt war für ihn Preußen, das flache, von schütteren Kiefernwäldern durchzogene, mäßig fruchtbare Ackerland seiner engeren Heimat. Und natürlich Berlin, damals keine sonderlich aufregende oder gar reiche Residenzstadt, in der sich die klassizistischen Schinkelbauten ausgenommen haben müssen wie die erratischen Überreste einer untergegangenen, großen Zivilisation. Der Kreis von Menschen, in dem sich Bismarck bewegte, war seltsam uniform. Das galt für die Bauern und Kossäten, für die Pastoren und Pietisten, mit denen er gesellschaftlich verkehrte, ebenso wie für seine junkerlichen Kumpane und Genossen, mit denen er politisierte, Gelage feierte oder über gutswirtschaftliche Belange redete. Seit den fernen Tagen des »Soldatenkönigs« war Preußen eine einzige militärische Zuchtanstalt, in der befohlen und gehorcht wurde. Natürlich gab es auch hier so etwas wie freien Geist, aber selbst der verdankte sich im Wesentlichen einer militärischen Tradition – der Auftragstaktik. Die Auftragstaktik formulierte ein simples Prinzip: Im Gefecht hat jeder kommandierende Offizier einen bestimmten Auftrag zu erfüllen. Wie er dem nachkam, war seine eigene, freie Entscheidung. Versagte er dabei, musste er schon plausible Gründe anführen können. Wenn nicht, harrte seiner das Kriegsgericht. – Bismarcks Bestallung als preußischer Gesandter am Deutschen Bundestag entsprang diesem »Geist« der Auftragstaktik.

Auch Berlin, wo Bismarck mit Offizieren, wie seinem Freund Albrecht von Roon, Mitgliedern der Kamarilla und Hofleuten, wie Leopold Gerlach und Manteuffel, verkehrte, die allesamt in denselben Idealen und Anschauungen groß geworden waren und ausnahmslos Funktionen versahen, die dem Götzendienst an der kargen preußischen Staatsidee gewidmet waren, trug wenig zur Erweiterung seiner Welt- und Menschenkenntnis bei. Die kurzen parlamentarischen Zusammenstöße, die er mit liberalen Abgeordneten aus der preußischen Rheinprovinz hatte – auch sie Aristokraten oder Bürger, aber ganz anders geartet –, hinterließen bei ihm keinen anderen Eindruck als den, dass diese Menschen in den schwarzen Gehröcken mit dem rheinischen Tonfall ausnahmslos brandgefährliche Demokraten und Umstürzler seien. Mit Persönlichkeiten, die außerhalb der politischen Sphäre tätig waren, mit Künstlern gar, kam er zeit seines Lebens nicht in Berührung, sieht man von jenen Sitzungen ab, die er vermutlich knurrig und missgelaunt für die Anfertigung seiner Porträts ableisten musste. Den Belangen des »Schönen, Wahren und Guten« war im Übrigen in der Hierarchie des preußischen Wertekanons, allen Akademien, Instituten und Universitäten zum Trotz, gerade der Platz überlassen worden, von dem man glaubte, ihn schicklicherweise nicht anders besetzen zu können. Das Figurenrelief, das Rauchs Reiterstandbild Friedrichs II. schmückt und das Friedrich Wilhelm IV. am 31. März 1850 feierlich enthüllte, zeigt ebendies in schöner symbolischer Klarheit. Es hatte einen heftigen Streit darum gegeben, wer von den Großen der Zeit in dieses Figurenrelief Aufnahme finden sollte, an dem sich der König lebhaft beteiligte. Das Ergebnis ist heute wieder Unter den Linden zu besichtigen. Es überwiegen die Militärs und weitere friderizianische Schranzen. Der große Immanuel Kant indes findet sich, vor Regen und Taubendreck geschützt, direkt unter dem mächtigen Hinterteil des königlichen Streitrosses.

Frankfurt, damals noch Freie Reichsstadt, ein blühendes, stolzes, kosmopolitisches Gemeinwesen, das in Kernpreußen mit seinen provinziell vermufften Land- und Garnisonsstädten nichts Vergleichbares hatte, war für Bismarck nicht nur Ausland: Es war für ihn eine Welt voll neuer Erfahrungen, Erlebnisse und Begegnungen.

Bismarck war sich bewusst, dass er für die Aufgabe, die ihn in Frankfurt erwartete, nur sehr unzulänglich gerüstet war. Gegenüber Leopold Gerlach bemerkte er am 28. Dezember 1851 einmal scherzhaft, er sei noch ein »diplomatischer Säugling«. Das schreckte ihn nicht sonderlich, denn der Mut, den ihm Friedrich Wilhelm IV. attestiert hatte, besaß seine festen Fundamente nicht nur in Bismarcks Gottvertrauen, in seinem unerschütterlichen Selbstbewusstsein, sondern vor allem auch in der eher simplen Formel, die bislang schon sein politisches Handeln beeinflusst hatte: im preußischen Staatsinteresse, wie es Bismarck im Einklang mit seiner junkerlichen Herkunft und Tradition definierte und das auf den zwei Säulen der für ihn unzweifelhaften Legitimität monarchischer Herrschaft und unbedingten Respekts vor der überkommenen sozialen und politischen Ordnung ruhte. Das war, seemännisch gesprochen, das Besteck, mit dem er guten Mutes in die ihm noch unbekannten Weiten einer fremden Welt hinaussegelte, dabei einem seiner Lieblingsmotti vertrauend, dass die Welle trage, man sie aber nicht lenken könne.

Der große Nachteil der von Bismarck in seiner Frankfurter Zeit genossenen »politischen Erziehung« bestand jedoch vermutlich darin, dass sie ihn zu früh und zu ausschließlich auf die Außenpolitik festlegte. Insbesondere nach der Reichsgründung von 1871, als innenpolitische Fragen und Probleme immer größeren Raum beanspruchten, würde es sich zeigen, dass Bismarck häufig bestrebt war, diese gewissermaßen unter der ihm wohlvertrauten außenpolitischen Perspektive zu sehen und entsprechend zu lösen. Ganz deutlich sollte dies bei seinen Auseinandersetzungen mit dem politischen Katholizismus und mit der Sozialdemokratie zutage treten, die er beide wegen ihrer internationalen Verflechtungen, die er deshalb besonders betonte, als ausländische, feindliche Mächte begriff und mit denen er dementsprechend umsprang.

Darüber hinaus verschaffte seine Frankfurter Tätigkeit Bismarck nur rudimentäre Einblicke in das staatliche und internationale Finanzwesen, während er von den enormen Kräften, die durch die Vernetzung der Eisenbahnen, die rasante Entwicklung besonders in Bergbau und Schwerindustrie freigesetzt wurden, so gut wie keine Vorstellung hatte. Diese dynamischen Kräfte aber veränderten nicht nur das Gewicht Preußens gewaltig, das er lange Zeit noch für einen im Vergleich zu Österreich schwachen und rückständigen Staat zu halten geneigt war, sondern sie wirkten sich auch zerstörerisch auf jene traditionelle soziale Ordnung aus, die zu bewahren sein Verständnis der preußischen Interessen ihm auferlegte. Dementsprechend war auch seine Kenntnis der Menschen beschränkt, der Industriellen und Bankiers so gut wie der Arbeiter, die die treibenden Kräfte hinter dieser rasanten industriellen Entwicklung waren. Wahrscheinlich wusste er nicht, wer sie waren, und begriff folglich auch nicht, was sie wollten oder wie mit ihnen umzugehen sei. Es lässt sich mit einiger Gewissheit vermuten, dass in dem Maße, wie die Frankfurter Jahre sein Verständnis für die deutsche Frage und die europäische Mächtekonstellation weckten, verbreiterten und vertieften, sein Blickwinkel sich zugleich auch auf diplomatische Kämpfe und Manöver verengte. Bismarck dürfte dies nie irritiert haben, denn sein Verständnis der Welt und der in ihr wirkenden Interessen und Kräfte blieb, wie bereits angedeutet, dem 18. Jahrhundert verhaftet und war zutiefst friderizianisch geprägt.

Das beeinflusste auch sein politisches Denken, das keineswegs, wie die enorme Fülle von politischen Denkschriften zu belegen scheint, die er in der Muße der Frankfurter Jahre produzierte, auf langfristige Dispositionen, auf weiträumiges Planen angelegt war. Von seinem Naturell her war Bismarck ein Spieler, der im Vertrauen auf Gott glaubte, immer den richtigen Moment zu erhaschen, um dann auf Sieg zu setzen. Stets, und fast immer bis zuletzt, hielt er sich mehrere Handlungsmöglichkeiten offen, jonglierte er mit unterschiedlichen, bisweilen geradezu gegensätzlichen Optionen, die er häufig, wenn ihm dies geraten schien, hinter Schleiern verbarg, auf denen eine Schrift seine angeblich wahren Absichten verkündete. Das erforderte enorme Nervenkraft und unerschütterliche Handlungssicherheit, die sich im Moment der Entscheidung kein Zögern und Zaudern erlauben durfte.

Solches Hasardeurtum des friderizianischen »toujours en vedette«, das zumeist deshalb erfolgreich ist, weil der Erfolg immer sein eigenes Geheimnis birgt, übte auf Mit- und Nachwelt eine unwiderstehliche Faszination aus. Erfolg jedoch blendet den, der ihn hat, wie den, der ihn bewundert: Die Wechsel, die Bismarck auf seine kurzfristigen Erfolge langfristig ausstellte, gingen mit der deutschen Geschichte der ersten Hälfte des 20. Jahrhunderts zu Protest.

Der Posse der preußischen Deutschlandpolitik hatte Bismarck mutmaßlich mit demselben Unverständnis gegenübergestanden wie den nationalen Bestrebungen der Paulskirche. Gerade das versetzte ihn aber paradoxerweise in die Lage, sich vom Standpunkt des preußischen Staatsinteresses aus in jener Klarheit, die er mit seiner Olmütz-Rede so erfolgreich bewiesen hatte, mit der Stellung Preußens innerhalb des Deutschen Bundes auseinanderzusetzen. Eine der ersten Erkenntnisse, die er in Frankfurt gewann, war, dass Preußen in diesem Bund keine Zukunft haben würde. Eine freundschaftliche Verständigung mit Österreich, in deren Verlauf der Kaiserstaat Preußen die Parität in der Gestaltung der Bundesangelegenheiten zugestehen würde, verschaffte ihm aber kaum jenen Platz unter den europäischen Mächten, auf den Preußen in Bismarcks Verständnis Anspruch erheben konnte und musste.

»Avilir la Prusse, après démolir.« – Preußen erniedrigen, um es dann zu zerstören, das war die Maxime österreichischer Politik, wie sie Schwarzenberg in den Tagen von Olmütz formuliert hatte. Dieser Maxime folgte Wien im Deutschen Bund und behandelte Preußen mit jener ausgesuchten Verachtung, deren nur ein alter, kulturgesättigter Staat fähig ist. Bismarck sog daraus seinen ganzen Hass auf die Donaumonarchie. Ein fruchtbarer Hass, weil er ihn auf einen Gedanken brachte, den er, eingesponnen in das enge legitimistische und christlich-konservative Denken des Gerlach-Kreises, nie zu denken gewagt hatte: Preußen musste sich zur Wahrung seiner Interessen gegen Österreich stellen, und dazu brauchte es Verbündete.

Allerdings dauerte es eine Weile, bis Bismarck sich die Denkfreiheit erworben hatte, die ihm die entscheidende Einsicht bescherte, dass der gleichsam natürliche Bundesgenosse Preußens, für die Erweiterung seiner Macht, nur Deutschland sein konnte. Dieser an sich richtige Gedanke hatte auch die preußische Deutschlandpolitik inspiriert, die allerdings deshalb zur Posse geworden war, weil sie allzu mittelalterlich-legitimistisch aufgezäumt war.

Aber die Denkfreiheit, die Bismarck unter dem Erlebnis österreichischer Demütigungen erlangte, war die des 18. Jahrhunderts. So sah er nicht, was ein auf ganz andere Art freier und kühner Geist mühelos erkannt hätte: Österreich mochte getrost das Präsidium im Bundestag innehaben, der in stiller Tätigkeit über die politische Friedhofsruhe in Deutschland wachte. Preußen jedoch war die führende Macht im Deutschen Zollverein, der die viel schärfere Waffe war in der Auseinandersetzung um Deutschland. Der Deutsche Bund war ganz der Statik der politisch-dynastischen Verhältnisse in den deutschen Staaten verpflichtet, während der Zollverein im Bündnis mit der sich gerade in den Jahren nach 1850 ungeahnt entfaltenden Dynamik der Wirtschaft stand.

Die Einsicht, dass die Politik der Staaten wirtschaftlichen Interessen und Zusammenhängen Rechnung tragen muss, gehörte spätestens seit den Zeiten des Merkantilismus zum Schatz politischer Weisheiten. In dem Maße aber, wie die industrielle Expansion, die Ausweitung der Märkte, die Steigerung der Produktion und in deren Folge der Wohlstand und die Macht der Staaten sich immer offensichtlicher als Funktionen ihrer Prosperität erwiesen, beanspruchten auch die wirtschaftlichen Interessen im Vergleich zu früheren Zeiten eine immer größere Bedeutung im Kalkül der Regierungen.

Aber Bismarck vermochte weder damals noch später die Chancen zu erkennen, die die kapitalistische Dynamik in sich barg. Er war und blieb dieser Dynamik gegenüber stets junkertümlich befangen, obwohl er dunkel ahnen mochte, dass diese Kräfte die seiner Meinung nach legitime soziale und politische Ordnung Preußens zerstören würden. Insofern war Bismarck nie ein Revolutionär, sondern blieb stets ein uneinsichtiger Reaktionär, der keineswegs versuchte, sich dieser Kräfte zu bedienen, sondern stets bestrebt war, sie mit immer höheren und fragwürdigeren Dämmen zu bändigen.

Dennoch hat er, man muss sagen *malgré lui*, diese Kräfte

gefördert, die seine Welt und die ihm vertrauten Wertvorstellungen und das in ihnen beheimatete Lebensgefühl umstürzten. Er tat dies, obwohl das genaue Gegenteil, oder das, was er dafür hielt, seine erklärte Absicht war, nämlich den preußischen Staatsinteressen raumgreifende Befriedigung zu verschaffen und sie über die Zeit seines unmittelbaren Wirkens hinaus zu gewährleisten. Typisch für Bismarcks Denken und Handeln war, dass ihm dies auch kurzfristig gelang, jedoch um den Preis, dass nicht nur er mit seinen Absichten langfristig scheiterte, sondern dass auch der Staat, dessen Interessen er zu dienen wähnte, unterging.

Es ergibt wenig Sinn, die Jahre von Bismarcks Tätigkeit am Deutschen Bund detailliert darzustellen, da deren Ertrag von wenig praktischem Belang war. Seinem Auftrag, die Beziehungen zu Österreich im Sinne einer Neuauflage der »Heiligen Allianz« gegen die Revolution zu normalisieren und vor allem eine neuerliche Konfrontation à la Olmütz zu verhindern, kam er recht und schlecht nach. Das war allerdings nicht die politische Linie, die er aus eigenen Stücken verfolgt hätte, wie seinen Briefen und Memoranden zu entnehmen ist, mit denen er das preußische Außenministerium und seine Gönner, vor allem Leopold Gerlach, förmlich überschüttete. Bismarck, der noch zu seinen Lebzeiten dafür sorgte, dass der allergrößte Teil seiner privaten und geschäftlichen Korrespondenz aus den Frankfurter Jahren veröffentlicht wurde, verfolgte damit die durchsichtige Absicht, einer staunenden Mitwelt vor Augen zu führen, wie früh, intensiv und konsequent er über die Lösung der deutschen Frage nachsann, die er dann später mit »Blut und Eisen« ins Werk setzte.

Bismarck war in seiner Frankfurter Zeit ein Projekteschmied, ein Vulkan, der laufend neue Ideen, Kombinationen und Strategien ausspie, Preußen groß und mächtig zu machen. Es waren Fingerübungen, Gedankenspiele, die faszinierende

Einblicke bieten, wie sich sein politisches Verständnis und seine Kenntnis der europäischen Mächtekonstellationen sprunghaft erweiterten. Insgesamt waren jene Jahre ein Lernprozess, in dessen Verlauf Bismarck zu zwei für ihn wichtigen Einsichten gelangte: Dauerhafte Bündnisse oder gar Blockbildungen zwischen zwei oder mehr Staaten, deren Mörtel ideologischer, historischer oder sonstiger Art war, waren untauglich und deshalb abzulehnen. Das war für Bismarck gewiss neu, aber zugleich war es nichts anderes als die lang geübte Praxis der europäischen Kabinettspolitik im 18. Jahrhundert, zu deren Arkana der *renversement des alliances* selbstverständlich gehörte.

Ebenso wenig neu war seine zweite Erkenntnis, an die er sich sehr zögerlich herantastete, weil allzu große Offenheit ihn in arge Verlegenheiten hätte bringen können. Dabei handelte es sich nur um Sandkastenspiele: Bismarck wog Chancen und Gefahren gegeneinander ab, wenn man befristete Zweckbündnisse mit Partnern oder Kräften einging, die nach der in Preußen herrschenden diplomatischen Sittenlehre weder satisfaktions- noch bündnisfähig waren. Dazu zählte vor allem Napoleon III., der Herrscher Frankreichs, der Patron von Liberalismus und Revolution, der wahre Gottseibeiuns also, als der er nicht nur der Kamarilla, sondern dem gesamten politischen Establishment Preußens galt. In Bismarcks politischen Gedankenspielen aber tauchte er sehr früh als möglicher Bundesgenosse auf. Dass er aus Rücksicht auf seine eigene Stellung mit solchen Überlegungen Dritten gegenüber sehr vorsichtig sein musste, versteht sich von selbst. Aufschlussreich für Bismarcks Technik, das Unsagbare dennoch zu sagen, indem er moralischen Ekel vor dem bloßen Gedanken vorschützte, den er dann umso ungenierter aussprach, ist sein Brief vom 19./20. Dezember 1853 an Leopold Gerlach: »Ein Bündnis mit Frankreich können wir nicht ohne einen gewissen Grad von Gemeinheit eingehen. Bringen wir aber Rußland dahin, es zu tun, so kann uns die verkehrte Wiener Politik doch nötigen, in diesem scheußlichen Bunde der Dritte zu sein, ehe es Österreich wird. Sehr achtbare Leute, sogar mittelalterliche Fürsten, haben sich schon lieber durch eine Kloake gerettet, als daß sie sich prügeln oder abwürgen ließen.«

Dennoch stellen diese Gedankenspielereien eine beträchtliche intellektuelle Leistung dar, ist es doch nur wenigen gegeben, aus akzeptierten Denkschablonen, Konventionen, Vorurteilen, Winkelzügen, Verhaltensmustern und Verbindungen auszubrechen, das Spielbrett gleichsam umzuwerfen und die Figuren in ganz neuen, den eigenen Interessen und Absichten weitaus gemäßeren Konstellationen wieder aufzustellen. Ebendies tat Bismarck, und darum kreiste der Inhalt seiner Schreiben und Memoranden. Neben der vordergründigen Absicht, nach Mitteln und Wegen zu suchen, die es Preußen ermöglichten, seinen Rivalen Österreich zu überflügeln, offenbart sich darin ein ausgeprägter Spieltrieb.

Keine Rede kann jedoch davon sein, Bismarck habe schon in seinen Frankfurter Tagen irgendeine Vorstellung davon gehabt, dass Preußen durch die von ihm bewerkstelligte Einigung Deutschlands eines Tages zur führenden Macht des Kontinents aufstiege. Auch die entscheidende Etappe auf dem Wege dorthin, die Schaffung der deutschen Einheit, lag damals noch jenseits seines geistigen Horizonts. Solche Pläne hat man ihm post festum immer wieder unterstellt und seinem politischen Genie zugutegehalten. Bismarck suchte derlei nach Kräften zu fördern, als er in seinen letzten Lebensjahren selbst eifrig an der eigenen Legende arbeitete.

Bemerkenswert an jenen Gedankenspielereien ist auch die Langmut und Nachsicht, mit der sie von seinen jeweiligen Adressaten aufgenommen wurden. Schließlich hatte Bismarck in Frankfurt einen klar umrissenen Auftrag, die Interessen Preußens im Deutschen Bund zu vertreten und darüber hinaus mit Österreich ein gedeihliches Verhältnis anzustreben. Ersteren streifen diese Briefe und Denkschriften bestenfalls am Rande. Gegen seinen zweiten Auftrag verstieß Bismarck jedoch permanent, weil er nur darauf sann, wie Preußen die Macht Österreichs schmälern könnte. Kurz, er beschäftigte sich nicht nur mit unerbetenen, sondern sogar mit unverantwortlichen Ideen. Daran aber zeigt sich, wie unabhängig er sich in seiner Dienststellung fühlte. Er seinerseits gestattete später keinem seiner Gesandten auch nur annähernd derartige Freiheiten.

Der König und Leopold Gerlach forderten Bismarck sogar wiederholt auf, nach Berlin zu kommen, um sich mit ihm über seine Ansichten eingehender austauschen zu können. Dies beleuchtet einen seltsamen Vorgang: Indem Bismarck mittels seiner Denkschriften und Briefe fortgesetzt Alternativen zur offiziellen preußischen Außenpolitik formulierte, suchte er selbst die Vorstellungen seiner Vorgesetzten zu verändern, letztlich diese zu seinen Anschauungen zu erziehen.

Als besonders heikel muss dabei sein Versuch gelten, den König, Manteuffel *e tutti quanti* davon abzubringen, im Frankreich Napoleons III. nichts anderes als revolutionären Abschaum zu sehen. Bismarck war anlässlich der Weltausstellung von 1855 in Paris gewesen und bei dieser Gelegenheit auch zu Gesprächen mit Napoleon III. zusammengetroffen. Das geschah zu einem Zeitpunkt, als der alliierte Sieg im Krimkrieg, den England und Frankreich seit dem Vorjahr mit politischer Unterstützung Österreichs gegen Russland führten, sich bereits abzeichnete. Preußen war bei diesem Konflikt, der sich lange hinzog, einmal mehr in seiner Haltung konservativer Solidarität, die nach wie vor die Ratio seiner Politik war, hin- und hergerissen, was den Zaren zu beißendem Spott veranlasste: »Mein lieber Schwager geht jeden Abend als Russe ins Bett und steht jeden Morgen als Engländer wieder auf.« Schließlich tat Preußen aus lauter Entschlusslosigkeit am Ende das Klügste, wozu im Übrigen auch Bismarck immer wieder geraten hatte und wofür er sich am

Bundestag energisch einsetzte, als Österreich versuchte, die deutschen Staaten hinter sich zu scharen: sich strikter Neutralität zu befleißigen. Bismarck hielt sich dabei an eine Maxime, die er unmittelbar im Vorfeld des Krimkrieges in einem Schreiben an Otto Manteuffel vom 15. Februar 1854 formuliert hatte: »Die großen Krisen bilden das Wetter, welches Preußens Wachstum fördert, indem sie furchtlos, vielleicht auch sehr rücksichtslos von uns benutzt werden …«

Darin enthüllt sich eine neue Facette von Bismarcks politischem Denken: Preußen, so hieß das, musste mit Rücksicht auf seine Schwäche als kleinste der fünf Großmächte geduldig auf eine günstige Gelegenheit lauern, diese dann aber entschlossen nutzen und rücksichtslos im Sinne der eigenen Interessen ausbeuten. Eine solche Chance sollte in den kommenden Jahren nicht nur der Krimkrieg, sondern auch der italienische Einigungskrieg bieten, der Bismarck veranlasste, sich mit Memoranden und Briefen förmlich zu überschlagen, in denen er immer kühnere Entwürfe ausmalte, wie Preußen durch ebenso beherztes wie ruchloses Zupacken die jeweilige Situation für sich ausnutzen könne.

Mit dem Pariser Friedensschluss vom 30. März 1856, der den Krimkrieg beendete, wurde offenbar, dass Russland ein Koloss auf tönernen Füßen war. Außerdem trat noch etwas ein, worauf Bismarck gezählt hatte: Russland war über das österreichische Verhalten tief verbittert, mit der Folge, dass die »Heilige Allianz« endgültig *passé* war. Damit war aber auch ein zweites Olmütz nicht mehr denkbar. Mehr noch: Der Krimkrieg offenbarte die tiefen Gegensätze, die Russland und Österreich in der Balkanfrage trennten. Es war vorherzusehen, dass, je länger die Leiden des »kranken Mannes am Bosporus«, wie die Türkei damals umschrieben wurde, andauerten, diese Gegensätze immer größer würden. Aber noch etwas geschah, mit dem Bismarck so nicht gerechnet haben konnte, zumal es alle Welt und Napoleon III. selbst überraschte: Dank der offenkundigen Schwäche Russlands avancierte Frankreich zur dominierenden Macht in Kontinentaleuropa. Es war Bismarck, der die Möglichkeiten, die sich aus dieser Gewichtsverlagerung ergaben, sofort erkannte und für Preußen nutzen wollte. Am 15. Juni 1853 hatte er noch an Manteuffel geschrieben: »Sobald Österreich nicht mehr mit Rußland geht, bin ich nicht zweifelhaft darüber, daß wir uns von ihm trennen sollten und daß wir, wenn wir überhaupt Partei ergreifen, mit Petersburg und nicht mit Wien gehen sollten.« Jetzt aber, da Russland zwar nicht aus dem Spiel, aber zu einer Figur minderen Gewichts auf dem europäischen Schachbrett geworden war, lautete Bismarcks Rat logischerweise, mit Paris zu gehen. Allerdings hütete er sich mit Rücksicht auf die ihm wohlbekannte Abscheu, die man im Kreis der Gerlachs, der Kamarilla und des gesamten preußischen Establishments gegenüber Napoleon III. und Frankreich nach wie vor hegte, einen solchen Rat allzu offen zu geben. Allein seine Reise nach Paris, das in diesen Kreisen nur als »Babylon« perhorresziert wurde, hatte ihn seinerzeit in ein schiefes Licht gerückt.

Der Ausgang des Krimkrieges, erst recht der wenig später beginnende italienische Einheitskrieg, bei dem Österreich fast seinen gesamten Besitz südlich der Alpen einbüßte, verliehen Bismarcks Träumereien und Sandkastenspielen endlich einen realen Hintergrund. Die von Bismarck unablässig gepredigte *Realpolitik*, die bislang für einen verantwortlich handelnden Politiker, und das war und konnte er als Gesandter nicht sein, nicht mehr als ein luzider Leitartikel war, konnte nun mit einem Mal ernsthaft als Möglichkeit in Betracht gezogen werden.

Gerade vier Wochen nach Abschluss des Pariser Friedens schickte er Otto Manteuffel am 26. April 1856 in Form eines privaten Schreibens seinen sogenannten »Prachtbericht«, so die Bezeichnung der Bismarck-Verehrer für dieses Schriftstück, das an fordernder Deutlichkeit nichts zu wünschen übrig ließ: »Der deutsche Dualismus hat seit 1000 Jahren gelegentlich, seit Karl V. in jedem Jahrhundert, regelmäßig durch einen gründlichen inneren Krieg seine gegenseitigen Beziehungen reguliert, und auch in diesem Jahrhundert wird kein anderes als dieses Mittel die Uhr der Entwicklung auf ihre richtige Stunde stellen können. Ich beabsichtige mit diesem Raisonnement keineswegs zu dem Schlusse zu gelangen, daß wir jetzt unsere Politik darauf richten sollten, die Entscheidung zwischen uns und Österreich unter möglichst günstigen Umständen herbeizuführen *[sic]*. Ich will nur meine Überzeugung aussprechen, daß wir in nicht zu langer Zeit für unsere Existenz gegen Österreich werden fechten müssen, und daß es nicht in unserer Macht liegt, dem vorzubeugen, weil der Gang der Dinge in Deutschland keinen anderen Ausgang hat.«

Abgesehen von der fragwürdigen historischen Analogie enthält diese Passage zwei wichtige Aussagen über Bismarcks damaliges Politikverständnis und seine Absichten. Zum einen offenbarte sie, dass Bismarck noch immer nichts anderes im Sinn hatte, als Österreich zu schwächen und – hier erstmals ganz deutlich – militärisch zu besiegen, um Preußen die Vorherrschaft in Deutschland zu sichern. Sein Denken war also nach wie vor ganz von den Zwängen der preußisch-österreichischen Rivalität geprägt, ja, es begnügt sich damit, die vormals Schwarzenberg'sche Politik einfach umzukehren: *Avilir l'Autriche, après démolir.*

Zum anderen gibt diese Passage Auskunft über Bismarcks politischen Charakter: Die von ihm kaltblütig als Ziel ins Auge gefasste Niederlage Österreichs, die nach dem mechanischen Gesetz von Diastole und Systole Preußen die Führungsrolle in Mitteleuropa bescheren würde, sieht er ausschließlich in der Perspektive eines Sieges der preußischen Waffen. Es ist außerordentlich bemerkenswert, dass in seiner politischen Phantasie immer nur der bewaffnete Konflikt, der Krieg, die endgültige Entscheidung herbeizuführen vermochte. Man kann darin einen weiteren Hinweis auf sein Hasardeurtum erblicken oder diese Auffassung seiner Befangenheit in den Kategorien politischen Denkens des 18. Jahrhunderts zuschreiben. Mit dieser erschreckenden Eindimensionalität seiner politischen Weltsicht, die durch ihre späteren Erfolge auch noch die Weihen praktischer Wirksamkeit erhielt, stiftete Bismarck ein fatales Vorbild und Erbe: den Traum von Cannae, den Traum von der einen, großen, alles entscheidenden und siegreichen Schlacht. Mit dem Schlieffen-Plan, der einen riesigen Schwenk der deutschen Armeen vorsah, deren rechter Flügel das neutrale Belgien durchbrechen und hinter Paris nach Osten einschwenken sollte, um die französische Streitmacht vom Rücken her zu umfassen und sie gegen den eigenen Festungsgürtel zu werfen, oder in den Blitz- und Vernichtungskriegen Hitlers mutierte dieser Traum zum Albtraum Europas. Die bekannte Clausewitz'sche Formel, vom Krieg als Fortsetzung der Politik mit anderen Mitteln, erfuhr durch Bismarck ihre Umdeutung in einen Handlungsimperativ: Krieg ist die Fortsetzung der Politik mit anderen Mitteln.

Eine andere, sehr plausible Option, die Rivalität der beiden deutschen Flügelmächte zugunsten Preußens zu entscheiden, die bei Bismarck charakteristischerweise nie auftauchte, wäre es gewesen, in stiller Zuversicht darauf zu warten, bis Preußen von der Woge der wirtschaftlichen Entwicklung von allein auf die oberste Stufe des Siegertreppchens gehoben würde. Auch wenn Bismarck während seiner Tätigkeit als preußischer Bundestagsgesandter viel Kraft und Geschick darauf verwandte, Österreichs wiederholte Versuche zur Aufnahme in den Zollverein erfolgreich abzuwehren, spielte ein solcher Gedanke bei ihm keine Rolle. Man mag es drehen und wenden, wie man will: Es war das Unglück der Deutschen, dass ihr größter Staatsmann im 19. Jahrhundert in den Denkkategorien des 18. Jahrhunderts befangen war, sich aber gleichzeitig der wesentlich moderneren Mittel und Möglichkeiten seiner Zeit bedienen konnte, ohne sie je politisch zu begreifen. Nicht auszudenken, was bei einem Mann wie Bismarck, mit so bedeutenden intellektuellen Fähigkeiten, aus Preußen und aus Deutschland geworden wäre, hätte man ihn seinerzeit statt zum preußischen Gesandten am Deutschen Bundestag beispielsweise zum preußischen Handelsminister ernannt.

Mit seinen vor allem außenpolitischen Gedankenspielen hatte Bismarck sich so weit vorgewagt, dass eine Verstimmung, wenn nicht gar ein Zerwürfnis mit seinen hochkonservativen Gönnern unvermeidlich wurde. Bismarck konnte dieses Risiko leichten Herzens in Kauf nehmen, weil sich seine Stellung kraft eigenen Geschicks zusehends festigte. Jeglicher Ruch von Protektion und »violenter Beförderung«, der seiner Berufung zum preußischen Gesandten am Bundestag angehaftet hatte, war durch seine erfolgreiche Tätigkeit längst verflogen. Darüber wuchs Bismarcks Selbstbewusstsein. Und es wurde ihm zunehmend lästig, wenn er beim Pläneschmieden auf den byzantinischen Wertekonservatismus seiner Gönner sklavisch Rücksicht nehmen musste. Der Ausgang des Krimkrieges, mit dem alle Hoffnungen auf eine Restauration der »Heiligen Allianz« und die gesamte post-napoleonische Ordnung Europas, deren *raison d'dêtre* die Eindämmung der Revolution gewesen war, endgültig zu Grabe getragen werden mussten, lieferte den äußeren Anstoß für diesen von Bismarck wahrscheinlich herbeigesehnten Bruch. Außerdem mehrten sich die Anzeichen dafür, dass dieser seiner Karriere eher förderlich sein würde. Die Symptome der Geisteskrankheit bei Friedrich Wilhelm IV. wurden immer zahlreicher und deutlicher. Damit waren auch die Tage der Kamarilla bei Hofe gezählt, denn der Nachfolger, Prinz Wilhelm, ließ eine immer schroffere Ablehnung der Politik seines älteren Bruders und seiner hochkonservativen Ratgeber erkennen. Für Bismarck war es also im eigenen Interesse höchste Zeit, das Odium des Erzreaktionärs abzustreifen, ohne jedoch in das Gewand des Liberalen zu schlüpfen. Dies wäre ihm als unverzeihlicher Opportunismus ausgelegt worden. Aber auch von seiner inneren Einstellung her, wie fairerweise gesagt werden muss, wäre Bismarck eine solche politische Konversion unmöglich gewesen.

In einem Briefwechsel mit Leopold Gerlach, den Bismarck im Frühjahr begann und bis in den Sommer 1857 fortsetzte, wobei die Gretchenfrage im Mittelpunkt stand, wie er, Bismarck, es mit der Wahrung und Durchsetzung konservativer Werte, besonders in der auswärtigen Politik, halte, wurde der Bruch eingeleitet, protokolliert und vollzogen. Über die weitere Bedeutung dieses Briefwechsels hat man sich später redlich den Kopf zerbrochen. Ob Bismarck damit, wie er es selbst hernach interpretierte, als er die wichtigsten dieser Briefe in seinen *Gedanken und Erinnerungen* veröffentlichte, seine »im Prinzip prinzipienlose Realpolitik« bekenntnishaft-programmatisch hatte darlegen wollen, oder ob es sich bei diesem Streit lediglich um divergierende »Einschätzungen und Methoden« (Lothar Gall) gehandelt hat, spielt keine Rolle. Eine Blaupause seiner künftigen Politik, als die sie immer wieder missverstanden wurden und werden, sind diese Briefe jedoch auf keinen Fall.

Unmittelbaren Anlass für diesen Briefwechsel bot der zweite Besuch Bismarcks in Paris im Frühjahr 1857, bei dem er wieder mit Napoleon III. zusammentraf und den Mann, seine Stärken und Absichten besser kennenlernte als beim ersten Mal. Aber auch dieser Besuch und Bismarcks Einschätzung des französischen Kaisers wurden wieder anhaltend kritisiert. Bismarck glaubte sogar, deshalb bei Hofe in Ungnade gefallen zu sein. Was Bismarck jedoch vermutlich vor allem irritierte und verärgerte, war die Tatsache, dass seine Berliner Gesprächspartner und Vorgesetzten nicht verstehen wollten, dass der Krimkrieg die europäische Mächtekonstellation grundsätzlich verändert hatte. Das erklärt vielleicht den kaum verhüllten, gereizten Ton in dem Schreiben vom 2. Mai 1857, das den Briefwechsel eröffnete:

»So einstimmig wir in Betreff der inneren Politik sind, so wenig kann ich mich in Ihre Auffassung der äußeren hineinleben, der ich im Allgemeinen den Vorwurf mache, daß sie die Realitäten ignoriert. Sie gehen davon aus, daß ich einem vereinzelten Manne, der mir imponiere [i. e. Napoleon III.] das Prinzip opfere. Ich lehne mich gegen Vorder- und Nachsatz auf. Der Mann imponiert mir durchaus nicht. Die Fähigkeit, Menschen zu bewundern, ist in mir nur mäßig ausgebildet, und [es ist] vielmehr ein Fehler meines Auges, daß es schärfer für Schwächen als für Vorzüge ist. Wenn mein letzter Brief etwa ein lebhafteres Kolorit hat, so bitte ich das mehr als rhetorisches Hilfsmittel zu betrachten, mit dem ich auf Sie habe wirken wollen. Was aber das von mir geopferte Prinzip betrifft, so kann ich mir das, was Sie damit meinen, konkret nicht recht formulieren … Meinen Sie damit ein auf Frankreich und seine Legitimität anzuwendendes Prinzip, so gestehe ich allerdings, daß ich dieses meinem spezifisch preußischen Patriotismus vollständig unterordne. Frankreich interessiert mich nur insoweit, als es auf die Lage meines Vaterlandes reagiert, und wir können Politik nur mit dem Frankreich treiben, welches vorhanden ist, dieses aber aus den Kombinationen nicht ausschließen.« Ob in Frankreich ein legitimer Monarch wie Ludwig XIV. oder ein Napoleon herrsche, sei für Preußen völlig belanglos, da beide ein feindseliges Element darstellten, weshalb ihm Frankreich »ohne Rücksicht auf die jeweilige Person an seiner Spitze, nur als ein Stein und zwar ein unvermeidlicher in dem Schachspiel der Politik« zähle, »ein Spiel, in welchem ich nur meinem Könige und meinem Lande zu dienen Beruf habe. Sympathien und Antipathien in Betreff auswärtiger Mächte und Personen vermag ich vor meinem Pflichtgefühl im auswärtigen Dienste meines Landes nicht zu rechtfertigen, weder an mir noch an anderen. Es ist darin der Embryo der Untreue gegen den Herrn oder das Land, dem man dient.«

Die letzten beiden Sätze mussten für Gerlach wirklich starker Tobak gewesen sein, denn er und die Kamarilla waren Russland geradezu hörig. Nun bescheinigte ihnen Bismarck recht unverblümt, dass er darin den Keim der Untreue gegenüber König und Vaterland sehe. Leopold Gerlach ging dann auch in seiner Antwort vom 6. Mai 1857 auf diesen Passus mit keinem Wort ein. Die eigentliche Auseinandersetzung kreiste indes um die unterschiedliche Beurteilung Napoleons III. und des Bonapartismus, die für Gerlach wesentlich revolutionäre Phänomene waren, was Bismarck ihm mit guten, von diesem aber nicht akzeptierten Gründen auszureden suchte. Am 30. Mai 1857 schreibt Bismarck geradezu konziliant: »Wenn meine Ansichten von den Ihrigen abweichen, so suchen Sie die Verschiedenheit im Blättertrieb und nicht in der Wurzel … Das Prinzip des Kampfes gegen die Revolution erkenne auch ich als das meinige an, aber ich halte es nicht für richtig, Louis Napoleon als den alleinigen oder auch nur kat' exochen [vorzugsweise] als den Repräsentanten der Revolution hinzustellen …« Nach Bismarcks Ansicht verwechselte Gerlach Historie und Gegenwart, denn auch die Legitimität oder die Besitzansprüche so manches Fürstenhauses in Deutschland seien höchst fragwürdig. Außerdem sei die Revolution »viel älter als die Bonapartes und viel breiter in der Grundlage als Frankreich«. Wenn man ihr einen »irdischen Ursprung anweisen« wolle, so sei dieser, ginge man ganz weit zurück in der Geschichte, in Deutschland oder in Rom zu bestimmen, »je nachdem man die Auswüchse der Reformation oder die der Römischen Kirche … als schuldig ansehen will«. Der erste Napoleon wäre im Übrigen die Revolution »recht gern aus seiner Vergangenheit los gewesen, nachdem er die Frucht davon gepflückt und in der Tasche hatte«. Dies gelte noch weit mehr für dessen Neffen, Napoleon III. »Weder die Erinnerung an die Eroberungssucht des

Onkels noch die Tatsache des ungerechten Ursprungs seiner Macht berechtigt mich also, den gegenwärtigen Kaiser der Franzosen als den ausschließlichen Repräsentanten der Revolution, als vorzugsweises Objekt des Kampfes gegen dieselbe zu betrachten.«

Diese Auffassung Bismarcks blieb der Knoten, der mit keinem Argument zu lösen war, weshalb er den Gedankenaustausch nach einigen weiteren Briefen nicht mehr fortsetzte. In seinen Erinnerungen kommentierte er dies mit der lapidaren Bemerkung: »Ich hatte keinen Grund, durch eine Replik die an sich ziellose Korrespondenz fortzusetzen.«

Ende Oktober 1857 erlitt Friedrich Wilhelm IV. einen schweren Schlaganfall, woraufhin sein jüngerer Bruder, der – auch schon sechzigjährige – Prinz Wilhelm, die Stellvertretung übernahm. Damit schlug auch all jenen die Stunde, deren Einfluss Bismarck seine Karriere wesentlich verdankte und die ihm auch seine bisherigen Eskapaden und Extravaganzen nachgesehen hatten. Nicht wenige, und wahrscheinlich auch Bismarck selber, glaubten nun, dass er in der Nachfolge Manteuffels zum preußischen Ministerpräsidenten oder wenigstens zum Außenminister berufen werde. Ein Irrtum, denn jetzt rächte es sich, dass Bismarck es in den Jahren zuvor versäumt hatte, dem Prinzen mehr Aufmerksamkeit zu widmen. Seine Versuche, diesen taktischen Fehler nun wiedergutzumachen und mit Wilhelm in engeren Kontakt zu kommen, sollten ihm jedoch nichts nützen.

Darin offenbart sich ein Charakterfehler Bismarcks, seine Unfähigkeit, zwischenmenschliche Beziehungen auch dann zu pflegen, wenn er mit diesen nicht konkrete Absichten verfolgte. Tat er das, konnte er die ungeheure Kraft seiner Persönlichkeit mit solchem Geschick zur Geltung bringen, dass ihm kaum jemand zu widerstehen vermochte. Insofern war Bismarck ein klassischer Zyniker, dessen Fähigkeit, wie er Leopold Gerlach mit Bezug auf Napoleon III. hatte wissen lassen, Menschen zu bewundern, nur sehr mäßig ausgebildet war. Im Übrigen glaubte er, alle, mit denen er in Berührung kam, zu verstehen oder zu durchschauen, wie die zahlreichen, zumeist sehr sarkastischen und den Betreffenden sicherlich nicht gerecht werdenden Porträtskizzen in seinen Briefen und Erinnerungen zeigen. Bis auf ganz wenige Ausnahmen war Bismarck davon überzeugt, dass ausnahmslos alle Menschen eitel, käuflich und feige seien. Es war der Fehler seines Auges, wie er scherzend bekannte, »daß es schärfer für Schwächen als für Vorzüge ist«.

So viel Menschenverachtung lässt sich auch bei anderen großen Politikern feststellen. Aber bei Bismarck wurde sie, je älter und mächtiger er wurde, ein immer deutlicher hervorstechendes Merkmal seiner Persönlichkeit. Dies ist die andere, sehr dunkle Seite seines Wesens, von dessen Virtuosität, von dessen Charme, Witz und schier schrankenloser Offenheit man sich andererseits nur zu gern mitreißen lässt. – Zu den Untergebenen in seiner unmittelbaren Umgebung gehört zu haben dürfte kein Zuckerschlecken gewesen sein.

Bismarcks Situation wurde aber dadurch noch aussichtsloser, dass Prinz Wilhelm von seinen politischen Ideen und Anschauungen erklärtermaßen nichts hielt. Er sympathisierte mit der Politik der sogenannten »Wochenblatt-Partei«, die Bismarck und seine Gesinnungsgenossen mithilfe ihres Parteiorgans, der *Kreuzzeitung*, stets erbittert bekämpft hatten. Der nur lose Zusammenhalt dieser »Partei« gründete in der Überzeugung, dass Preußen engeren Anschluss an England suchen müsse. Das war jedoch ein Gedanke, der weder damals noch später in London auf sonderliche Gegenliebe stieß. In der deutschen Frage suchte die »Wochenblatt-Partei« eine engere Zusammenarbeit mit dem rechten, kleindeutsch-national gesinnten Flügel der Liberalen, den sogenannten »Gothaern«.

Auch wenn diese mit dem neuen Regime stärker zur Geltung kommenden Anschauungen noch keine konsistente Politik zur Folge hatten – die »Neue Ära«, wie die Zeit der Regentschaft bald hoffnungsvoll genannt wurde, erwies sich schnell als alter Hut –, so zeugten sie doch von Kräften, mit denen Bismarck sich nicht gut einlassen und die mit ihm auch nichts Rechtes anfangen konnten. Gleichwohl unternahm Bismarck einen letzten, geradezu verzweifelten Versuch, Prinz Wilhelm von seiner politischen Weitsicht zu überzeugen. Diesem vergeblichen Versuch verdankt die Bismarck-Hagiographie seine wohl umfangreichste Denkschrift, die nicht von ungefähr unter dem Namen »Das kleine Buch des Herrn von Bismarck« bekannt ist und die er dem Prinzen Wilhelm Ende März 1858 zukommen ließ. Es handelt sich dabei um eine Zusammenfassung seiner früheren Denkschriften, brieflichen Äußerungen und sonstiger Bekundungen, mit denen er dem Stellvertreter – zum Regenten wurde Prinz Wilhelm erst am 7. Oktober 1858 ernannt – seine Sicht der preußischen Politik, wie sie seit 1848 angelegt war und wie sie seiner Meinung hätte gestaltet werden müssen, darlegte.

Der aufmerksame Leser wird neue Wendungen und Windungen darin entdecken, von denen die bekannteste die ist, dass es »nichts Deutscheres« gäbe »als gerade die Entwicklung richtig verstandener preußischer Partikularinteressen«. Das war natürlich als Köder gemeint, denn Bismarck war bekannt, dass Prinz Wilhelm den Bestrebungen der »Wochenblatt-Partei«, sich den »Gothaern« anzunähern, ziemlich reserviert gegenüberstand.

Der Prinz schluckte diesen Köder jedoch nicht. Was ihn aber besonders verstört haben dürfte, war die deutliche antiösterreichische Position, die Bismarck bezog. Diese war dem Prinzen auch zuvor schon gut bekannt, sodass Bismarck sich mit dem Versuch, sie zu mildern, nur lächerlich gemacht hätte. Der Traum des Prinzen Wilhelm war eine preußisch-englisch-österreichische Allianz mit Stoßrichtung gegen Russland, dem er nie seine entscheidende Mitwirkung beim Olmützer Diktat verzieh.

»KALTGESTELLT«

Für Bismarck begann nun eine Zeit wachsender Bangigkeit, denn er musste mit allem rechnen, mit Abberufung, Versetzung, ja sogar Entlassung. Seine Aussichten verdüsterten sich, als der inzwischen als Regent bestallte Prinz Wilhelm am 7. November 1858 die Regierung Otto Manteuffels ablöste und sie durch ein Kabinett gemäßigt-liberaler Aristokraten ersetzte. Ministerpräsident wurde Fürst Anton von Hohenzollern, der Chef der katholischen Linie des Hauses, »Papa Anton« genannt. Der eigentliche »starke Mann« aber war sein Stellvertreter, der Altliberale Rudolf von Auerswald. Bismarck musste besonders schmerzen, dass Graf Alexander von Schleinitz, ein Vertrauter der Prinzessin Augusta, mit der Bismarck in den aufgeregten Märztagen 1848 in Potsdam jene für ihn höchst kompromittierende Unterredung hatte, Außenminister und damit sein Vorgesetzter wurde. Noch mehr irritiert haben aber dürfte ihn, dass sein alter ultrakonservativer Kampfgenosse Hans-Hugo von Kleist-Retzow, der seinerzeit für sein Engagement mit dem Amt eines Oberpräsidenten der Rheinprovinz belohnt worden war, zur Disposition gestellt wurde, während Albert Graf von Pourtalès, einer der frühen Apostaten der Ultrakonservativen und prominentes Mitglied der »Wochenblatt-Partei«, den Posten des Botschafters in Paris erhielt. Dies alles verhieß für Bismarcks Zukunft nichts sonderlich Gutes. In einem Brief an seine Schwester vom 12. November 1858 mimte er zwar den Gelassenen, wenn er schrieb, der innenpolitische Kurswechsel der neuen Regierung werde sich wohl in Grenzen halten, sollte er sich aber irren, »so werde ich mich unter die Kanonen von Schönhausen zurückziehen und zusehen, wie man in Preußen auf linke Majoritäten gestützt regiert«. In einer anderen Passage gab er dann jedoch zu erkennen, wie sehr ihn seine ungewisse Zukunft beschäftigte und beunruhigte: Er überlege es sich, wenn es denn hart auf hart ginge, den Staatsdienst wieder mit dem Abgeordnetendasein zu vertauschen: »Die Aussicht auf frischen, ehrlichen Kampf, ohne durch irgendeine amtliche Fessel [!] geniert zu sein, gewissermaßen in politischen Schwimmhosen«, sei für ihn von ebenso viel Reiz, »als die Aussicht auf ein fortgesetztes Regime von Trüffeln, Depeschen und Großkreuzen«. Im Lichte solcher Erwägungen hätten ihn Gerüchte, er werde zum preußischen Botschafter in St. Petersburg ernannt, eher beruhigen müssen. Aber in einem Brief an seine Schwester Malwine vom 10. Dezember 1858 forderte er sie auf, ihn doch in Frankfurt zu besuchen, »ehe ich an der Newa kaltgestellt werde«.

St. Petersburg war zwar einer der wichtigsten preußischen Botschafterposten, der Platz hatte jedoch seit dem Krimkrieg entschieden an Bedeutung verloren, eine Entwicklung, die durch die ausgeprägte Neigung des preußischen Regenten für eine westliche Allianz noch verstärkt wurde. Dem entsprach, dass man in Berlin Russland zwar nicht als eine europäische Macht abzuschreiben begann, aber doch davon ausging, dass es den Schwerpunkt seiner Interessen auf den Ausbau seiner asiatischen Machtstellung richten werde. Der Brennpunkt künftigen politischen Geschehens, das sah Bismarck voraus, würde jedenfalls nicht in St. Petersburg liegen. Außerdem hatte er sich in Frankfurt gut eingelebt und wollte auch seine dortige Tätigkeit, durch die ihm so manche Einflussmöglichkeit eröffnet worden war, nicht missen. Bismarcks Sache aber war es nicht, untätig zu verharren, bis man über seine künftige Verwendung entschieden hatte. Deshalb begab er sich im Januar 1859 nach Berlin, um sich selbst einen Eindruck von der hier herrschenden Stimmung zu verschaffen, die ihm überraschend günstig zu sein schien. In einem Brief an seine Frau vom 15. Januar 1859 heißt es: »Für mich ist man am Hofe liebenswürdiger wie je, der Prinz ganz besonders, aber auch die Prinzessin.« Eine für Bismarck erstaunliche Fehleinschätzung, denn offensichtlich lebte er in dem Wahn, dass nur ihm die Gabe erfolgreicher Verstellung gegeben sei. Während man seinen anfänglichen Argwohn mit allerlei Aufmerksamkeiten zerstreute, war man hinter den Kulissen damit befasst, ihn seines Frankfurter Postens zu entheben. Angesichts des neuen außenpolitischen Kurses, der ein engeres Zusammengehen Preußens mit Österreich vorsah, war ausgerechnet er mit seiner dezidiert antiösterreichischen Haltung in Frankfurt eine peinliche Fehlbesetzung. Österreich wiederum, an dessen Südwest-Flanke sich die seit Längerem schwärende italienische Krise bedrohlich zuspitzte, war an einem guten Einvernehmen mit Preußen sehr gelegen. Gleichwohl war Österreich aber nicht bereit, den mehr als bescheidenen Preis für eine förmliche Allianz zu bezahlen, den Preußen forderte: Prinz Wilhelm, der ganz in der preußischen militärischen Tradition groß geworden war, verlangte lediglich den Oberbefehl über die am Rhein zu stationierenden Truppen des Deutschen Bundes, die von Osten her Napoleon III. in Schach halten sollten, der die italienische Unabhängigkeitsbewegung unterstützte.

Das alles sah Bismarck nicht, oder er war sich seiner selbst derart sicher, dass er die leeren Höflichkeiten des Regenten als Zustimmung zu ebenjenen Ansichten, die er in seinem großen Memorandum vom März des Vorjahres niedergelegt hatte, missverstand. Am Montag, dem 24. Januar 1859, Bismarcks »schwarzem Montag«, schrieb er seiner Frau noch zuversichtlich: »Zum Minister hier wäre ich garnicht zu gebrauchen, ich würde melancholisch über alle die Menschenköpfe die man ansehn und hören muß. Jedesmal wenn ich fort will, handelt man mit mir, ob ich nicht noch 2 Tage bleiben könne. Ich weiß nicht, warum, denn es ist hier nichts zu thun; nur daß ich vorbaue, damit wir nicht nach Paris oder Petersburg kommen. Schon zum Aerger für die intrigante Schwätzerin die Usedom will ich in Fr. bleiben, wenns irgend Gottes Wille ist.«

Am Abend ebendieses Tages erhielt Bismarck die offizielle Mitteilung, dass er den Botschafterposten in St. Petersburg anzutreten habe. Eine bittere Einsicht, musste er sich doch eingestehen, dass alle ihm bezeugten Freundlichkeiten falsch, dass seine Versuche, dieses Geschick abzuwenden, vergebens gewesen waren. Aber konnte es auch Gottes Wille sein, dass ausgerechnet der von ihm gehasste Graf Guido von Usedom, den er als intriganten Stellenjäger verachtete, zu seinem Nachfolger in Frankfurt bestellt wurde, was ihn noch viel ärger treffen musste? Diese Ernennung war vor allem deswegen für Bismarck ein Schlag ins Gesicht, weil Usedom in allen Stücken genau gegenteiliger Ansicht war wie er selbst. Wie Bismarck jetzt erkennen musste, hatte aber genau dieser Umstand den Ausschlag für dessen Ernennung gegeben: Usedom stand nämlich im Ruf, ausgesprochen österreichfreundlich zu sein. Bismarck sah sich mit dem Scherbenhaufen seiner achtjährigen und seiner tiefsten Überzeugung nach auch höchst erfolgreichen Arbeit konfrontiert, die er »am Faß der Danaiden«, wie er einmal scherzend schrieb, in Frankfurt geleistet hatte. Alle Memoranden, Briefe, Ratschläge, Projekte, Intrigen und Agitationen, mit denen er die preußischen Staatsinteressen, die er zunehmend mit seinen eigenen identifiziert hatte, zu befördern getrachtet hatte, waren mit dem Federstrich unter einer Ernennungsurkunde ebenso demonstrativ wie nachdrücklich für nichtig erklärt worden.

Im Lichte all dessen musste er seine Bestallung zum Botschafter in St. Petersburg als ungeheuerliche Erniedrigung empfinden. Obendrein blieb ihm auch nicht der vor dem Hintergrund der spezifisch preußischen Vergötzung alles Militärischen besonders ätzende Spott erspart, dass man ihn nicht, wie sonst üblich, zum General beförderte, sondern ihn im Rang und in der Uniform eines Majors der von den Troupiers verachteten preußischen Landwehr als Botschafter an den Zarenhof entsandte.

Damit begann für Bismarck eine drei Jahre währende Lebenskrise, in der er sich als Verbannter und Geächteter wähnte. Recht bezeichnend für ihn ist, dass er auf diese Krise mit mehreren schweren Erkrankungen reagierte. Bereits nach Erhalt der Nachricht, als außerordentlicher Gesandter und bevollmächtigter Minister, so sein pompöser offizieller Titel, nach St. Petersburg gehen zu müssen, warf ihn eine fiebrige Grippe aufs Lager, die er seinem Freund Gustav Alvensleben gegenüber medizinisch gewiss inkorrekt, aber dennoch zutreffend als »Gallenfieber über Petersburg« diagnostizierte.

Es kam aber noch schlimmer, denn Bismarck sah sich »an der Newa kaltgestellt« in einem Augenblick, da in Europa mit dem italienischen Einheitskrieg eine jener großen Erschütterungen heraufzog, von denen er im Februar 1854 an Manteuffel geschrieben hatte, sie bildeten »das Wetter, welches Preußens Wachstum fördert, indem sie furchtlos, vielleicht auch sehr rücksichtslos von uns benutzt werden …« Aber was musste Bismarck im fernen St. Petersburg sitzend stattdessen, bisweilen geradezu vor Wut schäumend, erleben? Dass Österreichs sich häufende Niederlagen auf dem italienischen Schauplatz keineswegs zur Ausdehnung des preußischen Einflusses nach Deutschland hinein ausgenutzt wurden, sondern Preußen vielmehr im Juni 1859 sechs Armeecorps mobilisierte, die Österreich Flankenschutz bieten sollten. Wozu Bismarck riet, das ließ er am 5. Mai 1859 Gustav Alvensleben wissen: »Die gegenwärtige Lage hat wieder einmal das große Los für uns im Topf, falls wir den Krieg Österreichs mit Frankreich [in Italien] sich scharf einfressen lassen und dann mit unserer ganzen Armee nach Süden aufbrechen, die Grenzpfähle im Tornister mitnehmen und sie entweder am Bodensee oder da, wo das protestantische Bekenntnis aufhört vorzuwiegen, wieder einschlagen …«

Das war der ganze, der unverfälschte Bismarck, der auf das Schwert vertraute und nicht auf fromme Beteuerungen à la es gäbe »nichts Deutscheres als gerade die Entwicklung richtig verstandener preußischer Partikularinteressen«. Auffällig an Bismarcks Schreiben an Alvensleben ist aber wiederum die seltsame Verquickung einer nüchternen und weitsichtigen Analyse der Situation mit einem völligen Unverständnis für die dahinterliegende Wirklichkeit, die nicht zuletzt geprägt war vom Charakter, den Vorlieben und Vorurteilen der handelnden Personen. Bismarck beging damit einen ganz ähnlichen Fehler wie seinerzeit, als er die Höflichkeit des Regenten ihm gegenüber mit dessen tiefer Sympathie für seine Politik verwechselt hatte. Allerdings war Bismarck auch nicht so vermessen, allen Ernstes zu glauben, dass man in Berlin seinem Rat folgen würde. Deshalb fügte er einschränkend hinzu, wenn diese Politik als zu abenteuerlich empfunden werde, sollte man doch wenigstens die Gelegenheit nutzen, die Konstitution des Deutschen Bundes zugunsten Preußens zu verändern, oder diese Konföderation verlassen. Für eine Auflösung des Deutschen Bundes plädierte Bismarck im Übrigen auch eine Woche später in einem »privaten« Schreiben an Außenminister Schleinitz. Und in beiden Briefen ventilierte er zum ersten Mal den Gedanken, das »Königreich Preußen« in ein »Königreich Deutschland« umzuwandeln. Und in seinem Brief an Schleinitz vom 12. Mai 1859 findet sich auch ein Wort, dem später einmal, als er es bei anderer Gelegenheit öffentlich gebrauchte, Flügel wachsen sollten: »Ich sehe in unserem Bundesverhältnis ein Gebrechen Preußens, welches wir früher oder später ferro et igni [mit Eisen und Feuer = Blut und Eisen] werden heilen müssen, wenn wir nicht beizeiten in günstiger Jahreszeit eine Kur dagegen vornehmen.« Dieser eine Satz vereint die ganze Politik, die Bismarck seit acht Jahren gepredigt hatte.

Auch wenn er sich zweifellos keine Illusionen darüber

machte, dass man seine zahlreichen Ratschläge, mit denen er sich von St. Petersburg aus in Berlin in Erinnerung brachte – in einem Schreiben an Gustav Alvensleben vom 17. Juni 1859 bezeichnete er sie einmal als »Bedürfnis des Gedankenstuhlgangs« –, nicht beherzigte, so stürzte es ihn dennoch in Wut und Verzweiflung, dass der Regent und seine Minister eine genau gegenteilige Politik verfolgten. Diese Einsicht hätte für Bismarck beinahe zwei fatale Folgen gehabt. Zum einen machte er gegenüber dem Zaren und dessen Außenminister Gortschakow seiner Empörung über die österreichfreundliche Politik des Regenten mit derart drastischen Worten Luft, dass einiges davon bis nach Berlin durchsickerte. Die Folge war, dass man dort über seine Abberufung und Entlassung aus dem diplomatischen Dienst nachdachte. Allein der Waffenstillstand von Villafranca (8. Juli 1859), den Napoleon III. und Kaiser Franz Joseph schlossen und mit dem die Gefahr eines großen europäischen Konflikts unter Beteiligung Preußens gebannt wurde, dürfte ihn davor bewahrt haben. Die andere, weitaus gefährlichere Bedrohung war eine ernsthafte Erkrankung Bismarcks, die ebenso wie die verschiedenen Leiden, an denen er seit Juni 1859 laborierte, psychosomatische Komponenten aufwies.

Andererseits hatte Bismarck sich auch nie geschont, und seine wahrhaft gargantuesken Ess- und Trinkgewohnheiten taten ein Übriges, seine Konstitution zu schwächen. In einem Brief an seine Schwester Malwine vom 29. Juni 1859 klagt Bismarck über rheumatische Schmerzen im Rückgrat, an denen er schon seit Wochen leide und die mittlerweile derart intensiv geworden seien, dass es ihm Mühe mache zu atmen. Dass sich Bismarck in St. Petersburg in die Hände eines Quacksalbers begab, der ihn mit seinen Behandlungsmethoden beinahe umbrachte, verschlimmerte das unspezifische Krankheitsbild. Mit letzter Kraft und trotz heftiger Schmerzen machte Bismarck sich auf die lange und anstrengende Reise nach Berlin, wo er als halbes Wrack, von heftigen Fieberanfällen geschüttelt und fast ohne Lebenswillen, ankam. Aber kaum, dass ihn hier verständigere Ärzte einigermaßen wiederhergestellt hatten, erwachte in ihm erneut die Lust an waghalsigen politischen Kombinationen.

Die dank massiver Unterstützung durch Frankreich errungenen militärischen Erfolge der italienischen Einigungsbewegung, angeführt von den piemontesischen Liberalen unter der Leitung Cavours, hatten auch in Deutschland einen, zunächst unmerklichen, Umschwung des politischen Klimas bewirkt. Sichtbares Zeichen dieses Wandels war die Gründung des Deutschen Nationalvereins Mitte September 1859 in Frankfurt am Main. Zuvor jedoch versammelten sich bereits demokratische und liberale Abgeordnete der Frankfurter und Berliner Nationalversammlung von 1848 in der zweiten Julihälfte des Jahres 1859 in Eisenach und Hannover zu einem Kongress, um sich über die nationale Frage auszutauschen. Die Eisenacher Beratungen, zu denen sich die eher linksliberalen Kräfte zusammengefunden hatten, mündeten in eine Resolution, die im Wesentlichen zwei Forderungen enthielt: Der in Frankfurt am Main amtierende Deutsche Bundestag solle durch eine starke und permanente Zentralregierung ersetzt und auf Initiative Preußens eine Deutsche Nationalversammlung einberufen werden. Allein dieser Passus zeigt, dass auch die Linksliberalen die Erfüllung ihrer nationalen Hoffnungen mit Preußen verbanden. Damit näherten sie sich der Position der Liberalen an, die in Hannover tagten und eine diesbezüglich sehr viel eindeutigere Erklärung formulierten. Nicht nur, dass sie Österreich explizit von einer Mitgestaltung der künftigen deutschen Einheit mit dem Argument ausschlossen, »seine Interessen sind keine rein deutschen, können es auch niemals werden«, sondern es wurde darin auch klar ausgesprochen: »Die Ziele der preußischen Politik fallen mit denen Deutschlands im wesentlichen zusammen.« Mit anderen Worten, die Liberalen gaben offen zu verstehen, dass sie bereit und willens waren, die allfälligen nationalpolitischen Konsequenzen aus dem Deutschen Zollverein zu ziehen.

Das alles muss Bismarck, der in diesen Julitagen des Jahres 1859 im Berliner Hotel »Royal« das Krankenbett hütete, geradezu elektrisiert haben, zumal sich ihm in Person von Hans Victor von Unruh ein Besucher nahte, der zum Kreis der führenden liberalen Persönlichkeiten gehörte. Bei dieser unverbindlichen politischen Plauderei machte jeder der beiden eine Bemerkung, die dem anderen wohl gefiel. Bismarck ließ Unruh wissen, dass Preußen in der gegenwärtigen Situation nur noch einen Alliierten habe, wenn es denn verstünde, ihn auf seine Seite zu ziehen und richtig zu behandeln: das deutsche Volk. Und Unruh bedankte sich für dieses kaum verhüllte Anerbieten Bismarcks, mit den Liberalen bei Gelegenheit gemeinsame Sache zu machen, mit der Bemerkung, Bismarck sei ihm als preußischer Außenminister allemal lieber als der jetzige Amtsinhaber Schleinitz.

Bismarck machte sich keine Illusionen darüber, dass dies pure Nettigkeiten waren, denn in den Wochen und Monaten, die seinem physischen Zusammenbruch vorausgegangen waren, hatte er seine Einflusslosigkeit auf die Formulierung der preußischen Politik sehr deutlich wahrgenommen. Hinsichtlich Unruhs Möglichkeiten, über die Besetzung des preußischen Kabinetts disponieren zu können, hegte Bismarck jedoch keine falschen Vorstellungen. Dennoch, ein erster Faden war mit diesem Gespräch geknüpft, und Unruh versäumte nicht, Bismarck, der im September 1859 in Wiesbaden zur Kur weilte, unmittelbar vor der konstituierenden Versammlung des Deutschen Nationalvereins brieflich davon in Kenntnis zu setzen, dass dieser seine Hoffnungen auf Preußen setze, die Ziele und Belange der deutschen Einheit gegen den Widerstand Österreichs zu fördern. Mit diesem Schreiben reiste Bismarck sofort nach Baden-Baden, wo er mit

Schleinitz zusammentraf, um mit diesem die Initiative des Nationalvereins zu erörtern. Auch wenn Schleinitz nach wie vor ein Zusammengehen mit Österreich favorisierte, um so die imaginierte Gefahr eines Bündnisses zwischen Frankreich und Russland zu konterkarieren, ermunterte er Bismarck dennoch, seinen Kontakt mit Unruh zu pflegen. Es kam zu einer zweiten Unterredung, in der Unruh Bismarck berichtete, dass, unbeschadet einiger Widerstände insbesondere seitens der süddeutschen Staaten, die Frankfurter Gründungsversammlung des Nationalvereins sich mit überwältigender Mehrheit für die Führungsrolle Preußens in Deutschland ausgesprochen habe, ja, dass man sogar eine zeitweilige Militärdiktatur Preußens akzeptieren würde, wenn anders eine rasche deutsche Einigung nicht herbeizuführen sei. Diese Äußerung enthält das ganze Elend des deutschen Liberalismus, das Bismarck später nach Kräften für seine Zwecke ausbeutete: Das Ideal der Freiheit wurde von den Liberalen dem Götzen der Einheit geopfert.

Zunächst aber lieferte dieser Meinungsaustausch mit Unruh allenfalls den Stoff für Gedankenspiele, mit denen Bismarck sich auf der langen und beschwerlichen Fahrt beschäftigen konnte, die ihn Anfang Oktober 1859 wieder nach St. Petersburg führte. Vor allem der erste Teil dieser Reise, bei der er den Regenten, der den in Warschau weilenden Zaren Alexander II. besuchen wollte, begleiten musste, erwies sich für den kaum genesenen Bismarck als entschieden zu strapaziös: Im pommerschen Hohendorf brach er erschöpft zusammen und wähnte sich dem Tode näher als dem Leben. Bismarck hatte sich eine Lungenentzündung zugezogen, eine damals und für lange Zeit noch in den allermeisten Fällen tödlich verlaufende Krankheit, die er aber glücklich überwand. Allerdings plagte ihn in den langen Monaten seiner Genesung die Vorstellung, dass er nie wieder die Kraft erlangen würde, seine Karriere fortzusetzen. Diese pessimistische Stimmung wich erst im März 1860, als ihm Gerüchte zu Ohren kamen, der Regent plane eine Umbildung des Kabinetts und denke insbesondere an eine Ersetzung des entschlusslosen Schleinitz. Sofort eilte Bismarck nach Berlin, um sich ins Gespräch zu bringen. Hier kam es auch verschiedentlich zu Gesprächen zwischen ihm und dem Regenten, die aber ohne Ergebnis blieben. Bismarck bemerkte dazu in einem Brief aus St. Petersburg an Leopold Gerlach vom 2./4. Mai 1860 bitter-sarkastisch, er sei in »der geschmacklosen Situation eines Gesandten im Gasthof mit Hintertür-Intrigen gegen seinen Chef«.

Als Bismarck Ende April 1860 nach rund elfmonatiger Abwesenheit wieder in St. Petersburg anlangte, plagte ihn die Erkenntnis, auf der ganzen Linie gescheitert zu sein. Bei nüchterner Analyse musste er sich sogar eingestehen, dass alle wirksamen Tendenzen der Zeit seinem Ehrgeiz und seinen politischen Absichten zuwiderliefen, ja, diese schließlich vereitelten.

Inzwischen war Garibaldi, der Bannerträger der italienischen Einigung, erfolgreich in Sizilien und Neapel gelandet, weshalb die österreichische Politik sich wieder dazu veranlasst sah, die »Heilige Allianz« mit Preußen und Russland zu restaurieren, um ein Bollwerk gegen das Gespenst der Revolution zu errichten. Der preußische Regent hingegen war ebenso wie sein Außenminister Schleinitz zutiefst davon überzeugt, dass Napoleon III. und Russland insgeheim unter einer Decke steckten, mit der Absicht, Preußens Macht zu beschneiden. Nach seinen Erfolgen in Italien, so mutmaßte man in Berlin allen Ernstes, sei es Napoleons ganzes Trachten, die Eroberungen seines Onkels in Deutschland zu wiederholen und eine Art von Rheinbund unter französischer Kontrolle zu errichten. Als Antwort darauf – und diese Politik wurde vor allem von Schleinitz vertreten – bliebe Preußen keine andere Wahl, als ein Bündnis mit England und Österreich zu suchen.

Alle diese Dispositionen und Einschätzungen, von denen

sich die offizielle preußische Politik insgeheim leiten ließ, waren den Ansichten, die Bismarck in seinen zahlreichen privaten und amtlichen Schreiben wie Denkschriften immer wieder geäußert hatte, genau entgegengesetzt. Kühl betrachtet, deutete nichts darauf hin, dass sich dies in absehbarer Zeit ändern würde. Was die Aussichtslosigkeit der Bismarck'schen Karrierehoffnungen endgültig zu besiegeln schien, war aber die innenpolitische Konstellation seit dem Anbruch der »Neuen Ära«.

Die »Neue Ära«, deren Name sich dem »Neuen Kurs« verdankte, den der Regent im November 1858 verkündet hatte, zielte auf nichts anderes als eine verbesserte Wiederauflage der preußischen Unionspolitik. Erneut war man willens, sich liberal zu kostümieren, um den längst maroden preußischen Konservatismus, dem die Reaktion nach 1849 fast das Lebenslicht ausgeblasen hatte, noch einmal zu retten. Insofern lässt sich die »Neue Ära« am besten als Versuch verstehen, durch eine dosierte und kontrollierte Zulassung liberaler Einwirkungsmöglichkeiten den konservativen preußischen Staat zu regenerieren. Dieses Kalkül bestimmte das innere Wesen des »Neuen Kurses«, der bei den Liberalen wider alle Erfahrung erneut die Illusion weckte, es werde sich nun alles nach ihren Vorstellungen gestalten. Hinsichtlich der preußischen Deutschlandpolitik schienen sich die liberalen Blütenträume auch zu erfüllen, hatte doch der Regent in seiner programmatischen Rede vom 8. November 1858, die den »Neuen Kurs« einleitete, vollmundig erklärt: »In Deutschland muß Preußen moralische Eroberungen machen.« Was damit beabsichtigt war, enthüllte der letzte Satz: »Ein festes, konsequentes und, wenn es sein muß, energisches Verhalten in der Politik, gepaart mit Klugheit und Besonnenheit, muß Preußen das politische Ansehen und die Machtstellung verschaffen, die es durch seine materielle Macht allein nicht zu erreichen imstande ist.«

Damit wurde eine Einsicht formuliert, die auch oberste

Handlungsmaxime der politischen Bestrebungen Bismarcks war: Preußen, so wie es war und wie es bleiben sollte, war in seinem Bestand mehr und mehr auf Deutschland, auf die Herrschaft über Deutschland angewiesen. Ohne Deutschland konnte Preußen auf Dauer nicht mehr die Rolle einer europäischen Großmacht spielen. Und ohne diese Rolle würde Preußen dazu verurteilt bleiben, weiter in der Vormundschaft Russlands und Österreichs leben zu müssen. Dabei schwebte es ständig in der Gefahr, ohne eigenes Zutun Schiffbruch zu erleiden, wenn sich diese beiden Mächte beispielsweise auf dem Balkan in die Haare gerieten. Deutschland aber konnte Preußen nur mithilfe der liberalen und kleindeutsch gesinnten nationalen Kräfte bekommen. Diese mussten den Lebenswillen der Klein- und Mittelstaaten von innen heraus zerbrechen, mussten die Hinfälligkeit ihrer künstlichen Existenz bloßlegen. Als Gegenleistung hatte Preußen den nationalen und liberalen Kräften Konzessionen zu machen, die aber nicht so weit gehen durften, dass es sich damit selbst infrage stellte. Wie groß diese Konzessionen ausfallen konnten, war jedoch das Dilemma, in dessen Widersprüchen sich die preußische Politik zwischen 1848 und 1850 wie in der »Neuen Ära« rettungslos verstrickte.

Preußen, das war die Lektion der Reaktionszeit, konnte nicht zu einem ständischen, christlich-germanisch illuminierten Staatsideal, das nicht einmal mehr politische, sondern nur noch pietistische Romantik war, zurückkehren. Preußen konnte sich aber auch nicht, wollte es sich treu, sprich das Preußen der Junker, der starken Monarchie und des siegreichen Heeres bleiben, zu einem modernen parlamentarischen Staat mit verantwortlichen Ministern und einer von der Volksvertretung kontrollierten Exekutive entwickeln. Deshalb musste etwas Drittes gefunden werden. Und dieses Dritte, der Wechselbalg des Bismarck'schen Reiches von 1871, wurde in der damals in Preußen sich zuspitzenden innenpolitischen Krise gezeugt, welche die Hoffnungen, die die Liberalen mit der »Neuen Ära« verknüpften, enttäuschte.

Wie sehr die »Neue Ära« eine bloße Sinnestäuschung der Liberalen war, zeigte sich bereits im Laufe des Jahres 1860. Die Politik des Wohlverhaltens gemäß der Parole »Nur nicht drängen«, die für die liberale Mehrheit des Preußischen Abgeordnetenhauses gegenüber der Regierung seit Beginn der »Neuen Ära« verbindlich war, hatte bislang noch keinerlei Früchte getragen. Nach wie vor hielt der konservativ gesinnte Adel alle wichtigen Schaltstellen in Staat und Gesellschaft besetzt und vereitelte mittels seiner überwältigenden Dominanz, die er im Herrenhaus, der Ersten Kammer des Preußischen Landtags, besaß, die innenpolitischen Reformforderungen der Liberalen. Aber diese Haltung, so mochte man sich trösten, würde sich schon noch ändern. Und die Ernennung eines der führenden Häupter der preußischen Liberalen, des Grafen Schwerin, zum Innenminister im August 1859 schien diese Annahme auch zu bestätigen. Gar nicht in das Bild dieses nun mehrheitlich liberalen Ministeriums passte dagegen die Berufung des erzkonservativen Generals Albrecht von Roon zum Kriegsminister, der den als liberal geschätzten General von Bonin im Dezember 1859 ablöste. Die Ernennung Roons war ein ebenso stiller wie entscheidender Schachzug des Regenten, war der General doch zum Werkzeug ausersehen, die geplante Heeresreform, das erklärte Lieblingsprojekt des Prinzen Wilhelm, durchzusetzen.

In den Auseinandersetzungen um die Heeresreform entschied sich das Schicksal der »Neuen Ära«, denn der Konflikt, der sich daran entzündete, weitete sich rasch zum Verfassungskonflikt aus. Dabei stand die Heftigkeit des Streits schon bald in keinem Verhältnis mehr zur Sache, um die es ging.

Tatsächlich wurde die Notwendigkeit einer Vergrößerung

und durchgreifenden Reorganisation des preußischen Heeres von niemandem ernsthaft bestritten. Die Mannschaftsstärke war seit der von Boyen inspirierten Reform von 1814 unverändert geblieben. Trotz der Zunahme der Bevölkerung zwischen 1820 und 1860 von 10 auf 18 Millionen wurden alljährlich nur 40 000 Rekruten eingezogen, mit der Folge, dass immer weniger junge Männer zum Militär einberufen wurden, während gestandene Familienväter weiter in der Landwehr Dienst tun mussten. Für eine Vergrößerung und Reorganisation der Armee sprach außerdem, dass die Truppenstärke der möglichen Gegner Preußens seit 1820 mit der Bevölkerungsentwicklung in ihren Ländern Schritt gehalten hatte. Sowohl die französische als auch die österreichische Armee waren ihrem jeweiligen Mannschaftsstand nach im Jahr 1860 dreimal so stark wie die preußische. Nicht zuletzt hatten der Krimkrieg und der italienische Einigungskrieg nachdrücklich gezeigt, dass die gemütlichen Zeiten der Ära Metternich endgültig der Vergangenheit angehörten: Um auch in Zukunft in Europa mitreden zu können, brauchte Preußen nach Ansicht des Regenten eine größere und schlagkräftigere Armee. Das hieß, dass die dem »Geist der Freiheitskriege« entstammende Reservearmee der Landwehr, die alle Gedienten bis zum vierzigsten Lebensjahr umfasste, abgeschafft werden musste.

Bereits im Juni 1858 hatte Roon dem Regenten eine Denkschrift über die Heeresreform gesandt, die sofort Wilhelms Beifall fand. Roons Vorschläge wichen in zwei entscheidenden Punkten von jenen Plänen ab, die zu diesem Zeitpunkt im preußischen Kriegsministerium bereits diskutiert wurden. Zum einen verlangte Roon, dass die Dienstzeit von bislang zwei auf drei Jahre verlängert werden müsse. Er begründete diese Forderung mit Argumenten, die sich mit den Ansichten des Regenten deckten, der den größten Teil seines Lebens bei der Armee verbracht hatte. Wie dieser war Roon der Meinung, zum Exerzieren eines Soldaten genügten einige Monate – aber das Ergebnis dieser Anstrengung seien lediglich gedrillte Bauern. Um einen Rekruten mit jenem Geist zu beseelen, der aus diesem erst einen Soldaten mache, um »das soldatische Wesen in seiner Totalität zu erzeugen«, sei eine Dienstzeit von drei Jahren fast noch zu wenig, da der Rekrut erst im dritten Jahr einen Sinn für die Würde des Soldatenrocks entwickle, für den Ernst seines Berufs, der die Voraussetzung für die Ausbildung jenes Standesbewusstseins sei, ohne das eine Armee nicht existieren könne.

Eine Heraufsetzung der Mannschaftsstärke der Armee bedingte die Vergrößerung des Offizierkorps. Roon trat deshalb auch für eine Vermehrung der Kadettenanstalten ein, ein Vorschlag, der ganz den Interessen des preußischen Adels entsprach, da die vorhandenen Offiziersstellen längst nicht mehr ausreichten, um allen Söhnen des ärmeren Adels ein standesgemäßes Unterkommen zu sichern.

Den größten Nachdruck legte Roon in seinem Memorandum aber auf den Vorschlag, der praktisch auf eine Abschaffung der Landwehr zielte, die er als eine sowohl »politisch« wie »militärisch« falsche Einrichtung qualifizierte. Politisch sei die Landwehr eine unsinnige Institution, weil jeder Landwehrmann unter der gegenwärtigen parlamentarischen Regierungsform (!) ein potenzieller Wähler sei und man deshalb die Landwehr nicht wie jede andere militärische Streitmacht einsetzen könne. Militärisch sei die Landwehr überdies ziemlich wertlos, weil es ihr an Disziplin mangele. Roons Vorschlag war, einen Teil der Landwehrformationen aufzulösen und auf Linienregimenter, die von Berufsoffizieren kommandiert wurden, zu verteilen. Die übrigen Landwehreinheiten, das »zweite Aufgebot«, sollten dagegen nur im Festungsdienst Verwendung finden.

Insgesamt zielten diese Vorschläge Roons auf eine Professionalisierung der preußischen Armee. Preußens Machtstellung in Europa, so seine Überzeugung, konnte nur gewahrt werden, wenn man sich auf eine gut trainierte, disziplinierte und vorzüglich geführte Armee verlassen konnte. Diese Ansicht Roons, die der Regent rückhaltlos teilte, machte beide blind für die politischen Widerstände, auf die ihre Vorstellungen in der mehrheitlich liberalen Kammer des Preußischen Landtags stoßen mussten, die ja die erforderlichen Gelder zu bewilligen hatte.

Am 10. Februar 1860 brachte die Regierung den Gesetzentwurf zur Heeresreform in der Zweiten Kammer des Landtags ein. Der Protest der liberalen Kammermehrheit gegen dieses Reformgesetz entzündete sich zunächst nicht an seinem Inhalt, wohl aber an den Kosten. Während in der regierungstreuen Presse lediglich von einer Haushaltsmehrbelastung von 6 Millionen Talern die Rede gewesen war, sprach der Finanzminister nun von 9 Millionen Talern und gab überdies zu verstehen, dass sich dieser Betrag in den folgenden Jahren noch weiter erhöhen könnte. Diese Summe, die zum größten Teil durch Steuererhöhungen aufgebracht werden sollte, erschien den Abgeordneten bei Weitem zu hoch. Sehr schnell bot dieser Einwand eine Grundlage für Argumente, die das ganze Reformprogramm infrage stellten. Sowohl in der dreijährigen Dienstzeit wie in der Abschaffung der Landwehr glaubte man, untrügliche Anzeichen dafür zu erkennen, dass sinistre Adelsinteressen die Armee zu einem Bollwerk der Reaktion und des strikten Kadavergehorsams gegen den liberalen Geist der Zeit ausbauen wollten.

Trotz dieser Verdächtigungen, die in der Öffentlichkeit laut wurden, stimmte die liberale Kammermehrheit im Prinzip einer Heeresvergrößerung zu. Im Einzelnen erhob sie jedoch eine Reihe von Einwänden. Insbesondere verlangte sie, dass die veranschlagten Kosten um rund 7 Millionen Taler gesenkt werden müssten. Diese Einsparung ließe sich dadurch erzielen, dass wesentlich weniger neue Regimenter aufgestellt wurden. Außerdem sollten die zweijährige Dienstzeit und die Landwehr in alter Form und altem Umfang beibehalten werden. Angesichts dieser Reaktion zog die Regierung ihre Gesetzesvorlage überraschend zurück und verlangte stattdessen eine außerordentliche und einmalige Erhöhung des Wehretats um 9 Millionen Taler, die für die Verstärkung der Armee während der nächsten Monate verwendet werden sollten. Dieses Ansinnen verband der Finanzminister mit der ausdrücklichen Versicherung, eine Entscheidung darüber sei nicht als Präjudiz für das spätere Votum der Kammer über eine Reorganisation der Armee zu verstehen.

Auch diesmal hielt sich die liberale Kammermehrheit noch an ihre Parole »Nur nicht drängen« und bewilligte Mitte Mai 1860 die von der Regierung gewünschten 9 Millionen Taler. Wie sich bald herausstellen sollte, war das aber ein kapitaler Fehler, denn die Erwartung der Kammer, dass ihr nun eine nach ihren Vorstellungen geschneiderte Gesetzesvorlage zur Heeresreform vorgelegt würde, hatte aufseiten des militärischen Establishments und des Regenten nur alte Ängste geweckt. Zunächst waren die Militärs und Prinz Wilhelm empört darüber, dass ein Landtag sich anmaßte, in militärischen Dingen, die allein Domäne des Herrschers waren, sachkundig sein zu wollen. Bald aber tauchte der Verdacht auf, die Liberalen wollten damit nicht weniger als die Abschaffung der ganzen Armee erreichen, um danach desto leichter auf revolutionärem Wege die Macht im Staat erobern zu können.

Derlei Missverständnisse, die zeigen, wie sehr die Verfassung seitens der Krone und der konservativen Adels- und Militärkreise lediglich als ungeliebtes Zugeständnis an den liberalen Zeitgeist verstanden wurde, trugen dazu bei, den Konflikt rasch zu verschärfen. Ein erster Anlass dazu bot sich gleich zu Beginn des Jahres 1861. Nach dem Tod Friedrich Wilhelms IV. wurde der Regent am 2. Januar 1861 als Wilhelm I. König in Preußen. Eine seiner ersten Maßnahmen bestand darin, die Fahnen jener neuen Regimenter, mit deren Aufstellung man ohne die Zustimmung der Kammer bereits begonnen hatte, am Grab Friedrichs II. in Potsdam zu weihen. Das musste die Liberalen, die bereit gewesen waren, die heimliche Heeresvergrößerung stillschweigend hinzunehmen, provozieren, wurde mit dieser kultischen Handlung doch unmissverständlich deutlich gemacht, dass der König die Heeresvergrößerung auch gegen den Willen der Kammermehrheit durchsetzen wollte. Unbeschadet dessen fand sich die gemäßigte liberale Mehrheit in der Kammer bei den Budget-Beratungen des Jahres 1861 erneut dazu bereit, außerordentliche Haushaltsmittel für das Militär zu bewilligen, nicht jedoch, ohne darauf zu bestehen, dass in der nächsten Sitzungsperiode des Landtags endlich ein vollständiger Gesetzentwurf zur Heeresreform vorgelegt werde.

Von der Mehrheit der gemäßigten Liberalen spaltete sich nun eine Reihe von Abgeordneten ab, die nicht mehr gewillt waren, sich an die Parole »Nur nicht drängen« zu halten. Diese Abgeordneten gründeten die Deutsche Fortschrittspartei, die in den Kammerwahlen vom 6. Dezember 1861 einen großen Sieg errang. Ihre Abgeordneten bildeten die stärkste Fraktion im neuen Landtag. Die Deutsche Fortschrittspartei vertrat in allen Fragen und insbesondere bei der Heeresreform wesentlich radikalere Ansichten als die frühere Mehrheit der gemäßigten Liberalen. Damit waren alle Voraussetzungen dafür gegeben, dass sich der Streit zu einem Verfassungskonflikt ausweitete. Beide Seiten ließen von nun an keinen Zweifel mehr daran, dass sie ihre Positionen zu behaupten gedachten und in keinen Kompromiss einzuwilligen bereit waren.

Mit dieser Zuspitzung der innenpolitischen Krisensituation muss dem im fernen St. Petersburg weilenden Bismarck spätestens gedämmert haben, dass sich der Heereskonflikt trefflich dazu eignen könnte, das Gespenst der »Neuen Ära«, das ihm alle Karrierechancen zu vereiteln schien, endgültig zu bannen. Mit Roon war er seit Langem eng befreundet, und dieser wusste nur zu gut, dass Bismarck ein zuverlässiger Bundesgenosse im Abwehrkampf gegen Liberalismus und Parlamentarismus wäre. Allerdings war sich Bismarck auch bewusst, dass er mächtige Konkurrenten hatte, die, wie beispielsweise der Chef des Militärkabinetts, Edwin von Manteuffel, nur darauf brannten, die schwelende Krise offen ausbrechen zu lassen, um sich Liberalismus und Parlamentarismus mittels eines Staatsstreichs ein für allemal vom Halse zu schaffen. An einer solchen Lösung konnte Bismarck jedoch keinerlei Geschmack finden, sah er doch längst weiter als die engstirnigen Hochkonservativen, zu denen Manteuffel zählte. Deshalb hütete er sich seinerseits, durch irgendwelche Ratschläge oder sonstige Äußerungen diese Krise noch zu verschärfen. Gleichzeitig war er aber emsig bestrebt, als personelle und sachliche Alternative im Gespräch zu bleiben. Dieser Absicht diente ein letzter, grundsätzlicher Brief, den er Anfang Mai 1860 Leopold Gerlach schrieb, in dem er noch einmal mit allem Nachdruck sein Credo einer vorurteilslosen, einzig an den wahren Interessen Preußens sich orientierenden Außenpolitik verkündete.

Diese Interessen würden es, so Bismarck, nicht zulassen, das Napoleonische Frankreich lediglich aus Gründen des antirevolutionären Prinzips von vornherein aus allen Bündnis- oder Koalitionserwägungen auszuschließen, »weil man nicht Schach spielen kann, wenn einem sechzehn Felder von vierundsechzig von Haus aus verboten sind«.

Auch hinsichtlich der Innenpolitik warnte Bismarck, wenngleich verklausulierter und vorsichtiger, davor, sein Heil in einer neoabsolutistischen Politik polizeilicher Repression zu suchen. Damit gerate man ebenso in eine Sackgasse wie mit romantisch aufgezäumten altständischen Ideen à la Friedrich Wilhelm IV. Bismarck war sich sicher, dass er, wenn er »die Musik machen wollte, auf die er sich verstand«, nicht unter Voraussetzungen ein Ministeramt übernehmen durfte, die seinen Handlungsspielraum durch Rücksichten auf hochkonservative Hirngespinste und Vorurteile einschränkten. Als Spieler war ihm klar, dass sich die Krise erst noch weiter und womöglich schärfer einfressen musste, damit er als Retter in höchster Not auf der Szene erscheinen konnte, ohne von vornherein durch irgendwelche Bedingungen gebunden zu sein.

Wie gewiss sich Bismarck im Mai 1860 seiner Sache war, lässt sich nicht abschätzen. Auf jeden Fall trat er entgegen seiner sonstigen Gewohnheit erstaunlich zurückhaltend auf, besonders beim Streit um die sogenannte Huldigungsfrage. Die Thronbesteigung Wilhelms I. war die erste, seitdem Preußen zu einem Verfassungsstaat geworden war. Also konnte man nicht gut das alte Zeremoniell der Erbhuldigung, bei dem Herrscher und Stände gegenseitige feierliche Verpflichtungs- und Treuegelöbnisse austauschten, wiederaufleben lassen. Eine bloß repräsentative Krönungsfeier des bereits auf die Verfassung vereidigten Monarchen aber widerstrebte dem über sechzigjährigen König zutiefst. Roon und andere enge Berater bestärkten Wilhelm I. in dieser, um es milde auszudrücken, verfassungsfremden Haltung, indem sie ihm einredeten, eine solche Zeremonie böte die einmalige Gelegenheit, die fortdauernde Unabhängigkeit und Macht der Krone nachdrücklich unter Beweis zu stellen. Insbesondere könne Wilhelm damit den Ansprüchen des Parlaments, das sich in der Frage der Heeresreform so intransigent gebärde, wirksam entgegentreten. Dass Roon und seinesgleichen damit einen offenen Verfassungskonflikt riskierten, den sie dann zum Anlass nehmen konnten, einen grundsätzlichen politischen Kurswechsel, wenn nicht gar einen Staatsstreich zu provozieren, dürfte sich dem schlichten Gemüt des Königs kaum erschlossen haben.

Roon aber dachte noch weiter und vor allem an Bismarck, der für ihn als der alleinige politische Exekutor dieser Absichten infrage kam. Das enthüllt ein Brief an Bismarck vom 27. Juni 1861. Letzterer besaß die Delikatesse, ihn in seinen Lebenserinnerungen zu veröffentlichen, wohl zum Beweis, dass er nicht bereit gewesen war, seine eigene Karriere um den Preis eines Staatsstreichs zu fördern. In diesem Brief stellt Roon Bismarck die Gretchenfrage, wie er denn zur Huldigungsfrage stehe. Wenn er darin, wie die liberalen Kabinettsmitglieder, »ein Attentat gegen die Verfassung« sehe, dann habe er, Roon, sich in ihm getäuscht. Sei Bismarck aber seiner Ansicht, dann stünde nach Lage der Dinge seiner Berufung zum Minister nichts mehr im Wege. »Schleinitz geht unter allen Umständen, ganz abgesehen von der Huldigungsfrage. Das steht fest! Aber es ist fraglich, ob Sie sein oder Schwerins Portefeuille zu übernehmen haben werden. S.M. scheint für letzteres mehr als für ersteres disponiert zu sein. Doch das ist cura posterior. Es kömmt darauf an, den König zu überzeugen, daß er ohne affichierten Systemwechsel kein Ministerium finden kann, wie er es braucht ... Der König leidet entsetzlich. Die Nächsten aus seiner Familie sind gegen ihn und raten zu einem faulen Frieden. Gott verhüte, daß er nachgibt. Täte er es, so steuerten wir mit vollen Segeln in das Schlamm-Meer des parlamentarischen Regiments.«

Dieses Ansinnen Roons wird Bismarck in keine geringe Verlegenheit gestürzt haben. Zum einen konnte er Roon nicht offen sagen, dass er seine Ansicht in der Huldigungsfrage nicht teilte, weil ihn dies die Unterstützung des Mannes gekostet hätte, der ihn als Einziger im Kabinett oder in der näheren Umgebung des Königs für fähig hielt, ein Ministeramt zu bekleiden. Zum anderen konnte sich Bismarck unter keinen Umständen dazu verstehen, unter den von Roon skizzierten Umständen ein Ministeramt – und dann womöglich noch das Ministerium des Inneren – zu übernehmen. Für ihn war unschwer abzusehen, dass er sich darin nur so lange würde behaupten können, wie er sich als das willfährige Werkzeug einer neuen Kamarilla erwies. Das aber war ganz und gar nicht nach seinem Geschmack. In seinem ebenfalls in den *Gedanken und Erinnerungen* erstmals veröffentlichten Antwortschreiben vom 2. Juli 1861 heuchelte Bismarck, nachdem er sich zuvor als »geistesträge, matt und kleinmütig« charakterisiert hatte, »seit mir das Fundament der Gesundheit abhanden gekommen ist«, zunächst einmal Unverständnis dafür, wie der Huldigungsstreit »so wichtig hat werden können für beide Teile. Es ist mir rechtlich gar nicht zweifelhaft, daß der König in keinen Widerspruch mit der Verfassung tritt, wenn er die Huldigung in herkömmlicher Form annimmt. Er hat das Recht, sich von jedem einzelnen seiner Untertanen … huldigen zu lassen, wann und wo es ihm gefällt, und wenn man meinem Könige ein Recht bestreitet, welches er ausüben will und kann, so fühle ich mich verpflichtet, es zu verfechten, wenn ich auch an sich nicht von der praktischen Wichtigkeit seiner Ausübung durchdrungen bin.«

Diese Antwort war, auch wenn sie Roons Frage scheinbar positiv beantwortete, in der Sache dennoch negativ, ein Eindruck, den Bismarck sofort dadurch zu überspielen suchte, dass er die grundsätzliche Frage nach einem Programm als Grundlage der neuen Regierung aufwarf und dieses aus der Kritik an der bisherigen Politik heraus sogleich gemäß seinen Vorstellungen skizzierte: »Meinem Eindruck nach lag der Hauptmangel unserer bisherigen Politik darin, daß wir liberal in Preußen und konservativ im Auslande auftraten, die Rechte unseres Königs wohlfeil, die fremder Fürsten zu hoch hielten: eine natürliche Folge des Dualismus zwischen der konstitutionellen Richtung der Minister und der legitimistischen, welche der persönliche Wille Seiner Majestät unserer auswärtigen Politik gab … Nur durch eine Schwenkung unserer ›auswärtigen‹ Haltung kann, wie ich glaube, die Stellung der Krone im Innern von dem Andrang degagiert werden, dem sie auf Dauer sonst tatsächlich nicht widerstehen wird …«

Mit diesen Ausführungen spielte Bismarck *va banque*, stellte er sich doch in offenen Gegensatz zu den legitimistischen Anschauungen seines Monarchen. Andererseits konnte er sich aber auch gewiss sein, mit dieser Kühnheit das schlichte politische Gemüt eines Roon zu verblüffen und zu übertölpeln, indem er ihm gegenüber andeutete, dass nicht die Innenpolitik die erwünschte Rettung der Monarchie vor einem um sich greifenden Liberalismus und Parlamentarismus biete, sondern allein die Außenpolitik, aber auch hier nur unter der Bedingung, sich endlich von der Verblendung einer bloß legitimistischen Politik loszusagen. »Von den Fürstenhäusern von Neapel bis Hannover wird uns keines unsere Liebe danken, und wir üben an ihnen recht evangelische Feindesliebe auf Kosten der Sicherheit des eigenen Throns. Ich bin meinem Fürsten treu bis in die Vendée [wo die Anhänger der französischen Monarchie 1793 mit verzweifelter Hingabe gegen die Revolution gekämpft hatten], aber gegen alle anderen fühle ich in keinem Blutstropfen eine Spur von Verbindlichkeit, den Finger für sie aufzuheben.«

Mit diesen Worten umriss Bismarck nicht nur sein außenpolitisches Konzept, sondern skizzierte auch das historische Schema seiner Reichsgründung in ihrer anatomischen Gestalt: Ein konservatives Preußen sollte, ohne seinen konservativen Wesenskern zu verraten, sich den Liberalismus auf die eigenen Fahnen schreiben, um nach außen revolutionär zu wirken. Das sei die List, die man unter den obwaltenden Umständen gebrauchen müsse, um das alte Preußen, das Preußen der Junker, der Armee und der Monarchie zu erhalten. Im Lichte dessen wie auch angesichts der bevorstehenden Landtagswahlen, so Bismarck weiter, sei »es schade, daß der Bruch sich gerade so gestaltet; die gut königliche Masse der Wähler wird den Streit über die Huldigung nicht verstehen und die Demokratie ihn entstellen. Es wäre besser gewesen, in der Militärfrage stramm zu halten …, mit der Kammer zu brechen, sie aufzulösen und damit der Nation zu zeigen, wie der König zu den Leuten steht.«

Die Huldigungsfrage erschien Bismarck als viel zu nebensächlich und diffizil, um sie den Massen, auf deren Unterstützung eine konstitutionelle Monarchie angewiesen war, plausibel zu machen. Um einen Kurswechsel herbeizuführen und diesen politisch zu vermitteln, eigne sie sich nicht, da man sie kaum demagogisch ausbeuten könne. Anders verhalte es sich stattdessen mit der Militärfrage, zumal, wenn man sie in den Horizont einer großen außenpolitischen Perspektive rücke, die geeignet erschiene, die Attraktivität der liberalen Parolen und Forderungen zu mindern.

Aber, so ließ Bismarck Roon in nüchterner Selbsteinschätzung der Chancenlosigkeit seiner Position auch wissen, »in dieser Denkungsweise fürchte ich von der unseres allergnädigsten Herrn so weit entfernt zu sein, daß er mich schwerlich zum Rate seiner Krone geeignet finden wird«. Das war zu dem Zeitpunkt der Niederschrift nur zu wahr, wie sich Bismarck kaum vierzehn Tage später selbst überzeugen konnte, nachdem der Huldigungsstreit durch ein Einlenken des Königs beigelegt war und Wilhelm I. ihm in Baden-Baden eine längere Audienz gewährte. Bei dieser Gelegenheit entwickelte Bismarck gegenüber dem Monarchen seine Vorstellungen einer künftigen preußischen Außenpolitik unter besonderer Berücksichtigung der deutschen Frage. Die schriftliche Ausarbeitung dieses Vortrags fand dann nach mehreren Überarbeitungen in der sogenannten »Reinfelder Denkschrift« vom Oktober 1861 ihre endgültige Fassung.

Der zentrale Gedanke dieser Denkschrift folgt genau den Argumenten Bismarcks in seinem Brief an Roon: Um die Stabilität im Inneren zu wahren, gelte es, den Wünschen der »Nationalpartei« entgegenzukommen. Preußen solle sich zum Vorkämpfer einer Reform des Deutschen Bundes machen und zu diesem Zweck als Erstes den Antrag auf Einberufung eines Nationalkongresses stellen, der sich aus Delegierten der einzelnen Landtage rekrutierte. Eine so geartete »nationale Vertretung des Deutschen Volkes bei der Bundes-Zentralbehörde« sei »das einzige und notwendige Bindemittel, welches den divergierenden Tendenzen dynastischer Sonderpolitik ein ausreichendes Gegengewicht zu geben vermag«. Allerdings glaube er nicht, dass die einzelnen Regierungen diesen Vorschlag zur Bundesreform akzeptieren würden. Das sei aber auch an und für sich gleichgültig, denn worauf es vor allem ankäme, sei es, eine klare Position und die öffentliche Meinung in Deutschland für Preußen einzunehmen.

Bismarck war an einer Reform des Deutschen Bundes herzlich wenig gelegen. Seine Absicht zielte in Wahrheit darauf, ihn zu zerstören. Welche Institutionen dann an seine Stelle treten sollten, ließ er im Schemenhaften und Ungefähren. Wichtig war ihm lediglich, Österreich zu einer Aktion zu provozieren, in der Hoffnung, dass sich dadurch in der deutschen Frage irgendeine neue politische Konstellation ergäbe, die man entschlossen im Sinne der eigenen Interessen ausbeuten könnte.

Bismarck wusste, dass er seinen König mit diesen Argumenten nicht beeinflussen konnte, denn mit der Lösung der Huldigungsfrage endete fürs Erste auch die Krise der »Neuen Ära«. Ebenso war es beschlossene Sache, dass das Außenministerium an den Grafen Bernstorff ginge, ein Wechsel, mit dem die Erwartung einer neuerlichen, im liberalen Sinne unternommenen Initiative Preußens hinsichtlich der deutschen Frage verknüpft wurde. Für Bismarck war also nach wie vor nicht »das große Los im Topf«, weshalb er sich nur darauf beschränken konnte, Wilhelm I. sein politisches Konzept zu entwickeln, in der Hoffnung, dass es dem Monarchen unter anderen Umständen plausibel erscheinen möge. Im Augenblick jedenfalls dürften Wilhelm I. die Vorstellungen seines Petersburger Gesandten zutiefst verstört haben. Für den König, der nur soldatisch dachte, war es angesichts des noch immer schwelenden Heereskonflikts schlicht abwegig, sich mit einem weiteren Parlament herumzuärgern. Außerdem missfiel ihm, dass Bismarck dieses Parlament offensichtlich als eine gegen Österreich gerichtete Waffe konzipierte.

Die Baden-Badener Audienz verschaffte Bismarck zwei Einsichten. Einmal hatte er es tunlichst zu vermeiden, seinen Monarchen allzu tief in die Geheimnisse seines Planens und

Trachtens einzuweihen; stattdessen musste er sein grundsätzliches Vertrauen gewinnen, um sich größtmögliche Handlungs- und Gestaltungsfreiheit zu sichern. Zum Zweiten konnte sich Bismarck seit dieser Unterredung paradoxerweise ziemlich sicher sein, dass die Zeit, wenn auch langsam, für ihn arbeitete. In diesem Eindruck wurde er bei seiner Rückkehr nach St. Petersburg im November 1861 bestärkt, wo man ihn nach sechsmonatiger Abwesenheit, gestützt auf Berichte der Berliner Botschaft, als den kommenden starken Mann Preußens empfing.

Noch in anderer Hinsicht war die Baden-Badener Unterredung für Bismarck von erheblicher Bedeutung: Nach manchem opportunistischen Schwenk, zu dem ihn bislang sein Ehrgeiz verleitet hatte, war seine Position nun eindeutig gewesen. Roons Avancen, ihn für die zwischen Legitimismus und preußischem Machtinteresse hin- und herschwankende Politik des Hofes zu gewinnen, hatte Bismarck eine klare Absage erteilt. Mit einiger Kühnheit hatte er sogar versucht, den König für seine eigene Politik zu gewinnen. Damit hatte Bismarck zweierlei erreicht: Er formulierte die Bedingungen für die Übernahme eines Ministeramtes unmissverständlich. Zum Weiteren bewies er einmal mehr, welch ein kluger, nonkonformistischer und auf Unabhängigkeit bedachter Kopf er war.

Nach einem Jahr bitterer Enttäuschungen, die ihn um seine Karriere, ja um sein Leben fürchten ließen, hatte Bismarck sich jetzt wieder ganz in der Hand. So bekannte er seiner Schwester Malwine gegenüber am 17. Januar 1862: »Ich bin seit meiner Krankheit geistig so matt geworden, daß mir die Spannkraft für bewegte Verhältnisse verloren gegangen ist. Vor drei Jahren hätte ich noch einen brauchbaren Minister abgegeben, jetzt komme ich mir in Gedanken daran vor wie ein kranker Kunstreiter, der seine Sprünge machen soll.« In diesem und anderen Briefen, in denen Bismarck darüber sinnierte, ob er sich besser nach Schönhausen oder Kniephof zurückziehen solle, verfolgte er offensichtlich keine andere Absicht, als sich den Anschein eines am politischen Leben völlig desinteressierten *elder statesman* zu geben. Unter dieser Maske verbarg sich jedoch sein Machthunger, den zu befriedigen er sich noch in Geduld üben musste. Aber nicht mehr lange. Im März 1862 erhielt er seine Abberufung aus St. Petersburg, und am 10. Mai traf er in Berlin ein.

Jetzt endlich konnte Bismarck gewiss sein, dass für ihn das große Los im Topf war. Seit den Kammerwahlen vom 6. Dezember 1861, bei denen die Deutsche Fortschrittspartei mit 109 Sitzen zur stärksten Fraktion geworden war, während die Liberalen gemeinsam mit dem »linken Zentrum« über rund 260 von 352 Abgeordnetensitzen verfügten, hatte sich die innenpolitische Situation in Preußen erheblich verschärft. Beide Seiten, Krone wie Landtagsmehrheit, waren nunmehr entschlossen, es in der Frage des Budgetrechts und der damit eng verknüpften Heeresreform zur Machtprobe kommen zu lassen. Zuerst wurde diese noch einmal vertagt, denn der König begnügte sich damit, den Landtag am 11. März 1862 aufzulösen und Neuwahlen anzusetzen, die am 6. Mai stattfanden und den Liberalen trotz massiver Wahlbeeinflussung zugunsten konservativer Kandidaten fast eine Dreiviertelmehrheit im Landtag verschafften (230 von 352 Sitzen). Dass sich diese Mehrheit zu irgendwelchen Kompromissen bereitfände, war höchst unwahrscheinlich. Andererseits hatte sich aber auch der König hoffnungslos darin verrannt, sowohl dem Programm der »Neuen Ära« unverbrüchliche Treue zu halten, als auch in der Frage des Heereskonflikts nicht nachzugeben. Da er sich aber aus dieser widersprüchlichen Situation nicht gewaltsam befreien wollte, wozu Roon und Manteuffel rieten, die einem Staatsstreich das Wort redeten, um anschließend ein auf die Armee gestütztes absolutistisch-bürokratisches Regime zu errichten, erschien Wilhelm I. ein Thronverzicht bald als die einzige Möglichkeit, in diesem fundamentalen Konflikt sein Gesicht zu wahren.

In dieser bizarren Situation war es einmal mehr der zuverlässige Roon, der den König auf Bismarck hinwies. Die Aussicht, unter Bismarck König sein zu müssen, verschreckte Wilhelm I. aber derart, dass er sich dieser Lösung noch einmal widersetzte. Bismarck seinerseits war auf Zuwarten vorbereitet. Seiner im pommerschen Reinfeld weilenden Frau schrieb er am 21. Mai 1862: »Entscheidung ist hier noch immer nicht. Heydts Ehrgeiz rettet mich vielleicht; er will selbst Minister-Präs. werden; außerdem weigre ich mich dieser Stelle, wenn ich nicht das Ausw. dazu habe, und Bernstorff will bleiben, aber auch London sich offen halten. Sonnabend bin ich 14 Tage hier, dann explodire ich, und verlange einen Posten oder meinen Abschied.«

Tatsächlich »explodirte« Bismarck noch am nämlichen Tag, und binnen drei Stunden erhielt er seine Ernennung zum Botschafter in Paris. Neben einer Reihe politisch-pragmatischer Überlegungen, die zum einen in der vagen Hoffnung gründeten, die liberale Kammermehrheit könnte doch zu einem Kompromiss bewegt werden, und die sich zum anderen aus zwei akuten außenpolitischen Problemen ergaben, die ein Auswechseln des Außenministers momentan als nicht opportun erscheinen ließen, gab vor allem die Furcht des Monarchen vor der außen- wie innenpolitischen Unberechenbarkeit Bismarcks den Ausschlag für diese Ernennung. Bismarck aber war auch ohne die Versicherung seines Monarchen überzeugt, dass seine Pariser Mission lediglich als Wartestand anzusehen sei und er dort nicht allzu lange würde bleiben müssen. An seine Frau schrieb er am 25. Mai 1862: »Ich denke morgen, spätestens Dienstag, nach Paris aufzubrechen; ob auf lange, das weiß Gott; vielleicht nur auf Monate oder Wochen! Sie sind hier alle verschworen für mein Hierbleiben ... Ich weiß noch nicht, ob ich unsre Sachen überhaupt nach Paris schicken kann, denn es ist möglich, daß ich schon wieder herberufen werde, ehe sie ankommen. Es ist mehr ein Fluchtversuch den ich mache, als ein neuer Wohnsitz, an den ich ziehe.«

Diese Zuversicht Bismarcks ist dennoch sehr erstaunlich, musste er doch wissen, dass der König in seinem Misstrauen ihm gegenüber insbesondere von seiner Frau Augusta und dem liberal gesinnten Kronprinzen noch bestärkt wurde. Und in den Hofkreisen oder in der Regierung konnte er nur auf Roons Unterstützung rechnen. Doch das Schauspiel von Unentschlossenheit und Ratlosigkeit, das sich Bismarck in den zwei Wochen, die er in Berlin weilte, bot, gab ihm die Gewissheit, dass dies nicht mehr lange so weitergehen konnte. Insofern genoss er die Abwechslung des Pariser Aufenthalts, von wo er bereits am 1. Juni 1862 seiner Frau schrieb: »In 8 bis 10 Tagen erhalte ich wahrscheinlich eine telegraphische Citation nach Berlin, und dann ist Spiel und Tanz vorbei.«

Aus diesen acht bis zehn Tagen wurden dann fast vier Monate, die Bismarck dazu nutzte, sich einen eigenen Eindruck von der politischen Situation in Westeuropa zu verschaffen. Diesem Ziel diente beispielsweise eine sechstägige Reise Anfang Juli 1862 nach London, unter dem Vorwand, dort die Weltausstellung zu besuchen. In Gesprächen mit dem englischen Premier Lord Palmerston und dem Außenminister Earl Russel, über die er Wilhelm I. ausführlich informierte, ging es ihm vor allem darum, die »englischen Neigungen« des Königs durch geschickt gesäte Zweifel zu zersetzen. Bismarck wurde in seiner zuvor schon gehegten Ansicht bestärkt, dass London an Kontinentaleuropa im Allgemeinen und an der deutschen Frage erst recht ziemlich desinteressiert war. Er konnte stattdessen seine ganze Aufmerksamkeit in Paris Napoleon III. widmen, der an dieser Frage lebhaften Anteil nahm und der sich umso lieber mit Bismarck austauschte, als er ihn für den kommenden Mann in Berlin hielt.

In zwei Unterredungen, die Bismarck Ende Juni 1862 mit Napoleon III. führte, suchte dieser ihn darüber auszuforschen, welche Chancen Bismarck einer engeren französisch-preußischen Kooperation einräume. Napoleon wollte sogar wissen, ob Wilhelm I. sich zu einem Bündnis mit ihm verstehen könne. Bismarck erwiderte darauf diplomatisch, dass sein König keinerlei persönliche Vorbehalte gegen den französischen Herrscher hege und dass die früher in Preußen vorherrschenden Bedenken gegenüber einem Zusammengehen mit Frankreich weitgehend geschwunden seien. Allein er sehe für ein Bündnis, wie es der Kaiser ins Gespräch bringe, kein unmittelbares »Motiv oder Ziel«. Napoleon III. gab darauf zur Antwort, und Bismarck, der diese Ausführungen in seinem Bericht in wörtlicher Rede wiedergab, muss dabei das Herz vor Freude im Leibe gehüpft sein, konnte er doch den Eindruck haben, hier spräche sein Alter Ego zu ihm: »Ich spreche von einem Bündnis nicht mit Blick auf irgendein abenteuerliches Unternehmen; aber ich finde, daß Preußen und Frankreich so viele gemeinsame Interessen haben, daß darin die Grundlagen für eine enge und dauerhafte Verbindung zu finden sind, solange Vorurteile und Parteigeist sich dem nicht entgegenstellen.« Und dann, im geradezu Bismarck'schen Verständnis von Politik: »Es wäre ein großer Fehler, Ereignisse schaffen zu wollen, aber sie treten auch ohne unser Zutun ein und ohne daß wir ihre Richtung und Kraft berechnen können; daher muß man sich rechtzeitig wappnen und nach Mitteln Ausschau halten, um ihnen zu begegnen und von ihnen profitieren zu können.«

Was Bismarck aber an dieser Unterredung mit Napoleon III. kaum weniger entzückte, war der Umstand, dass dieser ihm anvertraute, wie sehr Österreich durch Bismarcks Entsendung nach Paris verstört worden sei. Deshalb sei der österreichische Botschafter sofort von seiner Regierung zu förmlichen Bündnisverhandlungen ermächtigt worden und habe ihm, Napoleon, gesagt, er sei im Besitz von Instruktionen, die so weit gingen, dass er selbst darüber erschrocken sei. So habe er den Auftrag, in allen von Napoleon aufgeworfenen Fragen eine Verständigung mit dem Franzosen zu suchen, und zwar um jeden Preis.

Das alles berichtete Bismarck nach Berlin. Die Folge war jedoch, dass das Misstrauen Wilhelms I. gegen Bismarck damit erneut geweckt und sogar noch gesteigert wurde. Unter ausdrücklichem Hinweis auf dieses Gespräch mit Napoleon III. bekräftigte der König sein Nein zur Berufung Bismarcks an die Spitze des Außenministeriums. Außerdem ließ er durchblicken, dass er Bismarck, wenn überhaupt, nur für innenpolitische Belange und als ausgesprochenen Konfliktminister in Erwägung zu ziehen geneigt sei. Auf eine solche Verwendung aber würde sich Bismarck nie und nimmer verstehen. Andererseits nagten aber stets Zweifel an ihm, ob er nicht den richtigen Moment verpasse, in dem der König keine andere Wahl mehr hätte, als ihn zu seinen, Bismarcks, Bedingungen in die beiden von ihm beanspruchten Ämter des preußischen Ministerpräsidenten und Außenministers zu berufen. Die Unruhe, die ihn deshalb in Paris plagte, verdeutlicht ein Brief vom 15. Juli 1862 an seinen Vertrauten Roon: »Ich bin hier jetzt überflüssig, weil kein Kaiser, kein Minister, kein Gesandter mehr hier ist. Ich bin nicht sehr gesund, und diese provisorische Existenz mit Spannung auf ›ob und wie‹ ohne eigentliche Geschäfte beruhigt die Nerven nicht. Ich ging meiner Ansicht nach auf 10 bis 14 Tage her und bin nun 7 Wochen hier, ohne je zu wissen, ob ich in 24 Stunden noch hier wohne. Ich will mich dem Könige nicht aufdrängen, indem ich in Berlin vor Anker liege, und gehe nicht nach Hause, weil ich fürchte, auf der Durchreise durch Berlin im Gasthof auf unbestimmte Zeit angenagelt zu werden.«

Bismarck, in Vorbereitung eines sechswöchigen Urlaubs im Südwesten Frankreichs, wollte sich aber mit dieser resignativen Bilanz nicht zufriedengeben, sondern entwarf im letzten Teil dieses Briefes, wie um sich selber Mut zuzusprechen, ein Szenario der Umstände, unter denen er dennoch, allen Widerständen zum Trotz, an das von ihm gewünschte Ziel gelangen könnte. Voraussetzung dafür war eine Fortdauer des Konflikts zwischen Landtag und Krone in der Budget-Frage. Der Landtag werde seinen Haushaltsentwurf, der für die Regierung aller Voraussicht nach nicht akzeptabel sein werde, im September beschließen. Die Krone werde diesen Entwurf dann zurückweisen, mit der Folge, dass über den darauf entbrennenden parlamentarischen Auseinandersetzungen die Kammer »mürbe wird, fühlt, daß sie das Land langweilt, dringend auf Konzessionen seitens der Regierung hofft, um aus der schiefen Stellung erlöst zu werden, dann ist m. E. der Moment gekommen, ihr durch meine Ernennung zu zeigen, daß man weit entfernt ist, den Kampf aufzugeben, sondern ihn mit frischen Kräften aufnimmt. Das Zeigen eines neuen Bataillons in der ministeriellen Schlachtordnung macht dann vielleicht einen Eindruck, der jetzt nicht erreicht würde; besonders wenn vorher etwas mit Redensarten von Oktroyieren und Staatsstreicheln gerasselt ist, so hilft mir meine alte Reputation von leichtfertiger Gewalttätigkeit und man denkt ›nanu geht's los‹. Dann sind alle Zentralen und Halben zum Unterhandeln geneigt.«

Diesen Verlauf skizzierte Bismarck in seinem Schreiben an Roon sowie in einem weiteren Brief vom gleichen Tag an den Grafen Bernstorff. Mit diesem Szenario im Kopf sollten beide im richtigen Moment seinen Namen lancieren, um derart, die Gunst der Stunde nutzend, die Widerstände und das Zaudern des Königs handstreichartig zu überwinden. Unmissverständlich schimmerte zwischen den Zeilen durch, dass Bismarck, gelangte er unter diesen Umständen an die Macht, der große Gewinner wäre, der künftig, ohne auf Landtag oder Krone sonderlich Rücksicht nehmen zu müssen, seine eigene Politik würde treiben können.

Wie sicher sich Bismarck war, dass die weiteren Auseinandersetzungen genau jenen von ihm skizzierten Verlauf nehmen würden, erhellt seine Mitteilung im Brief an Bernstorff, dass er im Anschluss an seinen Urlaub nach Berlin zu kommen gedenke, um dann dort alles Weitere mündlich zu besprechen. Bismarcks Plan enthielt nur einen Schwachpunkt: Er würde nur gelingen, wenn die Krone bis zum Ende der parlamentarischen Sitzungsperiode hart bliebe und sich nicht auf irgendwelche Kompromisse mit der Kammer einließ. Außerdem durfte der König sich nicht entschließen, abzudanken und den Thron dem als liberal geltenden Kronprinzen zu überlassen. In beiden Fällen hätte Bismarck ein für allemal verspielt.

Wie sehr ihn diese Sorge umtrieb, beweist der Brief, den er am 24. August 1862 aus seinem Urlaub an Bernstorff schrieb und in dem er diesen noch einmal auf sein Szenario einschwor: »Was das Ministerium im Interesse des eigenen Operationsplans zu erstreben hatte, die Abstumpfung der öffentlichen Meinung«, wie er unter Hinweis auf einschlägige Presseberichte über die in Berlin laufenden Kommissionsverhandlungen bemerkte, »das bringen ihm diese gewiegten Politiker auf dem Präsentierteller. Es wäre jammerschade, diese Schwätzer jemals aufzulösen; bei mäßigem Feuer langsam gesotten, werden sie ein vortreffliches Ingredienz für unsere konstitutionelle Küche liefern, und die Krone wird ihnen schließlich die Wahrung der königlichen Rechte danken.«

Aber, wie jeder Hasardeur, so hatte auch Bismarck keinerlei wirklichen Einfluss auf den Verlauf des Spiels. Deshalb musste ihn ein Brief Roons vom 31. August 1862 beruhigen, der Bismarck am 12. September in Toulouse erreichte. Darin versicherte ihm Roon, dass es auf jeden Fall zu einer Regierungsumbildung kommen werde, wozu er mehr als »eine Allerhöchste Zustimmung« habe. »Gefochten muß und gefochten wird werden. An Konzessionen und Kompromisse ist gar nicht zu denken, am wenigsten ist der König dazu geneigt.« Da Bernstorff sich aber bislang noch nicht entschlossen habe, das Außenministerium zugunsten des Botschafterpostens in London aufzugeben, müsse sich Bismarck darauf einrichten, zunächst jedenfalls, nur das Amt eines Ministerpräsidenten ohne Portefeuille anzutreten, wofür Roon sich gegenüber dem König mit aller Energie zu verwenden versprach.

Bismarck, der auf diesen Brief Roons sofort antwortete, erklärte sich im Gegensatz zu früheren Bekundungen jetzt dazu bereit, »das Präsidium ohne Portefeuille zu übernehmen, sobald es der König befiehlt«. Seine früheren Einwände gegen eine solche Lösung schwächte er mit den Worten ab: »Ich habe nur gesagt, daß ich die Einrichtung für eine unzweckmäßige halte.« Tatsächlich konnte Bismarck damit rechnen, dass ihm das heiß begehrte Außenministerium über kurz oder lang sowieso in den Schoß fallen würde, hätte sich der König erst einmal dazu durchgerungen, ihn zum Ministerpräsidenten zu ernennen.

Unterdessen schienen die Dinge in Berlin jedoch eine für Bismarcks Absichten höchst gefährliche Wendung zu nehmen. Am 9. September 1862 äußerte das gesamte Kabinett, also auch Roon, in einem Schreiben an den König die Ansicht, dass, sollte der Haushaltsentwurf der Regierung abgelehnt werden, »die verfassungsmäßige Grundlage der Verwaltung entzogen« sei. Einen derart »brennenden Konflikt« könne die Regierung aber unter keinen Umständen »fortdauern lassen«. Täte sie es dennoch, würde sie »gänzlich den Boden der Verfassung aufgeben, weil sie sich damit die Befugnis beilegen würde, gegen den ausdrücklichen Beschluss der bestehenden Landesvertretung und ohne gesetzlichen Etat die Staatsausgaben zu bestreiten«. Mit anderen Worten, da von Neuwahlen auch keine Rettung zu erwarten sei, bliebe nur der Kompromiss, dem sich Wilhelm I. nach wie vor erbittert verweigerte. Unbeeindruckt davon versuchte ein Teil der Minister, unter ihnen wiederum Roon, dennoch mit der liberalen Kammeropposition zu einer Verständigung zu kommen. Mitte September schienen diese Bemühungen erfolgreich zu sein: Die Landtagsmehrheit würde der Heeresreform zustimmen, wenn die Krone ihrerseits sich mit einer zweijährigen Dienstzeit bescheide. Allein, Wilhelm I. verharrte in halsstarriger Intransigenz: In einer Sitzung des Kronrats am 17. September lehnte er den sich abzeichnenden Kompromiss rundheraus ab. Als ihn daraufhin eine Mehrheit seines Kabinetts, darunter wieder Roon, förmlich bekniete, doch einzulenken, gab er zurück, sie sollten sich entweder seinem Willen beugen oder von ihren Ämtern zurücktreten. Da die Minister auf ihrem Standpunkt beharrten, versteifte der König sich endgültig in seiner ablehnenden Haltung und ließ überdies verlauten, dass er entschlossen sei, dem Thron zu entsagen, wenn er keine Minister fände, die seine Auffassung stützten, weshalb er schon vorsorglich Anweisung gegeben habe, den Kronprinzen nach Berlin zu rufen.

Ob diese Drohung nun Bluff oder Ernst war, ist völlig gleichgültig. Ihre Wirkung war jedenfalls eindeutig: Der König bekundete damit seine kompromisslose Haltung und zwang die Kammer, den unterdessen vorbereiteten Vermittlungsvorschlag am 19. September mit großer Mehrheit abzulehnen. Aus dem innenpolitischen Konflikt war endgültig ein Verfassungskonflikt geworden, bei dem der König eindeutig im Unrecht war. Wer sich jetzt politisch zur Position des Königs bekannte, setzte auf Sieg in einer Situation, in der er, was immer er tat, fast das ganze Parlament und die bürgerliche Öffentlichkeit gegen sich hatte. Das aber war exakt die Situation, die Bismarck sich wünschte. Der König hatte sich in eine Lage manövriert, die ihm keine andere Wahl ließ, als sich entweder der unbedingten politischen Handlungsfreiheit Bismarcks zu unterwerfen oder abzudanken.

Einen Tag nach diesem stürmisch verlaufenen Kronrat sandte Roon dem in Paris weilenden Bismarck unter dem zuvor für diesen Fall vereinbarten Decknamen »L'oncle de Maurice Henning« das berühmte Telegramm: »Periculum in mora. Dépêchez-vous« – »Gefahr im Verzuge. Beeilen Sie sich«.

In seinen Lebenserinnerungen hat Bismarck die äußerst verwickelte Vorgeschichte seiner Berufung zum preußischen Ministerpräsidenten und Außenminister so dargestellt, als habe sich die in arge Bedrängnis geratene Krone buchstäblich in letzter Minute seiner erinnert: Als rettender Engel sei er von Paris herbeigeeilt und habe den König durch sein unbedingtes Auftreten dazu veranlasst, den Gedanken an Thronverzicht, zu dem der Monarch sich innerlich bereits durchgerungen hätte, wieder fallen zu lassen. Tatsächlich hatte Bismarck jedoch einen regelrechten Schlachtplan entworfen, an dessen Szenario sich ironischerweise nur der König hielt, der Einzige von allen Beteiligten, der unter gar keinen Umständen hatte eingeweiht werden sollen. Roon und Bernstorff, Bismarcks Vertraute, ließen hingegen nichts unversucht, den Plan buchstäblich in letzter Minute noch zu torpedieren, indem sie Wilhelm I. zu ebenjenem Kompromiss zu überreden suchten, der allen Karrierehoffnungen Bismarcks ein jähes Ende bereitet hätte.

Am 20. September 1862 traf Bismarck nach 25 Stunden Bahnfahrt in Berlin ein. Der König war in diesem Moment entschlossener denn je, abzudanken. Das Einzige, was ihn noch hinderte, war die hartnäckige Weigerung des Kronprinzen, unter diesen Umständen die Nachfolge anzutreten. Die andere Alternative, zu der sich Manteuffel bereit erklärt hatte, den widerspenstigen Landtag mit Waffengewalt auseinanderzujagen, lehnte der Monarch entschieden ab. Einen Bürgerkrieg, der dann drohte, wollte er nicht riskieren. In dieser Situation spielte Roon seinen Trumpf aus: Bismarck weile in Berlin und sei bereit, eine neue Regierung zu bilden, um den Kampf mit dem Landtag in aller Entschlossenheit im Sinne der kompromisslosen Haltung des Königs zu führen.

Am 22. September 1862 fand im Schlosspark von Babelsberg jene berühmte Unterredung zwischen Wilhelm I. und Bismarck statt, über deren Verlauf wir nur durch die lebhafte Schilderung in Bismarcks Lebenserinnerungen unterrichtet sind. Der König eröffnete das Gespräch mit dem Hinweis auf die Abdankungsurkunde, auf der nur noch seine Unterschrift fehle. Er versicherte gleichzeitig, dass er nicht regieren wolle, wenn er dies nicht vermöge, wie er es vor Gott, seinem Gewissen und seinen Untertanen verantworten könne. Vor allem mangele es ihm aber auch an geeigneten Ministern, die willens und fähig seien, seine Haltung in der Auseinandersetzung mit dem Landtag wirkungsvoll zu vertreten. Schließlich richtete er an Bismarck die entscheidende Frage, ob er für die Heeresreform eintrete und dies auch gegen die Landtagsmehrheit und deren Beschlüsse tun wolle. Als Bismarck beide Fragen mit Nachdruck bejahte, sagte der König den entscheidenden Satz: »Dann ist es meine Pflicht, mit Ihnen die Weiterführung des Kampfes zu versuchen, und ich abdiziere nicht.«

Dennoch machte der König den halbherzigen Versuch, Bismarck auf seine bis ins Detail formulierten politischen Ansichten zu allen möglichen Fragen der damaligen preußischen Politik zu verpflichten. Er überreichte seinem neuen Ministerpräsidenten und designierten Außenminister deshalb ein eigenhändig verfasstes, acht Folioseiten umfassendes Exposé, mit der Aufforderung, dieses Schriftstück genau zu studieren. Es gelang Bismarck jedoch, diesen Versuch, seine politische Handlungsfreiheit empfindlich einzuengen, von dem er in seinen Erinnerungen mutmaßte, er habe »zur Sicherstellung gegen eine mir zugetraute konservative Durchgängerei dienen« sollen, dadurch zu unterlaufen, dass er sich Wilhelm I. gegenüber als kurbrandenburgischer Vasall gerierte, der seinem Lehnsherrn unverbrüchliche Treue schwor. Dass er mit dieser Charade, die 28 Jahre lang die entscheidende Grundlage seiner unangefochtenen Machtposition war, den König überzeugen konnte, hatte eine psychologische und eine verfassungsrechtliche Komponente.

Durch die selbstbewusste Entschiedenheit, mit der Bismarck den von argsten Zweifeln geplagten und innerlich zum Aufgeben bereiten König gewissermaßen am Portepee packte und ihn zur Fortsetzung des Kampfes mit seiner, Bismarcks, Unterstützung förmlich mitriss, traf er genau den richtigen Ton und eröffnete sich so den Zugang zu der mit militärischen wie monarchischen Ehrbegriffen möblierten Vorstellungswelt Wilhelms I. Bismarck war diese Vorstellungswelt zwar nicht fremd, aber es war nicht seine eigene. Unbeschadet dessen war er sich jedoch von Anfang an bewusst, dass er sie bei seinem politischen Handeln unbedingt würde respektieren müssen. Später sollte es nicht an Konflikten mangeln, bei denen Bismarck seine liebe Not und manche Nervenkrise zu durchleiden hatte, um seine Politik mit dieser Vorstellungswelt Wilhelms I. zu vermitteln.

Die verfassungsrechtliche Komponente, die der König wahrscheinlich nicht wirklich überblickte, die für Bismarck aber von entscheidender Bedeutung war, bestand darin, dass er als preußischer Minister nicht dem Landtag oder dessen Mehrheit gegenüber verantwortlich war, sondern allein dem König. Bismarck war durch kein Votum der gewählten Kammer zu stürzen, sondern nur ein Befehl seines Herrschers konnte ihn aus dem Amt jagen.

Dies waren die beiden entscheidenden Voraussetzungen, unter denen er das Amt für sich akzeptieren konnte. Dass sich bald der Erfolg hinzugesellte, der sein Handeln in den Augen vieler zu rechtfertigen schien, machte Bismarck in seiner Funktion als preußischer Ministerpräsident für mehr als zwei Jahrzehnte nicht nur unangreifbar, sondern auch unersetzlich.

Gegen das Programm des Königs, das Bismarck in seinen Lebenserinnerungen mit einem Anflug von Verächtlichkeit als »Elaborat« charakterisierte, setzte er im Gespräch mit Wilhelm I. seine Auffassung des Verfassungskonflikts. Es handele sich, so Bismarck, keineswegs um eine Auseinandersetzung zwischen Liberalen und Konservativen, sondern darum, ob das monarchische oder das parlamentarische Prinzip Gültigkeit besitze. Es gelte die Parlamentsherrschaft unter allen Umständen, und sei es durch eine »Periode der Diktatur«, zu verhindern. An diese Erläuterung seiner Sicht des Konflikts knüpfte er eine Versicherung, welche zur informellen, aber gleichwohl entscheidenden »Geschäftsgrundlage« seiner quasi diktatorischen Herrschaft werden sollte: »In dieser Lage werde ich, selbst wenn Eure Majestät mir Dinge befehlen sollten, die ich nicht für richtig hielte, Ihnen zwar diese meine Meinung offen entwickeln, aber wenn Sie auf der Ihrigen schließlich beharren, lieber mit dem Könige untergehen, als Eure Majestät im Kampfe mit der Parlamentsherrschaft im Stiche lassen.« Nach diesen Worten, so berichtet Bismarck, habe der König das Exposé mit seinen politischen Vorstellungen zerrissen; von seinem Inhalt war künftig keine Rede mehr.

Wenn auch kaum Zweifel daran bestehen, dass diese Unterredung sich so oder ähnlich zugetragen hat, ist die stilisierende Absicht gleichwohl nicht zu übersehen, die Bismarck mit ihrer ausführlichen Wiedergabe in seinen Erinnerungen verfolgte. Bismarck macht sich zur Figur des Schicksals, die durch einen kühnen Entschluss in schier auswegloser Situation den preußischen Thron der Hohenzollern rettete und damit die Voraussetzungen für die Gründung des Deutschen Reichs unter der Führung Preußens schuf. Die Audienz im Babelsberger Schloss vom 22. September 1862 wurde damit Dreh- und Angelpunkt der späteren Bismarcklegende und zur Quelle der Überschätzung des Bismarck'schen Einflusses auf die weitere Gestaltung der deutschen Dinge: Der Erfolg schien in diesem Fall nur einen Vater zu haben. Nach zahllosen Propheten war den Deutschen mit Bismarck endlich der Messias gesandt worden, der aus ihnen eine Nation schmiedete.

Das, was man einst selbstverständlich als das »Werk Bismarcks« bezeichnete, ist heute nur noch ein verblasster Mythos und »alte Geschichte«, von der lediglich in der »Zeitform der tiefsten Vergangenheit« geredet werden kann. Dies verführt andererseits häufig dazu, den Anteil Bismarcks an dieser Entwicklung zu verkleinern und stattdessen die Wirksamkeit der »überpersonalen«, der objektiven Bewegungskräfte zu betonen. Bismarck wusste um diese »überpersonalen« Kräfte. Er hat wiederholt betont, dass man Geschichte nicht *machen* könne. Dennoch hat er Geschichte gemacht, indem er bestrebt war, diese Bewegungskräfte für sein eigenes politisches Wollen zu nutzen, sie für seine politischen Absichten und Ziele zu instrumentalisieren. Welche Ziele Bismarck bei seinem politischen Handeln verfolgte, hatte er schon in der Babelsberger Unterredung mit dem König ausgesprochen: die Verteidigung und Erhaltung der unbedingten Handlungsfreiheit des preußischen Königs. Oder präziser: die Wahrung der preußischen Interessen, die er mit seinen ureigenen Interessen identifizierte.

Als Bismarck Babelsberg an jenem 22. September verließ, war seine Karriere am entscheidenden Wendepunkt angelangt: Die Ernennung zum Ministerpräsidenten und preußischen Außenminister war beschlossen, und er hatte für sich den politischen Handlungsspielraum erlangt, der es ihm erlaubte, die Musik zu machen, auf die er sich verstand. Allein die Schlacht, in die er jetzt zog und die er gewinnen musste, wollte er sich in dieser Stellung behaupten, galt es erst noch zu schlagen. Die Bedingungen aber, unter denen sein Sieg einzig von Dauer sein würde, standen von vornherein fest: Er musste die Heeresreform kompromisslos im Sinne des Königs durchsetzen und darüber hinaus binnen Kurzem weitere, möglichst spektakuläre Erfolge vorweisen, um damit sowohl seine Berufung als auch seine Handlungsfreiheit zu rechtfertigen.

Tatsächlich befand sich Bismarck keineswegs in einer komfortablen Situation. Für den Streit um die Heeresreform hatte er sich nur insoweit interessiert, als er darin eine Chance witterte, seine Karrierehoffnungen zu realisieren. Möglicherweise glaubte er, dass es ihm, wäre er erst einmal in Amt und Würden, schon gelänge, den König hinsichtlich des dritten Dienstjahres zum Einlenken zu bewegen, um so jenen Kompromiss zu bewerkstelligen, für den sich schon Roon starkgemacht hatte. Ein weiteres Handicap Bismarcks war es, dass außer dem König und Roon niemand ihn ernst nahm, geschweige denn schätzte. Aber selbst auf diese beiden war nicht unter allen Umständen Verlass, konnte Bismarck doch nicht verborgen geblieben sein, dass Roon ihn jenseits aller freundschaftlichen Verbundenheit vor allem als sein Werkzeug betrachtete. Und der König, der wegen seiner Ernennung vom Kronprinzen und der Königin heftig kritisiert wurde, würde aller Voraussicht nach nur so lange zu ihm stehen, wie Bismarck mit dem Landtag den Streit über die Heeresreform ausfocht.

Darüber hinaus konnte sich Bismarck weder im Landtag noch im politischen und militärischen Establishment Preußens auf irgendeine Machtbasis verlassen. Sein Flirt mit den Liberalen des Nationalvereins war in freundlichen Unverbindlichkeiten versickert. Außerdem haftete ihm in diesen Kreisen sein altes Image als reaktionärer Junker an. Die Umstände seiner Ernennung zum Ministerpräsidenten hatten es wieder aufgefrischt. Seinen alten politischen Weggenossen von der »Kreuzzeitungspartei«, den preußischen Konservativen, hatte er sich wegen seiner bekannten Ansichten über Frankreich und Österreich längst und gründlich entfremdet. Schließlich gab es noch einen gefährlichen Rivalen: Edwin Manteuffel, der als Chef des Militärkabinetts nicht nur an einer der wichtigsten Schaltstellen der Macht saß, sondern auch zahlreiche und vorzügliche Verbindungen zum Offizierscorps pflegte.

Wahrscheinlich war Bismarck im September 1862 der einsamste Mann in Preußen. Dass er weder über ministerielle Erfahrung noch über ausreichende Kenntnis der preußischen Innenpolitik verfügte, erschwerte ihm seine Aufgabe. So mag es nicht verwundern, dass er anfangs unvorsichtig handelte und redete und Fehler und Ungeschicklichkeiten beging, die ihn die mühsam errungene Stellung hätten kosten können, wenn der König eine personelle Alternative gewusst hätte.

Seine völlige Unkenntnis der innenpolitischen Situation offenbarte sich, als Bismarck unmittelbar nach seiner Ernennung zum Ministerpräsidenten das Gespräch mit den Führern der Liberalen suchte, in der Hoffnung, mit dem Landtag doch Frieden schließen und den König zu Zugeständnissen bewegen zu können. Da er den Liberalen aber außer vagen Versprechungen, den König in der Frage der Dienstzeit noch umzustimmen, nichts zu bieten hatte, zeigten diese ihm bald die kalte Schulter. Ohne konkrete Gegenleistungen würden die Liberalen den Etat nicht bewilligen, fühlten sie sich doch in dieser Frage völlig zu Recht als die schon zweimal Geprellten. Ein drittes Mal sollte ihnen das nicht passieren – schon gar nicht mit einem Herrn von Bismarck.

Bismarck scheint daraus den ebenso fatalen wie naiven Schluss gezogen zu haben, dass man die Abgeordneten nur in das Geheimnis seiner außen- respektive deutschlandpolitischen Pläne und Absichten einweihen müsse, damit sie die Heeresreform als eine zu deren Verwirklichung zwar notwendige, gleichwohl aber auch nachrangige Voraussetzung begriffen. Deshalb gab sich Bismarck in seiner ersten Landtagsrede als Ministerpräsident am 29. September 1862 überraschend konziliant, als er die Haushaltsvorlage der Regierung mit der Bemerkung zurückzog, »die Hindernisse der Verständigung nicht höher anschwellen zu lassen, als sie ohnehin sind«.

Am 30. September tagte die Budgetkommission des Landtags, und Bismarck nutzte die Gelegenheit erneut, seine grundsätzliche Bereitschaft zu einer Beilegung des Konflikts zu signalisieren. Da er mit der Sache nicht sonderlich gut vertraut war, tat er das allerdings in einer Weise, die die Abgeordneten nur noch mehr verwirren musste. Die Rücknahme des Haushaltsentwurfs sei, so Bismarck, als »eine Art Waffenstillstand« zu verstehen. Unterdessen wolle die Regierung prüfen, »ob sich der Konflikt in einer für das Land weniger ernsten Weise ausgleichen lasse«, eine Verheißung, die jedoch als Drohung verstanden wurde. Schließlich ließ Bismarck durchblicken, er sei entschlossen, die Regierung auch ohne einen ordentlich genehmigten Haushalt zu führen.

Die Widersprüchlichkeit seiner Äußerungen und die Verwirrung, die er damit bei den Kommissionsmitgliedern stiftete, konnten Bismarck nicht verborgen bleiben. Deshalb flüchtete er sich aus Not oder Absicht in ein ihm seit Langem vertrautes Thema, um den Abgeordneten die Dimensionen seines politischen Trachtens und Wollens anzudeuten. »Nicht auf Preußens Liberalismus sieht Deutschland, sondern auf seine Macht; Bayern, Württemberg, Baden mögen den Liberalismus indulgieren, darum wird ihnen noch keiner Preußens Rolle anweisen; Preußen muß seine Kraft zusammenfassen und zusammenhalten auf den günstigen Augenblick, der schon einige Male verpaßt ist; Preußens Grenzen nach den Wiener Verträgen sind zu einem gesunden Staatsleben nicht günstig; nicht durch Reden und Majoritätsbeschlüsse werden die großen Fragen der Zeit entschieden – das ist der große Fehler von 1848 und 1849 gewesen – sondern durch Eisen und Blut.«

Diese Phrase ist unsterblich geworden. Bismarck habe damit, so wurde später vielfach gesagt, den kleindeutsch gesinnten Liberalen in der Hoffnung ein politisches Bündnisangebot unterbreitet, sie honorierten seine zu allem entschlossene Deutschlandpolitik ihrerseits mit dem Verzicht auf die in der Verfassung verankerte Entscheidungshoheit des Landtags in Haushaltsfragen. Diese Ansicht ist aus verschiedenen Gründen unhaltbar. Zunächst tat Bismarck diese Äußerung nicht im Rahmen einer vorbereiteten Rede. Vielmehr handelte es sich um einen Diskussionsbeitrag in einer Kommissionssitzung. Zweitens ist in der gesamten Passage von Deutschland, von der Vision eines kleindeutschen Nationalstaates, wie er den Liberalen vorschwebte, keine Rede, sondern nur von Preußen, dessen ureigenste Interessen ihm geböten, seine Machtbasis zu verbreitern. Und selbst in seinen Lebenserinnerungen, in denen Bismarck kaum eine Gelegenheit ausließ, sein Handeln im Einklang mit der ihn schon zu Lebzeiten überwuchernden Legende darzustellen, fiel ihm zur Erklärung dieser Metapher nur die mehr als lahme Ausrede ein, er habe damit den Abgeordneten lediglich bedeuten wollen, sie müssten »das möglichst große Gewicht von Eisen und Blut in die Hand des Königs von Preußen legen, damit er es nach seinem Ermessen in die eine oder die andere Waagschale werfen könne«. Schließlich, und diesem Umstand ist die Empörung, die Bismarcks Ausführungen in einer breiteren Öffentlichkeit auslösten, vor allem zuzuschreiben, lebte man damals in Preußen in friedlichen und obendrein friedliebenden Zeiten. Wenn ein Ministerpräsident in seiner zweiten öffentlichen Äußerung sogleich von »Blut und Eisen« schwadronierte, musste ihn dies zu Recht in ein schiefes Licht setzen.

Bereits der Vorwurf des Abgeordneten Rudolf Virchow, eines der Häupter der Fortschrittspartei, Bismarck wolle im Interesse seiner innenpolitischen Ziele in der Außenpolitik durch Anwendung von Gewalt neue Tatsachen schaffen, musste ihm klarmachen, dass er sich in einer für ihn höchst gefährlichen Weise hatte in die Karten schauen lassen. Um diesen fatalen Eindruck zu zerstreuen, erklärte deshalb ein sichtlich verwirrter Bismarck: »Auswärtige Konflikte zu suchen, um über innere Schwierigkeiten hinwegzukommen, dagegen müsse er sich verwahren; das würde frivol sein; er wolle nicht Händel suchen; er spreche von Konflikten, denen wir nicht entgehen würden, ohne daß wir sie suchten.«

Doch dieses Dementi konnte das lebhafte Echo auf seine Worte nicht mehr dämpfen. Roon sprach tadelnd von »geistreichen Exkursen«, die der Sache keineswegs angemessen seien. Heinrich von Treitschke, später einer der glühendsten Bewunderer Bismarcks, empörte sich in einem Brief über die Gemeinheit und Lächerlichkeit dieses »flachen Junkers«, der mit »Eisen und Blut« prahle, um sich Deutschland zu unterwerfen.

Die ganze Aufregung um Bismarcks »Blut und Eisen«-Äußerung zeigt jedoch: Auch der neue Mann hatte kein politisches Patentrezept, die schwärende Verfassungskrise rasch beizulegen. Im Gegenteil: Sein von politischer Unerfahrenheit bei gleichzeitigem Übereifer diktiertes Reden und Handeln bewirkte nur, dass sich die Fronten weiter verhärteten. Und außer Roon, der nach wie vor als Kriegsminister amtierte, wies auch Bismarcks Kabinett keinerlei kluge Köpfe auf, die ihm als Ratgeber hätten von Nutzen sein können. Alles in allem eine bizarre Situation, in der Bismarck von nichts und niemandem gestützt wurde, außer vom König. Wäre es Bismarck tatsächlich gelungen, wie er in den ersten Wochen insgeheim hoffte, den Monarchen in der Frage der dreijährigen Dienstzeit zu einem Einlenken zu bewegen, hätte dies auch das Ende seiner Karriere bedeuten können. Wilhelm I. wäre dann in der Lage gewesen, ihn jederzeit fallen zu lassen, um den großen, alle Parteien und Lager umfassenden Chor jener zufriedenzustellen, die Bismarck ablehnten und seinen Methoden misstrauten. Mit dem Vertrauen aber, das der König, *faute de mieux*, in ihn setzte, konnte Bismarck wie ein Diktator schalten und walten, den Landtag auflösen, wann es ihm beliebte, ohne gesetzlich genehmigten Haushalt Geld ausgeben und überhaupt eine Politik treiben, für die er sich niemandem gegenüber wirklich zu verantworten hatte. Bismarck sorgte damit dafür, dass sich parallel zur ebenso stürmischen wie umfassenden Industrialisierung und Modernisierung Preußens und Deutschlands weder ein politischer Parlamentarismus noch ein politisches Verständnis, beide für eine moderne bürgerliche Gesellschaft unabdingbar, entwickeln konnten.

Um aus seiner innenpolitischen Isolation auszubrechen, verfiel Bismarck auf den naheliegenden Gedanken, in der Außenpolitik einen erfolgreichen Coup zu landen. Die Gelegenheit dafür schien sich zu bieten, nachdem der König am 13. Oktober 1862 den Landtag aufgelöst hatte. Diese Maßnahme befreite Bismarck von der Last frucht- und aussichtsloser Budgetdiskussionen. Stattdessen konnte er sich jetzt ganz der Verfolgung seiner *idée fixe* zuwenden, nämlich die Macht Österreichs in Deutschland zugunsten Preußens zu verringern. Um Mittel und Wege zum möglichst raschen Erreichen dieses Ziels zu erkunden, brach Bismarck in der letzten Oktoberwoche zu einer kurzen Reise nach Paris auf. Als Vorwand diente eine Abschiedsaudienz bei Napoleon III., bei dem Bismarck noch als preußischer Botschafter akkreditiert war. Das lange Gespräch unter vier Augen, das Bismarck am 29. Oktober mit Napoleon III. in St. Cloud führte, vermittelte ihm den Eindruck, dass Frankreich, sollte es zwischen Preußen und Österreich wegen der deutschen Frage zu einem bewaffneten Konflikt kommen, strikte Neutralität wahren würde. Diese Auskunft war für Bismarck umso wertvoller, als Österreich plante, den Deutschen Bund zur weiteren Festigung seines Einflusses mithilfe der Mittelstaaten zu reformieren. In einem Gespräch mit Fürst Richard Metternich, dem österreichischen Botschafter in Paris, eröffnete Bismarck diesem brutal, es sei seine Absicht, ganz Norddeutschland der alleinigen Führung Preußens zu unterstellen. Er hoffe, dass er dieses Ziel in friedlicher Übereinstimmung mit Österreich erreiche; andererseits schrecke er aber auch nicht davor zurück, Österreich als feindliche ausländische Macht zu betrachten und entsprechend zu verfahren. Diese unverhüllte Drohung wiederholte Bismarck wenige Tage später, am 5. Dezember, gegenüber Graf Alois Károlyi, dem österreichischen Botschafter in Berlin. Außerdem suggerierte er diesem, Österreich täte gut daran, Deutschland ganz zu vergessen. Es solle sich stattdessen nach Osten wenden und den Schwerpunkt seiner Macht nach Ungarn verlagern. Geschähe dies, könnten sich Preußen und Österreich zu einer für beide höchst profitablen Allianz vereinen. Preußen würde unter diesen Umständen vorbehaltlos die österreichischen Interessen in Italien und auch in Osteuropa unterstützen. Als Gegenleistung verlange er dafür, dass Österreich nichts unternehmen werde, wenn Preußen das Königreich Hannover und Kurhessen unter seine Kontrolle bringe.

Im Unterschied zu Metternich nahm Károlyi diese Drohungen gelassen zur Kenntnis, obwohl er sich andererseits auch sicher war, dass Bismarck hinsichtlich Hannovers und Kurhessens tatsächlich meinte, was er sagte. Károlyi irrte sich nicht, denn Bismarck hatte danach nichts Eiligeres zu tun, als Baron Charles de Talleyrand-Périgord, den französischen Botschafter in Berlin, zu befragen, welche Haltung Frankreich einnähme, wenn die Dinge sich in Deutschland erhitzten. Die Antwort muss ihn niedergeschmettert haben, denn Talleyrand-Périgord bedeutete Bismarck, Napoleon III. werde nur bei einem lokal begrenzten Konflikt mit verschränkten Armen zuschauen. Wenn aber der gesamte Deutsche Bund dadurch berührt würde und sich damit das Mächtegleichgewicht in Europa verändere, unterstütze Frankreich jene Macht, die Gewähr für Sicherheit und Frieden in Europa böte. Das war im Dezember 1862. Bismarcks Versuch, sich gemeinsam mit Österreich die Herrschaft in Deutschland zu teilen, war damit fürs Erste gescheitert. Die österreichische Diplomatie versuchte zudem, Bismarcks Vorstoß durch eine gezielte Indiskretion publik zu machen und seine außenpolitische Niederlage durch seine persönliche Blamage noch zu vergrößern. Robert von Keudell jedenfalls, ein enger Mitarbeiter Bismarcks, berichtet in seinen Erinnerungen, dass man sich in Berliner diplomatischen Kreisen allen Ernstes fragte, ob der preußische Ministerpräsident noch ganz bei Sinnen war, als er dem Repräsentanten Österreichs den Rat gab: »Ihr tätet gut daran, euren Schwerpunkt nach Ofen zu verlegen.«

Dessen ungeachtet vertrat Bismarck diesen Standpunkt auch in einer Denkschrift an Wilhelm I. vom 25. Dezember 1862, in der er u. a. für den Ausschluss jener deutschen Staaten aus dem Zollverein plädierte, die sich den preußischen Vorstellungen nicht fügten. Das zielte vor allem auf Bayern und Württemberg, die beide, spinnt man seine unausgesprochenen Überlegungen fort, als südlich des Mains gelegene Pufferzone hätten fungieren können, die die preußische Einflusszone, die sich über ganz Norddeutschland erstreckte, vom Machtbereich Österreichs isoliert hätten.

Während Österreich diese Avancen und Drohungen geschickt parierte, verfehlten sie auf die deutschen Mittel- und Kleinstaaten nicht ihren Eindruck. Diese ließen den Vorschlag zur Reform des Deutschen Bundes am 22. Januar 1863 scheitern. Nach vier Monaten im Amt war dies für Bismarck ein erster, wenngleich gemessen an seinen ehrgeizigen Zielen, nur sehr bescheidener Erfolg, der aber erheblich dazu beitrug, seine Stimmung zu verbessern und sein erschüttertes Selbstbewusstsein wiederaufzurichten. Bismarck war nun zuversichtlicher denn je, dass ihm ein größerer außenpolitischer Triumph an zwei Fronten einen Sieg brächte: Zum einen wäre es eine Demütigung für Österreich, und zum anderen würde Bismarck sich mit einem Schlag aus seiner innenpolitischen Isolation befreien und seine hartnäckigsten Widersacher, die liberale Landtagsmehrheit, auf ihr wahres politisches Maß reduzieren. Doch seine Zuversicht verführte ihn zu Leichtsinn, und dieser mündete beinahe in ein Desaster, das ihn um Haaresbreite verschlungen und seine weitere Karriere jäh beendet hätte.

Die Bismarck-Forschung hat zwar stets viele Argumente und Vermutungen aufgeboten, um das außenpolitische Debakel, auf das Bismarck jetzt mit vollen Segeln und ohne alle Not zusteuerte, zu beschönigen, es gar in einen großen Erfolg umzudeuten. Allein im Lichte der schlichten Tatsachen erscheint die dem Zaren von Bismarck förmlich aufgenötigte preußisch-russische Zusammenarbeit bei der Niederschlagung eines polnischen Aufstands im Februar 1863 als kapitaler Fehler.

1861 begann der seit der äußerst blutigen Niederwerfung des Revolutionsversuchs von 1830 tot geglaubte polnische Nationalismus sich wieder zu regen. Bismarck, der zu dieser Zeit noch in St. Petersburg weilte, beobachtete mit heftigem Abscheu alle Versuche russischer Liberaler, an ihrer Spitze der jüngere Bruder des Zaren, Großfürst Constantin, die Loyalität der unter russischer Herrschaft lebenden Polen durch dosierte Zugeständnisse zu gewinnen. Um so mehr befriedigte es ihn, dass der Erfolg dieser wohlmeinenden Bemühungen erste Unruhen waren, die zu einer völligen Abkehr von dieser Politik führten. Die unerbittliche Repression, die Russland nun wieder übte, fand ihr Echo in Bismarcks fürchterlicher Bemerkung in einem Brief an seine Schwester Malwine Ende März 1861: »Haut doch die Polen, daß sie am Leben verzagen; ich habe alles Mitgefühl für ihre Lage, aber wir können, wenn wir bestehen wollen, nichts anderes tun, als sie ausrotten; der Wolf kann auch nicht dafür, daß er von Gott geschaffen ist, wie er ist, und man schießt ihn doch dafür tot, wenn man kann.«

Die polnische Frage spielte in Bismarcks Überlegungen, auch wenn sie in seinen schriftlichen und mündlichen Äußerungen nur einen sehr geringen Raum einnahm, dennoch eine große Rolle, vielleicht sogar eine größere als seine überreichlich dokumentierte Österreich-Obsession. Diese vermeintliche Paradoxie ist leicht zu erklären: In seinem Polenhass stimmte Bismarck fraglos mit seinem Monarchen und dem gesamten konservativen Establishment in Preußen überein. Und dieser Hass hatte außer seinen ganz offensichtlichen mentalen Komponenten auch ein politisches Motiv. Preußen war Preußen geworden, indem es sich immer weiter nach Osten, in polnisches Territorium hineingefressen hatte. So hatte bei den drei polnischen Teilungen am Ende des 18. Jahrhunderts, die einen unabhängigen polnischen Staat, der acht Jahrhunderte Bestand gehabt hatte, endgültig von der Landkarte tilgten, stets Preußen die Rolle des Anstifters und Hauptschurken gespielt. Die Feststellung entbehrt deshalb nicht einer gewissen bitteren Ironie, dass Preußen mit dieser Politik maßgeblich an der Freisetzung eines Prinzips beteiligt war, dem es schließlich selbst 150 Jahre später zum Opfer fiel.

Der Fluch dieser Politik aber war zunächst, dass Preußen von allen drei Mächten, die sich die polnische Beute geteilt hatten, einen souveränen polnischen Staat am allerwenigsten tolerieren konnte. Ein solcher Staat würde stets eine unmittelbare Bedrohung für die östlichen, von starken polnischen Minderheiten bevölkerten Gebiete der Monarchie darstellen.

Als die Aufstände im russischen Teil Polens im Februar 1863 immer weiter um sich griffen und Zar Alexander sich dazu entschloss, sie energisch zu ersticken, glaubte Bismarck, dass sich ihm damit die Chance zu einer außenpolitischen Initiative böte. Bismarck verfolgte dabei, wie er später unermüdlich behauptete, angeblich den Hintergedanken, eine französisch-russische Entente zu torpedieren. Eine solche Entente hätte sich nach Lage der Dinge lediglich gegen Österreich gerichtet und sich folglich vorzüglich in Bismarcks antiösterreichische Politik eingefügt. Ob er damals wirklich daran dachte, oder ob ihm nur die bei einem preußischen Junker gewissermaßen angeborene Angst vor Polen im Nacken saß und er fürchtete, die Aufstandsbewegung könne auf Preußens Anteil an der polnischen Beute übergreifen, lässt sich nicht mit letzter Bestimmtheit sagen. Jedenfalls übersah Bismarck, dass alle anderen europäischen Mächte, Russland eingeschlossen, in der Niederschlagung des polnischen Aufstands zunächst eine innenpolitische Angelegenheit des Zarenreichs sahen, von der die internationalen Beziehungen nicht gestört werden sollten. Diese stillschweigende Übereinkunft machte Bismarck zunichte, ohne dass er die Auswirkungen seines Tuns zunächst begriff.

Die Entsendung des preußischen Generals Alvensleben nach St. Petersburg, wo dieser die widerstrebenden Russen zum Abschluss einer gegen Polen gerichteten Militärkonvention nötigte, war ein Fehler, der Bismarck beinahe Amt und Karriere gekostet hätte. Tatsächlich reichten Bismarcks Absichten mit der Konvention noch viel weiter. Er wollte, dass Russland und Preußen in Zukunft allen vom Ausland her drohenden gemeinsamen Gefahren »solidarisch entgegentreten, als ob sie ein Land bildeten«. Was Bismarck augenscheinlich vorschwebte, war ein preußisch-russisches Bündnis in Geist und Stil der »Heiligen Allianz« unheiligen Angedenkens!

Auch wenn Bismarck bestrebt war, kaum dass er seinen Missgriff erkannt hatte, die Alvensleben-Konvention als reine Polizeimaßnahme zu verharmlosen – angesichts der Mobilisierung von vier preußischen Armeekorps ein ziemlich blauäugiges Unterfangen –, erschien sie den anderen europäischen Mächten zu Recht als Intervention gegen Polen. Dieser Eindruck zwang sie dazu, ihre bislang unbeteiligte Haltung aufzugeben, zumal das Schicksal Polens die Ikone aller europäischen Liberalen war. Besonders die französische Öffentlichkeit bis hinauf in höchste Kreise des Kaiserhofs schwelgte in Begeisterung für die polnischen Insurgenten, sodass sich Napoleon III. wider die eigenen Pläne in der dritten Februarwoche zu einem energischen Protest genötigt sah. England und Österreich schlossen sich an. Was Bismarcks Situation noch ungemütlicher machte, waren wilde Kriegsgerüchte, dass sich die alte Koalition des Krimkrieges nun gegen Preußen richte. Auch wenn es nicht dazu kam, hatte Bismarck durch sein unbedachtes Handeln riesigen Schaden angerichtet: Frankreich, auf dessen Wohlwollen er bei einer Auseinandersetzung mit Österreich gezählt hatte, fand er nun mit diesem gegen sich vereint. Österreich, das mit dem Februarpatent von 1861 seinem Parlament wesentlich mehr Mitspracherechte eingeräumt hatte, als sie der Preußische Landtag besaß, stieg in der Wertschätzung der deutschen Liberalen zu neuen, ungeahnten Höhen, während Preußen den letzten Rest von Popularität in der deutschen Öffentlichkeit verlor.

Nie zuvor war ein preußischer Staatsmann innen- und außenpolitisch derart isoliert gewesen wie Bismarck. Am 23. Februar 1863 sah es so aus, als würde er daraus die Konsequenzen ziehen und zurücktreten. Aber einmal mehr rettete ihn der noch immer schwelende Verfassungskonflikt. Mit der Bemerkung, es sei die verdammte Pflicht und Schuldigkeit des Ministerpräsidenten, Preußen wieder aus dem Schlamassel herauszuführen, in den er es mit seiner Politik gebracht habe, weigerte Wilhelm I. sich strikt, Bismarcks Rücktritt zu akzeptieren.

Aus Furcht, Napoleon III. beabsichtige insgeheim, sich nach dem Vorbild seiner Annexion Savoyens auch das linke Rheinufer einzuverleiben, sollte es zu einem bewaffneten Konflikt mit Preußen kommen, bewahrte aber letzten Endes England Bismarck vor der Demission.

London übte Druck auf St. Petersburg aus und veranlasste auch Frankreich und Österreich, diesem Beispiel zu folgen. Damit hatte sich mit einem Mal wieder die alte Koalition des Krimkrieges gegen Russland zusammengefunden, denn jetzt war Russland auf die wohlwollende Neutralität Preußens angewiesen, das das Zarenreich als mächtiger Riegel im Westen schützte. Bismarck avancierte so zum wichtigsten Freund des Zarenreichs. Als Anfang Juni ernsthafte Bündnisverhandlungen zwischen Russland und Preußen aufgenommen wurden, war dies auch ein untrügliches Zeichen dafür, dass er seiner außenpolitischen Isolation entronnen war.

Betrachtet man die außenpolitischen Initiativen Bismarcks in den ersten Monaten seiner Amtszeit, dann kann man sich kaum dem Eindruck verschließen, dass ihm im Grunde nichts Neues eingefallen war. Alle seine Vorgänger im Amt seit 1849 hatten ähnliche Ziele verfolgt. Radowitz wollte die Herrschaft Preußens über Kleindeutschland, Bernstorff spekulierte auf ein engeres Zusammengehen mal mit England, mal mit Frankreich, und mit Ausnahme einiger Hochkonservativer wollte sicherlich jeder preußische Minister nichts weniger als die politische Parität Preußens mit Österreich im Deutschen Bund. Die Freundschaft mit Russland schließlich galt seit den Tagen Friedrichs II. als ein Grundgesetz preußischer Außenpolitik.

Bismarck unterschied sich also von seinen Vorgängern einzig und allein durch seine Stellung zum König: Jene waren von der Krone abhängig gewesen. In seinem Fall war es genau umgekehrt: Der König war von ihm abhängig, mindestens so lange, wie der Verfassungskonflikt andauerte. Außerdem kam Bismarck die Psychologie des Königs zugute. Wilhelm I. war ein Mann von schlichter Denkungsart. Vor allem mangelte es ihm an Zivilcourage. Eine schlechte »Manöverkritik« fürchtete er mehr als den Tod auf dem Schlachtfeld. Bismarck hatte dies früh durchschaut und achtete deshalb stets darauf, den König auf diesem, »seinem ganzen Gedankengang vertrauten Weg« zu halten. Seine Politik formulierte er stets so, dass Wilhelm I. nichts anderes übrig blieb, als »Zu Befehl« zu sagen. Bismarcks Fähigkeit, den König stets richtig anzufassen und sich so ihm gegenüber durchzusetzen, war eine wichtige Voraussetzung für seine Erfolge. Zunächst aber war es die Conditio sine qua non dafür, dass Bismarck trotz seiner eklatanten außenpolitischen Misserfolge das Ruder weiter in Händen hielt.

Aber auch auf innenpolitischem Feld hatte er keineswegs mehr Fortune, nur gelang es Bismarck hier, diesen Eindruck durch die von ihm geübte Politik der »eisernen Faust« zu überspielen. Bis 1866, so lange dauerte die sogenannte »Konfliktzeit«, war Bismarck ein Diktator, der die Verfassung des Landes aus eigener Machtvollkommenheit verbiegen oder missachten konnte, wie es ihm beliebte. Dabei machte er den König zum willfährigen Werkzeug und Erfüllungsgehilfen seiner im Grunde hochverräterischen Politik.

Wie er es künftig halten wollte, verkündete Bismarck dem Preußischen Landtag gleich am ersten Tag seiner Wiedereröffnung am 27. Januar 1863. In der sogenannten »Adressdebatte« erklärte er den Abgeordneten unmissverständlich, dass er keineswegs gewillt sei, den Verfassungskonflikt zu ihren Bedingungen, also durch Rückkehr der Regierung auf den Boden der Verfassung, beizulegen. Das hieße, so Bismarck, dass »dem königlichen Hause der Hohenzollern seine verfassungsmäßigen Regierungsrechte abgefordert [würden], um sie der Majorität des Hauses zu übertragen«. Die preußische Verfassung indes gründe auf der Idee des Gleichgewichts zwischen den drei am Gesetzgebungsprozess beteiligten Gewalten: der allein vom Willen der Krone abhängigen Regierung, dem Herrenhaus und der Kammer des Landtags. Und »keine dieser Gewalten kann die andere zum Nachgeben zwingen; die Verfassung verweist daher auf den Weg der Kompromisse zur Verständigung … Wird der Kompromiß dadurch vereitelt, daß eine der beteiligten Gewalten ihre eigene Ansicht mit doktrinärem Absolutismus durchführen will, so wird die Reihe der Kompromisse unterbrochen, und an ihre Stelle treten Konflikte, und Konflikte, da das Staatsleben nicht stillzustehen vermag, werden zu Machtfragen; wer die Macht in Händen hat, geht dann in seinem Sinne vor, weil das Staatsleben auch nicht einen Augenblick stillstehen kann.«

Bismarck war also entschlossen, auch ohne ordentlich verabschiedetes Budget zu regieren. Er berief sich dabei auf die angebliche »Lücke« in der Verfassung, die keine Bestimmung enthalte, wie zu verfahren sei, wenn die drei an der Gesetzgebung beteiligten Gewalten keinen Kompromiss fänden. Eine solche Lücke in der Verfassung aber werde automatisch vom »alten Recht« geschlossen, »so daß also bei uns die Machtvollkommenheit des absoluten Regimes wieder einzutreten habe, wo das Staatshaushaltsgesetz fehlt«. Die Anwendung dieser »Lückentheorie« durch Bismarck war nichts anderes als ein Staatsstreich.

Es ist keine Übertreibung, wenn man Bismarcks innenpolitisches Regime bis 1866 als Willkürherrschaft charakterisiert. An die tausend Beamte wurden in dieser Zeit aus politischen Gründen gemaßregelt, strafversetzt oder aus dem Dienst entlassen. Liberalen Magistratsmitgliedern wurde die Bestätigung ihrer Wahl verweigert; die Gehälter der Richter sollten nicht mehr nach Dienstalter, sondern nach ihrer Gesinnung bemessen werden. Politisch missliebige Personen wurden wieder wie in den Jahren finsterster Reaktion aus Berlin ausgewiesen – ein eindeutiger Verstoß gegen Recht und Gesetz. Auch wurde das staatliche Telegraphenmonopol rücksichtslos für Zensur- und Spitzelzwecke missbraucht. Nach der neuerlichen Schließung des Abgeordnetenhauses am 27. Mai 1863 wurde am 1. Juni unter Verletzung des einschlägigen Verfassungsartikels die Pressefreiheit in Preußen aufgehoben.

Diese unnachsichtige Repressionspolitik konnte Bismarck zum einen mit der Rückendeckung Wilhelms I. ausüben. Zu dessen Ehrenrettung sei aber gesagt, dass der König keineswegs alle Maßnahmen seines Ministerpräsidenten widerspruchslos billigte. Das Pressegesetz beispielsweise unterzeichnete er erst nach längerem Ringen mit Bismarck, der seinen etwas naiven Monarchen mit dem Argument überzeugte, das Gesetz sei notwendig, um die politisch unschuldigen und unerfahrenen Gemüter seiner Untertanen vor den hinterhältigen Einflüsterungen böswilliger Revolutionäre zu schützen.

Zum Zweiten konnte Bismarck dank der im Zuge des Wirtschaftsaufschwungs reichlich fließenden Steuereinnahmen auch ohne gesetzlich genehmigten Haushalt weiterregieren. So frönte er seiner Spottlust und verhöhnte die Kammeropposition, die bei einzelnen Abstimmungen fast das gesamte Plenum umfasste, auf jede nur erdenkliche Weise. Er kanzelte sie als »unzünftige Politiker« ab, die von den Dingen, bei denen sie Mitsprache beanspruchten, nichts verstünden. Derlei, so Bismarck im Abgeordnetenhaus am 18. Dezember 1863, sei auch in den Vertretungsorganen anderer Länder zu beklagen, »aber es findet sich in anderen Parlamenten doch selten dieser Grad von Entschlossenheit im Bilden und Aussprechen von Ansichten gepaart mit demselben Maße von Unkenntnis der Dinge wie bei uns«. Wenige Tage später kam er noch einmal auf dieses Thema zurück: Für die Ausübung einer jeden amtlichen Funktion seien eine praktische Vorbildung und Examina Voraussetzung, »aber die hohe Politik – die kann jeder betreiben, zu der fühlt sich jeder berufen, und es ist nichts leichter, als auf diesem jeder Konjunktur offenen Felde mit einiger Sicherheit im Auftreten alles mögliche mit großer Scheinbarkeit zu behaupten … Es ist ein gefährlicher Irrtum, aber heute weit verbreitet, daß in der Politik dasjenige, was kein Verstand der Verständigen sieht, dem politischen Dilettanten durch naive Intuition offenbar wird.« Mit diesen und anderen geschliffenen Bemerkungen voller Sarkasmen hatte Bismarck die Lacher stets auf seiner Seite. Der Schaden jedoch, den er damit anrichtete, traf weniger die liberale Kammeropposition, in der nicht wenige Bismarcks Spott durchaus parieren konnten, sondern die Institution des Parlamentarismus in Preußen und Deutschland insgesamt; denn dass Politik im Wesentlichen eine Sache für Fachleute sei, wie dies Bismarck nicht müde wurde zu behaupten, von der naseweise »Kammerzelebritäten« besser ihre Finger ließen, ist eine Anschauung, die sich trotz des vielfachen Bankrotts dieser »politischen Fachleute« bis heute mit seltener Zähigkeit bei Regierenden wie Regierten erhalten hat.

Das Abgeordnetenhaus, das Bismarck so erbittert Widerstand leistete, war aus dem Dreiklassenwahlrecht hervorgegangen, mit dem das aktive Wahlrecht an die Steuerleistung gekoppelt worden war und das man eingeführt hatte, um auf regierungstreue Mehrheiten zählen zu können. Dieses Kalkül ging während der Reaktionsjahre auf, als das politische Selbstbewusstsein der Bourgeoisie noch unterentwickelt und die neue Klasse außerdem noch vom Schock ihres politischen Scheiterns in den Jahren 1848/49 gelähmt war. Dies änderte sich aber spätestens mit dem Beginn der »Neuen Ära«. Auch die massivsten Wahlbeeinflussungen, zu denen vor allem Bismarck seine Zuflucht nahm, konnten jetzt nicht mehr verhindern, dass gerade durch das Dreiklassenwahlrecht immer mehr Vertreter aus der schmalen Schicht des Besitz- und Bildungsbürgertums ins Abgeordnetenhaus entsandt wurden. In der Zeit des Verfassungskonflikts versuchte Bismarck deshalb immer wieder, sich durch eine Wahlrechtsänderung der lästigen Opposition der bürgerlichen Eliten zu entledigen. Dass er dabei auch mit der Einführung eines allgemeinen Wahlrechts liebäugelte, führte zu dem heute sich hartnäckig haltenden Missverständnis, Bismarck sei im Grunde seines Herzens eigentlich aufrechter Demokrat gewesen. Welche machiavellistischen und hochzynischen Absichten er in Wahrheit mit diesen Gedankenspielen verfolgte, hatte er bereits am 18. September 1861 in einem Schreiben an seinen Gesinnungsgenossen Alexander von Below-Hohendorf enthüllt: »Man könnte eine recht konservative Nationalvertretung schaffen und doch selbst bei den Liberalen Dank dafür ernten.«

Bismarck wollte mittels des allgemeinen und gleichen Wahlrechts ein informelles Bündnis mit den Massen stiften, um mit deren Hilfe die politisch-parlamentarischen Ansprüche des Bürgertums zu vernichten. In diese Richtung zielten auch die Sondierungsgespräche, die Bismarck im Frühsommer 1863 mit dem Führer der gerade erst in den Anfängen ihrer politischen Wirksamkeit steckenden Sozialdemokratie, Ferdinand Lassalle, führte. Diese Gespräche blieben allerdings Episode, denn, wie Bismarck ausgerechnet in seiner Reichstagsrede vom 17. September 1878 ausführte, mit der er die Wiedervorlage des »Gesetzes gegen die gemeingefährlichen Bestrebungen der Sozialdemokratie« begründete, konnte ihm damals Lassalle kaum von Nutzen sein: »Was hätte mir Lassalle bieten und geben können? Er hatte nichts hinter sich. In allen politischen Verhandlungen ist das Do ut des eine Sache, die im Hintergrund steht, auch wenn man anstandshalber nicht davon spricht.«

Die offenkundige Schwäche Preußens suchte unterdessen

Österreich für sich auszunutzen, indem es im Sommer 1863 einen insgeheim vorbereiteten Plan zu einer umfassenden Reform des Deutschen Bundes vorlegte. Dieses ganz unter konservativ-legitimistischen Vorzeichen stehende Projekt, das vor allem die Interessen der Mittelstaaten und deren »Souveränitätsschwindel« (Bismarck) berücksichtigte, musste den Widerstand der preußischen Regierung hervorrufen, weil Preußen einmal mehr die Parität mit Österreich verweigert wurde. Dennoch war man in Wien zuversichtlich, den preußischen König wenigstens zu einer Teilnahme an dem für Mitte August in Frankfurt am Main geplanten »Fürstentag«, auf dem der Plan erörtert und verabschiedet werden sollte, zu bewegen. Dies wäre beinahe gelungen, doch Bismarck konnte unter Aufbietung seiner Überredungskunst und, als diese nichts fruchtete, mit seiner Rücktrittsdrohung Wilhelm I. schließlich zu einer Absage bewegen.

Bismarck wollte aber nicht in der Rolle des Neinsagers verharren. Dem Fernbleiben des preußischen Königs galt es durch ein preußisches Gegenprogramm zu den österreichischen Reformvorschlägen einen positiven Anstrich zu geben. Dieses Programm entwarf Bismarck in einem Immediatbericht, der Wilhelm I. am 15. September 1863 vorgelegt wurde. Er gipfelte in drei Forderungen: völlige Parität Preußens mit Österreich bei der Leitung des Bundes; ein Vetorecht für beide Mächte »zum mindesten bei Kriegserklärungen, solange nicht das Bundesgebiet angegriffen ist«, eine Klausel, die vor allem für Österreich von Belang war, denn dessen Staatsgebiet lag zum allergrößten Teil außerhalb des Deutschen Bundes. Besonders aber die dritte Forderung erregte wegen ihrer revolutionären Radikalität größtes Aufsehen in der deutschen Öffentlichkeit: Preußen bestand auf einer aus allgemeinen Wahlen hervorgegangenen Vertretung beim Deutschen Bund!

Wilhelm I. gegenüber begründete Bismarck diese Forderung damit, dass »nur eine solche Vertretung für Preußen die

Sicherheit gewähren [wird], daß es nichts zu opfern hat, was nicht dem ganzen Deutschland zu Gute komme. Kein noch so künstlich ausgedachter Organismus von Bundesbehörden kann das Spiel und Widerspiel dynastischer und partikularistischer Interessen ausschließen, welcher sein Gegengewicht und sein Korrektiv in der Nationalversammlung finden muß ... Die Interessen und Bedürfnisse des preußischen Volkes sind wesentlich und unzertrennlich identisch mit denen des deutschen Volkes; wo dies Element zu seiner wahren Bedeutung und Geltung kommt, wird Preußen niemals befürchten dürfen, in eine seinen eigenen Interessen widerstrebende Politik hineingezogen zu werden.«

Das waren alles Vorschläge und Überlegungen, die Bismarck schon verschiedentlich in Denkschriften und Briefen ventiliert hatte, mit denen er sich aber nun erstmals an die Öffentlichkeit wagte. Die Wirkung dieser Initiative war aber lediglich die eines großen Feuerwerkskörpers: Es gab einen lauten Knall mit vielfältigem Echo, ohne dass sich jedoch etwas änderte. Bei den Zeitgenossen stieß der Vorschlag des als reaktionär verschrienen preußischen Ministerpräsidenten, künftig die deutsche Einheit auf die zwei Säulen der preußischen Macht und des nationalen Willens zu gründen, gar auf völligen Unglauben. Viele erblickten in Bismarcks Vorstoß lediglich eine taktische Finte.

Im Augenblick war es Bismarck vor allem darum zu tun, mit dem Vorschlag eines deutschen Nationalparlaments, dessen Realisierung sowieso am Widerstand Österreichs, der deutschen Mittelstaaten und deren Dynasten, die durch eine solche Institution auf kaltem Wege mediatisiert würden, scheitern musste, die liberalen und nationalen Bewegungskräfte zu ködern, um über diesen Umweg die innerpreußische Frontstellung aufzubrechen. Auf die Opposition des Abgeordnetenhauses und deren Klientel machte Bismarcks Initiative aber nicht den mindesten Eindruck, wie der Ausgang der Landtagswahlen im Oktober 1863 zeigte. Trotz massivster Wahlbeeinflussung und der Gängelung der Presse errangen Bismarcks Widersacher einen überwältigenden Sieg. Die Liberalen verfügten nun über rund 70 Prozent aller Sitze und damit über eine noch größere Mehrheit als bisher. Erschwerend kam hinzu, dass sie die Wahlen unter der Parole des bedingungslosen Widerstands gegen die Regierung gewonnen hatten. Unter diesen Umständen war an einen Kompromiss nicht mehr zu denken. Deshalb ließ sich Bismarck wenige Tage nach der Wahl drohend vernehmen, mit der gegenwärtigen Verfassung habe die preußische Monarchie keine Chance mehr. Es hatte den Anschein, als sei Bismarck ein Jahr nach seinem Amtsantritt bereits am Ende: Er stand mit dem Rücken zur Wand, und vor ihm türmte sich ein Verhau aus Widersprüchen, den er im Wesentlichen selbst geschaffen hatte. Jetzt konnte ihn nur noch ein Wunder oder zumindest eine Verkettung glücklicher Umstände vor dem sicheren Scheitern retten.

DER WEG NACH KÖNIGGRÄTZ

Letzten Endes war es ein Zufall, der das innen- wie außenpolitisch höchst glücklos agierende Ministerium Bismarck davor bewahrte, sang- und klanglos unterzugehen. Am 15. November 1863 starb der dänische König Friedrich VII. Damit brach der alte und verwickelte Streit um die beiden Elbherzogtümer Schleswig und Holstein erneut offen aus. Wie schon 1848 kam es zu Erbrechtsauseinandersetzungen, da in Dänemark auch die weibliche Thronfolge anerkannt war, nicht jedoch in den in Personalunion zur dänischen Krone gehörenden beiden Herzogtümern. Friedrich VII. aber war der letzte Vertreter im Mannesstamm des Hauses Oldenburg gewesen. Hinzu kam die schwierige Nationalitätenfrage. Während Holstein einen überwiegend deutschstämmigen Bevölkerungsanteil hatte, waren in Schleswig die Dänen in der Mehrheit. Dessen ungeachtet hatten die dänischen Nationalisten, die schon seit Langem dafür agitierten, die Personalunion Schleswig-Holsteins in eine Realunion umzuwandeln, sprich, die beiden Herzogtümer mit Dänemark zu vereinen, bereits im März 1863 eine neue Verfassung durchgesetzt, die entsprechende Fakten schaffen sollte. Die damit einseitig vollzogene staatsrechtliche Zugehörigkeit der beiden Elbherzogtümer zu Dänemark war ein eklatanter Verstoß gegen das Londoner Protokoll, mit dem 1852 der Streit um Schleswig-Holstein vorläufig beigelegt worden war. Das Vorgehen der dänischen Nationalisten war ein Affront gegen das europäische Mächtekonzert, das dieses Protokoll garantierte. Doch von einem solchen Konzert konnte seit dem Ausgang der polnischen Krise keine Rede mehr sein. Dennoch hatten die Großmächte nicht jegliches Interesse an der Schleswig-Holstein-Frage verloren. Dafür sorgte allein schon der Umstand, dass durch die Aktion der dänischen Nationalisten das deutsche Nationalgefühl erneut entflammte, dem die »meerumschlungenen« Herzogtümer spätestens seit 1848 als *cause célèbre* galten. Und rasch fand sich auch eine Figur, auf die sich fortan der nationale Enthusiasmus in Deutschland konzentrieren konnte. Bereits am 16. November 1863 hatte der Herzog von Augustenburg den Deutschen Bund davon unterrichtet, dass er als Herzog Friedrich III. den Thron des nach seinen Vorstellungen künftig selbstständigen Herzogtums Schleswig-Holstein bestiegen habe.

Natürlich verstieß diese Eigenmächtigkeit ebenfalls gegen das Londoner Protokoll, mit dem die dynastische Zugehörigkeit der Herzogtümer zur dänischen Krone unmissverständlich festgestellt worden war. Aber die Mehrheit der deutschen Klein- und Mittelstaaten wie auch die liberal gesinnte deutsche Öffentlichkeit sprachen sich trotz dieses Rechtsbruchs für den »Augustenburger« und damit für die Anerkennung eines selbstständigen Schleswig-Holstein aus. Auch das Preußische Abgeordnetenhaus beschloss eine Erklärung, dass es »die Ehre und das Interesse Deutschlands« verlangten, den »Augustenburger« als Herrscher eines souveränen Schleswig-Holstein anzuerkennen.

Die Ehre Deutschlands, diese Monstranz der Nation, war schon einmal für Schleswig-Holstein verpfändet worden. Und jetzt sollten es Ehre und Interesse der Nation gebieten, einem weiteren Duodezfürsten zu seinen angeblichen Rechten zu verhelfen, sollte ein weiteres souveränes Haupt kreiert werden, dessen Beruf es sein würde, wie Bismarck höhnte, »sich vor Preußen zu fürchten«.

Tatsächlich hatte Bismarck der Konflikt, der sich seit dem Frühjahr 1863 um Schleswig-Holstein zusammenbraute, bestenfalls am Rande interessiert. Außerdem konnte er sich sagen, Dänemark habe sich vor aller Welt ins Unrecht gesetzt, eine Situation, die er zu gegebener Zeit schon würde ausnutzen können, sollte sich das für ihn und Preußen lohnen. Und dieser Moment kam: Am 18. November 1863 setzte der neue dänische König Christian IX. aus dem Hause Schleswig-Holstein-Sonderburg-Glücksburg seine Unterschrift unter die dänische Verfassung vom März 1863, die damit in Kraft trat. Die Krise erreichte ihren Höhepunkt, denn die Versammlung der holsteinischen Stände verweigerte dem Dänenkönig den Treueeid und wandte sich stattdessen an den Deutschen Bundestag in Frankfurt mit der Forderung, den »Augustenburger« als Herzog eines unabhängigen Schleswig-Holstein anzuerkennen.

Durch dieses Ansinnen waren die deutschen Flügelmächte Preußen und Österreich unmittelbar mit der leidigen schleswig-holsteinischen Affäre befasst. Jedermann glaubte nun, auch in dieser Streitfrage würden beide Mächte gegenteilige Positionen beziehen. Das war jedoch ein Irrtum, denn Bismarck gab von Anfang an zu erkennen, dass er nicht gewillt sei, Preußen für den »Augustenburger« erneut in einen Krieg mit Dänemark zu verwickeln, der unweigerlich alle Großmächte gegen seine Politik aufbringen würde. Stattdessen stellte er sich ganz auf den Boden der internationalen Verträge, sprach sich für die Anerkennung Christians IX. aus, um dann von diesem die Autonomie der beiden Herzogtümer zu fordern, eine Vorgehensweise, die im Einklang mit dem Londoner Protokoll stand. Er gab damit zu erkennen, dass er entschlossen sei, die legitimen Rechte und Ansprüche der Deutschen in den Elbherzogtümern zu schützen, sich dabei aber nicht auf »revolutionäre« Methoden oder Allianzen zu stützen.

So überraschend und enttäuschend Bismarcks Verhalten für die liberal und national gesinnte deutsche Öffentlichkeit war, die deshalb in helle Empörung geriet, so sehr lag es auf der Linie seines eigenen Politikverständnisses. Schleswig-Holstein, der »Augustenburger« wie der Deutsche Nationalverein galten Bismarck lediglich als Romantik. In einer harschen Zurechtweisung des preußischen Botschafters in Paris, Graf Robert von der Goltz, der es gewagt hatte, Wilhelm I. den Rat zu geben, mit Preußens Macht die Ansprüche des »Augustenburgers« zu unterstützen, führte Bismarck am 24. Dezember 1863 u. a. aus: »Unsere Stärke kann nicht aus Kammern- und Pressepolitik, sondern nur aus waffenmäßiger Großmachtpolitik hervorgehen, und wir haben nicht nachhaltiger Kraft genug, um sie in falscher Front und für Phrasen und Augustenburg zu verpuffen. Sie überschätzen die ganze dänische Frage und lassen sich dadurch blenden, daß dieselbe das allgemeine Feldgeschrei der Demokratie geworden ist, die über das Sprachrohr von Presse und Vereinen disponiert und diese an sich mittelmäßige Frage zum Moussieren bringt.«

Die ostentative Zurückhaltung Bismarcks stürzte zwei Mächte in eine paradoxe Situation: Die eine »Macht« war die liberale Opposition im Preußischen Abgeordnetenhaus, die der Logik ihrer Gesinnung folgend ihren »Brüdern und Schwestern« in Schleswig-Holstein zu Hilfe eilen wollte, wodurch sie in die Verlegenheit geriet, ausgerechnet von jenem Mann ein energisches militärisches Eingreifen zu verlangen, dem sie seit mehr als einem Jahr die Mittel für ein solches Handeln verweigerte. Die andere Macht war Österreich. Nachdem die preußische Politik sich hinter dem Londoner Protokoll verschanzt hatte, richteten sich alle Augen auf die Macht, die die Führung in Deutschland in Händen hielt und diesen Anspruch bislang zäh verteidigt hatte. Österreich musste also etwas tun. Die Frage war nur, was, denn mit Rücksicht auf die zahlreichen, stets zu Unruhen neigenden Minderheiten im eigenen Herrschaftsbereich konnte Wien nicht andernorts Partei für eine Volksbewegung nehmen und das Banner der nationalen Selbstbestimmung ergreifen. Umso größer war deshalb die Erleichterung, als sich Bismarck mit dem scheinbar selbstlosen Vorschlag nahte, Preußen und

Österreich sollten gemeinsam und energisch für die Wahrung des Londoner Protokolls eintreten.

Dieser Schachzug Bismarcks, mit dem er die diplomatische Initiative an sich riss, verblüffte wirklich alle, am meisten sicherlich Wilhelm I., der nun gar nichts mehr verstand. Im August hatte ihn sein Ministerpräsident unter Androhung seines Rücktritts noch davon abgehalten, der von Österreich ausgesprochenen Einladung zum »Fürstentag« nach Frankfurt Folge zu leisten; und im November erwartete derselbe Mann von ihm, dass er gemeinsame Sache mit Österreich in einer Angelegenheit machte, bei der sein Herz ganz für die deutsche Sache schlug. Bismarck konnte den König nur dadurch für seine Politik gewinnen, dass er ihm nachdrücklich vor Augen führte, dass, folge er seiner Herzensneigung, er unweigerlich eine »revolutionäre Allianz« mit Napoleon III. eingehen müsse. Andererseits gelang es Bismarck, Wien mit einiger Plausibilität zu drohen, seine Regierung werde wahrscheinlich binnen Kurzem durch ein liberales Kabinett ersetzt, das sich den nationalen Enthusiasmus in der »dänischen Frage« zunutze mache, um die Führung in Deutschland zu erringen, wenn Österreich nicht auf seine Linie einschwenke.

Mit dieser überraschenden Allianz begann Bismarcks erstes großes und, wie er später selbst glaubte, brillantestes Spiel. Allerdings hätte er damals noch nichts über dessen Ausgang zu sagen vermocht. In jedem Fall aber wusste Bismarck um die Risiken, die er durch das Zusammengehen mit Österreich vermied. In seinem Schreiben an Goltz vom 24. Dezember 1863 bemerkte er dazu, dass Preußen es sich nicht leisten könne, die Großmächte zu brüskieren, »um uns der im Netze der Vereinsdemokratie gefangenen Politik der Kleinstaaten in die Arme zu werfen«.

Dies wäre, so Bismarck weiter, »die elendeste Lage, in die man die Monarchie nach Innen und Außen bringen könnte. Wir würden uns auf Elemente stützen, die wir nicht beherrschen und die uns notwendig feindlich sind, denen wir uns aber auf Gnade und Ungnade zu ergeben hätten.« In dieser ganzen »deutschen öffentlichen Meinung« stecke nichts, was Preußen bei seiner Union- oder Hegemoniepolitik helfen könnte. Solches anzunehmen wäre ein »radikaler Irrtum«, »ein Phantasiegebilde«. Der ganze »Bierhaus-Enthusiasmus« imponiere zwar London oder Paris, liefere aber für den dann einsetzenden Kampf noch »keinen Schuß und wenig Groschen«.

Bismarck sah die »dänische Frage« noch in einer anderen Dimension, einer Dimension, die sein *politisches Wollen* überhaupt betraf. Und diese Dimension umriss Bismarck gleich zu Beginn seines Schreibens an Goltz. Er schrieb, »daß eine ›an sich höchst einfache Frage preußischer Politik‹ durch den Staub, den die dänische Sache aufrührt, durch die Nebelbilder, welche sich an dieselbe knüpfen, verdunkelt wird. Die Frage ist, *ob wir eine Großmacht sind oder ein deutscher Bundesstaat, und ob wir, der ersteren Eigenschaft entsprechend, monarchisch* oder, wie es in der zweiten Eigenschaft allerdings zulässig ist, durch Professoren, Kreisrichter und kleinstädtische Schwätzer zu regieren sind.« Für Preußen komme es zunächst darauf an, »fest auf eigenen Füssen [zu] stehen und zuerst Großmacht, dann Bundesstaat zu sein«.

Eben das war die Rechtfertigung für »Blut und Eisen«. Preußen konnte nur Preußen bleiben, eine Monarchie mit dem Adel als erblicher Funktionselite, wenn es seine Stellung als Großmacht nicht durch liberale Zugeständnisse, sondern ausschließlich mit kriegerischen Mitteln behauptete. Die Bismarck'sche Lösung der schleswig-holsteinischen Frage wurde gleichsam zur Probe, für die der Preußisch-Deutsche Krieg von 1866 und der Deutsch-Französische Krieg von 1870/71 das Exempel lieferten.

Bismarck konnte aus seiner überraschenden Allianz mit Österreich sofort bedeutenden politischen Gewinn ziehen. Österreich würde künftig gezwungen sein, Preußen als eine in Deutschland gleichberechtigte Macht anzuerkennen, mit der weiteren Perspektive, dem preußischen Anspruch auf Hegemonie über Norddeutschland schlecht widersprechen zu können. Bismarck indes behielt solche Einsichten und Erwartungen strikt für sich, wie er überhaupt alles unterließ, das neue Bündnis einer Bewährungsprobe auszusetzen.

Anfang 1864 schlug Bismarck dem österreichischen Botschafter Károlyi den Abschluss eines förmlichen Bündnisvertrags zwischen Preußen und Österreich vor. Der österreichische Außenminister Rechberg griff diese Anregung begeistert auf, wiegte er sich doch in der Annahme, der preußische Ministerpräsident habe über seinen innenpolitischen Schwierigkeiten zur Vernunft einer konservativen Politik zurückgefunden. Außerdem rechnete er damit, dass diese Allianz Bismarck daran hindere, erneut einen Schwenk zu vollziehen und die Ansprüche des »Augustenburgers« zu unterstützen, um sich so zum populären Helden der deutschen öffentlichen Meinung zu machen. Um sich seiner Sache aber auch wirklich sicher zu sein, suchte er Bismarck durch die Klausel zu fesseln, dass jeder Vertragspartner von den Bestimmungen des Londoner Protokolls nur mit Zustimmung des anderen abrücken dürfe. An einer derartig präzisen Festlegung lag Bismarck jedoch nichts. Stattdessen schlug er vor, dass über die Zukunft der Elbherzogtümer im Falle eines bewaffneten Konflikts mit Dänemark nur die beiden Vertragspartner entscheiden sollten. Mit dieser Bestimmung, die Österreich akzeptierte, erreichte Bismarck zweierlei: Zum einen war die Frage dem Deutschen Bund entwunden; die in ihm vertretenen deutschen Klein- und Mittelstaaten, die ausnahmslos die Ansprüche des »Augustenburgers« unterstützten, in denen sie ihre eigenen Interessen verteidigten, waren damit von der endgültigen Regelung des Problems ausgeschlossen. Zum anderen erreichte Bismarck so die stillschweigende Anerkennung der politischen Parität Preußens mit Österreich im Deutschen Bund.

Am 16. Januar 1864 wurde der preußisch-österreichische

Vertrag in Berlin unterzeichnet. Am selben Tag übermittelten die verbündeten Regierungen Dänemark ein Ultimatum, das die Rücknahme der neuen Verfassung und die Respektierung des im Londoner Protokoll beschriebenen staatsrechtlichen Status der Fürstentümer verlangte. Da ein Zurückweichen Dänemarks kaum zu erwarten war, enthielt dieses Ultimatum bereits den Passus: »Für den Fall, daß es zu Feindseligkeiten in Schleswig käme und also die zwischen den Deutschen Mächten und Dänemark bestehenden Vertragsverhältnisse hinfällig würden, behalten die Höfe von Preußen und Österreich sich vor, die künftigen Verhältnisse der Herzogtümer nur in gegenseitigem Einverständnis festzustellen.« Diese letzte Bestimmung war entscheidend: Österreich und Preußen verpflichteten sich auf Gedeih und Verderb zu einer einvernehmlichen Konfliktlösung.

Nun ging alles Schlag auf Schlag. Dänemark wies das Ultimatum erwartungsgemäß zurück, und preußische und österreichische Truppen rückten in Schleswig ein. Die deutsche Öffentlichkeit quittierte diesen Schritt mit großer Empörung, und im preußischen Abgeordnetenhaus erlebte der Verfassungskonflikt einen neuen Höhepunkt. Eine Anleihe, die das Ministerium Bismarck beantragt hatte, um die Kosten der Intervention in Schleswig zu decken, wurde von den Abgeordneten mit großer Mehrheit am 22. Januar 1864 abgelehnt. Außerdem fasste das Abgeordnetenhaus eine Resolution, in der sie das Vorgehen der Regierung als »offenen Verfassungsbruch« bezeichnete, weil diese sich sowohl den erneut abgelehnten ordentlichen Haushalt wie besagte Anleihe einfach vom Herrenhaus hatte bewilligen lassen. Bismarck antwortete darauf am 25. Januar 1864 mit der Schließung des Landtags.

Weitaus gefährlicher als diese Proteste oder das Wüten des Deutschen Nationalvereins war für Bismarck, dass Wilhelm I., bestärkt vom Kronprinzen und dessen Familie, weiterhin lebhafte Sympathien für die Ansprüche des »Augustenburgers« hegte. Daraus erklärt sich die Schärfe, mit der Bismarck in die Debatte eingriff, die am 21. und 22. Januar 1864 im Abgeordnetenhaus anlässlich der von der Regierung beantragten Anleihe geführt wurde. Mit seinen energischen Interventionen verfolgte Bismarck vor allem das Ziel, den König mit aller Deutlichkeit auf die innenpolitischen Gefahren hinzuweisen, denen allein er, Bismarck, trotzig die Stirn bieten könne. »Flectere si nequeo superos, Acheronta movebo« – »Kann ich die Götter nicht meinem Willen beugen, will ich die Hölle aufbieten«. Dieses Zitat aus Vergils *Aeneis*, das Bismarck in jener Debatte der liberalen Opposition entgegenschleuderte, kennzeichnet seine Stimmung. Die Hölle, mit der er drohte, war das allgemeine und direkte Wahlrecht, das er, wie Anfang Januar in Berlin umlaufende, wahrscheinlich von ihm selbst gestreute Gerüchte wissen wollten, nach einem Staatsstreich zu oktroyieren beabsichtigte.

Zwei Umstände befreiten Bismarck aus seiner damaligen Verlegenheit: erstens der siegreiche Vormarsch der preußisch-österreichischen Truppen, die bereits Ende Februar in Jütland eingedrungen waren, und die Erstürmung der Düppeler Schanzen durch preußische Truppen am 18. April 1864; zweitens die Passivität der europäischen Mächte, die im signifikanten Unterschied zu 1848/49 diesmal keine Anstalten machten, aufseiten Dänemarks zu intervenieren. Lediglich England drohte, aber diese Drohung war nicht ernst zu nehmen, da es keinen Verbündeten auf dem Festland hatte, sie umzusetzen. England erreichte nur die Einberufung einer Konferenz nach London für April, die aber ergebnislos blieb, weil der dänische König Christian IX. alle Vorschläge zurückwies.

Bismarck konnte jetzt den Sieg der preußischen Waffen diplomatisch ausschlachten. In einer Instruktion vom 21. Mai 1864 für den preußischen Botschafter in Wien, den Freiherrn Georg von Werthern, entwickelte er die Alternativen, die sich den beiden Interventionsmächten anboten: entweder

Anerkennung des augustenburgischen oder des inzwischen ebenfalls erhobenen Erbanspruchs der oldenburgischen Linie des Hauses Gottorp oder Annexion der Elbherzogtümer durch Preußen. Damit enthüllte Bismarck seine eigentlichen Absichten. Zwar stellte er eine preußische Annexion der beiden Elbherzogtümer nur als eine Alternative dar, aber in Wien brauchte man lediglich einen Blick auf die Karte zu werfen, um zu erkennen, dass diesem Ziel die unbedingte Priorität der preußischen Politik gelten musste.

Die preußisch-österreichische Allianz zur Lösung der »dänischen Frage« war für Bismarck auch deshalb bedeutsam, weil er damit die von ihm stets gefürchtete französisch-österreichische Annäherung vereitelte. Mit Venetien besaß Österreich noch immer ein Pfand, das sich möglicherweise gegen französische Garantien seiner erweiterten Position in Deutschland eintauschen ließe. Außerdem konnte Napoleon III. auch auf den naheliegenden Gedanken kommen, dass Österreich wegen seiner chronischen Finanzmisere wie auch angesichts seiner stets unruhigen Minderheiten die bei Weitem schwächere Macht in Mitteleuropa sei, und dass deshalb die eigentliche Gefahr von dem stets hungrigen Preußen drohe.

In zweiter Linie verband Bismarck mit der preußisch-österreichischen Allianz die Absicht, die Unfähigkeit des Deutschen Bundes zu einer wirksamen deutschen Politik zu demonstrieren. Außerdem konnte so auch die eventuelle Neuauflage einer auf den deutschen Mittelstaaten basierenden Bundesreform, wie sie Österreich im Sommer 1863 versucht hatte, erfolgreich unterbunden werden.

Eine Annexion der Elbfürstentümer als Möglichkeit, den Konflikt zum Vorteil Preußens zu lösen, hatte Bismarck als Option recht früh ins Auge gefasst. Schon in den Gesprächen, die er mit dem österreichischen Botschafter Károlyi zur Vorbereitung der Allianz geführt hatte, äußerte Bismarck am 14. Januar 1864, dass es in Berlin Leute gäbe, die der Ansicht wären, die Elbherzogtümer sollten Preußen einverleibt werden. Er würde solchen Ansichten entschieden widersprechen. Das überzeugte Károlyi, der sich die Reaktion der Großmächte auf einen solchen Schritt ebenso wenig wie Bismarck vorstellen konnte.

Drei Wochen nach dieser Unterredung nutzte Bismarck eine Sitzung des Kronrats, den Annexionsplan erneut zu ventilieren. Seiner späteren Darstellung zufolge will er den König daran erinnert haben, dass alle seine unmittelbaren Vorgänger ausnahmslos das preußische Staatsgebiet erweitert hätten, weshalb er ihn dazu ermuntern wolle, im Falle Schleswig-Holsteins deren Beispiel nachzueifern. Wilhelm I., so Bismarck weiter, habe dies jedoch mit der Bemerkung quittiert, er, Bismarck, habe wohl beim Mittagessen etwas zu viel Wein getrunken.

Wiederum eine Woche später brachte Bismarck die Möglichkeit einer preußischen Annexion der Elbherzogtümer in einem Gespräch mit dem französischen Botschafter aufs Tapet, wobei er meinte, diese Lösung sei durchaus eine Versuchung für Preußens Ehrgeiz. In diesem Zusammenhang deutete er auch vage an, Preußen könne sich in fernerer Zukunft möglicherweise zu Gebietsabtretungen am linken Rheinufer bereitfinden. Schließlich ermunterte Bismarck auch den Grafen Adolf Heinrich von Arnim-Boitzenburg, eine der konservativen Führungsfiguren, dazu, ein Volksbegehren zugunsten der Errichtung eines preußischen Protektorats über Schleswig-Holstein bzw. der Annexion der Herzogtümer zu starten. Die rund 70 000 Unterschriften, die Arnim-Boitzenburg sammelte, machten immerhin einen gewissen Eindruck auf Wilhelm I.

Natürlich blieb dies in Wien, wo man langsam misstrauisch wurde, nicht unbemerkt, zumal sich Bismarck im April 1864 vernehmen ließ, es sei jetzt an der Zeit, mit einer Politik wechselseitiger Kompensationen zu beginnen. Was er damit meinte, blieb im Dunkeln. Genau das aber veranlasste Österreich zu einem abrupten Richtungswechsel. Nachdem König Christian IX. erklärt hatte, dass er die von der Londoner Konferenz vorgeschlagene Autonomieregelung nicht akzeptiere, verlautete aus Wien, nun sei es die Pflicht der beiden deutschen Mächte, die Ansprüche des »Augustenburgers« zu unterstützen. Ein durchsichtiger Vorstoß, dessen Plumpheit Bismarck mehr überraschte als beunruhigte. Keine europäische Macht würde, da war er sich sicher, dieser Lösung zustimmen.

Dafür bot sich nun die willkommene Möglichkeit, die noch für die Ansprüche des »Augustenburgers« virulenten Sympathien am Berliner Hof endgültig zu paralysieren. Am 1. Juli 1864 eröffnete Bismarck dem Herzog, Preußen unterstütze ihn unter der Bedingung, dass er seinerseits Preußen die militärische Befehlsgewalt und vor allem die Nutzung der schleswig-holsteinischen Seehäfen einräume. Das empfand der Herzog zu Recht als Zumutung. Seine Weigerung genügte aber, damit Wilhelm I. den »Augustenburger« endgültig fallenließ. Außerdem gewann Bismarcks Ansicht, dass man der Nation nach der blutigen Erstürmung der Düppeler Schanzen nicht mit leeren Händen gegenübertreten könne, im Bewusstsein der preußischen Öffentlichkeit immer mehr an Boden.

Nach dem Scheitern der Londoner Konferenz flammten die Kämpfe in Jütland erneut auf. Da Dänemark keine Chance hatte, diesen von Anfang an ungleichen Kampf zu gewinnen, kam es am 1. August zu einem Vorfrieden, in dem Christian IX. alle seine Rechte und Ansprüche auf Schleswig-Holstein an Preußen und Österreich abtrat. Damit hatte die »dänische Frage« ihre europäische Dimension verloren. Was nun weiter mit den beiden unter gemeinsamer preußisch-österreichischer Militärverwaltung stehenden Elbherzogtümern geschehen sollte, darauf mussten sich beide Mächte verständigen.

Tatsächlich hatte Österreich für Preußen die Kastanien aus

dem Feuer geholt und würde nun der Düpierte sein. Dass man seinen Anteil an den Herzogtümern auf Dauer nicht behaupten konnte, daran zweifelte auch in Wien niemand. Ende August 1864 trafen sich die Herrscher Österreichs und Preußens, begleitet von ihren Ministerpräsidenten, zu Beratungen in Schönbrunn bei Wien. Bismarck, so erzählte er es jedenfalls 1890 dem Historiker Heinrich Friedjung, sagte damals zu Kaiser Franz Joseph I., der Bund der beiden Mächte stelle keine Erwerbsgenossenschaft dar, welche den Ertrag nach Prozenten verteile; vielmehr sei er vergleichbar einer Jagdgesellschaft, bei welcher jeder Teil seine Beute nach Hause trage. Bismarck war entschlossen, Preußen die ganze Beute zu verschaffen, während Österreich nur das fragwürdige Vergnügen bleiben würde, an dieser Jagdgesellschaft teilgenommen zu haben.

Einen solchen Ausgang der Intervention in Schleswig-Holstein konnte Österreich natürlich nicht akzeptieren. Rechberg und Bismarck verständigten sich deshalb in ihren Schönbrunner Beratungen auf ein Programm als künftige Grundlage für die weitere Zusammenarbeit in der Schleswig-Holstein-Frage. Diese sogenannte »Schönbrunner Konvention« war nur ein Moratorium, mit dem sich beide Seiten verpflichteten, eine »übereilte Lösung« der Souveränitätsfrage zu vermeiden. Sollte sich das Provisorium dennoch als nicht haltbar erweisen, wollten beide Mächte mit einem gemeinsamen Antrag beim Deutschen Bund vorstellig werden. Für den Fall jedoch, dass vor einer endgültigen Entscheidung über die Souveränität der Elbherzogtümer »anderweitige, die Besitzverhältnisse der Großmächte berührende Verwicklungen« entstünden, sagte Preußen der Donaumonarchie seine Unterstützung bei der Wiedergewinnung der Lombardei zu, die Österreich 1859 an das Königreich Italien abgetreten hatte. Als Gegenleistung sollte Preußen dann die Herzogtümer annektieren dürfen.

Dieser Vorschlag, auf den sich Bismarck und Rechberg

verständigten, mutet phantastisch an und hat deshalb nicht wenige Historiker zu Spekulationen angeregt, die darin völlig neue politische Perspektiven zu erkennen glaubten, die den weiteren Gang der deutschen Geschichte in ganz andere Bahnen gelenkt hätten. Aber die beiden Monarchen weigerten sich, ihre Unterschrift unter diesen Konventionsentwurf zu setzen. Bismarck wird mit einem solchen Ausgang gerechnet haben. Er wollte nur Zeit gewinnen, so lange jedenfalls, bis sich eine günstigere Gelegenheit bot, die Herzogtümer zu annektieren, ohne Österreich dafür einen Preis entrichten zu müssen, zumal Preußen von solcher »Bruderhilfe« für sich nichts erhoffen konnte. Es hätte sich vielmehr die Feindschaft, wenn nicht gar einen Krieg mit Napoleon III. eingehandelt, dessen politischer Lebenstraum die Befreiung ganz Italiens von der Herrschaft Österreichs war.

Das Scheitern der »Schönbrunner Konvention« erhellt schlaglichtartig die verzweifelte machtpolitische Lage Österreichs: Wien stand vor der Wahl, entweder seine Stellung in Italien (Venedig) aufzugeben, um seine Führungsrolle in Deutschland zu behaupten, oder es musste Preußen in Deutschland freie Hand lassen, um Venedig zu halten. Indem Franz Joseph I. seine Unterschrift unter die Schönbrunner Vereinbarungen verweigerte, gab er zu verstehen, dass Österreich stark genug sei, eine solche Entscheidung zu vermeiden. Das aber war, wie sich zeigen sollte, eine Illusion. Bismarck andererseits sah nun die Bahn seiner weiteren Politik in Umrissen vorgezeichnet: Venedig würde der Hebel für die preußische Annexion der Elbherzogtümer sein.

Ende Oktober weilte Bismarck erneut in Paris zu einem Treffen mit Napoleon III. Das Ergebnis dieses Gesprächs und die Unterredungen, die er wenig später mit Gortschakow in Berlin führte, gaben ihm die Sicherheit, dass weder Frankreich noch Russland mit Österreich irgendeine Verbindung einzugehen gedachten. Bismarck begnügte sich zunächst mit einer Politik der Nadelstiche gegenüber Österreich, die vielleicht auf die eine oder andere Weise zum Ziel der Annexion der Elbherzogtümer führen würde. Österreich begann dagegen am Bundestag Stimmung für das Erbfolgerecht des »Augustenburgers« zu machen, um so den preußischen Annexionsgelüsten doch noch einen Riegel vorzuschieben. Preußen konterte, indem es am 22. Februar 1865 seine Position noch einmal verdeutlichte. In diesem »Februarprogramm« versprach Preußen, sich seinerseits für die Ansprüche des »Augustenburgers« zu verwenden, allerdings nur bei völliger militärischer und wirtschaftlicher Abhängigkeit der Elbherzogtümer von Preußen. Kaiser Franz Joseph I. lehnte ohne Zögern ab. Der Riss in der preußisch-österreichischen Allianz war nicht mehr zu kitten.

In dieser Situation beging Österreich zwei taktische Fehler: Es ermunterte Bayern, im Bundestag die Ansprüche des »Augustenburgers« aufzuwerfen; und es hielt seinen Statthalter in Holstein an, der Pro-»Augustenburger«-Bewegung offizielle Unterstützung zu gewähren. Preußen reagierte zum einen mit einer Gegenkampagne, in der die Ansprüche des »Augustenburgers« lächerlich gemacht wurden, und zum anderen mit der Ankündigung, dass das preußische Flottenhauptquartier von Danzig nach Kiel verlegt werde. Damit warf Preußen Österreich den Fehdehandschuh hin, eine Geste, die im Preußischen Landtag, wo Roon sie am 5. April 1865 ankündigte, große Zustimmung fand. In Österreich wie am Deutschen Bundestag hatte diese Machtdemonstration die beabsichtigte Wirkung: Die Bereitschaft zu einer kriegerischen Auseinandersetzung mit Preußen wuchs in dem Maße, wie Österreich und die übrigen deutschen Staaten enger zusammenrückten. Dies wiederum veranlasste Wilhelm I., seinen bislang gegen eine Annexion der Elbherzogtümer und gegen einen Bruderkrieg gehegten Widerstand fallen zu lassen. Stattdessen begann er energisch auf eine kriegerische Lösung zu drängen, zumal seine Generäle sich siegesgewiss gaben.

Umso überraschender war es, als ausgerechnet Bismarck auf einer Sitzung des Kronrats am 29. Mai 1865 erklärte, die Zeit sei noch nicht reif für eine militärische Auseinandersetzung. Stattdessen sei es klüger, mit Österreich auf der Grundlage des »Februarprogramms« in Verhandlungen zu treten, bei denen Preußen auf seine Forderung verzichten solle, die Streitmacht der Elbherzogtümer mit der Preußens zu vereinen. Bismarck hat diese jähe Kehrtwende später damit zu erklären versucht, dass der Anlass zum Streit zu nebensächlich gewesen sei, um einen soliden Kriegsgrund abzugeben, und dass die Österreicher auch zu Konzessionen bereit gewesen wären, was in der Tat zutraf.

Wahrscheinlich aber gaben ganz andere Motive den Ausschlag für sein verblüffendes Votum. Zu vermuten sind rein innenpolitische Rücksichten, genauer seine Furcht vor dem stillen Konkurrenten, General Edwin Manteuffel. Dieser war erst kurz zuvor ins Lager der »Annexionisten« übergelaufen und brannte nun seinerseits auf einen Waffengang mit Österreich, den er zuvor aus Gründen konservativer Solidarität mit ebensolcher Entschiedenheit abgelehnt hatte. Was Manteuffel für Bismarck so gefährlich machte, war dessen bereits mit dem König erörterter Plan, nach einem siegreichen Krieg gegen Österreich und der Annexion der Elbherzogtümer diesen Erfolg zu nutzen, um die Verfassung abzuschaffen und wieder zu einem absolutistischen Regime zurückzukehren. Um diesen Plan zu fördern, zog Manteuffel alle Register, um Wilhelm I. in seiner kompromisslosen Haltung in der Frage der Militärreform und des Militärbudgets zu bestärken. Damit durchkreuzte er die Absichten Bismarcks, der nach den preußischen Waffensiegen im dänischen Krieg gewissermaßen ein parlamentarisches »Düppel« plante, indem er eine Mehrheit der Abgeordneten durch geringfügige Zugeständnisse dazu bringen wollte, den Haushalt und das Militärdienstgesetz, das im Januar 1865 zum fünften Mal durchgefallen war, endlich zu verabschieden.

Bismarcks Plan nach über dreijährigem, auf beiden Seiten mit wachsender Erbitterung und Schärfe ausgefochtenem Konflikt sah zwar vor, sich mit dem Landtag zu verständigen, hatte aber nichts mit einem Wandel in Sachen Parlament und Verfassung vom Saulus zum Paulus zu tun. Ausschlaggebend für sein lediglich taktisches Einlenken waren zwei Gründe. Erstens wusste Bismarck, dass ein Krieg gegen Österreich, egal, wie kurz und wie siegreich er verliefe, erhebliche Mehrausgaben erforderte, die er weder aus den Steuereinnahmen noch aus dem ohnehin schon geschrumpften Staatsschatz bestreiten konnte. Anleihen oder neue Steuern waren aber von der Zustimmung des Landtags abhängig, die dieser in der vorherrschenden Konfliktsituation verweigern würde.

Zweitens, und dieser Grund war überwiegend persönlicher Natur, würde es in einem autokratischen System à la Manteuffel für einen wie ihn keine Verwendung mehr geben. Bismarck hatte in den rund drei Jahren als »Konfliktminister« erkannt, dass die außergewöhnliche Unabhängigkeit seiner Machtstellung von zwei Faktoren abhängig war, die sich bei Bedarf gegeneinander ausspielen ließen: König und Parlament.

Bismarck musste in jener Sitzung des Kronrats am 29. Mai 1865 eine Niederlage hinnehmen, weil Wilhelm I. sich kategorisch weigerte, die Bedingungen des »Februarprogramms« zu mildern. Aber Bismarck hütete sich, in diesem Fall mit Rücktritt zu drohen, denn möglicherweise wäre diesem Ansinnen stattgegeben worden. Ironischerweise half Österreichs Unentschlossenheit Bismarck aus der Verlegenheit. Wien beschränkte sich darauf, den preußischen König in seiner intransigenten Haltung durch immer neue Gegenvorschläge, die stets mit kaum verhüllten Kriegsdrohungen blufften, zu bestärken. Im August kam für Bismarck die Erlösung: Am 5. August 1865 ließ ihm Franz Joseph I. durch den österreichischen Gesandten in München ein Kompromissangebot unterbreiten, das die Grundlage für die »Gasteiner Konvention« vom 20. August 1865 wurde, mit der sich die Gefahr eines preußisch-österreichischen Kriegs zunächst bannen ließ. Diese Konvention war gewissermaßen ein österreichisches Olmütz: Wien erklärte sich mit einer Herrschaftsteilung einverstanden. Österreich erhielt die Verwaltung Holsteins zugesprochen, Preußen diejenige Schleswigs. Seine Ansprüche auf das Herzogtum Lauenburg verkaufte ihre Apostolische Majestät für zweieinhalb Millionen dänische Taler an Wilhelm I. Außerdem stimmte Österreich der Mitgliedschaft der Elbherzogtümer im Deutschen Zollverein sowie der Einrichtung fester Verkehrs- und Nachrichtenverbindungen zwischen Preußen und Schleswig, die über holsteinisches Gebiet führten, zu.

Gastein war die letzte Station auf dem Weg nach Königgrätz. Mit dieser Konvention hatte sich Österreich vor der deutschen Öffentlichkeit, die über diesen Verrat an den »legitimen Ansprüchen« des »Augustenburgers« vor Empörung schäumte, ins Unrecht gesetzt. Bismarck konnte jetzt in aller Gelassenheit die Fäden zu jenem Netz knüpfen, in dem er Österreich endgültig fangen wollte. Gastein verschaffte Bismarck noch einen weiteren stillen, für ihn aber umso schöneren Triumph: Es gelang ihm, seinen Gegenspieler Manteuffel auf den Posten des Generalgouverneurs von Schleswig wegzubefördern.

Anfang Oktober 1865 reiste Bismarck nach Biarritz. Er brauchte Erholung, die Krisenmonate vor Gastein hatten seiner Gesundheit zugesetzt. Er litt an Schlaflosigkeit, klagte über Neuralgie und heftige Schmerzen in den Beinen. Diese Reise hatte aber noch einen weiteren Grund. Mit Gastein waren neue Perspektiven eröffnet worden. Vor deren Ausbeutung musste Bismarck erfahren, wie Napoleon III. sich dazu verhielte. Um seine Begegnung mit dem französischen Kaiser in Biarritz vorzubereiten, ließ Bismarck gegenüber dem Ersten Sekretär der Französischen Botschaft in Berlin die Bemerkung fallen, er hätte keine Einwände, wenn Frankreich seine Grenzen dorthin ausdehne, wo immer in der Welt französisch gesprochen werde. Das war allemal genug, damit Napoleon III. Bismarck am 4. Oktober mit wohldisponierter Neugierde zu einer ersten Audienz empfing. Bei dieser wie bei der zweiten Unterredung Anfang November in St. Cloud bei Paris wurden keinerlei konkrete Absprachen getroffen. Bismarck vermied es, seine Andeutung zu präzisieren, und Napoleon III. hütete sich, solches zu verlangen. Er beschied sich damit, über vorteilhafte Entwicklungen zu spekulieren, die sich irgendwann ergeben könnten, ohne dass man sie gesucht hätte. Bismarck hielt sich ebenso bedeckt, sprach lediglich vage davon, dass Preußen die Absicht haben könne, Österreich den Besitz von Holstein abzukaufen. Gleichzeitig versicherte er dem Kaiser, dass es keine geheimen Abmachungen gäbe, Österreich eine Garantie für Venedig zu geben. Im Gegenzug offenbarte ihm Napoleon III., dass auch er nicht die Absicht hege, ein Bündnis mit Österreich einzugehen.

Das war für beide Seiten nichts Neues. Allerdings war auf die Zusicherung Napoleons nur so lange Verlass, wie Österreich an Venedig festhielt. Deshalb knüpfte Bismarck den letzten Knoten für das Netz, in dem er Österreich fangen wollte, als er im Februar 1866 mit Italien in Verhandlungen über ein geheimes Bündnis eintrat. Gleichzeitig verschärfte Preußen durch einen Verwaltungskleinkrieg in den Elbherzogtümern die latenten Spannungen mit Österreich. Wien antwortete darauf, indem es den nach wie vor weitverbreiteten Sympathien für den »Augustenburger« neue Hoffnungen machte. Darauf drohte Bismarck unmissverständlich, er werde für seine »ganze Politik volle Freiheit gewinnen und von derselben den Gebrauch machen«, der den Interessen Preußens entspreche. Die Antwort Österreichs vom 7. Februar 1866 war nicht weniger scharf.

In dem nun beginnenden Machtpoker verfügte Österreich über die weit schlechteren Karten. Am 8. April 1866 schlossen Preußen und Italien ein Kriegsbündnis, das allerdings nur für drei Monate gelten sollte. Italien verpflichtete sich, Österreich anzugreifen, käme es binnen dieser Frist zu einem preußisch-österreichischen Krieg. Dennoch ließ dieser auf sich warten, weil weder Preußen noch Österreich sich als Angreifer ins Unrecht setzen wollten. Bismarck nutzte diese Frist, um eines der für seine diplomatische Raffinesse charakteristischen Projekte zu lancieren: Am 9. April 1866 schlug der preußische Bundestagsgesandte vor, eine deutsche Nationalversammlung auf der Basis des allgemeinen und direkten Wahlrechts einzuberufen.

Bismarcks Hoffnungen, damit die öffentliche Meinung in den deutschen Staaten auf die Seite Preußens zu ziehen, erfüllten sich jedoch nicht. Auch im Preußischen Landtag erntete er nur Hohn und Spott. Bismarck sah sich also mit der Aussicht konfrontiert, im Falle eines Konflikts mit Österreich auch den Deutschen Bund zum Gegner zu haben, was ihn aber wenig schreckte. Am 1. Juni 1866 übertrug die Wiener Regierung dem Deutschen Bund die Aufgabe, für die Zukunft der Elbherzogtümer eine Regelung zu finden. Das war ein eklatanter Verstoß gegen den preußisch-österreichischen Vertrag von 1864. Prompt ließ Bismarck am 7. Juni preußische Truppen in das von Österreich okkupierte Holstein einrücken. Zu seinem Bedauern aber zogen sich die dort stationierten österreichischen Verbände kampflos hinter die Elbe zurück. Damit musste das Duell der Brüder an einem anderen Ort ausgefochten werden.

Am 12. Juni brach Österreich die diplomatischen Beziehungen zu Berlin ab und beantragte zwei Tage später beim Deutschen Bund die Mobilmachung der gesamten Bundesstreitmacht. Preußen erklärte daraufhin den Deutschen Bund für null und nichtig. Am 15. Juni fielen preußische Truppen in das Königreich Sachsen ein. Am 21. Juni überschritt die preußische Armee die Grenze nach Böhmen. Italien eröffnete vereinbarungsgemäß die Offensive gegen Österreich. Am

24. Juni kam es zu der für Österreich siegreichen Schlacht bei Custozza, ein Erfolg, der den Kaiserstaat aber nicht mehr retten konnte, denn bereits am 3. Juli 1866 wurde die österreichische Hauptarmee bei Königgrätz (Sadowa) von Preußen vernichtend geschlagen.

Mit dieser Schlacht war der deutsche Bruderkrieg zwar militärisch, aber noch längst nicht politisch entschieden. Wollte man nicht Gefahr laufen, dass der Sieg in eine politische Niederlage einmündete, musste rasch gehandelt werden. Vor allem durfte Frankreich nicht intervenieren. Diese Einsicht unmittelbar nach Königgrätz durchzusetzen war eine der undankbarsten Aufgaben Bismarcks. Wiederholt war er damals dem »Nervenbankrott« nahe, wie er später bekannte. Wilhelm I. wollte Österreich »bestrafen«. Seine Absicht war, Österreich zu umfangreichen Landabtretungen an Preußen zu zwingen. Und die Generäle wollten, was sie immer wollen: weitere Schlachten, weitere Siege, in Wien einmarschieren, »Rache für Olmütz« nehmen, um sich dann, wie Bismarck spottete, in den Weiten der ungarischen Ebene totzusiegen.

Nach nervenaufreibenden Kämpfen setzte sich Bismarck schließlich durch. Am 26. Juli 1866 wurde in Nikolsburg ein Vorfriede geschlossen, dem am 23. August der Friedensvertrag von Prag folgte. Preußen verpflichtete sich, den gesamten territorialen Besitz Österreichs mit Ausnahme Venedigs zu garantieren. Im Gegenzug willigte Österreich in die Auflösung des Deutschen Bundes ein. Außerdem stimmte es einer politischen Neugestaltung Deutschlands ohne seine Beteiligung zu. Österreich war damit keine deutsche Macht mehr. Der Prozess, der mit der Auflösung des Alten Reiches 1806 eingeleitet worden war, näherte sich seiner Vollendung.

Im Einzelnen verpflichtete sich Österreich, das engere Bundesverhältnis, das Preußen mit der Staatengruppe nördlich des Mains schaffen wollte, ebenso anzuerkennen wie eine engere Vereinsbildung der süddeutschen Staaten. Ferner musste Österreich alle seine Rechte an den Elbherzogtümern an Preußen abtreten. Eine Kriegskostenentschädigung von 20 Millionen Talern wurde ihm zusätzlich auferlegt. Außerdem erkannte Österreich alle von Preußen künftig in Norddeutschland geschaffenen Einrichtungen einschließlich sämtlicher Annexionen an. Preußen verpflichtete sich dagegen, die staatliche Integrität Sachsens zu respektieren.

Die von Bismarck durchgesetzte »Mäßigung« Preußens ist im Lichte der späteren Entwicklung stets als ein besonders eindrücklicher Beweis seiner weit vorausschauenden politischen Klugheit gewertet worden. Bismarck selbst hat erheblichen Anteil an dieser Legendenbildung. Sein Hauptargument in der Auseinandersetzung mit Wilhelm I. sei gewesen, schreibt er in seinen Lebenserinnerungen, dass Preußen alles hätte vermeiden müssen, um in Österreich Gefühle der Bitternis und Rache entstehen zu lassen. Außerdem hätte es gegolten, sich die Möglichkeit zu erhalten, »uns mit dem heutigen Gegner wieder zu befreunden ... und jedenfalls den österreichischen Staat als einen Stein im europäischen Schachbrett und die Erneuerung guter Beziehungen mit demselben als einen für uns offenzuhaltenden Schachzug« anzusehen. Ein tief gekränktes Österreich aber wäre der Bundesgenosse Frankreichs und jedes anderen Gegners geworden, ja, hätte selbst seine antirussischen Interessen der Revanche gegen Preußen geopfert.

Dass dies wirklich die Motive Bismarcks waren, kann bezweifelt werden. Vielmehr dürften ihm eine weitere Fortsetzung des Krieges oder harschere Friedensbedingungen als politisch sinnlos erschienen sein. Frankreich und Russland hatten seine Friedensbedingungen bereits gebilligt: Frankreich am 14. Juli 1866, Russland durch Schweigen.

Napoleon III. hatte seine Zustimmung allerdings von einer Zusage abhängig gemacht: Preußen müsse die Souveränität der drei süddeutschen Staaten respektieren. Für Bismarck war allein wichtig, dass Frankreich keine Einwände gegen die

Ausdehnung der preußischen Macht bis zur Mainlinie hatte. Dabei wurden drei Dynastien – die über Hannover herrschenden Welfen, der Kurfürst von Hessen und der Herzog von Nassau – ihrer Throne beraubt, und Preußen annektierte deren Länder. Dasselbe Schicksal ereilte Schleswig-Holstein und die Freie Reichsstadt Frankfurt am Main. Alle anderen norddeutschen Staaten wurden in dem von Preußen beherrschten »Norddeutschen Bund« zusammengefasst. Bismarck hatte damit alles erreicht, was ihm, weniger mit Rücksicht auf Frankreich als vielmehr mit Rücksicht auf Preußen, als sinnvoll erschien. Preußen konnte einfach nicht mehr »verdauen« als jene Annexionen. Es musste schon jetzt seine ganze Kraft aufbieten, um den Norddeutschen Bund so zu gestalten, dass die alten feudalen und absolutistischen Herrschaftsgrundlagen, auf denen Preußens Macht und Geltung nach wie vor beruhen sollten, bewahrt werden konnten.

Bereits am 9. Juli 1866 entwickelte Bismarck in einem Schreiben an den preußischen Botschafter in Paris seine Vorstellungen von der künftigen Ordnung Norddeutschlands: »Ich spreche das Wort *Norddeutscher Bund* unbedenklich aus, weil ich es, wenn die uns nötige Konsolidierung des Bundes gewonnen werden soll, für unmöglich halte, das süddeutsch-katholisch-bayerische Element hineinzuziehen. Letzteres wird sich von Berlin aus noch für lange Zeit nicht gutwillig regieren lassen; und der Versuch, es gewaltsam zu unterwerfen, würde uns dasselbe Element der Schwäche schaffen, wie Süditalien dem dortigen Gesamtstaate.« Bismarck meinte es zweifellos ernst. Lediglich die kleindeutsch-nationale Legende und die ihr verpflichtete Geschichtsschreibung unterstellten ihm, seine Politik sei von Anfang an auf ein größeres Ziel gerichtet gewesen: auf die Gründung des Deutschen Reichs von 1871. Auch wenn Bismarck in seinen letzten Lebensjahren an der Ausgestaltung dieser Legende kräftig mitwirkte, widerspricht sie völlig dem Charakter seiner Politik bis einschließlich Nikolsburg: Diese Politik trug vor dem Hintergrund der seit 1848 auch für Preußen akuten deutschen Frage rein destruktive Züge.

Die deutsche Politik Bismarcks folgte ganz den traditionellen Bahnen, die ihr von Preußens Staatsräson seit der 1848er-Revolution gewiesen wurden. Neu oder gar revolutionär war lediglich ihr Erfolg. Preußen war damit auch zu der deutschen Macht geworden. Das hatte Folgen.

Die Kriege von 1864 und 1866 hatte Bismarck nur im Interesse Preußens geführt; es waren die letzten »Kabinettskriege«, die in Europa ausgefochten wurden. Ihr erfolgreicher Ausgang ließ Preußen jedoch in den Sog jener nationalen Bewegung geraten, die es zuvor geflissentlich ignoriert hatte. Erst nach 1866 stellte sich die deutsche Frage für Preußen als politisches Problem, das Bismarck lösen musste, ob er wollte oder nicht.

Als Schicksalsfrage begriff Bismarck dieses Problem aber keineswegs. Für ihn ging es um Realpolitik, deren Wesen und Berechtigung ihm keinerlei Erörterung wert waren. Darin sind ihm seine Bewunderer gläubig gefolgt. Der Erfolg dieser Realpolitik ließ alle Zweifel verstummen. Ihr Ziel war die Verfolgung der wahren Interessen Preußens, die er von Anfang bis Ende seiner Karriere mit seinen eigenen identifizierte. In Übereinstimmung mit Gottes Willen, den er sich in gut pietistisch-protestantischer Tradition auf die eigenen Bedürfnisse und Erwartungen zuschnitt, erkannte er in diesen »wahren Interessen« nichts anderes als die stete Mehrung und Ausübung von Macht.

Bismarck war gewiss auch zur Mäßigung fähig. Der Frieden mit Österreich ist dafür ein Beleg. Nach Nikolsburg war Preußen im Besitz der Macht, die seiner Überzeugung nach Preußen sättigte. Keineswegs galt diese Mäßigung für die Mittel und Methoden, mit denen er die so gewonnene Macht ausübte. Dem Regime von Täuschung und Drohung, ihm längst zur zweiten Natur geworden, hielt er auch jetzt die

Treue. Niemals plagte ihn ein Zweifel, ob den wahren Interessen Preußens nicht auf andere Weise besser gedient sei als mit »Blut und Eisen«, oder ob ein allmähliches friedliches Aufgehen Preußens in einem geeinten und föderal strukturierten Deutschland, das dessen historischen, landsmannschaftlichen, kulturellen und konfessionellen Traditionen viel gemäßer gewesen wäre, nicht auch den wahren Interessen des preußischen Volkes weit eher entsprochen hätte. Was für ihn zählte, waren allein die Interessen der Dynastie, deren Angestellter er war und der er vorgeblich diente. In Wahrheit aber dachte und handelte er nur nach eigenen Interessen und Machtprojektionen.

Am 1. August 1866 schrieb Bismarck seinem siebzehnjährigen Sohn Wilhelm: »Was wir brauchen, ist Norddeutschland, und da wollen wir uns breit machen.« Das war in lakonischer Kürze das Programm der preußischen Politik. Eine wichtige Voraussetzung dafür war jedoch die Beilegung des preußischen Verfassungskonflikts. Für diesen innenpolitischen Friedensschluss standen die Chancen jetzt besser denn je.

Der Sieg von Königgrätz hatte Bismarck in den Augen der Öffentlichkeit geradezu verzaubert: Einer der am meisten gehassten Männer mutierte von einem Tag zum anderen zum Nationalhelden. In Bismarck schien vielen mit einem Mal der Hegel'sche »Weltgeist« personifiziert zu sein, der der »historischen Notwendigkeit«, »der Logik der Geschichte« zum Durchbruch verhalf. Selbst seine erbittertsten Widersacher, die Liberalen, unterwarfen sich angesichts seiner Erfolge freudig der »Macht der Tatsachen« und seiner politischen Führung.

Schon vor Königgrätz hatte sich ein tief greifender Sinneswandel der öffentlichen Meinung angebahnt. Das belegt der Ausgang der Wahlen zum Preußischen Landtag, die am 3. Juli 1866, dem Tag der Schlacht, stattfanden. Die Wahlen bescherten den Konservativen, die 136 Sitze errangen, einen überwältigenden Erfolg, während linkes Zentrum und Fortschrittspartei, die den Kern der Landtagsfronde gebildet hatten, fast die Hälfte ihrer Mandate einbüßten und statt 247 Abgeordneten nur noch 148 stellten.

Zu erwarten stand jetzt, dass die Regierung jene beiden am

3. Juli 1866 errungenen Erfolge rücksichtslos innenpolitisch ausnutzen würde. Umso größer war deshalb die Überraschung, als Wilhelm I. bei der Eröffnung des neuen Landtags am 5. August 1866 eine Beilegung des Verfassungskonflikts anbot. In seiner Thronrede gestand der König ein, dass die seit 1862 budgetlose Regierung nicht in Übereinstimmung mit der Verfassung gehandelt habe. Dies sei aber aus »unabweisbaren Notwendigkeiten« geschehen, »denen sich eine Regierung im Interesse des Landes nicht entziehen kann und darf«. Dennoch werde die Regierung das Parlament um nachträgliche Zustimmung, um »Indemnität« zu den ohne gesetzliche Grundlagen veranlassten Ausgaben ersuchen, im Vertrauen darauf, »daß die jüngsten Ereignisse dazu beitragen werden, die unerläßliche Verständigung … zu erzielen«. Das war ein raffiniertes Friedensangebot, weil die Krone damit stillschweigend den Rechtsstandpunkt der Liberalen im Verfassungsstreit anerkannte. Überdies mussten Regierung wie Ministerpräsident aller Welt in gänzlich neuem Licht erscheinen. Ausgerechnet Bismarck, der bisherige Erzreaktionär, gab sich jetzt, auf der Höhe seines politischen Triumphs, konziliant bis zur Selbstverleugnung, indem er den König sagen ließ: »In einträchtigem Zusammenwirken werden Regierung und Volksvertretung die Früchte zur Reife zu bringen haben, die aus der blutigen Saat, soll sie nicht umsonst gestreut sein, erwachsen müssen.«

Seine künftige Politik in Übereinstimmung mit einer parlamentarischen Mehrheit zu formulieren war der Preis, den Bismarck für die Zustimmung der Liberalen zu seiner »Indemnitätsvorlage« auslobte. Dieses Angebot spaltete die Liberalen. Während eine Minderheit sich leidenschaftlich gegen die Annahme aussprach, bedeutete ein solches Votum doch die »Abschwörung alles dessen, wofür die Opposition in der Konflikts-Zeit gekämpft hat«, wie es der Abgeordnete Waldeck zutreffend formulierte, fiel die übergroße Mehrheit einfach um. Am 3. September 1866 votierten 230 Abgeordnete für die Annahme der Indemnitätsvorlage, 75 dagegen. Damit wurde der preußische Verfassungskonflikt durch die bedingungslose Kapitulation der Liberalen vor der Bismarck'schen »Blut-und-Eisen«-Politik beigelegt.

Diese Inkonsequenz der Liberalen wurde für Bismarck die Voraussetzung seiner nunmehr auch durch eine parlamentarische Mehrheit abgestützten Macht, die ihm endgültig größtmögliche Handlungsfreiheit verschaffte. Zwölf Jahre lang konnte er sich weitgehend bedingungslos auf ein politisch-parlamentarisches Spektrum verlassen, dessen Kern die Nationalliberale Partei bildete. Eine Melange aus liberalen und konservativen Gesinnungen und Interessen einte die heterogenen Kräfte dieser Koalition. Bei den einen überwog der Glaube an Preußens deutsche Mission. Bei den anderen, die der Banken- und Geschäftswelt verbunden waren, gab die nüchterne Einsicht den Ausschlag, dass die Erfolge Bismarcks ihren wirtschaftlichen Ambitionen nur Vorteile brächten. So war die Nationalliberale Partei paradoxerweise die politisch-ideologische Organisation eines unpolitischen oder nicht-politikfähigen Bürgertums.

In einem Brief an Karl Marx vom 13. April 1866 hat Friedrich Engels diese Entwicklung prognostiziert: »Es wird mir immer klarer, daß die Bourgeoisie nicht das Zeug hat, selbst direkt zu herrschen, und daß daher, wo nicht eine Oligarchie wie hier in England es übernehmen kann, Staat und Gesellschaft gegen gute Bezahlung im Interesse der Bourgeoisie zu leiten, eine bonapartistische Halbdiktatur die normale Form ist; die großen materiellen Interessen der Bourgeoisie führt sie durch selbst gegen die Bourgeoisie, lässt ihr aber keinen Teil an der Herrschaft selbst. Andererseits ist diese Diktatur selbst wieder gezwungen, diese materiellen Interessen der Bourgeoisie widerwillig zu adoptieren.«

Tatsächlich wurde mittels dieser seltsamen Verbindung einer von Bismarck ausgeübten »bonapartistischen Halbdiktatur« mit der »Bourgeoisie«, sprich den Nationalliberalen und, ab 1878, mit den Konservativen, die politische Wirklichkeit des Bismarckreichs gestaltet. Den Konstruktionsplan für dieses System lieferte die Verfassung des Norddeutschen Bundes, die sich Bismarck ganz auf seine Ziele und Zwecke zuschnitt.

Am 18. August 1866 wurden zwischen Preußen und den fünfzehn noch selbstständigen norddeutschen Kleinstaaten Bündnisverträge abgeschlossen, die Grundlage für die Schaffung des Norddeutschen Bundes waren. Die wichtigste Bestimmung dieser Verträge lautete, dass die Verfassung dieses Bundes nicht nur von den einzelnen Regierungen der an ihm beteiligten Staaten, sondern auch von einem aus allgemeinen und direkten Wahlen hervorgegangenen Parlament beschlossen werden sollte.

Dass Bismarck für den Reichstag des Norddeutschen Bundes trotz eigener Bedenken auf einem »demokratischen« Wahlrecht bestand, hat damals wie später zu zahlreichen Deutungen Anlass gegeben. In seinen Lebenserinnerungen nannte Bismarck ein Motiv, mit dem er sich einmal mehr als der beste Arrangeur seines Nachruhms erweist: »Im Hinblick auf die Notwendigkeit im Kampfe gegen eine Übermacht des Auslands im äußersten Notfall auch zu revolutionären Mitteln greifen zu können, hatte ich auch kein Bedenken getragen, die damals stärkste der freiheitlichen Künste, das allgemeine Wahlrecht, … mit in die Pfanne zu werfen, um das monarchische Ausland abzuschrecken von Versuchen, die Finger in unsere nationale Omelette zu stecken.«

Aussagen eines prinzipienlosen, machiavellistischen Politikers, den aber ganz andere Überlegungen umtrieben. Sie decken sich zum Teil mit Verdächtigungen einiger Liberaler, Bismarck habe mit dem allgemeinen und direkten Stimmrecht »einen Gegendruck ausüben [wollen] gegen die Mittelklassen, gegen das Bürgertum, den wahren Träger der freiheitlichen Ideen und den wahren Grundstein aller europäischen Staaten«. Bismarck konnte derlei leicht dementieren, und in einer Rede vor dem Norddeutschen Reichstag am 28. März 1867 sagte er, dass mit dem allgemeinen und direkten Wahlrecht »keineswegs ein tief angelegtes Komplott gegen die Freiheit der Bourgeoisie in Verbindung mit den Massen zur Errichtung eines cäsarischen Regiments beabsichtigt« sei. Den Kritikern stellte er die rhetorische Frage, welchen anderen Wahlmodus sie denn wollten: »Etwa das preußische Dreiklassensystem? Ja, meine Herren, wer dessen Wirkung und die Konstellationen, die es im Lande schafft, etwas in der Nähe beobachtet hat, muß sagen, ein widersinnigeres, elenderes Wahlgesetz ist nicht in irgendeinem Staate ausgedacht worden …«

Bedeutsamer für Bismarck war jedoch, dass das Jahr 1866 das Ende der Kabinettspolitik und des ministeriellen Absolutismus markierte, wie er sie in der Konfliktzeit praktiziert hatte. Er sah ein, dass er künftig nicht mehr erfolgreich gegen die herrschenden Zeittendenzen und die hinter ihnen stehenden gesellschaftlichen Kräfte würde Politik machen können. Insofern deckte sich die Prognose von Engels genau mit Bismarcks Analyse, aus der er den Schluss zog, dass eine parlamentarische Mehrheit die beste Grundlage für eine starke Regierung sei, die sich ihre Handlungsfreiheit auch gegenüber der Krone bewahren wollte. Zustatten kam ihm dabei noch, dass die gegensätzlichen Bewegungskräfte – hie die Krone und ein konservatives Establishment, dessen Credo Legitimität und Tradition waren, da ein wirtschaftlich zwar umtriebiges, aber politisch unmündiges oder unwilliges Bürgertum, das Nation und Expansion auf seine Fahne geschrieben hatte – sich in einer Balance hielten, die von der Regierung fallweise nur neu austariert werden musste. Genau von dieser Überlegung ließ sich Bismarck bei der Gestaltung der Verfassung des Norddeutschen Bundes leiten, deren Gerüst er in den sogenannten »Putbuser Diktaten« entwarf.

Als oberste Behörde des Norddeutschen Bundes fungierte der Bundesrat, das Vertretungsorgan der »Verbündeten Regierungen«. In ihm verfügte Preußen über 17 der insgesamt 43 Stimmen. Neben der nur formellen Aufgabe einer Bundesexekutive teilte sich der Bundesrat mit dem Norddeutschen Reichstag die Gesetzgebungsarbeit. Das eigentliche politische Entscheidungszentrum aber bildete das Bundespräsidium, das Preußen exklusiv innehatte. Seine Befugnisse umfassten die völkerrechtliche Vertretung des gesamten Bundes sowie das Recht, Krieg zu erklären und Frieden zu schließen. Außerdem wachte es über die Ausführung der Bundesgesetze in den Mitgliedstaaten. Ferner hatte das Bundespräsidium den Oberbefehl über alle Streitkräfte in Kriegs- und Friedenszeiten.

Die ohnehin nur sehr geringen Einflussmöglichkeiten des föderalistisch ausgestalteten Bundesrates wurden durch ein oberstes und unmittelbares Bundesorgan noch weiter geschmälert: den Bundeskanzler. Dessen Stellung war in ihrer Machtfülle und Unabhängigkeit ganz auf Bismarck zugeschnitten.

Der Bundeskanzler war gegenüber dem Norddeutschen Reichstag verantwortlich. Erst durch seine Gegenzeichnung wurden Anordnungen des Bundespräsidiums verbindlich. Diese Verantwortlichkeit des Kanzlers stiftete aber keineswegs Abhängigkeit vom Mehrheitswillen des Reichstags, da allein das Bundespräsidium den Bundeskanzler berufen und entlassen konnte. Umgekehrt aber vermochte sich der Bundeskanzler gegenüber den Weisungen des Bundespräsidiums auf seine Verantwortlichkeit gegenüber dem Reichstag zu berufen. Diese doppelte Bindung an Bundespräsidium und Reichstag ließ sich gegeneinander ausspielen und verschaffte dem Amtsinhaber große politische Unabhängigkeit und Handlungsfreiheit.

Entgegen Bismarcks ursprünglichem Verfassungsentwurf erhielt der Reichstag nach längeren Kämpfen ein jährliches Budgetrecht. Lediglich die Festlegung des Heeresetats – mit Abstand der größte Haushaltsposten – wurde für ein Interim, das zum Jahresende 1871 auslaufen sollte, der Entscheidung des Reichstags entzogen. Danach würde der Reichstag alle sieben Jahre über den Militäretat, das sogenannte »Septennat«, entscheiden. Dass Bismarck in der Frage des parlamentarischen Budgetrechts einlenkte, erklärt sich aus seiner Einsicht, dass ein ohnmächtiges Parlament, mit dem er nach Belieben umspringen konnte, zur Behauptung seiner unabhängigen Machtstellung völlig unnütz sein würde. »Ein Reichstag ohne liberalen Zusatz«, schrieb er im Januar 1867 an den preußischen Innenminister Graf Eulenburg, »würde keine ausreichende Pression auf die widerstrebenden Regierungen ausüben.« Derlei nennt man mit der Wahrheit lügen.

Aber, wie so oft, wenn man sich am Ziel wähnt, markierte dies nicht ein Ende, sondern einen neuen Anfang. Mit dem Norddeutschen Bund stellte sich die deutsche Frage mit neuer Dringlichkeit, denn er war keineswegs deren letztgültige Antwort. Daraus die Vermutung abzuleiten, es sei das eigentliche Ziel Bismarcks gewesen, die nationale Frage im kleindeutschen Sinne zu lösen, ist aber dennoch problematisch. In diesem Zusammenhang wird immer wieder darauf aufmerksam gemacht, dass Bismarck auf drei Faktoren zählen konnte, durch deren Zusammenspiel ihm die deutsche Einheit unter Führung Preußens einst gewissermaßen in den Schoß fiele. Der eine Faktor seien die bereits im August 1866 zwischen Preußen und den süddeutschen Staaten neben den Friedensverträgen vereinbarten und zunächst strikt geheim gehaltenen defensiven Militärbündnisse gewesen. Damit habe Preußen gleichsam »Brücken über den Main geschlagen« und die Option auf eine engere Zusammenarbeit auch auf anderen Politikfeldern eröffnet. Ein zweiter Faktor sei die Verfassung des Norddeutschen Bundes gewesen, die kleineren Staaten die Möglichkeit geboten hätte, sich zu einer größeren Gemeinschaft zusammenzuschließen, ohne dass sie deshalb ihre Besonderheit hätten preisgeben müssen. Der dritte Faktor schließlich sei durch den Druck der wirtschaftlichen Interessen repräsentiert worden, habe Königgrätz doch auch den endgültigen Sieg des preußischen Talers über den österreichischen Gulden bedeutet und den Aufstieg Berlins zum wichtigsten Finanzplatz Mitteleuropas ermöglicht.

Keiner dieser drei Faktoren allein noch ihre Kombination gab jedoch den Ausschlag für die Gründung des Deutschen Reichs im Jahr 1871.

Es war Bismarcks größtes diplomatisch-politisches Meisterstück, seinen ursprünglichen Prioritäten die Treue zu halten und dennoch erfolgreich den Eindruck zu erwecken, sein ganzes Sinnen und Trachten diene einzig der Erfüllung virulenter nationaler Hoffnungen der Deutschen. Tatsächlich hat ihn die deutsche Einheit nie interessiert. Für Bismarck war Deutschland nur als ein Element seines Machtkalküls von Belang. Den Anstoß für seine Wende zum »Nationalpolitiker« lieferte das vermeintliche Machtvakuum, das die süddeutschen Staaten aus seiner Sicht nach der Gründung des Norddeutschen Bundes darstellten und das in seiner Logik früher oder später die Expansionsgelüste Frankreichs oder Österreichs reizen würde. Nur um dieser latenten Bedrohung preußischer Macht erfolgreich zu begegnen und diese im europäischen Zusammenhang auf Dauer zu sichern, wurde die Herstellung der deutschen Einheit für Bismarck gleichsam zum kategorischen Imperativ preußischer Politik. Bismarck war sich bewusst, dass die deutsche Einheit unter allen Umständen mit »Blut und Eisen«, auf keinen Fall durch Parlamentsbeschlüsse oder Vertragsverhandlungen, auf friedlichem Wege also, zu erreichen sei. Nur so konnten die Voraussetzungen geschaffen werden, um die feudal-absolutistische Machtgrundlage Preußens auch in einem deutschen Nationalstaat ungeschmälert zu erhalten.

Das Vorbild lieferte der Krieg von 1866. Dieses Mal würde aber nicht Österreich, sondern Frankreich der Gegner sein. Ein Anlass würde sich schon finden lassen. Zunächst jedoch mussten der Norddeutsche Bund konsolidiert und das restliche Europa davon überzeugt werden, wie friedlich und besonnen das erstarkte Preußen war. Diejenigen, die eine zügige Vollendung ihrer nationalen Träume anmahnten, befriedigte Bismarck bei jeder sich bietenden Gelegenheit mit Lippenbekenntnissen. Ein Beispiel dafür ist die berühmte Äußerung vom 11. März 1867 im Norddeutschen Reichstag, als Bismarck in der Verfassungsdebatte den Abgeordneten zurief: »Setzen wir Deutschland, so zu sagen, in den Sattel: Reiten wird es schon können.«

Seinen Stoizismus gegenüber einer raschen Lösung der nationalen Frage resümierte er in einem Erlass vom 26. Februar 1869 an den preußischen Gesandten in München: »Ein willkürliches, nur nach subjektiven Gründen bestimmtes Eingreifen in die Entwicklung der Geschichte hat immer nur das Abschlagen unreifer Früchte zur Folge gehabt; und daß die deutsche Einheit in diesem Augenblick keine reife Frucht ist, fällt meines Erachtens in die Augen ... Hinter der wortreichen Unruhe, mit der Leute außerhalb der Geschäfte nach dem Stein der Weisen suchen, der sofort die deutsche Einheit herstellen könne, verbirgt sich in der Regel eine flache und jedenfalls impotente Umbekanntschaft mit den Realitäten und ihren Wirkungen.«

Bismarcks Gelassenheit gegenüber der deutschen Einheit täuscht jedoch. Er musste rasch handeln, gleichzeitig durfte er aber nicht als treibende Kraft auffallen. Es war wieder einmal Napoleon III., der ihn aus dieser Verlegenheit erlöste. Zwei Tage nach den Wahlen zum Norddeutschen Reichstag eröffnete Napoleon III. mit einer arroganten Thronrede die französische Parlamentssession: Frankreich habe es im letzten Sommer vermocht, die Preußen vor den Toren Wiens zum Halten zu bringen, ohne dass die Armee mobilisiert oder auch nur ein einziges Regiment hätte verlegt werden müssen. Preußen werde auch in Zukunft alles unterlassen, was das französische Verständnis von Nationalität verletzen könne.

Diese Worte und die anschließende Parlamentsdebatte

fanden in der deutschen Presse ein lebhaftes Echo. Bismarck allerdings wusste, dass die Äußerungen Napoleons III. nicht von Stärke, sondern von Schwäche zeugten. Frankreich gehörte zu den Verlierern von Königgrätz: Napoleon III. wartete noch immer auf territoriale Kompensationen, die ihm Bismarck als Preis für seine Neutralität in Aussicht gestellt hatte. Andererseits konnte Bismarck Napoleons Äußerungen nicht mit Schweigen quittieren. Am 19. März 1867 ließ er deshalb Einzelheiten der bislang geheimen Verteidigungsabkommen zwischen dem Norddeutschen Bund und den süddeutschen Staaten veröffentlichen. Damit machte er deutlich, auf welch tönernen Füßen der für die Stabilität des kaiserlichen Regimes so wichtige Anspruch stand, Frankreich sei nach wie vor die führende Macht des Kontinents.

Der Zeitpunkt, an dem sich Bismarck zu dieser gezielten Indiskretion entschloss, hätte kaum klüger gewählt sein können, denn just an diesem Tag kam das Thema Luxemburg auf. Dahinter verbarg sich ein Länderschacher, zu dem Bismarck Napoleon III. in gebotener diplomatischer Diskretion ermuntert hatte, um den in der französischen Öffentlichkeit grassierenden Kompensationswahn angesichts der preußischen Machterweiterung in Norddeutschland zumindest symbolisch zu befriedigen. Bismarck hatte Napoleon III. signalisiert, dass Preußen nichts gegen einen Erwerb des Großherzogtums habe, das zwar in Personalunion vom niederländischen Königshaus verwaltet wurde, gleichzeitig aber auch ein Gliedstaat des Deutschen Bundes und des Zollvereins war. In den Augen der deutschen Öffentlichkeit galt Luxemburg, ähnlich wie die Elbherzogtümer, als deutsches Land. Bismarck hatte deshalb gegenüber Napoleon III. stets zur Bedingung gemacht, dass die Rolle Preußens bei dem ganzen Schacher im Dunkeln blieb. Offene Zustimmung Bismarcks zum Erwerb Luxemburgs durch Frankreich hätte ihn ebenso wie Preußen dem »nationalen Fluch« ausgesetzt, den Bismarck unter allen Umständen vermeiden musste, wenn er sich die Option offenhalten wollte, die preußische Hegemonialstellung in Deutschland ohne einen Bürgerkrieg mit ungewissem Ausgang zu verwirklichen.

Seit März 1867 waren Napoleon III. und das niederländische Königshaus wegen eines Verkaufs von Luxemburg in geheime Verhandlungen eingetreten und hatten sich unterdessen auch über die Kaufsumme geeinigt. Am 19. März 1867 suchte König Wilhelm III. der Niederlande Preußens Haltung zu diesem Geschäft offiziell zu erkunden, da nach wie vor eine preußische Garnison in der Bundesveste Luxemburg stationiert war. Bismarck nutzte die Gelegenheit, im Norddeutschen Reichstag nach Kräften die nationale Empörung zu schüren. Wilhelm III. verlor die Nerven: Ohne preußische Einwilligung in den Verkauf von Luxemburg wollte er den Handel nicht tätigen. Das düpierte Frankreich drohte nun mit Krieg, der nur durch das Eingreifen der übrigen europäischen Mächte verhindert werden konnte. Frankreich stand völlig isoliert da. Auf einer internationalen Konferenz im Mai 1867 in London wurde das Großherzogtum Luxemburg als neutraler, souveräner und entmilitarisierter Staat unter den Schutz der kollektiven Garantie der europäischen Mächte gestellt.

Die Luxemburger Krise hatte einen Gewinner und einen Verlierer, was aber erst drei Jahre später deutlich werden sollte. Der Gewinner hieß Bismarck, denn für eine Verwirklichung der kleindeutschen Lösung unter preußischen Vorzeichen wäre Luxemburg kein geringeres Problem als Schleswig-Holstein gewesen. Durch die internationale Garantie der Neutralität Luxemburgs wurde Bismarck einer Lösung dieses Problems enthoben. Außerdem hatte er sich durch seine rasche Zustimmung zu dieser Neutralisierung den europäischen Mächten als verständiger, verantwortungsbewusster Politiker gezeigt, dem es augenscheinlich nicht um die Machterweiterung Preußens, wann immer sich diese anbot, ging. Ein anderer Vorteil dieser Lösung war, dass Napoleon III. einmal mehr vor der europäischen Öffentlichkeit als ein von Ehrgeiz besessener Störenfried dastand, der sich außerdem noch für Bismarcks deutschlandpolitische Zwecke als Buhmann vortrefflich eignete.

Bismarck nutzte deshalb die anlässlich der Luxemburger Krise aufbrausenden nationalen Leidenschaften in Deutschland aus, um die zu erwartenden Widerstände besonders der süddeutschen Regierungen gegen seine Pläne einer grundsätzlichen Neuordnung des Zollvereins, mit denen die preußischen Interessen noch stärker als bisher zur Geltung gebracht werden sollten, zu überwinden. Tatsächlich billigten alle Mitglieder des Zollvereins auf den sogenannten Berliner Zollkonferenzen Anfang Juni 1867 die preußischen Vorschläge. An die Stelle des bisherigen losen Zusammenschlusses aller Mitglieder, der auf freien Verträgen der einzelnen Mitgliedstaaten und dem Prinzip der Einstimmigkeit beruhte, traten ein »Zollbundesrat« und ein »Zollparlament«. Beiden Organen wurden bestimmte Befugnisse bei der Wirtschaftsgesetzgebung zugewiesen, Kompetenzen, die durch Mehrheitsbeschlüsse verbindlich ausgeübt werden sollten. Der Zollbundesrat war als Exekutivorgan gedacht. Die einzelnen Regierungen sollten in ihm nach einem bestimmten Proporz vertreten sein: Bei insgesamt 58 Stimmen entfielen beispielsweise 17 auf Preußen und sechs auf Bayern. Das Zollparlament dagegen sollte ein Vertretungsorgan sämtlicher Mitglieder des Norddeutschen Bundes sowie Abgeordneter der süddeutschen Staaten sein, die nach allgemeinem und direktem Wahlrecht bestimmt wurden.

Mit der Billigung dieser Neuorganisation des Zollvereins durch die süddeutschen Staaten war die wirtschaftliche Vormachtstellung Preußens innerhalb Deutschlands gesichert. Das Prinzip des Mehrheitsbeschlusses im Zollbundesrat und Zollparlament garantierte dem von Preußen dominierten volkreicheren Norden die Beherrschung des Südens. Dennoch war der Ausgang der Zollparlamentswahlen Anfang 1868 in Süddeutschland für Bismarcks weitere Absichten wenig ermutigend: In Bayern und in Württemberg, den beiden größten süddeutschen Staaten, errangen die partikularistischen und klerikalen Gegner Preußens klare Mehrheiten. In Baden siegten die Nationalliberalen nur knapp, und lediglich in Hessen-Darmstadt gewann die »nationale pro-preußische Partei« alle sechs Mandate. Als sich das Zollparlament im April 1868 konstituierte, fand sich die Mehrheit aller süddeutschen Abgeordneten zu einer insgesamt 57 Mitglieder zählenden »süddeutschen Fraktion« aus »Klerikalen«, »Partikularisten« und »Großdeutschen« zusammen, die sich aber lediglich darin einig waren, »jede Ausdehnung der Kompetenz des Zollparlaments und überhaupt jede weitere Ausdehnung des Einflusses Preußens und des Norddeutschen Bundes auf die süddeutschen Staaten abzuwehren«.

Bismarck dürfte dies nicht sonderlich überrascht haben. Gegenüber dem württembergischen Generalstabschef Albert von Sukkow bemerkte er im Mai 1868: »Wir tragen alle die nationale Einigung im Herzen, aber für den rechnenden Politiker kommt zuerst das Notwendige und dann das Wünschenswerte, also zuerst der Ausbau des Hauses und dann dessen Erweiterung. Erreicht Deutschland sein nationales Ziel noch im 19. Jahrhundert, so erscheint mir das als etwas Großes, und wäre es in 10 oder gar 5 Jahren, so wäre das etwas Außerordentliches, ein unverhofftes Gnadengeschenk von Gott.«

Sibyllinische Worte, die Bismarcks Absichten verbargen. Der Ausgang der Zollparlamentswahlen machte ihm klar, dass die »liberale Karte« ausgereizt war. Zugleich erkannte er aber auch, dass die deutsche Frage schleunigst gelöst werden musste, was sich indessen nur gegen den erklärten Willen der Nation realisieren ließe. Der Ausgang der Zollparlamentswahlen hatte Bismarck unmissverständlich gezeigt, welche Schranken seinen politischen Absichten durch das taktische

Zusammengehen mit den nationalen und liberalen Kräften gesetzt waren.

Das verschärfte den Zeitdruck, unter den Bismarck zunehmend geriet. Die deutsche Einheit von Preußens und Bismarcks Gnaden galt es, auf die Übereinstimmung der dynastischen Interessen und eben nicht auf den Willen der Nation zu gründen. Deshalb musste Bismarck dem deutschen »Zaunkönigtum« die Furcht vor Preußen nehmen, zu der es seit 1866 allen Grund hatte. Mehr noch, Bismarck musste den Dynasten die Gewissheit vermitteln, dass Preußen einerseits nicht noch einmal das Prinzip des fürstlichen Legitimismus mit Füßen treten werde, und dass andererseits eine Lösung der deutschen Frage im Sinne Preußens durchaus in ihrem ureigensten Interesse liege, weil nur so ihre Thrönchen und Krönchen vor der andernfalls drohenden nationalen Revolution zu retten wären.

Gestützt auf diese Überlegung mobilisierte Bismarck nach 1868 den »Souveränitätsschwindel« der deutschen Fürsten gegen den »nationalen Schwindel« der Liberalen. Deshalb trat er auch allen populären Bestrebungen, die deutsche Einheit »von unten« zu schaffen, mit Entschiedenheit entgegen.

Darüber hinaus musste Bismarck aber auch dem »Souveränitätsschwindel« der deutschen Fürsten gewisse Bestandsgarantien in Aussicht stellen. Die Verfassung des Norddeutschen Bundes lieferte aber gerade dafür nicht den Musterentwurf. Allzu deutlich waren in ihr die Präponderanz Preußens und die zentralistisch-unitarischen Tendenzen ausgeprägt. Aus taktischen Gründen musste Bismarck also diesen nachteiligen Eindruck zerstreuen.

Eine glänzende Gelegenheit dazu bot sich ihm, als die Liberalen im Norddeutschen Reichstag einen Antrag zur Schaffung verantwortlicher Ressortministerien einbrachten. Ein solches Verlangen war für Bismarcks singuläre Stellung als Kanzler des Norddeutschen Bundes sehr bedrohlich. In einer Rede am 16. April 1869 operierte Bismarck deshalb zunächst mit dem Argument, diese Forderung sei mit der Bundesverfassung nicht vereinbar, da die Funktionen verantwortlicher Ressortministerien von den einschlägigen Ausschüssen des Bundesrats längst ausgeübt würden. Das war ein sehr fadenscheiniger Einwand, denn in der Verfassungswirklichkeit des Bundes waren diese Bundesratsausschüsse bloße »staatsrechtliche Attrappen« (Erich Eyck). Für Bismarck musste aber in dieser Situation der Popanz Bundesrat dazu herhalten, den föderalen Charakter des Norddeutschen Bundes zu beweisen, von dem er rabulistisch behauptete, dieser werde durch die von den Liberalen geforderte Schaffung verantwortlicher Ministerien zentralistisch-unitarisch verfälscht.

An diesen blühenden Unsinn knüpfte Bismarck längere Ausführungen über die nachteiligen Effekte dieses Vorhabens »für die Entwicklung der deutschen Bewegung«. Er verstieg sich sogar zum Lobpreis des »Partikularismus«, den er geradezu als »die Basis der Blüte Deutschlands« charakterisierte. Und dann stimmte er ein Credo an, dessen eigentliche Adressaten jenseits der Grenzen des Norddeutschen Bundes saßen: »Ich glaube, man soll sich … nicht fragen, wenn man es der Bevölkerung recht machen will: was kann gemeinsam sein? Wie weit kann das große Maul des Gemeinwesens hineinbeißen in den Apfel? – sondern man muß sich fragen: was muß absolut gemeinsam sein? Und dasjenige, was nicht gemeinsam zu sein braucht, das soll man der speziellen Entwicklung überlassen. Damit dient man der Freiheit, damit dient man der Wohlfahrt.« In Preußen sei man im Augenblick dabei, zu dezentralisieren. Auch habe man beispielsweise von Sachsen und Hannover viel für die eigene Verwaltung gelernt. »Ich gebe gern zu, daß die Bundesverfassung eine sehr unvollkommene ist; sie ist nicht bloß in der Eile zu Stande gekommen, sondern sie ist auch unter Verhältnissen zu Stande gekommen, in denen der Baugrund ein sehr schwieriger war, wegen der Unebenheiten des Terrains, aber der doch absolut benutzt werden mußte. Wir können die Geschichte der Vergangenheit weder ignorieren, noch können wir, meine Herren, die Zukunft machen; und das ist ein Mißverständnis, vor dem ich auch hier warnen möchte, daß wir uns nicht einbilden, wir können den Lauf der Zeit dadurch beschleunigen, daß wir unsere Uhren vorstellen. Mein Einfluß auf die Ereignisse, die mich getragen haben, wird zwar wesentlich überschätzt, aber doch wird mir gewiss keiner zumuten, Geschichte zu machen; das, meine Herren, könnte ich selbst in Gemeinschaft mit Ihnen nicht, eine Gemeinschaft, in der wir doch so stark sind, daß wir einer Welt in Waffen trotzen könnten, aber die Geschichte können wir nicht machen, sondern nur abwarten, daß sie sich vollzieht. Wir können das Reifen der Früchte nicht dadurch beschleunigen, daß wir eine Lampe darunter halten, und wenn wir nach unreifen Früchten schlagen, so werden wir nur ihr Wachstum hindern und sie verderben. Ich möchte deshalb Ihnen doch mehr Geduld empfehlen, der Entwicklung Deutschlands Zeit zu lassen.«

Mit dieser Rede signalisierte Bismarck allen partikularistischen oder antipreußischen Kräften, dass er weder gewillt war, mithilfe des Parlaments, sprich einer Volksbewegung, »Geschichte zu machen« und die deutsche Landkarte zu verändern, noch darauf ausging, ein politisch geeintes Deutschland ohne Rücksicht auf dynastische, konfessionelle oder historische Eigenarten einfach zu »verpreußen«. Süddeutschland würde sich nur gewinnen lassen, so seine Einsicht, wenn man der vorherrschenden Abneigung gegen Preußen nicht weitere Nahrung gab. Die Grenze, bis zu der man gehen durfte, verlief zwischen dem Schein des Ganzen und seiner Substanz. Diese Maxime erläuterte Bismarck gegenüber Roon in einem Schreiben vom 29. August 1869 präzise: »Die Form, in welcher der König die Herrschaft in Deutschland ausübt, hat mir niemals eine besondere Wichtigkeit gehabt; an die Tatsache, daß er sie übt, habe ich alle Kraft des Strebens gesetzt, die mir Gott gegeben.«

Die Logik der vielfältigen Zwänge, mit denen sich Bismarck allerspätestens seit 1868 konfrontiert sah, verwies ihn darauf, eine Lösung der deutschen Frage im Sinne der preußischen Interessen in einem großen außenpolitischen Konflikt zu suchen. Damit waren aber wenigstens zwei Imponderabilien, um ein Lieblingswort Bismarcks zu gebrauchen, verknüpft: Es musste, um die alles in allem Preußen günstige politische Situation auszunutzen, rasch ein Anlass gefunden werden, und der Vorwand musste so beschaffen sein, dass nicht nur Preußen, sondern die deutsche Sache insgesamt die Angegriffenen wären. Die Luxemburger Krise hätte einen solchen Anlass geboten, und insbesondere Generalstabschef Moltke drängte damals zum Krieg gegen Frankreich. Bismarck widersetzte sich dem in der nüchternen Einschätzung, dass zumindest Württemberg und Bayern diesen Konflikt nutzen würden, die ihnen von Preußen 1866 aufgezwungenen Militärbündnisse zu kündigen. Ein Duellkrieg mit Frankreich, der nicht in die nationalstaatliche Einigung Deutschlands unter Preußens Führung mündete, ergab für Bismarck jedoch politisch keinen Sinn. Deshalb interessierte er sich vor allem für jenen zunächst sehr abseitigen Vorgang, der dann mittelbar den Anlass zum Krieg von 1870/71 lieferte: die Kandidatur eines Prinzen aus der katholischen Linie des Hauses Hohenzollern für den seit September 1868 verwaisten spanischen Thron. Bereits am 3. Oktober 1868 ließ Bismarck dem Auswärtigen Amt folgende Weisung zugehen: »In unserem Interesse liegt es, daß die spanische Frage als Friedens-Fontanelle offen bleibe, und eine Napoleon angenehme Lösung ist schwerlich die für uns nützliche.«

Bismarck witterte also in der spanischen Thronfrage sehr früh eine Chance, Frankreich in die Enge zu treiben oder zu provozieren, weil die Thronkandidatur eines Hohenzollernprinzen für Napoleon III. inakzeptabel sein würde. Bereits im Dezember 1868 sandte Bismarck zwei Vertrauensleute nach Madrid, um die Lage zu sondieren, wahrscheinlich aber auch, um den Namen des katholischen Prinzen Leopold von

Hohenzollern gegenüber der spanischen Regierung ins Spiel zu bringen. Für diese Vermutung spricht jedenfalls, dass es schon Mitte April 1869 zu ersten informellen Anfragen bei Leopolds Vater, Fürst Karl Anton, kam. Im Mai 1869 reiste Theodor von Bernhardi nach Madrid, ein Mann, dessen sich Bismarck gerne bei der Abwicklung delikaterer Geschäfte bediente. Gleichzeitig tauchten in der europäischen Presse erste Gerüchte auf, die von einer Kandidatur des Prinzen Leopold für den spanischen Thron wissen wollten. Dies veranlasste Benedetti, den französischen Botschafter in Berlin, Bismarck am 8. Mai um Auskunft zu bitten. Unter dem 11. Mai bestätigte Bismarck, dass Prinz Leopold in der Tat in dieser Angelegenheit gefragt worden sei, das Angebot aber ausgeschlagen habe. Dennoch reiste ein Vertreter der spanischen Regierungsjunta im September 1869 in geheimer Mission zu Fürst Karl Anton, dem Chef der katholischen Linie des Hauses Hohenzollern, um diesem für seinen ältesten Sohn Leopold in aller Form den spanischen Thron anzutragen. Auch dieses Ansinnen wurde abschlägig beschieden, mit der Einschränkung, man werde sich nochmals mit dem Angebot befassen, wenn die Zustimmung Napoleons III. und des preußischen Königs vorlägen. Am 24. Februar 1870 erschien wieder ein Abgesandter der spanischen Regierung bei Fürst Karl Anton in Düsseldorf. Dieses Mal war er mit allen Vollmachten des spanischen Regenten, des Marschalls Prim, ausgestattet, um Prinz Leopold den verwaisten spanischen Thron zu offerieren. Gleichzeitig wurden König Wilhelm und Bismarck in offiziellen Noten von diesem Angebot in Kenntnis gesetzt, während es die spanische Regierung bemerkenswerterweise unterließ, Napoleon III. ebenfalls zu unterrichten, wozu Fürst Karl Anton mit staatsmännischer Umsicht geraten hatte.

Das war Bismarcks Chance, sein demonstratives Desinteresse an der Frage aufzugeben, obwohl er nach außen weiterhin den Anschein zu erwecken suchte, es handele sich dabei lediglich um eine Familienangelegenheit der Hohenzollern. Hinter diesem Paravent bot er seine ganze Überredungskunst auf, um die widerstrebenden Hohenzollern von den Vorteilen und glänzenden Perspektiven einer spanischen Thronkandidatur zu überzeugen. In einer Denkschrift für Wilhelm I. vom 9. März 1870 argumentierte Bismarck allen Ernstes damit, dass die spanische Krone bei Weigerung der Hohenzollern wahrscheinlich dem Hause Wittelsbach zufallen werde. Dadurch würden die antinationalen Elemente in Deutschland starken Auftrieb erhalten, denn ein bayerischer Prinz auf dem spanischen Thron würde unweigerlich Unterstützung in Frankreich und beim Papst in Rom suchen und finden. Wilhelm I. ließ sich von diesen abwegigen Überlegungen jedoch nicht beirren, vielmehr tat er sie mit dem Hinweis ab, dass ein ausländischer Potentat in Spanien nur die Gefahr eines Prestigeverlusts für sich und sein Haus liefe, weil dort in den letzten vierzig Jahren eine Revolution auf die andere gefolgt sei. Auch im Kronrat am 15. März, bei dem sich alle Anwesenden, der Kronprinz, Bismarck, Roon, Moltke und drei weitere Minister, für die Kandidatur des Prinzen Leopold aussprachen, beharrte Wilhelm I. auf seiner Ablehnung. Bismarck schäumte vor Wut, gab aber nicht auf. Er überlegte sogar, ob nicht, sollte Prinz Leopold sich als ungeeignet erweisen, dessen jüngerer Bruder Friedrich als Kandidat für den spanischen Thron infrage kommen könnte.

Über Bismarcks aktives Betreiben der spanischen Thronkandidatur ist viel gerätselt und gestritten worden. Den Anstoß dazu gab Bismarck selbst, der in seinen Erinnerungen behauptet, mit der ganzen Angelegenheit erst seit dem Juli 1870 befasst gewesen zu sein und ihr überdies nie sonderliche Bedeutung beigemessen zu haben. In der Absicht, seine eigene Rolle zu verharmlosen und zu verbergen, geht Bismarck so weit, seine Teilnahme am Kronrat vom 15. März 1870 einfach zu leugnen. Selbstverständlich schweigen die vorhandenen Akten über die Motive, von denen Bismarck sich leiten ließ. Aber: Die spanische Thronkandidatur lockte die Spielernatur Bismarcks gerade durch das Risiko, das sie barg; sie schien ihm Möglichkeiten zu eröffnen, den Wettlauf mit der Zeit, auf den er sich mit seiner Politik eingelassen hatte und den er zu verlieren drohte, doch noch in letzter Minute zu gewinnen. Dass es deswegen zu einem Krieg mit Frankreich kommen würde, stand für ihn nicht nur außer Frage, sondern war die Ratio seines Handelns.

Auch wenn die gesamte Affäre von Anfang bis Ende höchst abenteuerlich anmutet und wegen der zahlreichen Unwägbarkeiten und geradezu lächerlichen Zufälle, mit denen sie bis zum Schluss behaftet war, so gar nicht zum Bild des kühl rechnenden Schachspielers Bismarck passen will, entsprach sie doch ganz der »Logik« des Hasardeurs Bismarck, der sich bewusst war, dass seine Trümpfe von 1866 rapide an Wert verloren: Nicht nur in den süddeutschen Staaten gewannen die antipreußischen Strömungen stetig an Einfluss, auch auf den Norddeutschen Bund griffen sie über, wo sie von katholischer, welfischer und polnischer Seite Zulauf erhielten. Darüber hinaus schien sich zwischen den beiden Verlierern von Königgrätz, Österreich und Frankreich, eine Verständigung anzubahnen, die nur gegen Preußen gerichtet sein konnte. Gleichzeitig schürte Österreich zu Bismarcks besonderem Argwohn Unruhen in Polen, die Preußen und Russland in einige Verlegenheit stürzen sollten.

Kurz, Bismarck sah sich einer Situation gegenüber, die ihm in der Logik seines Denkens und Handelns nur den Ausweg einer schnellen, mit Gewalt erzwungenen Lösung der deutschen Frage wies. In Bismarcks Lebenserinnerungen findet sich im Kapitel, das der Zeit unmittelbar vor Beginn des Krieges von 1870/71 gewidmet ist, ein Satz, mit dem er die Verfahrenheit der Lage eingesteht: »Ich war sehr niedergeschlagen, denn ich sah kein Mittel, den fressenden Schaden, den ich von einer schüchternen Politik für unsere nationale Stellung befürchtete, wieder gut zu machen, ohne Händel *unge-*

schickt vom Zaume zu brechen und *künstlich* [Hervorhebung J. W.] zu suchen.«

Diese Niedergeschlagenheit mündete, wie so oft bei Bismarck, in eine ernsthafte Erkrankung. Diesmal war es die Leber. Am 11. April 1870 zog er sich für sechs Wochen auf sein in Pommern gelegenes Gut Varzin zurück. In dieser Zeit glaubte Wilhelm I. – zu Unrecht –, dass sich die Frage der hohenzollernschen Kandidatur für den spanischen Thron erledigt habe. Am 20. April ließen Prinz Leopold und sein Vater die Madrider Regierung sogar schriftlich wissen, dass man nicht länger interessiert sei. Am 13. Mai 1870 schrieb Bismarck an den Chef des Bundeskanzleramtes Rudolf von Delbrück: »Die spanische Sache hat einen elenden Verlauf genommen, die zweifellose Staatsraison ist den fürstlichen Privatneigungen und ultramontanen Frauen-Einflüssen untergeordnet worden. Die Verstimmung hierüber lastet seit Wochen schwer auf meinen Nerven.« Dessen ungeachtet war Bismarck entschlossener denn je, den Strohhalm der spanischen Thronkandidatur zu ergreifen. Am 21. Mai 1870 erschien er wieder in Berlin und teilte Fürst Karl Anton am 28. Mai mit, dass es ihm unterdessen gelungen sei, die Zustimmung des widerstrebenden Wilhelm I. zur Kandidatur eines Hohenzollernprinzen zu erhalten. Binnen weniger Tage erklärte daraufhin Prinz Leopold, dass er doch eine Kandidatur erwägen wolle. Bismarck wurde davon unterrichtet, und auch Madrid erhielt entsprechende Informationen. Am 8. Juni begab sich Bismarck wieder nach Varzin, nicht ohne vorher kategorisch erklärt zu haben, dass er diesmal nicht mit irgendwelchen Staatsangelegenheiten und schon gar nicht mit der spanischen Thronfrage behelligt werden wolle. Diese sei als rein innerfamiliäre Angelegenheit der Hohenzollern zu betrachten und auch so darzustellen.

Der Zweck dieser von Bismarck ausgeheckten Fiktion ist klar: Würde die Thronkandidatur offiziell bekannt und reagierte Frankreich darauf so aggressiv, wie Bismarck dachte, wollte er vor der deutschen und europäischen Öffentlichkeit unschuldig und ahnungslos dastehen. Um dieser Fiktion noch weitere Glaubwürdigkeit zu verschaffen, hielt sich Bismarck bis zum 12. Juli in Varzin auf. Unterdessen hatte Prinz Leopold am 19. Juni seine Bereitschaft zur Kandidatur erklärt, wozu König Wilhelm I. zwei Tage später alles andere als freudig seine Zustimmung erteilte. Die Neuigkeit wurde sofort nach Madrid übermittelt, wo sie am 2. Juli offiziell bekannt gemacht wurde. Die »spanische Bombe«, wie Wilhelm I. sie zutreffend nannte, »platzte« zwei Tage später in Paris und verursachte hier die vorhersehbaren scharfen Reaktionen. Am 6. Juli erklärte der französische Außenminister Gramont in einer Rede vor der Kammer, die spanische Thronkandidatur eines Hohenzollern sei geeignet, das Mächtegleichgewicht in Europa zuungunsten Frankreichs zu verändern; die Ehre und die Interessen Frankreichs seien aufs Ärgste gefährdet. Zwar hoffe er noch auf Einsicht beim deutschen und spanischen Volk, aber man werde nicht zaudern, das zu tun, was man im Interesse Frankreichs tun müsse, wenn es anders kommen sollte.

Diese massive Kriegsdrohung fand in der französischen Öffentlichkeit ein enthusiastisches Echo. Regierung und Kammermehrheit waren zu einer Intervention entschlossen, sollte Preußen die Kandidatur eines Hohenzollernprinzen für den spanischen Thron aufrechterhalten, eine Absicht, in der sie von der regierungshörigen Presse bestärkt wurden. Die französische Regierung versuchte Bismarcks Fiktion, die ganze Frage sei lediglich eine Familienangelegenheit der Hohenzollern, zu zerstören. Bismarck drohte darüber in eine delikate Situation zu geraten. Sosehr ihm die krisenhafte Entwicklung gefiel, so wenig konnte ihm jedoch daran gelegen sein, als Angreifer dazustehen, zumal England und Russland sofort zu verstehen gaben, dass sie Frankreichs Bedenken teilten. Um die Legende seines völligen Unbeteiligtseins zu untermauern, verharrte Bismarck auch nach dem Platzen der

»spanischen Bombe«, scheinbar unberührt von französischer Aufgeregtheit, unerreichbar auf seinem pommerschen Landsitz.

Dieses Versteckspiel barg noch einen weiteren Vorteil: Die französische Regierung musste sich, wollte sie eine offizielle Antwort auf ihre Forderung nach einer Rücknahme der Hohenzollernkandidatur erhalten, durch ihren Botschafter an den preußischen König wenden, der in Ems zur Kur weilte. Über die Haltung Wilhelms I. machte sich Bismarck keinerlei Illusionen, hatte er ihm doch nur mit größter Mühe eine Zustimmung zur Kandidatur des Prinzen Leopold abringen können. Für Bismarck dürfte es deshalb außer Zweifel gestanden haben, dass der dreiundsiebzigjährige Monarch, von dessen Entschlossenheit, während seiner Regierungszeit keinen weiteren Krieg zu führen, er wusste, den französischen Forderungen so weit wie möglich entgegenkäme.

Am 9. Juli machte der französische Botschafter Benedetti im Auftrag seiner Regierung Wilhelm I. in Ems seine erste Aufwartung, um vom Monarchen direkt Aufschluss darüber zu erhalten, wie er auf die französischen Befürchtungen und Forderungen zu reagieren gedächte. Der preußische König hielt sich bei dieser Unterredung an die Rolle, die Bismarck ihm zugedacht hatte, und sagte, die ganze Angelegenheit betreffe ihn nicht in seiner Eigenschaft als König von Preußen, sondern lediglich als Chef des Hauses Hohenzollern. Als solcher habe er seine Einwilligung in die Thronkandidatur nicht versagen können, da darüber allein die katholische Linie zu entscheiden habe, die diese Entscheidung auch verantworten müsse. Aus diesem Grunde sähe er sich auch außerstande, darauf hinzuwirken, den nunmehr gefassten Beschluss zu revidieren. Ungeachtet dieser offiziellen Auskunft schrieb Wilhelm I. aber am 10. Juli einen Brief an den Fürsten Karl Anton, in dem er den Erbprinzen Leopold zum Verzicht aufforderte. Die gewünschte Reaktion erfolgte prompt. Schon am 12. Juli ließ Fürst Karl Anton bekanntgeben, dass der Erbprinz für den spanischen Thron nicht mehr zur Verfügung stehe. Unterdessen hatte Wilhelm I. Bismarck mit einiger Dringlichkeit aufgefordert, sich zu ihm nach Ems zu verfügen. An ebenjenem 12. Juli langte dieser von Varzin kommend zu einem Zwischenaufenthalt in Berlin an, wo er das Verzichts-Telegramm des Erbprinzen Leopold vorfand.

Diese Wendung der Dinge überraschte Bismarck höchst unangenehm. Sein erster Gedanke sei es sogar gewesen, betont er in den Lebenserinnerungen, »aus dem Dienste zu scheiden, weil ich nach allen beleidigenden Provokationen, die vorhergegangen waren, in diesem erpreßten Nachgeben eine Demütigung Deutschlands sah, die ich nicht amtlich verantworten wollte«. Gewiss eine rührende Erfindung, wie überhaupt Bismarcks Erzählung von der unmittelbaren Vorgeschichte des Deutsch-Französischen Krieges mehr der schönen Literatur zugerechnet werden kann. Spätestens im Laufe des 13. Juli wurde Bismarck vielmehr klar, dass die ganze Krise eine seinen geheimen Absichten überaus günstige Richtung nehmen würde. In Paris, so vermutete er, wäre die Erregung mittlerweile so groß, dass sie sich durch die aus Madrid sogleich erfolgte offizielle Mitteilung vom Verzicht des Erbprinzen kaum mehr beruhigen ließe. Diese Vermutung bestätigte sich, als Bismarck an diesem Tag mit Fürst Gortschakow, dem russischen Kanzler, zusammentraf, der zu einem Privatbesuch in Berlin weilte und der aus einem Telegramm des russischen Botschafters in Paris erfahren hatte, dass die französische Regierung sich mit dem Verzicht des Erbrinzen allein nicht zufriedengeben wolle, »puisqu'il restait toujours le mauvais procédé«. Frankreich war also entschlossen, die Affäre bis zum Letzten auszunutzen und Preußen vor die Wahl zu stellen, entweder eine demütigende diplomatische Niederlage hinzunehmen oder einen Krieg zu riskieren. Gortschakow versicherte Bismarck unterdessen, Russland werde im Falle eines Konflikts strikte Neutralität wahren. Auch die aus London, Wien und den Hauptstädten der süddeutschen Staaten einlaufenden Meldungen preußischer Diplomaten, die anhaltenden französischen Drohgebärden würden dort mit zunehmendem Befremden aufgenommen, zeigten Bismarck, dass das Spiel endlich den von ihm gewünschten Verlauf nahm: Nicht Preußen, sondern Frankreich fiele nun vor aller Augen die Rolle des Aggressors zu. Jetzt konnte Bismarck jene Propagandakampagne entfesseln, zu der er schon am 10. Juli telegraphisch Anweisung gegeben hatte: »Jetzt Zeit, daß offiziöse Presse Ton sittlicher Entrüstung über Herzog von Gramont's Zumutung und Drohung anschlägt.«

Wie erhitzt die Gemüter in der französischen Regierung waren, zeigte sich bereits am Abend des 13. Juli, als Bismarck während eines Abendessens mit Roon und Moltke aus Ems die telegraphische Mitteilung erhielt, dass Benedetti Wilhelm I. erneut bedrängt habe, sofort bindend zu versichern, er werde sich »für alle Zukunft verpflichten, niemals wieder« seine »Zustimmung zu geben, wenn die Hohenzollern auf ihre Kandidatur zurückkämen«. Wilhelm I. hatte den französischen Botschafter daraufhin »zuletzt etwas ernst« zurückgewiesen, »da man à tout jamais dergleichen Engagements nicht nehmen dürfe, noch könne«. Als Benedetti nach dieser ebenso höflichen wie bestimmten Zurückweisung um ein neuerliches Gespräch nachgesucht habe, sei ihm mitgeteilt worden, dass Seine Majestät ihm in dieser Sache nichts mehr zu sagen hätte. Schließlich stellte Wilhelm I. am Ende des Telegramms anheim, »ob nicht die neue Forderung Benedettis und ihre Zurückweisung sogleich sowohl unseren Gesandten als in der Presse mitgeteilt werden sollte«.

Ohne dies so beabsichtigt zu haben, hatte der König Bismarck damit einen Trumpf zugespielt, den dieser sofort einsetzte. Noch im Beisein seiner Gäste, berichtet Bismarck in den Lebenserinnerungen, habe er »das Telegramm durch Streichungen, ohne ein Wort hinzuzusetzen oder zu ändern« lediglich verkürzt. Diese Behauptung ist nicht ganz richtig, denn in dem von Bismarck bearbeiteten Originaltext lautet die Stelle: »… ihm durch *einen* Adjutanten sagen zu lassen: daß Seine Majestät jetzt vom Fürsten die Bestätigung der Nachricht [i. e. über den Verzicht auf die Kandidatur] erhalten, die Benedetti aus Paris schon gehabt, und dem Botschafter nichts weiter zu sagen habe.« In Bismarcks Version der »Emser Depesche« heißt es dagegen am Schluss in bewusst provokatorischer Kürze: »Seine Majestät der König hat es darauf abgelehnt, den französischen Botschafter nochmals zu empfangen, und dem selben durch den Adjutanten vom Dienst sagen lassen, daß Seine Majestät dem Botschafter *nichts weiter* mitzuteilen habe.«

Diese Formulierung wie auch ihre allen diplomatischen Usancen widersprechende Bekanntmachung durch die Presse würde Frankreich zusätzlich reizen. Gegenüber seinen Gästen jedenfalls will Bismarck geäußert haben, diese Meldung werde »den Eindruck des roten Tuchs auf den gallischen Stier machen«. Doch dass in erster Linie die »Emser Depesche« Frankreich zur Kriegserklärung provoziert habe, ist nur eine weitere von Bismarck in die Welt gesetzte Legende. Tatsächlich war Napoleon III. zuvor schon zu diesem äußersten Schritt entschlossen. Die Logik seiner ganz auf Prestige basierenden Herrschaft ließ ihm keine andere Wahl. Für den unwahrscheinlichen Fall aber, dass Frankreich dennoch einknicken sollte, wollte Bismarck am 12. Juli den Norddeutschen Reichstag einberufen und Napoleon III. ein Ultimatum stellen, das diesen dann zu einem Waffengang zwingen würde. Die Redaktion der »Emser Depesche« wie deren Veröffentlichung boten die gleiche Chance. Sie lieferte Napoleon III. den Vorwand, nach dem er seit Tagen suchte: Bereits am nächsten Tag, dem 14. Juli, beschloss der französische Ministerrat die Mobilmachung, am 19. Juli folgte die förmliche Kriegserklärung. Insofern beweist gerade die »Emser Depesche«, was eigentlich keines weiteren Beweises mehr bedarf: dass auch Bismarck diesen Krieg wollte.

Bismarck hat in späteren Jahren den Deutsch-Französischen Krieg von 1870/71 wiederholt als Notwendigkeit bezeichnet, um die nationale Einigung Deutschlands zu vollenden. In einer Ansprache Ende Juli 1892 vor einer Abordnung der Universität Jena, die ihn als »Reformator Germaniae« feierte, sagte er: »Notwendig war ... der französische Krieg; ohne Frankreich geschlagen zu haben, konnten wir nie ein deutsches Reich mitten in Europa errichten und zu der Macht, die es heute besitzt, erheben.« Diese Ansicht ist seither Gemeingut geworden. Lag es nicht seit den Tagen Richelieus im Interesse der französischen Politik, die staatliche Zersplitterung Deutschlands zu verewigen? Tatsächlich war dies eine Konstante, die die französische Politik bis in die Rheinbundzeit beherrscht hatte. Aber danach war sie in den Hintergrund getreten, um schließlich ganz zu verschwinden.

Gerade Napoleon III. sympathisierte außerdem mit den deutschen Einigungsbestrebungen. Der *Grand design*, der ihm seit dem Krimkrieg vorschwebte, war ein Europa der Nationalstaaten, unter denen Frankreich die Stellung der Hegemonialmacht einnehmen sollte. Ein solches, der Idee der Volkssouveränität verpflichtetes Europa schien ihm die beste Gewähr einer dauerhaften Beschränkung des russischen und englischen Einflusses auf den westeuropäischen Kontinent zu bieten und auch die französische Hegemonialstellung zu garantieren. Paris hätte deshalb nichts gegen eine Einigung Deutschlands einzuwenden, wie der französische Ministerpräsident Ollivier noch am 13. März 1870 in einem Interview mit der *Kölnischen Zeitung* versicherte. Die entscheidende Voraussetzung für Frankreich war allerdings, dass diese staatliche Einigung aus einer großen populären und nicht aus einer künstlich arrangierten Bewegung hervorginge.

Gegen den freien Willen der deutschen Nation, sich in einem Staat zu organisieren, erhob Napoleon III. keinerlei Einwände. Wogegen er sich allerdings mit allen Mitteln zur

Wehr setzen musste, war eine deutsche Einigung, der die preußischen Machtinteressen ihren Stempel aufdrückten. Ebendies aber war Bismarcks Ziel.

Preußen hatte sich 1848 gegen die nationale Einheit der Deutschen gestemmt, weil es befürchten musste, innerhalb des deutschen Nationalstaates spurlos zu verschwinden. Deutschland oder Preußen, das war damals wie jetzt die Frage. Damals hatte Preußen gegen Deutschland und für sich selbst, für den Staat der Junker und der feudalen Militärmonarchie, optiert. Dieselbe Entscheidung stand nun wieder an, allerdings mit dem großen Unterschied, dass die Ausgangslage jetzt eine ganz andere war als 1848. Preußen hatte inzwischen Norddeutschland und damit den nach Bevölkerung und Fläche weitaus größeren Teil der »kleindeutschen Lösung« von 1848 seiner Herrschaft unterworfen. Dass auch der Rest, die vier süddeutschen Staaten, die spätestens seit 1866 in den Sog der preußischen Gravitationskräfte geraten waren, nachfolgen würde, war für Preußen weniger eine Frage der Zeit als der Modalitäten, die es jetzt nach seinen Interessen diktieren konnte.

In der preußischen Staatsräson hatte Deutschland als ein ideales Ziel keinen Platz. Für Preußen war die deutsche Einheit lediglich ein Mittel, preußischer Machtentfaltung die breitest denkbare und gleichzeitig europäisch vertretbare Grundlage zu liefern. Dass die Wahl auf Deutschland fiel und nicht beispielsweise auf Polen, war, wie Bismarck einmal gesprächsweise zugestand, einer der Zufälle der geschichtlichen Entwicklung.

Unveränderlich aber galt, was Radowitz bereits im Juni 1848 in seiner Denkschrift formuliert hatte: dass es die große Aufgabe insbesondere der preußischen Regierung sei, die Revolution zu beenden. Diese Gefahr sei aber so lange nicht gebannt, so Radowitz damals, »bis neben dem Siege über die Demokratie auch die Verfassungsfrage für Deutschland abgeschlossen, bis eine politische Ordnung festgestellt ist, welche die Einheit der Nation innerhalb der möglichen und berechtigten Bedingungen verbürgt«.

Was Radowitz damals als Programm aufstellte, wurde von Bismarck 1866 und 1870/71 erfolgreich exekutiert. Die preußische Regierung und Armee machten 1866, wie der Zeitgenosse Jacob Burckhardt hellsichtig kommentierte, »die große deutsche Revolution«, die er als »abgeschnittene Crisis ersten Ranges« bezeichnete. »Ohne dieselbe wäre in Preußen«, so Burckhardt weiter, »das bisherige Staatswesen mit seinen starken Wurzeln wohl noch vorhanden, aber eingeengt und beängstigt durch die constitutionellen und negativen Kräfte des Innern; jetzt überwog die nationale Frage die constitutionelle bei Weitem.«

Allein im Interesse der preußischen Staatsräson, deren oberstes Ziel die Erhaltung und Erweiterung der Handlungsfähigkeit der preußischen Militärmonarchie war, wurde der Krieg gegen Frankreich zur *Notwendigkeit*, um das Deutsche Reich zu errichten. Preußen ging nach 1871 nicht, wie dies auch heute noch von Apologeten der neoborussischen Legende behauptet wird, in Deutschland auf, sondern Preußen schluckte Deutschland, ein Brocken, der jedoch viel zu groß für Preußen war und an dem es schließlich erstickte.

Nach der französischen Kriegserklärung vom 19. Juli dauerte es noch mehr als eine Woche, bis die feindlichen Armeen am 28. Juli allmählich in ihren Bereitstellungsräumen entlang der deutsch-französischen Grenze eintrafen. Alle Welt, und selbst der preußische Generalstab, rechnete mit einem entschlossen vorgetragenen französischen Angriff entlang der Mainlinie, um die mit Preußen verbündeten süddeutschen Armeen von den preußischen Truppen abzuschneiden, Letztere mit einer Zangenbewegung einzukesseln und zu vernichten. Das war auch im Großen und Ganzen der französische Feldzugsplan, der jedoch von Anfang an daran krankte, dass der Aufmarsch der französischen Truppen viel zu langsam und höchst unkoordiniert vonstattenging, sodass die drei deutschen Armeen völlig ungestört Aufstellung nehmen konnten. Dennoch galt die waffentechnische und kämpferische Überlegenheit der französischen Armee als ausgemacht.

Am 31. Juli, einem Sonntag, reiste Bismarck in Begleitung seines Monarchen von Berlin nach Mainz zum deutschen Hauptquartier ab. Er trug die Uniform eines Generalmajors der Landwehr, eine Pickelhaube der schweren Kavallerie und mächtige lederne Schaftstiefel, die ihm bis zur Hüfte reichten. Auch wenn sich Bismarck seit 1866 in der Öffentlichkeit meist nur noch in Uniform zeigte, hatte diese übertriebene Montur etwas Lächerliches, weil sie den Zivilisten in Uniform verriet. Gerade in diesem Aufzug aber wurde Bismarck später von der nationalistischen Ikonographie als »Eiserner Kanzler« imaginiert.

Was daran faszinierte und aus Bismarck ein volkstümliches Idol machte, eine Rolle, die kein deutscher Politiker auch nur annähernd in dieser Weise ausfüllte, war der Charme der Gewalttätigkeit, der von seiner mächtigen, hochgewachsenen Gestalt ausging. Dabei störte wenig, dass das Hünenhafte seiner äußeren Erscheinung in seltsamem Kontrast zu seiner dünnen Fistelstimme stand, die, wenn er erregt war, zu noch höheren Tonlagen aufstieg. Was die Zeitgenossen an ihm vor allem in den Bann schlug, war der Blick aus seinen von schweren Lidern und buschigen Brauen überschatteten großen Augen, die in mächtige Tränensäcke eingebettet waren, die seine chronische Schlaflosigkeit verrieten. Unterstrichen wurde die Augenpartie durch den kräftigen Schnauzbart, der sich silbern färbte und der zusammen mit dem energischen Kinn seinem Gesicht einen Ausdruck von Entschlossenheit und Kraft verlieh, ein Eindruck, den Uniform und Pickelhaube, die Bismarcks hohe Stirn gleichsam organisch fortzusetzen schien, entschieden betonten.

Weit mehr als der sich hinter seinem mächtigen Vollbart verschanzende und im Vergleich zu Bismarck kleinwüchsige

Wilhelm I. oder als der filigrane und fast zerbrechlich wirkende Moltke, der sich noch im hohen Alter neben Bismarck wie ein Musterschüler ausnahm, verkörperte der »Eiserne Kanzler« das Wunschbild seiner Zeit von einem germanischen Recken. Mit seiner ganzen Gestalt lieferte Bismarck den Musterentwurf für einen Paladin des Reiches, wie ihn sich eine aus eigener Schwäche obrigkeitshörige und autoritätsfixierte Gesellschaft ersehnte und dessen unnachsichtigem Regiment sie sich freudig beugte.

Bismarck war der beste Arrangeur seines Image, auf dessen Pflege er große Umsicht und Sorgfalt verwandte. So war es gewiss kein Zufall, dass er in einem Salonwagen von Berlin ins Hauptquartier nach Mainz reiste, der einst dem von ihm seines Thrones beraubten König Georg von Hannover gehört hatte. Zu dieser Imagepflege gehörten aber auch die zahlreichen Anekdoten, die man sich über den »Eisernen Kanzler« erzählte und die seinen Bewunderern als Beweise seines »menschlich-humorigen« Wesens galten. Bezeichnend dafür ist jene von der schwarzen Dogge »Tyras«, die immer zu seinen Füßen unter dem Schreibtisch in der Wilhelmstraße lag. Wenn Bismarck sich anschickte, das Haus zu verlassen, und die Dogge ihn auf seinem Gang durch die »Ministergärten« begleiten wollte, er ihr aber ein barsches »Reichstag!« zurief, dann verkroch sie sich knurrend in ihre dunkle Höhle.

Die ersten größeren Kampfhandlungen des Krieges, die Schlachten bei Weißenburg und Wörth im nördlichen Elsass am 4. und 6. August sowie bei Spichern unweit von Saarbrücken, waren für beide Seiten sehr verlustreich, weil die eingeübten Gefechtsfeldtaktiken nicht der fortgeschrittenen Waffentechnik entsprachen, ein Umstand, der von den kommandierenden Offizieren nicht selten sträflich missachtet wurde. Also mussten vor allem Infanterie und Kavallerie die Borniertheit ihrer Vorgesetzten mit ebenso großen wie unnötigen Menschenopfern bezahlen.

Dennoch zeigte sich schnell, dass die preußisch-deutschen Armeen, unter denen vor allem die Korps der süddeutschen Staaten durch Kampfmoral und vorzügliche Gefechtsausbildung überraschten, den französischen Truppen in der strategischen Führung weit überlegen waren. Dies war vor allem die Leistung des preußischen Generalstabschefs Helmuth von Moltke und seiner drei »Halbgötter«, wie sie bald genannt wurden, Paul Bronsart von Schellendorf, Karl von Brandenstein und Julius von Verdy du Vernois. Bereits drei Wochen nach Beginn der Kampfhandlungen war der Krieg mit der Kapitulation Napoleons III. am 2. September 1870 in Sedan militärisch entschieden, gleichwohl noch nicht beendet. Dass sich der Krieg nach Sedan noch bis weit ins Frühjahr 1871 hinzog und in seinem weiteren Verlauf immer »schmutziger« wurde, dass er der danach erst richtig aufflammenden deutsch-französischen Erbfeindschaft reichlich Nahrung zuführte, ist vor allem die Schuld Bismarcks, dem die ihm so oft nachgerühmte Mäßigung und Weitsicht vollkommen abhandenkam.

Spätestens Mitte August 1870 hatte Bismarck sich entschlossen, mit Frankreich nur auf Grundlage einer Abtretung von Elsass und Lothringen Frieden zu schließen. Eine derartige Forderung war in der Begeisterung nach den ersten siegreichen Schlachten, an denen badische, württembergische und bayerische Truppen maßgeblichen Anteil hatten, in Süddeutschland laut geworden. Und es steht außer Zweifel, dass Bismarck in der Folgezeit alles tat, um mithilfe der von ihm durch diskrete Zuwendungen abhängig gemachten Presse – das Geld entnahm er dem »Welfenfonds«, dem beschlagnahmten Vermögen des von ihm abgesetzten hannoverschen Königs – eine regelrechte Annexionskampagne zu entfachen. Auf ihrem Höhepunkt konnte er in aller Unschuld darauf hinweisen, dass er gern anders handeln wolle, gegenüber einer sich derart einhellig und mächtig manifestierenden öffentlichen Meinung, die wegen des Opfers ihrer gefallenen

Söhne zudem jegliches moralische Recht auf ihrer Seite habe, dies aber nicht könne.

Bismarcks eigentliche Motive waren jedoch anderer Natur, auch wenn sich dies nicht mit letzter Eindeutigkeit bestimmen lässt. Er selbst hat zu dieser Verwirrung beigetragen, indem er zu unterschiedlichen Zeiten immer neue Argumente vorbrachte, um diese Entscheidung, die er spätestens 1875 anlässlich der »Krieg-in-Sicht-Krise« als schweren Fehler erkennen musste, zu rechtfertigen.

Zunächst spricht alles dafür, dass Bismarcks Motive für eine Annexion Elsass-Lothringens, als Conditio sine qua non eines Friedensschlusses mit Frankreich, allein in seinem eigenen, freien Willen zu suchen sind. Was die öffentliche Meinung betraf, so manipulierte er diese weitgehend selbst, während es im Verhältnis zum Militär bei der Fortsetzung des Krieges nach Sedan zwar zu ernsthaften Zerwürfnissen zwischen Kanzler und Generalstab kam, die sich indessen nicht an der Annexionsfrage entzündeten. Moltke wollte gegen Frankreich einen Vernichtungskrieg führen, der das Land so sehr schädigte, dass es in absehbarer Zeit unfähig zu einem neuerlichen Krieg sein würde. Überdies bestritt Moltke ausdrücklich den Primat oder Politik in Kriegszeiten und forderte diesen für die Militärs, was Bismarck mit aller Entschiedenheit ablehnte.

Der zunehmend bitterer werdende Dauerkonflikt zwischen Bismarck auf der einen, Moltke und seinen »Halbgöttern« auf der anderen Seite, die keine Gelegenheit ausließen, beim König gegen ihn zu intrigieren, entbehrt nicht ganz einer schadenfroh stimmenden Ironie: Schließlich hatte Bismarck durch seine Standfestigkeit im Heeres- und Verfassungskonflikt die Rolle des Militärs verteidigt und erheblich gestärkt. Und außerdem war es seiner politischen Gewitztheit zu verdanken, dass sowohl 1864 und 1866 als auch 1870 Moltke und seine Leute die Voraussetzungen erhielten, jene Schlachten überhaupt zu schlagen, deren Erfolg ihnen jetzt zu Kopf stieg.

Bismarcks Motive zur Annexion von Elsass-Lothringen sind auf drei verschiedenen Zeitebenen anzusiedeln: einer historischen, einer gegenwärtigen und einer zukünftigen. Explizit geäußert hat er sich nur über die historischen Motive, zumal diese mit dem Geschichtsverständnis seiner Zeitgenossen übereinstimmten. Dieser Linie folgte Bismarck, als er und Moltke mit den französischen Generälen Wimpffen und Castelnau über die Kapitulation der bei Sedan eingeschlossenen französischen Armee verhandelten. Wimpffen, der mit beeindruckenden und wohlüberlegten Argumenten für einen großmütigen Frieden plädierte, indem er darauf hinwies, dass harte Bedingungen den langsamen Entwicklungsgang der europäischen Zivilisation zurückwarfen und erneut schlafende Rachegelüste weckten, die eine endlose Abfolge von neuen Kriegen auslösten, beschied ihn Bismarck mit brutaler Deutlichkeit, dass sich die Franzosen darüber besser Gedanken hätten machen sollen, ehe sie diesen Krieg anfingen. Es sei etwas ganz anderes gewesen, mit Österreich zu einem gemäßigten Friedensschluss zu gelangen, denn die Donaumonarchie sei ein stabiler und zuverlässiger Staat, Frankreich hingegen habe sich in den letzten achtzig Jahren in der Rolle eines äußerst gewalttätigen Störenfrieds für ganz Europa und für Deutschland [sic!] gar während der letzten zweihundert Jahre gefallen. Wenn das französische Kaiserreich ein ebenso unbestritten legitimes, geachtetes und stabiles Staatswesen wie Preußen darstellte, dann wäre es auch ihm möglich, über einen großmütigen Frieden zu reden und auf die Dankbarkeit der Unterlegenen zu zählen. Die französischen Regierungen jedoch, und damit kam Bismarck auf sein altes Credo zurück, Staatsmänner dürften sich nicht auf irgendwelche Gefühle der Dankbarkeit und schon gar nicht auf die von Völkern verlassen, unterlägen einem ständigen Wechsel und Wandel. Man könne sich in diesem Land einfach auf nichts verlassen. Frankreich habe Deutschland entschieden zu häufig mit Krieg überzogen. Dies dürfe man künftig nicht mehr zulassen. Deshalb habe Deutschland alles Recht, ausreichend Land zu annektieren, um jede weitere Aggression von vornherein unmöglich zu machen.

Das waren, wie Bismarck selbst gesagt hätte, alles bloße »Professorenideen«. Dass er sich ihrer dennoch bediente, zeigt einmal mehr seine Unfähigkeit, Beziehungen und Verhältnisse der Staaten untereinander anders als in der Perspektive nackter Macht und Gewalt zu sehen. Im Übrigen paraphrasierte Bismarck in seiner Antwort auf Wimpffens Argumente lediglich Gedanken, die er bereits in einem Erlass an den preußischen Botschafter in London vom 21. August 1870 ausgesprochen hatte. Darin hatte er diesen angewiesen, die englische Presse auf deutsche Annexionswünsche vorzubereiten, und dabei eine Maxime formuliert, die später immer wieder zur Rechtfertigung seiner Annexionen diente: »Schon unser Sieg bei Sadowa (Königgrätz) hat Bitterkeit in den Franzosen geweckt; wieviel mehr wird es unser Sieg über sie selbst tun? Rache für Metz, für Wörth wird auch ohne Landabtretung länger das Kriegsgeschrei bleiben als Revanche für Sadowa oder Waterloo! Die einzige richtige Politik ist unter solchen Umständen, einen Feind, den man nicht zum aufrichtigen Freunde gewinnen kann, wenigstens etwas unschädlicher zu machen und uns mehr gegen ihn zu sichern, wozu nicht die Schleifung seiner uns bedrohenden Festungen, sondern nur die Abtretung einiger derselben genügt.«

Dieser Erlass belegt auch, wie sehr Bismarck immer noch in den politischen Denkschablonen des 18. Jahrhunderts befangen war, denn die Annexion Elsass-Lothringens im Jahr 1871 hatte keinerlei Bedeutung für die Macht und Größe oder auch die Sicherheit des Deutschen Reiches von Preußens Gnaden. Im Gegenteil: Sie wurde zur Hauptursache seiner Schwäche. Hätte Bismarck seine Zeit und die in ihr wirksamen Kräfte besser begriffen, dann wäre es ihm nicht in den Sinn gekommen, die Sicherheit und friedliche Wohlfahrt

Deutschlands derart ausschließlich vom Besitz eines strategischen Glacis und einiger Festungen abhängig zu machen. Was ein geeintes Deutschland auch ohne die Annexion von Elsass-Lothringen Frankreich und jedem anderen europäischen Staat überlegen machte, waren seine dynamisch wachsende industrielle Kraft und seine Einwohnerzahl.

Außerdem unterliefen Bismarck zwei fatale Verwechslungen: Einmal scheint er Frankreich für so etwas wie Polen gehalten zu haben, das man, nach seinen eigenen Worten, nur tüchtig hauen müsse, damit es, wenn schon nicht am Leben verzagen, so doch jeden Gedanken an Revanche fahren ließe. Daraus resultierte sein zweiter Irrtum. Bismarck verwechselte Frankreich mit dem Staat Napoleons III., dessen cäsarische Herrschaft auf Popularität und Prestige gründete. Bismarck verstand aber wenig von Frankreich, und deshalb begriff er nicht, dass die »Rache für Sadowa« von einer wesentlich anderen Qualität war als das jahrzehntelange hasserfüllte Starren eines ganzen Volkes auf die klaffende Wunde in den Vogesen, die Bismarck ihm mit der Wegnahme Elsass-Lothringens geschlagen hatte. Frankreich hatte als Nation wie als Staat durch eine Revolution »von unten« zu sich selbst gefunden, und nicht durch fragwürdige und gewaltsame Manipulationen »von oben«, wie sie von Bismarck ins Werk gesetzt wurden, um dem Anachronismus der preußischen Militärmonarchie zur Herrschaft über den mächtigsten, modernsten und dynamischsten Staat Europas zu verhelfen. Welchen Unterschied dies für das Selbstbewusstsein einer Nation macht, dafür lieferte die Geschichte der Deutschen im 20. Jahrhundert genug Anschauung.

Aber schon Bismarck hätte eine Ahnung davon beschleichen können, denn am 4. September 1870 wurde in Paris die Republik ausgerufen, und die neue Regierung zeigte sich trotz der verzweifelten militärischen Lage sofort entschlossen, den Kampf fortzusetzen, um die territoriale Integrität Frankreichs zu verteidigen. Am 6. September verkündete der neue Außenminister Jules Favre das Programm der Republik: »Wir werden nicht einen Fußbreit unseres Landes, nicht einen Stein unserer Festungen hergeben.« Damit wandelte sich auch schlagartig der Charakter des Krieges: Bis Sedan, bis zu Bismarcks offizieller Ankündigung seiner Annexionsforderungen, war es ein von Preußen und seinen süddeutschen Verbündeten offensiv geführter Verteidigungskrieg gegen Frankreich gewesen. Jetzt wurde daraus ein Angriffskrieg mit expansiven Zielsetzungen, der sich zu einem Nationalkrieg auswuchs, in dem sich nicht mehr nur zwei Gegner mit ihrer militärischen Macht gegenüberstanden, sondern zwei Völker, zwei Kulturen einander mit wachsendem Hass und stetig wahlloser werdenden Mitteln bekämpften.

Auf der gegenwärtigen Zeitebene hingegen lässt sich mit einiger Sicherheit ein opportunistisches Motiv Bismarcks für die Annexion Elsass-Lothringens bestimmen, auch wenn sich dafür keine direkte Aussage von ihm findet. Nach eher pessimistischen Erwartungen, mit denen der Krieg auf preußischer Seite begonnen worden war, kamen die militärischen Erfolge sehr überraschend. Sie mussten Bismarck in einer Hinsicht höchst ungelegen sein, denn die künftige Gestaltung Deutschlands war bislang noch völlig ungeklärt: Die vier süddeutschen Staaten nahmen zwar als Verbündete Preußens am Krieg teil, aber daraus ließ sich noch lange nicht ableiten, durch die gemeinsam errungenen Waffensiege sei die deutsche Einheit bereits mit »Blut und Eisen« besiegelt. Die Siege verliehen der nationalen Bewegung zwar erheblichen Auftrieb, und in der öffentlichen Meinung Deutschlands war zudem die Überzeugung fest verankert, dass man nach Kriegsende nicht mehr zu den politischen Verhältnissen der Zeit davor würde zurückkehren können. Aber auf diese beiden »Bundesgenossen«, so nützlich sie ihm als Druckmittel auch gewesen sein mochten und noch waren, wollte und konnte

Bismarck sich nicht stützen, wollte er die deutsche Einheit unter der Vorherrschaft Preußens, für ihn der letzte Zweck dieses Krieges, vollenden. Die Dominanz Preußens, die Herrschaft des preußischen Königs über ein kleindeutsches Reich, ließ sich nur verwirklichen, wenn dieses Deutsche Reich nicht auf die liberalen Aspirationen der nationalen Bewegung und der politischen Öffentlichkeit, sondern auf die Loyalität der süddeutschen Herrscher gegenüber der Krone Preußens gegründet wurde. Dieser Loyalität musste sich Bismarck aber erst noch versichern. An den Höfen von Stuttgart und München grassierte überdies die Furcht, Bismarck werde im Bündnis mit den Kräften der nationalen Bewegung kurzen Prozess machen und Bayern und Württemberg mediatisieren. Für Bismarck galt es deshalb, zunächst Zeit zu gewinnen und gleichzeitig zu verhindern, dass die Regierungen dieser beiden Staaten, die auch nur widerwillig in den Krieg gezogen waren, aus Furcht vor der ihnen vermeintlich drohenden Mediatisierung durch Preußen rasch einen Separatfrieden mit Frankreich schlossen, um auf diese Weise ihre staatliche Eigenständigkeit zu retten. Allein deshalb schon hatte Bismarck ein lebhaftes Interesse daran, den Krieg gegen Frankreich so lange fortzusetzen, bis das Bündnis zwischen dem Norddeutschen Bund und den süddeutschen Staaten zustande gekommen war, das die staatsrechtliche Grundlage des Deutschen Reiches darstellen sollte, das ja ausdrücklich als eine Vereinigung von »Fürsten und Freien Städten« firmierte. In dieser Perspektive diente die Forderung nach Abtretung von Elsass-Lothringen als wirksames Mittel, um einerseits die nach Sedan friedensbereite republikanische Regierung in Paris zu einer Fortsetzung des militärisch bereits verlorenen Krieges zu zwingen und andererseits zu verhindern, dass die süddeutschen Staaten einen Separatfrieden mit Frankreich schlossen, auch wenn sie mit einem solchen Schritt in Widerspruch zu ihrer annexionswilligen Öffentlichkeit getreten wären und damit möglicherweise politischen Selbstmord begangen hätten.

Solchermaßen wurden die süddeutschen Staaten endgültig zu Gefangenen ihrer machtpolitischen Ohnmacht. Schon wenige Tage nach Sedan zogen die Regierungen von Hessen-Darmstadt und Baden aus dieser Einsicht die Konsequenzen, indem sie ihre Bereitschaft erklärten, dem Norddeutschen Bund beizutreten. Damit waren Württemberg und Bayern noch mehr isoliert, und Bismarck konnte sich sicher sein, dass die schiere »Macht der Tatsachen« binnen Kurzem auch in Stuttgart und München einen Sinneswandel herbeiführen würde. In zähen Verhandlungen zwischen den Vertretern der einzelnen Regierungen und Preußen, die im Oktober und November 1870 in Versailles geführt wurden, vereinbarte man schließlich den Anschluss aller vier süddeutschen Staaten an den Norddeutschen Bund. Bayern und Württemberg, die sich bis zuletzt hartnäckig dagegen gewehrt hatten, erhielten als Trost eine Reihe von politisch belanglosen »Reservatrechten« zugestanden, die aber die Eitelkeiten der jeweils herrschenden erlauchten Häupter befriedigten. Bismarck gelang es sogar, den hochverschuldeten bayerischen König Ludwig II. durch die Zahlung einer beträchtlichen Geldsumme aus dem »Welfenfonds« dazu zu »bewegen«, König Wilhelm I. von Preußen namens der übrigen deutschen Fürsten schriftlich die deutsche Kaiserkrone anzubieten. Allerdings war der »Kaiserbrief«, wie dieses Schriftstück genannt wurde, das der bayerische Prinz Luitpold, ein Onkel Ludwigs II., dem preußischen König am 3. Dezember 1870 in Versailles überreichte, vorsorglich von Bismarck formuliert worden.

So entstand aus Krieg und Schacher das Deutsche Reich. Bei der Schaffung des deutschen Kaisertums mussten sich die Deutschen und deren gewählte Repräsentanten mit der Rolle von stummen Statisten, von Volk eben, wie man es aus den Musikdramen Richard Wagners kannte, begnügen, während Bismarck dem kunstsinnigen bayerischen König die Hauptrolle zudachte. Jenseits des tiefschwarzen Humors, den man in dieser Rollenverteilung vermuten möchte, hatte sie aber auch noch einen sehr realen politischen Hintersinn: Wilhelm I., dem der Kaisertitel aus preußischem Traditionsbewusstsein heraus widerstrebte, hätte diese Würde nie akzeptiert, wenn sie ihm von einer Vertretung des deutschen Volks angetragen worden wäre. Bismarck waren solche Form- und Titelfragen höchst gleichgültig. Und tatsächlich waren Kaiser und Reich nur klingendes Brimborium, bunter Schein und Flitter, an dem sich fürstliche Eitelkeit so gut wie das romantische Sehnen des Volks erbauen konnte.

Das dritte, auf einer zukünftigen Zeitebene angesiedelte Motiv schließlich, das Bismarck möglicherweise am stärksten bewog, auf einer Annexion von Elsass-Lothringen zu beharren, lässt sich nur aus seinen eigenen Interessen und aus seinem späteren Handeln ableiten. Bismarck war sich bewusst, dass die durch den Beitritt der süddeutschen Staaten nur geringfügig veränderte staatsrechtliche Grundlage des Norddeutschen Bundes, die für das Deutsche Reich übernommen wurde, einen in allen ihren Teilen höchst heiklen Kompromiss zwischen sehr gegensätzlichen Kräften und Prinzipien darstellte: zwischen Zentralismus und Partikularismus; zwischen dem Prinzip der Volkssouveränität, für das der Reichstag stand, und dem monarchisch-legitimistischen, das der deutsche Kaiser und seine Mitfürsten verkörperten; zwischen dem spezifisch preußischen Machtinteresse mit all seinen heterogenen Geltungsansprüchen und dem Interesse des Reiches. Es steht außer Frage, dass es sich dabei keineswegs um einen ausgewogenen Kompromiss handelte, den es nach dem Willen Bismarcks auch nie geben durfte, sondern dass bei ihm immer die Kräfte des Beharrens, der Tradition, mit einem Wort die Macht Preußens, unbedingten Vorrang genießen sollten. Dementsprechend waren auch die Kräfteverhältnisse im Innern gegliedert: Dem eher liberalen, parlamentarischen und demokratischen Element, dem Volk also, repräsentiert durch den Reichstag, wurde innerhalb des gesamten politischen Systems nur eine nebensächliche Funktion zugebilligt. Wohl verschoben sich die Gewichte im Laufe der Zeit, obsiegte der Unitarismus über den Partikularismus, und sogar der Reichstag brachte sich stärker, als dies von Bismarck beabsichtigt gewesen war, gegenüber dem monarchischen Prinzip zur Geltung. Zur Ausbildung eines wirklichen parlamentarischen Systems aber kam es erst, nachdem das Bismarck'sche Kaiserreich im Ersten Weltkrieg untergegangen war. Tatsächlich war dieses Reich von Bismarcks Gnaden ein rechter Wechselbalg, an dem jede Partei etwas anderes auszusetzen hatte und der niemand wirklich zufriedenstellte, geschweige denn glücklich machte. Die preußischen Konservativen, Bismarcks alte politische Weggefährten, schmollten, weil sie darauf gehofft hatten, dass infolge des siegreichen Krieges die Reaktion endlich wieder zum Zuge käme, den Parlamentarismus züchtigte und irgendeine Form des Neo-Absolutismus errichtete, den sie sich als wahres Spiegelbild ihrer Interessen erträumten. Ebenso wenig zufrieden waren aber auch die Liberalen, denen eine wirklich parlamentarische Verfassung des Reiches mit Ministerien, die dem Reichstag gegenüber verantwortlich waren, vorgeschwebt hatte. Was sie stattdessen bekamen, war jenes »künstlerische Chaos«, wie Kronprinz Friedrich die Reichsverfassung zutreffend charakterisierte, in dem sich allein dessen Schöpfer, Bismarck, auskannte und das nur er zu beherrschen verstand. Noch größer aber war womöglich die Enttäuschung der Fortschrittspartei, die noch immer ihrer so oft und so nachdrücklich enttäuschten Illusion nachjagte, der Neubau Deutschlands werde durch das souveräne Volk ausgeführt, dessen Werkzeug ein Parlament sei, das den Willen der Nation den Einzelwillen der Souveräne überordnete. Die Fortschrittspartei musste nun erleben, dass die deutsche Einheit von den Fürsten gemacht wurde und dass die Zustimmung des Volkes lediglich als nachgeordnete Formalität, wenn nicht gar als Kalamität angesehen wurde. Die Unitarier dagegen, jene also, die ein starkes, möglichst einheitlich organisiertes, geradezu monolithisches Reich wollten, waren ob der Zugeständnisse und Reservatrechte irritiert, die sich vor allem Bayern als Preis für seinen Beitritt gesichert hatte. Die Partikularisten, die Romantiker kleinstaatlicher Idylle, hingegen waren aus den genau gegenteiligen Gründen unglücklich mit dem Reich, das man ihnen bescherte: Ihnen erschienen die Zugeständnisse und zumeist leeren Referenzen an einzelstaatliche Partikularismen als bei Weitem zu gering.

Dieser Kult der Unzufriedenheit, der sich in vielfältiger Kritik an Bismarcks Einigungswerk artikulierte, noch bevor es Verfassungswirklichkeit geworden war, zerrte nicht wenig an seinen Nerven. Bei einer Tafelrunde in Versailles am 2. Dezember 1870 machte Bismarck seinem Unmut Luft: »Die Leute ahnen nicht, was die Lage ist. Wir balancieren auf der Spitze eines Blitzableiters; verlieren wir das Gleichgewicht, das ich mit Mühe herausgebracht habe, so liegen wir unten. Sie wollen mehr haben, als was sich ohne Pression erreichen ließ, und worüber wären sie vor 1866 glücklich gewesen! ... Aber ändern sie nur ein Komma, so müssen neue Verhandlungen beginnen. Wo sollten sie stattfinden? Hier in Versailles? Und sind wir mit der Sache zum ersten Januar nicht fertig – was manchem in München lieb wäre –, so ist die deutsche Einheit verloren – vielleicht für Jahre, und die Österreicher machen ihre Geschäfte in München.«

Mit Kritik und Unzufriedenheit, so berechtigt sie im Einzelnen auch sein mochte, war jetzt nichts mehr zu ändern. Bismarck hatte sich auf der ganzen Linie durchgesetzt. Preußens Charakter wurde nun, nachdem ihn der Erfolg bis zur Kenntlichkeit vergröbert hatte, auch dem Reich übergestülpt. Das deutsche Kaiserreich wurde ein halb feudaler Militärstaat, dessen Geschicke fast zwei Jahrzehnte lang von einem Zivilisten in Uniform, Otto von Bismarck, gelenkt wurden. Dabei ging es Bismarck nicht nur darum, die historische Kontinuität des alten Preußen innerhalb des neuen Reiches pietätvoll zu bewahren; vielmehr verfolgte er damit auch eine eminent politische Absicht: Die Militarisierung des öffentlichen Lebens im Kaiserreich, für die Bismarck selbst mit seinem Uniformfimmel ein weithin leuchtendes Beispiel gab, diente vor allem dazu, das Bismarck'sche Herrschaftssystem erfolgreich gegen parlamentarische und liberale Geltungsansprüche abzusichern. Damit dieser Mummenschanz aber auch auf die Dauer seine Wirkung tat, musste die Öffentlichkeit durch wirkliche oder eingebildete äußere wie innere Feinde ständig in Furcht und Schrecken gehalten werden. Den Part des äußeren Feindes wies Bismarck Frankreich zu, von dem er gewiss sein konnte, dass es den Verlust Elsass-Lothringens nie verwinden, sondern seine ganze Politik darauf abstellen würde, diese Gebiete von preußischer Fremdherrschaft zu befreien. Am 26. April 1872 schrieb der Basler Historiker Jacob Burckhardt seinem badischen Freund Friedrich von Preen: »Mit der ›Sicherung von Elsaß-Lothringen‹ hat man auch ohne Krieg wenigstens jeden Moment Kriegs*lärm*, Mobilmachungen u. degl. disponibel, d. h. einen leisen Belagerungszustand in *Deutschland selbst*, wobei Constitutionalismus u. a. Antiquitäten plötzlich verstummen müssen.«

Die Annexion von Elsass-Lothringen war der große außenpolitische Fehler Bismarcks. Er war gewissermaßen die Haftmine, die Bismarck an seinem eigenen Werk anbrachte. Frankreich würde sich, daran konnte Bismarck keinen Zweifel haben, immer den Gegnern des Reiches zugesellen. Bismarck handelte damit seiner eigenen Einsicht zuwider, die er im Mai 1860 in seinem letzten, grundsätzlichen Brief an Leopold Gerlach in das anschauliche Bild gekleidet hatte, dass »man nicht Schach spielen kann, wenn einem sechzehn Felder von vierundsechzig von Haus aus verboten sind«. Damals hatte er das Frankreich Napoleons III. gemeint, auf das man nicht aus rein legitimistischen Erwägungen als möglichen Bündnispartner verzichten könne oder dürfe. Jetzt erzwang Bismarck diesen Verzicht, indem er sich auf Motive berief, die, auch wenn man sie zusammennimmt, an Fragwürdigkeit nur noch gewinnen. Seine viel bewunderte und viel gerühmte Außenpolitik in den Jahren nach 1871 war mit der Hypothek dieses einen Fehlers belastet, der wie ein Krebsgeschwür wucherte und ihm mit dem »Alpdruck der Bündnisse« das weitere Leben vergällte.

Sedan fiel am 2. September 1870, aber danach sah es für lange Wochen und Monate so aus, als würde dieser Sieg wegen der maßlosen Annexionsforderungen und des Widerstands, den die französische Republik dagegen mobilisierte, Preußen unter den Händen zerrinnen. Währenddessen jagte Moltke seiner schrecklichen Chimäre nach, Frankreich auszulöschen. Mitte September hatten die verbündeten Truppen Paris eingeschlossen, aber die Republik besann sich auf ihre revolutionären Traditionen und begann südlich der Loire neue Armeen aufzustellen, die den Kampf fortsetzen und die Ehre Frankreichs wiederherstellen sollten. Am 18. September trafen Jules Favre und Bismarck in Ferrières, einem Landsitz der Pariser Rothschilds nahe Montargis, dem Hauptquartier der Verbündeten, zusammen. Favre wollte mit Bismarck die Bedingungen eines ehrenhaften Friedens aushandeln. Er glaubte, dass mit dem Sturz Napoleons Bismarcks Kriegsziele bereits erfüllt seien. Bismarck bedeutete seinem Gesprächspartner, er könne sofort einen Waffenstillstand erhalten, wenn sich die Republik zuvor mit den Annexionsforderungen einverstanden erkläre. Dazu konnte sich Favre aber beim besten Willen nicht verstehen und kehrte voller Verzweiflung nach Paris zurück.

Mit seiner Intransigenz eröffnete Bismarck eine Pokerpartie, die in den kommenden Wochen und Monaten noch einen sehr riskanten Verlauf nehmen und die vor allem das weitere deutsch-französische Verhältnis grundsätzlich vergiften sollte. Andererseits war es Bismarcks Interesse, den Krieg so rasch wie möglich zu beenden, um die Gefahr zu bannen, dass andere europäische Mächte in den Konflikt eingriffen. Die Verhandlungen mit den vier süddeutschen Fürstenhäusern über ihren Beitritt zum Norddeutschen Bund kamen überdies am 23. November 1870, nachdem Bayern seinen lang hinhaltenden Widerstand aufgegeben hatte, zu einem erfolgreichen Abschluss. Schließlich konnte sich Bismarck nicht vorstellen, dass Paris der Hungerblockade durch die verbündeten Truppen länger als vier Monate standhalten würde. Auch lag es jenseits seines Horizonts, dass es der von ihm fälschlicherweise als äußerst schwach angesehenen republikanischen Regierung gelingen könnte, noch einen irgendwie wirksamen Widerstand zu organisieren.

Die militärischen Auseinandersetzungen entbrannten nach dem ergebnislosen Treffen in Ferrières nicht nur neu, sondern das Kriegsgeschehen nahm auch einen völlig anderen Charakter an, indem von beiden Seiten alle bislang beachteten Regeln außer Kraft gesetzt wurden: In den besetzten Gebieten Frankreichs entstand spontan eine Widerstandsbewegung, die *francs-tireurs*, die die lang gestreckten Kommunikationslinien der Verbündeten mit Sabotageakten attackierten. Diese Guerilla provozierte immer brutalere Repressionsmaßnahmen, die ihrerseits dazu beitrugen, das sich rasch aufbauende Klima des gegenseitigen Hasses zu erhitzen. Bismarck machte diese ganze Entwicklung, die seine fein gesponnenen Pläne nachhaltig störte, zusehends nervöser. Schließlich reagierte er, wie dies für ihn immer typischer wurde, wenn er auf Widerstand stieß: Er flüchtete sich in Drohungen. Alle Dörfer, in denen Freischärler angetroffen würden, sollten niedergebrannt werden. Jeder Einwohner, gleich, ob Mann, Frau oder Kind, der im bloßen Verdacht stand, auf die Okkupationstruppen geschossen zu haben oder einen Sabotageakt vorbereitet zu haben, sollte standrechtlich erschossen werden. Die Bevölkerung von Gebieten, in denen besonders zäh Widerstand geleistet werde, sollte in Gefangenenlager nach Deutschland deportiert werden. Auch wenn es zu dieser Maßnahme nie gekommen ist, kam es zu zahlreichen standrechtlichen Hinrichtungen, wurde manches Dorf in Schutt und Asche gelegt.

Dieser »schmutzige Krieg«, den die von Bismarck gesteuerten oder beeinflussten Zeitungen auch an der »Heimatfront« bekanntmachten, trug erheblich dazu bei, einen Franzosenhass zu schüren, der das Verhältnis beider Völker auf Dauer zerstören musste. Selbst Bismarcks Frau, die stets als sanftmütig geschilderte Johanna von Puttkamer, gebärdete sich als Megäre und ließ sich zu wahren Hasstiraden hinreißen, wie Friedrich von Holstein in seinem Tagebuch berichtet. Ähnliche Töne waren auch im Hause Cosima und Richard Wagners zu hören, wie den Tagebüchern Cosimas zu entnehmen ist. Mit ihrem Franzosenhass, der eine unübersehbar rassistische Färbung hatte, gaben diese sogenannten »höheren Kreise« der Gesellschaft ein fatales Beispiel. In diesem Zusammenhang sei auf einen Zwischenfall verwiesen, der sich bereits Ende Dezember 1870 in Metz zutrug, wo der dortige preußische Kommandant, Graf Guido Henckel von Donnersmarck, den Befehl zur sofortigen Deportation der in dieser Gegend besonders zahlreich ansässigen Polen gab, von denen die meisten Juden waren. Proteste des Rabbis von Metz, Lipman, beschied er mit dem seither vertrauten Hinweis auf einschlägige Befehle, Lothringen zu germanisieren, eine Maßnahme, der bekanntermaßen besonders das polnische Element Widerstand entgegensetze.

Alle diese Vorkommnisse und Exzesse trugen dazu bei, den Glanz der in nur drei Augustwochen errungenen Siege erheblich zu trüben, während die sich hinziehende Belagerung von Paris mehr und mehr an den Nerven Bismarcks und seiner unmittelbaren Umgebung zerrte. Die Lage der Verbündeten wurde mit dem Einzug des Herbstes und dem nahenden Winter immer ungemütlicher. Am 5. Oktober 1870 wurde das Hauptquartier von Ferrières nach Versailles verlegt. Hier befanden sich der preußische Hof, die Regierung

Preußens und des Norddeutschen Bundes, ausländische Diplomaten, Vertreter der süddeutschen Fürstenhöfe, Kriegskorrespondenten und nicht weniger als zwanzig Fürsten samt Gefolge. Versailles wurde zu einem wahren Heerlager von Schlachtenbummlern und Müßiggängern, von denen jeder Einzelne vor Stolz und Wichtigkeit zu bersten schien. Dieses Treiben bildete einen bemerkenswerten Kontrast zu dem zähen Widerstand, den das republikanische Frankreich leistete, das nicht nur in Paris heroisch aushielt, sondern dessen neu aufgestellte Armeen den Verbündeten in den Vogesen und südlich der Loire die Stirn boten. Währenddessen musste sich Bismarck mit den Militärs auseinandersetzen, die ihn nicht informierten und ihn auch sonst ihre Verachtung spüren ließen. Er hatte sich mit den Eitelkeiten des württembergischen und des bayerischen Königshauses herumzuschlagen, die sich vor der Unvermeidlichkeit ihres Geschicks zierten wie alte Jungfern. Und schließlich, als alles endlich geregelt schien und das neue Reich und sein Kaiser proklamiert werden konnten, musste er sich noch mit seinem Monarchen abplagen, der störrisch wie ein kleines Kind darauf beharrte, dass sein künftiger Titel Kaiser von Deutschland oder Kaiser der Deutschen lauten müsse und nicht, wie mit Rücksicht auf die hohlen Prätentionen der Höfe von Stuttgart und München ausgehandelt, Deutscher Kaiser. Diese letzte Hürde wurde erst am Tage der Proklamation während der Zeremonie im Spiegelsaal von Versailles am 18. Januar 1871 genommen, als Großherzog Friedrich von Baden vortrat und drei Hurras auf »Kaiser Wilhelm« ausbrachte.

In dieser Zeremonie, die der Historienmaler Anton von Werner mehrfach festgehalten hat, womit er dazu beitrug, dieses in vielerlei Hinsicht geschmacklose Geschehnis zu einer nationalen Ikone zu stilisieren, ist der widersprüchliche und unausgegorene Charakter des Deutschen Reichs gebündelt. Paris darbte und litt noch immer unter preußischem Beschuss, und es würde noch Tage und Wochen dauern, bis die

Republik um einen Waffenstillstand nachsuchte. So fand das Spektakel, an dem außer einer Krankenschwester, die zufällig zugegen war und die damit das in seinen Stämmen geeinte deutsche Volk repräsentierte, nur uniformierte und ordensgeschmückte Schranzen, Heroen und Halbheroen teilnahmen, mitten in einem besetzten und vom Krieg verheerten Land statt, dessen Einwohner noch immer mit wütender Entschlossenheit um ihre Existenz kämpften.

Bismarck trug für all das die letzte Verantwortung. Wo und wie anders hätte dieses Maskentreiben aber sonst stattfinden können? Bismarck hatte es eilig, mit dem deutschen Kaiserreich niederzukommen, wie er sich selbst ausdrückte. Nach den Dutzenden von Quisquilien, die berücksichtigt werden mussten, damit das in seinem Souveränitätsschwindel befangene deutsche Zaunkönigtum sich endlich in das Schicksal fügte, das Preußens Macht und Glorie über die Kleinstaaterei verhängt hatte, musste man endlich zu Stuhle kommen. Deshalb Versailles. Nicht, um den Gegner weiter zu demütigen, wie eine spätere chauvinistische Deutung meinte, sondern aus rein praktischen Erwägungen. Wo, wenn nicht hier, hätte der Spuk arrangiert werden sollen? In Deutschland? Das war zu diesem Zeitpunkt allenfalls eine staatsrechtliche Fiktion. Gar in Berlin? Dagegen hätten mit Sicherheit die mühsam eingefangenen süddeutschen Fürstenhäuser aufbegehrt.

Nein, die Gründung des Deutschen Reiches war eine einzige Improvisation, eine Bastelarbeit, deren Gelingen entschieden mehr mit einer Fülle glücklicher Umstände als mit einer überlegenen strategisch-politischen Planung zu tun hatte. Das Einzige, was für Bismarck seit 1866 feststand, was er auf Biegen und Brechen zu erreichen suchte und womit er sich schließlich durchsetzte, war, dieses Gebäude vom First und nicht vom Keller her zu errichten. Verglichen mit der untadeligen Eleganz, mit der Bismarck auf Königgrätz zugesteuert war und mit der er diesen militärischen Sieg politisch verwertet hatte, war die Art und Weise, mit der er die kleindeutsche Lösung in seinem Sinne vollendete, höchst plump und von bisweilen primitiver Brutalität. Letzten Endes waren es entschieden mehr die prestigesüchtigen Dummheiten des Napoleonischen Regimes als Bismarcks überlegene staatsmännische Qualitäten, die Deutschland 1871 in den Sattel halfen. Dass dieses Deutschland dann nicht reiten lernte, dafür trägt jedoch ebenfalls Bismarck die alleinige Verantwortung.

WAS TUN?

Mit der Gründung des Deutschen Reiches war in Europa aus dem Nichts eine Großmacht entstanden, über die der Führer der konservativen Opposition, Benjamin Disraeli, am 9. Februar 1871 vor dem Londoner Unterhaus feststellte, sie zerstöre von Grund auf das Gleichgewicht der europäischen Mächte. In kaum neun Jahren hatte Bismarck dieses Werk vollbracht. Er hätte sich auf seinen Lorbeeren ausruhen und die Welt mit staatsmännischer Weisheit und tätiger Friedensliebe verblüffen können, er hatte alles erreicht. Die Zeitgenossen hatten ihn anfangs weit unterschätzt. Jetzt neigten sie dazu, ihn zu überschätzen und seinem politischen Handeln Unfehlbarkeit zuzuschreiben. Damit war die Legende fertig, die nicht nur der Mit-, sondern auch der Nachwelt den kritischen Blick auf seine Leistungen und Fehler verstellte.

Auch persönlich hatte er alles erreicht, war das Füllhorn monarchischer Gunstbezeigungen und Dankbarkeit über ihm ausgeleert worden. Wilhelm I. beförderte ihn zum Generalleutnant, erhob ihn in den Fürstenstand und verlieh ihm die höchste Stufe des Hohenzollern'schen Hausordens, das Großkreuz mit Brillanten. Das wird Bismarck wenig beeindruckt haben. Was für ihn zählte, was ihn seit seinen bescheidenen Anfängen als hochverschuldeter Landjunker, dem durch Erbe zwei unrentable Landgüter zugefallen waren, umund antrieb, das waren Besitz und Vermögen, vor allem aber Landbesitz. Varzin nahe Köslin in Pommern hatte er im April 1867 mit dem Geldgeschenk von 400 000 Talern erworben, das ihm die Abgeordneten des Norddeutschen Bundes zum

Dank für Königgrätz votierten. Varzin war eine Gutsherrschaft, die 22 000 Morgen Land und sieben Dörfer umfasste. Und jetzt, 1871, erhielt er den Sachsenwald mit 25 000 Morgen Fläche im Herzogtum Lauenburg bei Hamburg vom Kaiser zum Geschenk. Mit dieser Gabe wurde Bismarck einer der größten Landbesitzer im Deutschen Reich. Doch sein »Landhunger«, der seine Herkunft verriet, schien unstillbar. Ständig strebte er danach, seine verschiedenen Besitzungen zu arrondieren und zu erweitern.

Bismarck, der als Kanzler des Deutschen Reiches, als preußischer Ministerpräsident und Außenminister der mächtigste Mann Deutschlands und Europas war, jagte der Chimäre nach, allein ein großes privates Vermögen garantiere persönliche Unabhängigkeit. Diesem Ziel schenkte er keine geringere Aufmerksamkeit als seinen politischen Plänen. Er scheute sich auch nicht, seine aus amtlicher Tätigkeit gewonnenen Erkenntnisse und Einsichten für private geschäftliche Transaktionen zu nutzen. Als Werkzeug diente ihm dabei der Berliner Bankier Gerson Bleichröder, der als Bismarcks Shylock zu einem der einflussreichsten Finanziers Europas aufstieg.

Unmittelbar nach der Unterzeichnung des Friedensvertrages mit Frankreich in Frankfurt am Main – neben der Annexion von Elsass-Lothringen wurde dem Verlierer auch eine Kriegskostenentschädigung in Höhe von fünf Milliarden Goldfrancs aufgebürdet – ließ Bismarck die Bemerkung fallen, das Reich sei nun »saturiert«. Für das Reich, wie es sich Bismarck seinen eigenen Wünschen und Vorstellungen gemäß zugeschnitten hatte, mochte dies wohl gelten. Für viele aber war der Umstand, ein Deutscher zu sein, gleichbedeutend mit dem großen Los. Der Siegestaumel, der das Land erfasst hatte, fand dauerhaften Ausdruck im Nationalismus des »Deutschland, Deutschland über alles«, den Bismarck aus tiefster Seele verachtete, den er aber gleichwohl zynisch ausbeutete. Deshalb unternahm er nichts zu seiner Eindämmung.

Als Symptom politischer Unreife war dieser Hurra-Patriotismus unerträglich genug. Erst recht abstoßend wurde er durch seine Verschmelzung mit dem gleichzeitig grassierenden Gründerzeitfieber. Fünf Milliarden Goldfrancs – der Begriff Milliarde war zuvor im deutschen Sprachschatz unbekannt – waren eine enorme Summe, die im Deutschen Reich einen wahren Goldrausch auslöste. Jedermann wollte seinen Teil davon ergattern. Entgegen dem klugen Ratschlag des Bankiers Ludwig Bamberger, die Milliarden verteilt über einen längeren Zeitraum in den Geldkreislauf einzuspeisen, wurden sie mit einem Mal auf den Kapitalmarkt geworfen. Viele steckten ihre Ersparnisse in Spekulationsobjekte, die von den Banken mit der Verheißung fabelhafter Gewinnaussichten feilgeboten wurden. Die französischen Milliarden trugen entscheidend dazu bei, die sowieso in ganz Europa herrschende Hochkonjunkturphase zu überhitzen. Wer wagt, gewinnt, das war die Devise, nach der viele handelten, die glaubten, sonst ihre Chance zu verpassen. Auf der Strecke blieben dabei Nüchternheit, Moral, Loyalität und Ehrgefühl, kurz, der gesamte Kanon vermeintlich preußischer Tugenden. Mit dem Wiener Börsenkrach vom 9. Mai 1873 flog der Schwindel auf, wich das Goldfieber dem großen Katzenjammer, und der riesige moralische Bankrott, in den sich die siegestrunkene deutsche Gesellschaft gestürzt hatte, wurde offenbar.

Bismarck hatte dem ganzen Treiben einfach zugesehen. Dennoch trug er auch hier die Verantwortung. Er hatte den einsichtigen Rat Ludwig Bambergers in den Wind geschlagen. Aber auch seine Schöpfung, das Reich von 1871, ließ Schwindler, Spekulanten und betrügerische Unternehmer unbehelligt gewähren, ja, ermunterte sie zu ihrem Treiben, mit dem Zehntausende um ihre Ersparnisse gebracht wurden. Außerdem hatte Bismarck selbst mit der Beschlagnahme des Welfenvermögens, das Bleichröder verwaltete und das der Kanzler für allerhand Bestechungen und Beeinflussungen ausgab, die Korruption in Deutschland seit Jahren in beispielloser Weise gefördert.

Allein Bismarck hatte wieder Glück. Die Folgen des Krachs, von dem viele seiner liberalen Bundesgenossen und zahlreiche prominente Mitglieder der Oberschicht erheblich in Mitleidenschaft gezogen wurden, hatten nur in den wenigsten Fällen ein juristisches Nachspiel. Überdies zeigte Bismarck hier eine Indifferenz, die erhebliche charakterliche Mängel offenbart. Zu den Verlierern jenes Goldrauschs gehörte nämlich auch sein alter politischer Weggefährte Hermann Wagener, der erste Chefredakteur der *Kreuzzeitung* und Bismarcks Mentor in Fragen der Sozialpolitik, der ihn im Katechismus der preußischen Tugenden unterwiesen hatte. Diese waren jetzt sehr wohlfeil, und Bismarck ließ es, ohne einen Finger zu rühren, geschehen, dass Wagener in schwärzester Armut dahinvegetierte bis zu seinem Tod im Jahr 1889.

Die publizistischen Reaktionen auf den wirtschaftlichen Kriseneinbruch von 1873 vermitteln einen Eindruck davon, wie hohl und zerrissen, trotz aller äußeren Stärke, dieses preußisch-deutsche Reich war. Aus der Kakophonie der Anschuldigungen und Verdächtigungen kristallisierten sich bald zwei Gruppen heraus, die als die Hauptschuldigen der Krise identifiziert wurden: die Verfechter eines ökonomischen Liberalismus und die traditionellen Sündenböcke in Zeiten wirtschaftlicher Misere, die Juden. Vor allem in populären Polemiken wie Otto Glagaus Artikelserie »Der Börsen- und Gründungsschwindel in Berlin und in Deutschland«, die von 1874 bis 1876 im Familienblatt *Gartenlaube* erschien, wurde das wirtschaftsliberale Prinzip des *Laissez-faire* jüdischer Konspiration zugeschrieben.

Die Gründerzeit mit ihren falschen Versprechungen und ihrem patriotischen Lärm bildete aber nur die Kulisse, vor der Bismarck agierte. Seiner europäischen Sicherheits- und Friedenspolitik nach 1871 wird wegen ihrer vermeintlichen Klugheit noch heute viel Anerkennung und Bewunderung gezollt, aber sie krankte an einem grundsätzlichen perspektivischen Irrtum: Bismarcks Ehrgeiz war ausschließlich auf das Ziel gerichtet, auf welche Weise auch immer, ein Europa zu schaffen, das keine Bedrohung für Deutschland darstellte. Weitsichtiger, dauerhafter und aussichtsreicher wäre es stattdessen gewesen, mit der Macht des Deutschen Reiches das Konzept eines Europas der saturierten Nationalstaaten zu verfolgen, das jeder einzelnen Macht die Gewähr geboten hätte, sich friedlich unter Berücksichtigung der Interessen der anderen zu entwickeln. Bereits Bismarcks Nachfolger, der bis heute weithin unterschätzte General Leo von Caprivi, versuchte, die in Europa sich aufbauenden Spannungen durch ein System von Handelsverträgen zwischen dem Reich und seinen Nachbarn zu entschärfen und auszugleichen. Diese Initiative wurde aber dann von dem »nachholenden Imperialismus«, in dem Wilhelm II. und wesentliche Teile der deutschen Öffentlichkeit nach 1890 zu schwelgen begannen, rasch überspült.

Den perspektivischen Irrtum seiner Außenpolitik verschlimmerte Bismarck noch durch eine entsprechende Innenpolitik, die das weitverbreitete Verlangen, die äußere Einigung des Reiches müsse nun durch dessen innere Einigung organisch ergänzt werden, enttäuschte. Dieses Verlangen berührte die Machtinteressen Bismarcks aufs Empfindlichste. Deshalb reagierte er sofort mit aller Heftigkeit darauf. Der Kulturkampf, Bismarcks jahrelange, erbitterte Auseinandersetzung mit dem politischen Katholizismus, die er an seinem sechsundfünfzigsten Geburtstag, am 1. April 1871, mit einer scharfen Reichstagsrede vom Zaun brach, hat darin seine Wurzeln. Bei den Wahlen zum preußischen Abgeordnetenhaus im November 1870 errang die neu gegründete katholische Zentrumspartei auf Anhieb 57 Sitze, bei den ersten Reichstagswahlen im März 1871 63 Sitze. Darüber hinaus aber erwuchs Bismarck im Führer der Zentrums-Fraktion, dem Osnabrücker Ludwig Windthorst, ein ihm in jeder Hinsicht ebenbürtiger Gegner: Windthorst war ein scharfsinniger, spitzzüngiger Debattenredner, der über große Bildung und über ein in Deutschland seltenes Redetalent verfügte, um das ihn sogar Bismarck beneidet haben mochte.

Der Wahlerfolg des Zentrums war für Bismarck aus zwei Gründen eine böse Überraschung. Zum einen erkannte er sofort, dass diese Partei rasch das Sammelbecken derjenigen werden würde, die sich als Benachteiligte der Reichseinigung empfanden. Die größte Minderheit in dieser Gruppe bildeten die Katholiken, die in kultureller und sozialer Hinsicht homogen und dem protestantischen Preußen ablehnend gegenüberstanden. Diesen gesellte sich die in den östlichen Provinzen Preußens starke polnische Minderheit hinzu. Außerdem war es nur eine Frage der Zeit, bis auch die Abgeordneten aus Elsass-Lothringen sowie die nach wie vor überwiegend welfisch gesinnten Hannoveraner zum Zentrum stoßen würden. Die Attraktivität des Zentrums wurde noch dadurch gesteigert, dass diese Partei neben der Sozialdemokratie, die allerdings nur zwei Mandate errungen hatte, ein sozialpolitisches Programm hatte. Damit appellierte sie an all diejenigen, die sich, wie Handwerker und kleine Gewerbetreibende, von der rasanten kapitalistischen Entwicklung der Gründerzeit überrollt fühlten. Das galt besonders für die süddeutschen Staaten, in denen die Gewerbefreiheit erst unmittelbar vor 1866 eingeführt worden war und die deshalb hinsichtlich ihrer Wirtschaftsmentalität weit hinter den preußischen oder von Preußen stark beeinflussten Reichsteilen hinterherhinkten.

Die zweite Überlegung, die Bismarck missfallen musste, war, dass das Zentrum seiner Organisationsform nach die modernste politische Gliederung darstellte. Während alle anderen Parteien in den Anfangsjahren des Reiches weltanschaulich ausgerichtete Klassenparteien darstellten, war das Zentrum eine klassenübergreifende Volkspartei mit hohem Organisationsgrad. Neben seinen Fraktionen auf Reichs- und Länderebene verfügte das Zentrum noch über eine Reihe straff gegliederter, seiner politischen Führung unterstehender Verbände, in denen katholische Jugend, Gesellen, Arbeiter etc. organisiert waren. Außerdem besaß das Zentrum mit der *Germania* ein wirksames, überall im Reich verbreitetes, publizistisches Sprachrohr.

Bismarck hütete sich jedoch, das, was ihn am Zentrum irritierte, zum Thema seiner Attacken zu machen. Außerdem war es viel öffentlichkeitswirksamer, den vermeintlichen Ultramontanismus des Zentrums anzuprangern, ihm zu unterstellen, dass der vom italienischen Laizismus bedrängte Papst sich ausgerechnet im preußisch-protestantisch dominierten Reich einen politischen Brückenkopf zu errichten suche. Die zahlreichen öffentlichen und privaten Äußerungen, die Bismarck zur Rechtfertigung des von ihm angezettelten Kulturkampfes tat, sind deshalb nicht allzu ernst zu nehmen.

Sein wichtigster Verbündeter im Kulturkampf war die liberale Reichstagsmehrheit, die Bismarck dabei aus tiefer innerer Überzeugung auf den Leim ging. Die Liberalen merkten erst, als es zu spät war, wie sehr sie dabei von Bismarck missbraucht und vorgeführt wurden, galt ihnen das Reich Bismarcks doch als die Erfüllung ihrer nationalen Sehnsüchte. Den von Bismarck mit dem Kulturkampf entfesselten kalten Bürgerkrieg hielten die Liberalen für die letzte, entscheidende Auseinandersetzung zwischen Reformation und Gegenreformation, zwischen Luther und Papst, zwischen Licht und Finsternis, Moderne und Mittelalter. Der Kulturkampf lässt sich als Komplementärphänomen der liberalen Hochflut, die das Europa jener Jahre überschwemmte, deuten. Auch in Österreich oder im Frankreich der Dritten Republik kam es zu einem heftigen Streit zwischen staatlicher und kirchlicher Autorität. Aber in Deutschland verherrlichten nicht wenige die preußischen Waffenerfolge von Königgrätz und Sedan als Siege des protestantischen Glaubens über den römischen Katholizismus.

Die katholische Kirche schien nicht minder trotzig entschlossen, dem Siegeslauf der Moderne und des säkularen Nationalstaates ihr Konzept eines christlich-katholischen Universalismus entgegenzustellen. Besonders die deutschen Liberalen aber, die sich ganz mit den durch Bismarck geschaffenen Tatsachen identifizierten, verstanden diese vermeintliche Kampfansage der katholischen Kirche als unerträgliche Beleidigung, als Gefährdung der eigenen Absichten und Zukunftserwartungen. Deshalb waren die Liberalen die eigentlichen Autoren der sogenannten Mai-Gesetze von 1873, die den Kulturkampf in Preußen wie im Reich prägten, mit denen der gesellschaftliche Einfluss der katholischen Kirche vernichtet werden sollte.

Für Bismarck war das Zentrum, wie er in einer Reichstagsrede vom 30. Januar 1872 ausführte, eine »Mobilmachung der Partei gegen den Staat«. Und da er sich seit Langem schon für den Staat hielt, musste er im Zentrum einen Affront gegen sich sehen. In dieser Logik beabsichtigte Bismarck mit dem Kulturkampf vor allem den Staat, der seinen eigenen und damit auch den spezifisch preußischen Machtinteressen entsprach, rasch und wirksam zu konsolidieren. Insofern war der Kulturkampf ein Mittel, die Bismarck gemäßen Bedingungen einer politisch-kulturellen Identität in dem von ihm geschaffenen Reich zu formulieren. Bismarck hatte damit unstreitig Erfolg, allerdings einen Erfolg, der sich, wie fast alle seine Triumphe, in der weiteren Geschichte der Deutschen als Pyrrhussieg erweisen sollte.

Dass sich Bismarck nicht für eine »positive Integration« jener Gruppierungen, die, wie Polen, Welfen, Elsässer, Lothringer und Katholiken, in Distanz zum Reich standen und deren politische Geltungsansprüche das Zentrum weitgehend repräsentierte, sondern für eine »negative Integration« entschied, d.h. für Isolierung und Ausgrenzung, und sie als Parias und neben den Sozialdemokraten als »Reichsfeinde« abstempelte, entsprach seinem Charakter ebenso wie seinen politischen Interessen. Bismarcks Politik war immer von nur negativen Zielsetzungen beherrscht. Sie hatten ihren Ursprung in seinem pietistischen Manichäismus, der in der Welt nur zwischen Freund und Feind unterschied. Je älter er wurde, desto starrsinniger, uneleganter, plumper und für seine Gegenspieler leichter durchschaubar wurden deshalb seine Winkelzüge.

Deutschland hatte nach 1871 die Chance, ein wirklicher Nationalstaat zu werden. Dass es bewusst versäumt wurde, die zahlreichen Trägergruppen unterschiedlicher politischer und kultureller Traditionen, die das Reich umschloss, zu einer Nation zusammenzuschweißen – die Vereinigten Staaten sind ein Beispiel dafür, dass eine solche Integration unter ungleich schwierigeren Bedingungen möglich und erfolgreich sein kann –, entsprach zwar durchaus preußischen, nicht aber deutschen Interessen. Deutscher Nationalstaat und großpreußischer Partikularstaat waren nicht miteinander vermittelbare politisch-kulturelle Entitäten. Wenn Preußen auch weiterhin Preußen bleiben sollte, dann durfte die letzte Konsequenz der Reichsgründung nicht vollzogen werden. Die »von oben abgeschnittene Revolution« war nichts anderes als die Verhinderung der deutschen Nation durch Preußen, durch Bismarck.

Die Primitivität der politischen Strategie, die Bismarck mit dem Kulturkampf verfolgte, wurde nur noch von deren brutaler Umsetzung übertroffen, die er einer seiner Kreaturen, dem preußischen Erziehungsminister Adalbert Falk, überließ. Das bewahrte Falk aber nicht davor, von Bismarck rücksichtslos geopfert zu werden, sobald er sich entschlossen hatte, den Kampf abzublasen. In seinen Lebenserinnerungen hat Bismarck, wenn nicht den ganzen Kulturkampf, so doch die fatalen »Mai-Gesetze« als das alleinige Werk Falks dargestellt. Die Berufung Falks sei ein »Mißgriff« gewesen, der ihm erst »an dem Bilde ehrlicher, aber ungeschickter preußischer Gendarmen, die mit Sporen und Schleppsäbel hinter gewandten und leichtfüßigen Priestern durch Hintertüren und Schlafzimmer nachsetzten«, aufgegangen sei.

Der Kulturkampf entsprach in seiner Inszenierung so gar nicht dem, was man bislang von Bismarck gewohnt war. Seine frühere opportunistische Flexibilität wich nach der Reichsgründung einer starr gehandhabten Machtmechanik. Auf außenpolitischem Gebiet ist dieser Wandel noch augenfälliger. Bismarck hatte zuvor für Bündnisse, die sich auf das Bekenntnis hehrer Prinzipien stützten und nicht auf die gemeinsamen Interessen der Bündnispartner, nur Hohn und Spott übrig gehabt. Doch gerade er, der nach dem Fehler mit der Alvensleben-Konvention derartigen Übereinkünften überhaupt abhold war – abgesehen von der auf drei Monate befristeten Militärkonvention mit Italien 1866 –, suchte jetzt sein Heil in einem ganzen System von Allianzen, dessen tragende Pfeiler die beiden konservativen Ostmächte Russland und Österreich waren. Eine solche Kombination gehörte seit den Kriegen gegen Napoleon I. zum ehernen Traditionsbestand preußischer Außenpolitik. Auf dieser konnte jetzt aber kein Segen mehr ruhen, denn beide Mächte belauerten sich auf dem Balkan, und es war abzusehen, dass ein Konflikt dort das Reich dazu zwänge, die eine gegen die andere Macht zu unterstützen. Bismarck glaubte dennoch, keine andere Wahl zu haben, denn seit der Annexion von Elsass-Lothringen plagte ihn der Albdruck einer möglichen Koalition zwischen einem rachedurstigen Frankreich und Russland oder Österreich. Eine solche Konstellation hätte dem Reich im Konfliktfall einen Zweifrontenkrieg beschert, worauf man sich im Generalstab im Übrigen bald nach 1871 planerisch einstellte.

Weiterhin engte sich Bismarck seine außenpolitische Bewegungsfreiheit dadurch ein, dass er, abgesehen von zwei halbherzig unternommenen Versuchen, keinerlei Anstrengungen unternahm, England in sein Bündnissystem einzubeziehen. England brauchte immer einen »Festlandsdegen«;

außerdem drohte das Reich bis zu Bismarcks Kolonialabenteuer Mitte der Achtzigerjahre nirgendwo auf der Welt in einen Interessenkonflikt mit dem Empire zu geraten, aber Bismarck konnte mit dem »perfiden Albion« einfach nichts anfangen.

Entscheidend jedoch blieb die Annexion von Elsass-Lothringen, sein »Raub Schlesiens«, die Bismarck nach 1871 dazu zwang, sich in ein Bündnissystem zu verstricken, das die Sicherheit des Reiches nicht erhöhte, sondern im Gegenteil erheblich minderte. Die mit erstaunlicher Zähigkeit sich haltende Behauptung, dass Bismarck damit nach 1871 zum Garanten des Friedens in Europa avancierte, übersieht völlig, dass für ihn Frieden nur die Fortsetzung der Politik, *seiner Politik*, mit anderen Mitteln war. Bismarck führte innerhalb von sechs Jahren mit drei Mächten drei Kriege, die alle der Erreichung eines Ziels dienten: Preußen aus der Vormundschaft Österreichs in Deutschland und aus derjenigen Frankreichs und Russlands in Europa zu befreien. Das war ihm gelungen. Bismarck trieb nach 1871 »europäische Friedenspolitik«, weil das Reich mit einem weiteren Krieg nichts gewinnen, sondern nur alles, was mit so viel List und Glück errungen worden war, wieder verlieren konnte. Insofern verhielt sich Bismarck wie ein kluger Spieler, indem er jetzt danach trachtete, den eingeheimsten Gewinn zu sichern. Logischerweise aber musste er seinen Mitspielern misstrauen, denn sein Gewinn war deren Verlust. Bismarck ging es nicht um Frieden im Sinne eines zivilisatorischen Guts, um Frieden, der die Gewähr bot, dass alle Partner einander vertrauten, sich miteinander versöhnten und verständigten und in jedem Falle den Kompromiss dem Konflikt vorzogen. Sein Verständnis von Frieden basierte vielmehr auf dem Konzept wechselseitiger Abschreckung und Furcht. Das beweist die Wegnahme von Elsass-Lothringen, und deshalb vertraute er auf ein immer komplizierteres Bündnissystem, das ihm die

Möglichkeiten gab, zwischen den Partnern jederzeit Misstrauen und Zwietracht zu säen, sie gegeneinander aufzuhetzen und dennoch die Fäden in der Hand zu behalten.

Mit diesem zynischen Unterfangen setzte Bismarck nicht nur die Zukunft des Reiches aufs Spiel, sondern drückte auch seine Verachtung aus, die er gegen jedermann empfand und die er in seinen letzten Lebensjahren in einen Ratschlag an Wilhelm II. kleidete: »Mit dem Deutschen Reich ist es soso lala. Suchen Sie nur Preußen stark zu machen. Es ist egal, was aus den anderen wird.« Mit Preußen aber meinte er letzten Endes nur sich selbst.

Wäre Bismarck wirklich der große Staatsmann gewesen, für den ihn manche bis heute halten, dann hätte er andere Wege und Mittel finden können, die Situation, die er mit dem Deutschen Reich in Europa geschaffen hatte, zu meistern. Außerdem verstand Bismarck die Dynamik jener Kräfte nicht, die ein sich rasant entwickelndes kapitalistisches Wirtschaftssystem freisetzte, für die das neu geschaffene Reich die Rahmenbedingungen schuf. Weil er diese Kräfte und ihre vielfältigen gesellschaftlichen und politischen Auswirkungen nicht begriff, war er auch immer weniger imstande, sie zu bändigen. Dazu gehörte auch jener Nationalismus, der im Bismarckreich besonders heftig aufschäumte. Gewiss handelte es sich dabei um Entwicklungen, die nicht auf das Deutsche Reich beschränkt blieben, sondern sich in allen europäischen Staaten und in den USA bemerkbar machten. Aber nur in Deutschland verdichteten sie sich zu einem explosiven Gemisch. Dass es nicht nur ein Mal, 1914, sondern zum zweiten Mal nach 1933 zündete und die Welt in Brand setzte, hing entschieden mit Bedingungen und Strukturen zusammen, für die Bismarck verantwortlich war.

Bismarck war der erste Dämon, der den Deutschen in ihrer jüngeren Geschichte erwuchs. Er setzte in der Nachfolge Friedrichs II. das Beispiel für eine Politik, bei der Macht allemal vor Recht und Rücksicht ging. Er lieferte das Exempel für eine Vergötzung des Erfolgs ohne Rechnung der Kosten und Folgen. Sein angeblich langfristiges und vorausschauendes Planen und Hecken ist im Wesentlichen nur frommer Selbstbetrug seiner Bewunderer. Sie achteten und verehrten in Bismarck einen Mann, der in allem das war, was sie selbst sich nicht zugestanden: maßlos. Maßlos in seiner egomanischen Machtgier, in seiner Skrupellosigkeit, in seinem Erwerbsstreben und maßlos in seiner Völlerei. Bismarck fragte nie nach den Folgen seines Tuns. Weder für sich noch gar für das Volk, dem er sich als Präzeptor aufgezwungen hatte und das ihn dafür glühend verehrte. Für ihn zählte nur der rasche Gewinn, der schnelle Vorteil. Dem jagte er nach. Zeit seines Lebens. – Der Publizist Maximilian Harden, der mit Bismarck in dessen letzten Lebensjahren lange Gespräche führte, hat ihn in einem Satz sehr zutreffend charakterisiert: »Er wußte nicht, wohin er ging, darum eben kam er am weitesten.« Aber das Glück, das Anfängerglück beim Spiel, verließ ihn nach 1871. Was ihm dann blieb und ihn rettete, war die Legende seiner vermeintlichen Unfehlbarkeit, sein Ruhm und sein Ruf, die allesamt einen dichten Schleier über die Einfallslosigkeit seines Systems breiteten, zu dessen fragwürdiger Sicherheit er jetzt seine Zuflucht nahm.

Ein erster, noch zögernder Schritt, dieses System zu entwickeln, wurde im August 1871 getan: Kaiser Franz Joseph und Kaiser Wilhelm trafen in Ischl zusammen, während die Kanzler und Außenminister beider Staaten, Bismarck und Beust, in Gastein und Salzburg miteinander konferierten. Im Hintergrund dieser freundlich-unverbindlichen Gespräche stand deutscherseits die Überlegung, dass Frankreich über kurz oder lang versuchen würde, aus seiner außenpolitischen Isolation, bedingt durch die Niederlage von 1870/71, auszubrechen. Entscheidender aber war der Richtungswechsel der österreichischen Politik: Nach Sedan hatte Kaiser Franz Joseph alle Hoffnungen fahren lassen, mit Frankreich doch noch eine Allianz zur Wiedererlangung der Hegemonie über Deutschland abschließen zu können. Damit stand einer Aussöhnung mit Deutschland nichts mehr im Wege. Aber welches weitere Ziel sollte angepeilt werden? Bismarck schlug eine Allianz der drei Ostmächte vor, die für das Reich nach Lage der Dinge die beste Garantie gegen ein wiedererstarktes und rachedurstiges Frankreich bot. Allein, welchen Gewinn hätte Österreich von einer solchen Kombination? Julius Andrássy, ein ungarischer Edelmann, der Beust im November 1871 als Außenminister ablöste, machte Bismarck deshalb die Offerte einer Tripel-Allianz unter Einschluss Englands mit Stoßrichtung gegen Russland. Dazu konnte sich Bismarck natürlich nicht verstehen. Zum einen misstraute er England. Zum anderen sicherte ein Bündnis mit Österreich und Russland das Reich am besten gegen französische Revanchegelüste.

Dieser preußisch-österreichische Flirt beunruhigte Russland. In St. Petersburg konnte man sich nichts Besseres vorstellen als eine Feindschaft des Reiches mit seinen beiden mächtigen Nachbarn, Österreich und Frankreich, sodass es umso mehr auf die russische Freundschaft angewiesen wäre. Außerdem hegte man am Zarenhof stets Misstrauen, dass sich Preußen und Österreich auf Kosten Russlands verständigten. Als Kaiser Franz Joseph deshalb im September 1872 einer Einladung nach Berlin Folge leistete, lud sich auch Zar Alexander II. kurzfristig zu diesem Treffen ein. Daraus wurde dann das pompöse Berliner Drei-Kaiser-Treffen, das vom 5. bis zum 12. September währte und bei dem sich die drei Potentaten ihrer konservativen Solidarität gegenüber dem roten Umsturz, der mit der Pariser Kommune erneut sein garstiges Gorgonenhaupt gezeigt hatte, versicherten. Das war keineswegs spektakulär, zumal Europa von der Gefahr eines »roten Umsturzes« in jenen Tagen weiter denn je entfernt war.

Im Mai 1873 reiste Wilhelm I., begleitet von Bismarck und Moltke, nach St. Petersburg, während der Kronprinz zur gleichen Zeit in Wien weilte, um hier mögliche Befürchtungen eines engeren preußisch-russischen Zusammengehens von vornherein zu zerstreuen. Moltke und der russische Feldmarschall Berg schlossen bei dieser Gelegenheit eine Militärkonvention, die jeden Partner verpflichtete, dem anderen im Falle eines Angriffs mit 200 000 Mann zu Hilfe zu kommen, die Bismarck aber nie gegenzeichnete. Die Konvention war auch von keinem wirklichen Nutzen, denn Russland war in jedem Fall entschlossen, Preußen nicht gegen Frankreich zu unterstützen, während umgekehrt Preußen sich nie auf die Seite Russlands schlagen würde, wenn dieses in Konflikt mit Österreich-Ungarn geriete.

Dieses Treffen der Kaiser fand bereits einen Monat später seine Fortsetzung, als der Zar Wien besuchte und mit Kaiser Franz Joseph ein Abkommen schloss, mit dem einmal mehr die konservative Solidarität beschworen wurde. Außerdem vereinbarten beide Höfe eine Vorabverständigung in allen Fragen, die ihre guten Beziehungen beeinträchtigen könnten. Beide Verabredungen waren relativ substanzlos, zumal sie nur das Misstrauen zwischen beiden Mächten verdeutlichten. Konkrete Ursache dieses Misstrauens waren die gegensätzlichen Interessen auf dem Balkan, die bezeichnenderweise mit keinem Wort erwähnt wurden; diese Vereinbarung war also ebenso nutzlos wie die Militärkonvention, die Preußen und Russland zuvor abgeschlossen hatten. Eben deshalb konnte Kaiser Wilhelm I. bei seinem Staatsbesuch in Wien im Oktober 1873 diesem russisch-österreichischen Abkommen auch beitreten. Diese Vereinbarung erhielt dann den hochklingenden Namen »Dreikaiserbund«, mit dem der schöne Schein erweckt wurde, der Friede in Europa sei für geraume Zeit gesichert. Dabei verhielt es sich genau umgekehrt: Der Dreikaiserbund würde nur so lange Bestand haben, wie in Europa alles friedlich blieb. Wenigstens für Bismarck enthielt dieser Bund aber eine beruhigende Gewissheit: Solange die Höfe in St. Petersburg und Wien tatsächlich an die von ihnen beschworenen Prinzipien konservativer Solidarität glaubten, war die Gefahr ihrer Verständigung mit dem republikanischen Frankreich gering. Bismarck musste jedoch bald erkennen, dass dies nur eine schöne Illusion war.

Diese Einsicht kam ihm im Frühjahr 1875, als er unerwartet eine schwere diplomatisch-politische Niederlage zu verkraften hatte. Das besiegte und von ihm willkürlich verstümmelte Frankreich suchte ihn heim wie der Geist eines Erschlagenen seinen Mörder. Moltke trug das Seine dazu bei, indem er unablässig vor großen französischen Rüstungsanstrengungen warnte. Als Bismarck Ende Februar 1875 die Nachricht erhielt, Frankreich beabsichtige, zehntausend Sattelpferde in Deutschland zu kaufen, sah er seine schlimmsten Befürchtungen bestätigt.

Frankreich wollte jedoch keinen Krieg. Es rüstete lediglich auf, um den Anstrengungen, aus seiner diplomatischen Isolation auszubrechen, einen gewissen Nachdruck zu verleihen. Ziel der französischen Politik war es aber nicht, die nach Sedan verlorene Hegemonie über Europa wiederzuerlangen. Paris war es lediglich darum zu tun, einen Bündnispartner zu finden, mit dem es der Macht des Deutschen Reiches die Stirn bieten konnte. Ob Bismarck allein dieser Umstand irritierte oder ob ihm zu Beginn des Jahres 1875 zu dämmern begann, dass der Kulturkampf nicht zu gewinnen sein würde und er die sich abzeichnende innenpolitische Niederlage durch einen spektakulären außenpolitischen Erfolg zu überspielen suchte, sei dahingestellt. Im März erließ er ein Exportverbot für Pferde, ein in Zeiten kavalleristischer Kriegführung stets eindeutiges Signal. Dem folgten Anfang April zwei aufsehenerregende Zeitungsartikel. Am 5. April las man in der *Kölnischen Zeitung*, deren gute Kontakte zum Berliner Auswärtigen Amt ein offenes Geheimnis waren, Frankreich arbeite gemeinsam mit dem Heiligen Stuhl an einer Allianz der katholischen Mächte gegen den deutschen Protestantismus. Diese Verschwörungstheorie konnte aber nur politisch unbedarfte Gemüter beeindrucken. Drei Tage später folgte deshalb in der *Berliner Post* ein Artikel mit der Schlagzeile »Ist Krieg in Sicht?«. Die Frage wurde entschieden bejaht und mit den französischen Rüstungsanstrengungen erklärt. Unzweifelhaft hatten diese Ansichten offiziösen Charakter. Während Moltke zu einem Präventivkrieg drängte, um Frankreich dieses Mal gründlich zu vernichten, wollte Bismarck keinen Konflikt, sondern nur einen billigen diplomatischen Triumph, mit dem er vermutlich die Absicht verfolgte, das eigene Hirngespinst einer Koalition zwischen Frankreich, Österreich und Russland zu verscheuchen. Dass Krieg für ihn nicht infrage käme, versicherte er im Übrigen auch Wilhelm I., der durch den »Krieg-in-Sicht«-Artikel zutiefst verstört war. Andererseits duldete es Bismarck, dass seine Mitarbeiter die Angelegenheit am Kochen hielten.

So äußerte einer der führenden Mitarbeiter des Auswärtigen Amts, Josef von Radowitz, bei einem Abendessen gegenüber dem französischen Botschafter in Berlin, Gontaut-Biron, am 21. April, wenn Frankreich auf Revanche sinne, werde das Reich nicht untätig zuschauen, bis es seine Kräfte gesammelt und Bündnisse geschlossen habe. Diese unverhohlene Drohung mit einem Präventivkrieg musste der französische Botschafter umso ernster nehmen, als Radowitz just von einer Sondermission in St. Petersburg zurückgekehrt war, die in Paris bereits Argwohn erregt hatte. Man vermutete hier mit einigem Recht, dass Bismarck von Russland eine Garantie für den territorialen Bestand des Deutschen Reichs einschließlich Elsass-Lothringens zu erwirken suchte. Gontaut-Biron zögerte deshalb nicht, die Äußerungen von Radowitz sofort Außenminister Louis Decazes zu übermitteln. Decazes, der Bismarcks Tricks gelernt hatte, wandte diese nun gegen ihren Erfinder an: Er machte nicht nur in einer Zirkularnote die französischen Botschafter mit diesen Nachrichten bekannt, sondern informierte auch den Pariser Korrespondenten der Londoner *Times*, die am 6. Mai 1875 in großer Aufmachung darüber berichtete. Diese Veröffentlichung veranlasste die britische Regierung zu einem geharnischten Protest in Berlin: Frankreich verfolge keinerlei aggressive Absichten. Gleichzeitig wandte sich das Foreign Office an St. Petersburg, um Russland für eine gemeinsame Initiative zu gewinnen, mit der Druck auf Berlin ausgeübt werden sollte, den Frieden in Europa unter allen Umständen zu wahren. Damit hatte sich Bismarcks Intrige gegen ihren Urheber gekehrt! Nicht Frankreich drohte mit Krieg, sondern das Reich.

Diese peinliche Situation, in die sich Bismarck selbst manövriert hatte, wurde für ihn aber noch durch eine persönliche Demütigung verschlimmert. Ausgerechnet am 10. Mai 1875 trafen der Zar und der russische Kanzler Gortschakow – den Bismarck wegen seiner Eitelkeit verachtete – zu einem längst vereinbarten Staatsbesuch in Berlin ein. Der britischen Unterstützung gewiss, spielte sich Gortschakow gegenüber Bismarck auf und forderte kategorisch, dieser möge ihm versichern, niemals einen Krieg gegen Frankreich zu beginnen. Das überstieg alles, was Benedetti König Wilhelm 1870 in Ems zugemutet hatte. Aber Bismarck schluckte diese Kröte widerspruchslos. Allerdings vergaß er Gortschakow diese Demütigung nie.

Die »Krieg-in-Sicht«-Krise enthüllte die ganze Wertlosigkeit des Dreikaiserbundes. Nüchtern betrachtet konnte Bismarck mit dem Ausgang der Krise nicht ganz unzufrieden sein: Durch ihr Verhalten bestätigten England und Russland zumindestens indirekt die Verhältnisse in Europa, wie sie seit 1871 bestanden. Keineswegs unterstützten sie Frankreich in seinem Verlangen, seine europäische Position vor 1870 oder gar seine verlorenen Provinzen wiederzuerlangen. Beide Mächte machten aber deutlich, dass sie weder eine französische noch eine preußische Hegemonie über Westeuropa dulden würden. Andererseits beendete der Ausgang der »Krieg-in-Sicht«-Krise die diplomatische Isolation der französischen Republik. Bismarck musste die bittere Erkenntnis akzeptieren, dass selbst der Zarenhof im Prinzip keinerlei Berührungsängste vor der nach Revolution riechenden Dritten Republik hatte. Zwischen dieser Erkenntnis und einer förmlichen russisch-französischen Entente, bei der sogar der Zar sein erlauchtes Haupt zu den Klängen der Marseillaise entblößen würde, lagen noch 16 Jahre. Es war aber kein anderer als Bismarck, der zu diesem von ihm mit Recht gefürchteten Ende manchen Anstoß liefern sollte.

Diese unterschiedlichen Niederlagen und Demütigungen waren gewiss eine Ursache für Bismarcks stark angegriffenen Gesundheitszustand. Jedenfalls begründete er mit einem Hinweis darauf ein Rücktrittsgesuch, das er am 4. Mai 1875 an Wilhelm I. richtete, das dieser aber nicht annahm. Stattdessen gewährte der Kaiser einen unbefristeten Erholungsurlaub, den Bismarck am 5. Juni 1875 antrat und den er bis Ende November in Varzin verbrachte.

Während Bismarck auf seinem pommerschen Landsitz brütete, bahnte sich eine neue Balkankrise an, die vierte des 19. Jahrhunderts. Im Juli 1875 wagten die christlichen Slawen in Bosnien-Herzegowina einen Aufstand gegen die türkische Herrschaft. Dieses Ereignis zog sofort die Aufmerksamkeit aller einst am Krimkrieg beteiligten Großmächte auf sich, deren jede in diesem Raum unterschiedliche Interessen verfolgte. England war vor allem an einem Erhalt des Osmanischen Reiches gelegen, das ihm im östlichen Mittelmeer und im Nahen Osten willkommenen Flankenschutz bot, der seit Eröffnung des Suezkanals im Jahr 1869 noch wichtiger geworden war. Frankreich hingegen war der bedeutendste Financier der Türkei, folglich interessierte es sich ebenfalls für die Erhaltung des Status quo. Russland und Österreich hingegen, wenngleich aus gegensätzlichen Motiven, wollten die Balkanfrage aufkochen lassen. Die russische Politik stand ganz unter dem Einfluss des Panslawismus, einer kruden Mischung aus westlichem Nationalismus und orthodoxem Mystizismus, die zwischen pro-slawischen Sympathien und waghalsigen Plänen, alle slawischen Völker unter Zepter und Knute des Zaren zu vereinen, oszillierte. In Österreich schließlich sann man seit Maria Theresia darauf, die Herrschaft der Donaumonarchie nach Südosten zu erweitern. Außerdem war man trotz Triest nach wie vor auf die freie Schifffahrt auf der Donau angewiesen. Nur das Deutsche Reich hatte keine eigenen Interessen. Bismarck musste jedoch fürchten, hier in einen Konflikt hineingezogen zu werden, bei dem es für ihn, für Preußen oder das Reich nichts zu gewinnen gab. Deshalb klammerte er sich zunächst noch an die Maxime, mit der er in einem Erlass vom 29. November 1862 für Preußen das Fazit der Krimkriegserfahrungen gezogen hatte: »Die orientalische Frage ist ein Gebiet, auf welchem wir unseren Freunden nützlich und unseren Gegnern schädlich sein können, ohne durch direkte eigene Interessen wesentlich gehemmt zu sein.«

Mit dem Erwachen eines Nationalgefühls der hier seit Jahrhunderten lebenden und unter türkischem Joch schmachtenden Völkerschaften änderte sich aber die Brisanz der »orientalischen Frage« grundsätzlich. Hinzu kam, dass für England und Frankreich die Frage einer Kontrolle der Dardanellen, die einst den Krimkrieg ausgelöst hatte, allmählich an Bedeutung verlor. Daher traten beide Mächte nicht mehr automatisch gegen Russland auf den Plan, wenn der Balkan in Bewegung geriet. Diese Rolle fiel nun allein Österreich-Ungarn zu, das sich durch die in diesem Raum stetig heftiger werdenden Nationalismen in seinem eigenen Bestand bedroht fühlte. Spätestens damit gewann die »orientalische Frage« für das Deutsche Reich eine Bedeutung, die Bismarcks hübsche Maxime von 1862 obsolet machte.

Als im Frühjahr 1876 die Gefahr wuchs, dass sich Österreich und Russland auf dem Balkan in die Haare geraten könnten, erinnerte sich Bismarck an den Dreikaiserbund. Der Zar und Gortschakow trafen in der zweiten Maiwoche erneut zu einem seit Längerem geplanten Staatsbesuch in Berlin ein. Auf Initiative Bismarcks reiste auch der österreichische Außenminister Andrássy an. Bei den Gesprächen begnügte sich Bismarck aber weitgehend mit der Rolle des Gastgebers und überließ es seinen Gästen, eine Lösung für den Balkankonflikt zu finden. Das sogenannte »Berliner Memorandum« sah einen umfassenden Reformkatalog für den europäischen Besitz der Türkei vor. Die Türken sollten seine Bestimmungen unverzüglich umsetzen, andernfalls würden die Großmächte intervenieren und ihrerseits effektive Maßnahmen ergreifen.

Dieses Memorandum blieb jedoch ohne Wirkung, da London den Beitritt verweigerte. Bismarcks Absicht, weder für Russland noch für Österreich Partei zu ergreifen, wurde damit durchkreuzt. Trotzdem hielt er sich an diese Rolle und überließ es Österreich und Russland, deren erlauchte Häupter sich Anfang Juli im böhmischen Reichstadt zu zweitägigen Gesprächen über die Balkankrise trafen, eine Lösung zu finden. Unmittelbar nach diesem Treffen, dessen Ergebnis Bismarck Auskunft über den Zustand des Dreikaiserbundes gab, entschwand er wieder für einige Monate Richtung Varzin. Alle Welt konnte daran unmissverständlich erkennen, dass ihm die »balkanischen Hammeldiebe« und deren Umtriebe, die, wie er in einer Reichstagsrede am 5. Dezember 1876 versicherte, nicht »die gesunden Knochen eines einzigen pommerschen Musketiers wert« seien, ihm keinerlei Sorgen bereiteten. In einem Erlass vom 14. August 1876 gab Bismarck mit einer bei ihm seltenen Klarheit Aufschluss über die Motive, die ihn zu dieser ostentativen Zurückhaltung in der »orientalischen Frage« bewogen hatten.

Diesem Erlass lag ein Vorschlag Zar Alexanders II. zugrunde, das Reich möge als einzige nicht unmittelbar interessierte Macht die Initiative zu einem großen europäischen Kongress ergreifen, auf dem eine Lösung der Balkan-Krise angestrebt werden könne. Bismarck setzte u. a. folgende Argumente dagegen: »Ich betrachte es als gefährlich für das Kaiserbündnis, für den Frieden und für die Stellung Deutschlands zu seinen Freunden, wenn jetzt ein Kongreß stattfindet oder eine Konferenz. Die Gefahr für das Kaiserbündnis liegt darin, dass Österreichs Interessen den englischen viel verwandter sind als den russischen und dass in einem Kongreß diese Differenz sich sehr scharf akzentuieren wird, weil Österreich genötigt wäre, zwischen den beiden polar entgegengesetzten Interessen, dem russischen und dem englischen, zu optieren, sein Votum für eines augenblicklich abzugeben ... Das Drei-Kaiser-Bündnis ist bisher die Bürgschaft des Friedens; wird es gelockert und durch die Wahlverwandtschaft Österreich-England resp. Russland-Frankreich gelöst, so drängt die Unverträglichkeit der österreichisch-englisch-russischen Interessen im Orient auf den Krieg hin.«

Damit hatte Bismarck wesentliche Ursachen für den ihn plagenden »Alpdruck der Bündnisse« beschrieben. Aber je länger sich die Balkan-Krise hinzog, desto schwieriger wurde es für Bismarck, gerade mit Rücksicht auf die Freundschaft zu Russland und Österreich, sich weiterhin herauszuhalten. Am 3. September 1876 wurde deshalb Feldmarschall Manteuffel mit einer persönlichen Botschaft Wilhelms I. zu Alexander II. nach Warschau entsandt, in der die unverbrüchliche Freundschaft mit Russland beschworen wurde. Die russische Regierung musste so den Eindruck gewinnen, das Reich werde, was immer geschähe, zu Russland halten. Diese Absicht hatte Bismarck in seinem Diktat vom 30. August 1876 unmissverständlich kundgetan: »... daß wir uns unter keinen Umständen zu feindlichen, auch nur diplomatischen Manövers [sic] gegen Rußland hergeben werden.« Allerdings drängte die russische Seite darauf, diese unverbindlichen Bekundungen durch eine förmliche Vereinbarung zu präzisieren, ein Ansinnen, dem sich Manteuffel aber auftragsgemäß entzog, denn seine Mission diente erklärtermaßen nicht dem Zweck, »Rußland bestimmte Vorschläge oder Anerbietungen zu machen«. Deshalb ließ der Zar Ende September über den deutschen Militärbevollmächtigten in Berlin anfragen, ob

Russland auf die Unterstützung des Reiches zählen könne, sollte es wegen des Balkans zu einem Krieg mit Österreich kommen. Noch ehe Bismarck antworten konnte, traf eine Note aus Wien ein, in der Andrássy ein deutsch-österreichisches Militärbündnis für den Fall vorschlug, dass die Verhandlungen zwischen Wien und St. Petersburg scheiterten.

Bismarck sah sich nun in jener Zwickmühle, die entstehen musste, sobald die balkanischen Interessengegensätze der beiden Partner im Dreikaiserbündnis offen ausbrachen. Die beschwörenden Eingangssätze seines Diktats vom 14. Oktober 1876 beschreiben dieses Dilemma: »Je schwieriger die Situation sich zuspitzt, um so deutlicher müssen wir meines Erachtens uns gegenwärtig halten und in unserer diplomatischen Tätigkeit zum Ausdruck bringen, daß unser Hauptinteresse nicht in dieser oder jener Gestaltung der Verhältnisse des türkischen Reiches liegt, sondern in der Stellung, in welche die uns befreundeten Mächte zu uns und untereinander gebracht werden. Die Frage, ob wir über die orientalischen Wirren mit England, mehr noch mit Österreich, am meisten aber mit Rußland in dauernde Verstimmung geraten, ist für Deutschlands Zukunft unendlich viel wichtiger, als alle Verhältnisse der Türkei zu ihren Untertanen und zu den europäischen Mächten.«

Aus der Verlegenheit, auf diese beiden Ansinnen eine zügige und klare Antwort zu formulieren, sah sich Bismarck dadurch gerettet, dass Russland und Österreich in geheime Verhandlungen eintraten, in denen sie ihre gegenseitigen Interessen auf dem Balkan für den Fall absteckten, dass Russland die Türkei angriffe. Das Ergebnis dieser Verhandlungen war eine Militärkonvention, die am 15. Januar 1877 in Budapest unterzeichnet wurde und in der sich Österreich bei einem russisch-türkischen Krieg zur Neutralität verpflichtete. Im Gegenzug erhielt Österreich Bosnien-Herzegowina als Einflusszone zugesprochen, mit der Möglichkeit, diese zu annektieren. Außerdem sollten Serbien und Montenegro einen unabhängigen und neutralen Puffer zwischen der russischen und der österreichischen Einflusssphäre auf dem Balkan bilden.

Damit war die »orientalische Frage« zunächst einmal vom Tisch, und das Reich sah sich von dem Dilemma erlöst, sich entweder für Russland oder Österreich entscheiden zu müssen. Österreich hatte sich ohne Krieg mit Russland jenen Teil der Balkan-Beute gesichert, auf den es schon immer ein Auge geworfen hatte. Und Russland war es gelungen, die Koalition des Krimkriegs endgültig zu sprengen. Allerdings musste Russland jetzt die Zeche für die beiden anderen Mächte bezahlen, indem es die freie Hand, die ihm die Budapester Konvention verschafft hatte, dazu nutzte, die Türkei so rasch wie möglich zu zerstören.

Am 24. April 1877 erklärte Russland der Türkei den Krieg. Bis zum Juni hatte es den Anschein, als würden die russischen Truppen binnen Kurzem die gesamte europäische Türkei überrennen. Dann aber lief sich ihr Vorstoß an der Festung Plevna fest, die die nach Süden führende Straße beherrschte. Erst am 11. Dezember 1877 überwanden die russischen Truppen dieses Hindernis. Ende Januar 1878 standen sie dann vor den Toren Konstantinopels. Da beide Seiten völlig erschöpft waren, kam es zu einem Waffenstillstand, mit dessen Abschluss der russische Vormarsch entscheidend an Tempo verlor, was sich in den kommenden Monaten bitter rächen sollte. Russland hatte zwar einen alles in allem siegreichen Feldzug geführt, aber den Krieg, dessen Ziel die Zerstörung der Türkei war, dennoch nicht gewonnen.

Diese Situation ließ erneut den Ruf nach einem Kongress der europäischen Mächte zur Lösung der »orientalischen Frage« laut werden. Am 19. Februar 1878 stellte der Führer der Nationalliberalen Partei im Deutschen Reichstag, Benningsen, Bismarck die Frage, ob er willens sei, dabei den Schiedsrichter abzugeben. Darauf versetzte Bismarck, seine Rolle sei vielmehr die »eines ehrlichen Maklers, der das Geschäft wirklich zustande bringen will«. Das war aufrichtig gemeint, denn er hatte nach wie vor keine andere Wahl, als der in seinem Diktat vom 14. Oktober 1876 formulierten Doktrin zu folgen.

Bismarcks Makler-Aufgabe wurde aber dadurch erheblich erschwert, dass Russland noch vor dem Berliner Kongress mit der Türkei am 13. März 1878 den Diktatfrieden von San Stefano schloss. Die Bedingungen dieses Friedens, mit denen Russland den Krieg nachträglich am Verhandlungstisch gewinnen wollte, waren für alle an der »orientalischen Frage« interessierten Mächte, insbesondere aber für Österreich, nicht akzeptabel, weil dessen in Budapest zugesicherte Einflusszonen im Vertrag von San Stefano einfach ignoriert wurden. Der Berliner Kongress konnte nun nicht mehr über eine prinzipiell offene Situation beraten und ein Ergebnis finden, das die Interessen aller Mächte irgendwie befriedigte. Stattdessen hatte er sich jetzt vorrangig mit dem *fait d'accompli* des russischen Diktatfriedens auseinanderzusetzen, dem vor allem England und Österreich nicht zustimmen konnten. Der Kongress musste sich also, sollte er erfolgreich sein, vor allem mit einer Neuverteilung der türkischen Beute befassen, die Russland sich mit dem Recht des Siegers verschafft hatte. Damit geriet Bismarck genau in die Situation, deretwegen er sich in seinem Erlass vom 14. August 1876 mit aller Entschiedenheit gegen einen solchen Kongress der europäischen Mächte gestemmt hatte.

Es nutzte Bismarck auch wenig, dass wesentliche Bestimmungen des Diktatfriedens von San Stefano schon vor Beginn des Berliner Kongresses am 13. Juni 1878 in bilateralen Gesprächen zwischen Russland und den interessierten Mächten aufgehoben oder revidiert worden waren. Als der Kongress einen Monat später endete, war Bismarcks staatsmännische Reputation zwar enorm gestiegen, aber dass viel schöner Schein dabei war, bewies ihm der Beifall aus der »falschen Ecke«, den vor allem Frankreich und England spendeten.

Sicherlich leitete Bismarck die Verhandlungen des Kongresses, die sich im Wesentlichen um Grenzziehungen und andere strittige Fragen drehten, zügig und souverän. Hier war er in seinem Element. Nicht zuletzt deshalb, weil seine Rolle so ganz im Einklang stand mit seinem aus dem 18. Jahrhundert herrührenden Politikverständnis. Das Reich, das Bismarck repräsentierte, erfüllte hier tatsächlich die Funktion einer »Blei-Garnierung, welche die Figur immer wieder zum Stehen bringt«, wie er mit Blick auf Österreich einmal scherzhaft Ende November 1876 formuliert hatte. Jetzt wirkte das Deutsche Reich als die Blei-Garnierung an der europäischen Figur. Das war das politische Ideal, das Bismarck in seinem Kissinger Diktat vom 15. Juni 1877 mit den Worten beschrieben hatte, dass das politische Ziel des Reiches »nicht das irgend eines Ländererwerbs, sondern das einer politischen Gesamtsituation« zu sein habe, »in welcher alle Mächte außer Frankreich unser bedürfen, und von Koalitionen gegen uns durch die Beziehungen zueinander nach Möglichkeit abgehalten werden«. Diese ideale Situation währte aber gerade die vier Wochen, die der Berliner Kongress dauerte. Danach überfiel Bismarck heftiger denn je der »Alpdruck der Bündnisse«. Und jeder der Staatsmänner, die in Berlin versammelt waren, war sich gewiss, dass dem neuen Gleichgewicht der europäischen Mächte mit dem Deutschen Reich als »Blei-Garnierung« keine lange Dauer beschieden sein würde.

Bismarck wusste, dass sich Russland vom Ergebnis des Berliner Kongresses geprellt fühlen musste, hatte dieser es doch um die Früchte des Friedens von San Stefano gebracht, während England, ohne einen Schuss abgefeuert zu haben, in den Besitz Zyperns gelangt war. Mit dem Ende des Berliner Kongresses wusste Bismarck aber auch, dass künftig unmöglich mit der Fiktion Politik zu machen wäre, das Reich könne zugleich mit Russland *und* Österreich Freundschaft halten. Er sah sich nun mit ebender Situation konfrontiert, die er durch die Annexion von Elsass-Lothringen heraufbeschworen hatte: Das Reich lebte in der Furcht, von zwei Seiten bedroht zu werden. Das war der Kern seines »Alpdrucks der Bündnisse«, dem er seit 1871 vergebens zu entrinnen suchte. Auf den Berliner Kongress folgten aber dennoch 34 Jahre eines tiefen Friedens in Europa, den der Kontinent aber nicht der Weisheit und Mäßigung seiner Staatsmänner, geschweige denn dem politischen Genie Bismarcks, verdankte als vielmehr den eifrigen Bemühungen aller Völker, ihren Wohlstand zu mehren.

Dennoch markiert der Berliner Kongress in Bismarcks Karriere den absoluten Höhepunkt. Nie waren seine Macht und seine Unabhängigkeit nach außen wie nach innen so groß wie in den Monaten, die dem Kongress folgten. Dass er diese Situation ausnutzte, um in Innen- und Außenpolitik einen radikalen Kurswechsel vorzunehmen, in dem Glauben, dieser werde seine Person und Stellung auf lange Zeit unangreifbar machen, sollte sich jedoch als sein größter, fast tragischer Irrtum erweisen.

Der innenpolitische Richtungswechsel, den Bismarck nach dem Berliner Kongress einleitete, hatte sich bereits mit dem Rücktritt Rudolf Delbrücks vom Amt als Chef des Bundeskanzleramtes im April 1876 angekündigt. Delbrück war innerhalb der Regierung der Repräsentant einer liberalen Wirtschaftspolitik und die Symbolfigur des liberalen Kurses, den Bismarck seit 1871 steuerte. Je länger jedoch die im Gefolge der Gründerzeitkrise von 1873 einsetzende wirtschaftliche Rezession und Stagnation andauerten, desto drängender wurden die zunächst von der Schwerindustrie und dann ab 1876 auch von den Großagrariern erhobenen Forderungen nach einem wirksamen Schutz der einheimischen Produktion vor billiger ausländischer Konkurrenz. Die Argumente entstammten den Interessen der Produzenten und ihrer Verbände, die sich zunehmend erfolgreich den Anschein gaben, als spräche aus ihnen die tiefe Sorge um die Zukunft der Nation, zu der die unsichere außenpolitische und wirtschaftliche Situation nach 1873 und erst recht die »Krieg-in-Sicht«-Krise von 1875 Anlass zu geben schienen.

Solange Bismarck mit Rückendeckung der Nationalliberalen an seinem liberalen Kurs festhielt, gab es keine Chance auf Veränderung. Außerdem war seine ganze Aufmerksamkeit von anderen Themen, dem Kulturkampf, der »Krieg-in-Sicht«-Krise, den anhaltenden Spannungen auf dem Balkan und vor allem den Problemen mit seiner Gesundheit beansprucht. So konnte gerade der Berliner Kongress Bismarck zu einem grundsätzlichen Kurswechsel veranlassen, weil er hinter dem vordergründigen Glanz und Erfolg der Veranstaltung die zunehmend prekärer werdende außenpolitische Situation des Reiches erkannte. Um dessen Stellung, aber auch um seine eigene zu festigen, beabsichtigte er, das Steueraufkommen des Reiches zu verbessern, d. h., es so zu gestalten, dass die ihm lästigen Mitbestimmungsmöglichkeiten des Reichstags auf diesem Gebiet vermindert wurden.

Bismarck suchte dieses Ziel ausschließlich mittels indirekter Steuern zu erreichen. Zum einen war er selbst ein höchst unwilliger Steuerzahler – immer wieder versuchte er sich von dieser ihm lästigen Pflicht zu befreien –, zum Zweiten hatten indirekte Steuern den großen Vorteil, dass sie nach Billigung durch den Reichstag nicht nur ohne dessen Zustimmung automatisch weiter erhoben, sondern auch erhöht werden konnten. Aus ebendiesem Grund lehnten die Liberalen indirekte Steuern energisch ab, denn sie erkannten darin eine schleichende Auszehrung der steuerpolitischen Autorität des Parlaments. Die konservativen Parteien, insbesondere die 1876 gegründete Deutschkonservative Partei, standen solchen Überlegungen indes keineswegs ablehnend gegenüber. Das Manko war, dass die konservativen Parteien aber nur dann eine Mehrheit im Reichstag hatten, wenn sich ihnen das Zentrum anschloss. Eine solche Lösung verhinderte jedoch der noch immer andauernde Kulturkampf.

Im Frühjahr 1878 traten jedoch einige Ereignisse ein, die Bismarck die Chance eröffneten, sich von den Liberalen abzuwenden. Am 7. Februar 1878 starb Papst Pius IX., Bismarcks großer Widersacher im Kulturkampf. Dessen Nachfolger, Papst Leo XIII., sandte Kaiser Wilhelm I. bald eine Botschaft, in der er seine Bereitschaft zu einem Friedensschluss mit dem Reich und Preußen bekundete. Bismarck hatte damit die Gelegenheit, sein Augenmerk auf einen neuen »Reichsfeind« zu richten.

Auch wenn die von Bismarck im späten Frühjahr 1878 angezettelte Verfolgung der Sozialdemokratie zweifellos opportunistische Aspekte aufwies, kann man dennoch nicht den Hass übersehen, der geradezu pathologische Züge hatte, die sich kaum mit irgendwelchen politischen Absichten rechtfertigen ließen. Erstmals war dieses pathologische Moment in Bismarcks Hysterie angesichts der Revolution von 1848 zum Vorschein gekommen. Aber auch der Kulturkampf war nicht frei davon gewesen. Dieselbe elementare Gewalt seines Hasses, der er gegenüber dem politischen Katholizismus freien Lauf gelassen hatte, richtete er nun gegen die Sozialdemokratie. Den ersten Vorwand lieferte ihm das Attentat, das ein Klempnergeselle namens Hödel am 11. Mai 1878 auf Kaiser Wilhelm I. verübte. Hödel feuerte zwei Schüsse ab, die jedoch ihr Ziel verfehlten und auch sonst niemanden verletzten. Obwohl durch nichts bewiesen, sah Bismarck sofort die Sozialdemokratie in der Rolle der Anstifterin zu dieser Tat. Bereits fünf Tage später ließ er durch Preußen einen ersten Gesetzentwurf »zur Abwehr sozialdemokratischer Ausschweifungen« im Bundesrat einbringen.

Diese ungerechtfertigte Eile verriet Bismarcks wahre Motive: Besonders die Nationalliberalen sollten umgehend zu einer Stellungnahme gezwungen werden. Entweder fielen sie einmal mehr um und verrieten ihre ureigensten Prinzipien, wie bereits im Verlauf des Kulturkampfes verschiedentlich geschehen, oder sie hielten diesen einmal die Treue und verweigerten ihre Zustimmung zu dem Gesetz, mit dem die neuen »Reichsfeinde« verfolgt werden sollten, und stellten sich so in Bismarcks Sicht mit diesen auf eine Stufe. Da sogar im Bundesrat sofort erhebliche Bedenken und gewichtige Einwände gegen das Gesetz laut wurden, die auch in der Presse auf lebhafte Resonanz stießen, fiel es den Rednern der nationalliberalen Fraktion verhältnismäßig leicht, sich in der Reichstagssitzung vom 23. und 24. Mai 1878 ablehnend zu äußern. Die Abstimmung wurde mit 251 Nein-Stimmen gegen 57 Ja-Stimmen zu einer eklatanten parlamentarischen Niederlage für Bismarck. Sie bekräftigte indessen nur seine

Absicht, das Bündnis mit den Nationalliberalen so schnell wie möglich zu beenden.

Am 2. Juni 1878 wurde ein zweites Attentat auf Wilhelm I. verübt, bei dem der Kaiser schwer verletzt wurde. Bismarck war die Duplizität der Ereignisse hochwillkommen, um seinen Plan nun mit größerer Aussicht auf Erfolg zu vollenden. Als ihm die Nachricht vom zweiten Attentat im Park von Friedrichsruh überbracht wurde, soll er spontan gesagt haben: »Jetzt habe ich die Kerle, jetzt drücke ich sie an die Wand, bis sie quietschen.« Bismarck hat diese Worte immer bestritten, aber zweifellos drückten sie sein Denken und Empfinden sehr treffend aus. Außer Frage kann trotz angeblicher Unterstellung stehen, dass er damit keineswegs die Sozialdemokraten, sondern die Nationalliberalen gemeint hat.

Selbstverständlich wollte Bismarck aus dieser Situation sofort den größtmöglichen Gewinn für sich schlagen und den Reichstag auflösen. Gegen diesen Vorschlag sprach sich aber zunächst eine Mehrheit des Kabinetts aus, das am 5. Juni 1878 unter Vorsitz des Kronprinzen, der den verletzten Monarchen vertrat, tagte. Das Argument sei gewesen, so Bismarck in seinen Lebenserinnerungen, dass eine neuerliche Vorlage des »Sozialistengesetzes« jetzt mit Sicherheit eine Mehrheit im Reichstag fände.

Das jedoch lief Bismarcks insgeheim gehegter Absicht, sich von den Nationalliberalen zu trennen, zuwider. Was er brauchte, waren Neuwahlen. Deshalb setzte Bismarck am Ende doch die Auflösung des Reichstags durch: Das geschah am 11. Juni, zwei Tage vor dem Zusammentritt des Berliner Kongresses. Den Neuwahlen, die für den Sommer angesetzt waren, ging ein Wahlkampf voraus, in dem die Bismarck'sche Propagandamaschine aus allen Rohren schoss, um ein Ergebnis sicherzustellen, das den Wünschen und Absichten des Kanzlers entsprach. Die beiden konservativen Parteien gewannen 28 Mandate dazu, während die Nationalliberalen 29 Mandate verloren. Auch die Fortschrittspartei büßte neun

Sitze ein. Wie nicht anders zu erwarten, hatten auch die Sozialdemokraten Verluste hinzunehmen, mussten aber lediglich drei ihrer zwölf Sitze abgeben, während das Zentrum einen Sitz gewann und im neuen Reichstag mit 94 Abgeordneten vertreten war.

Angesichts dieser Konstellation – die Nationalliberalen und die beiden konservativen Parteien waren etwa gleich stark – würde eine erneute Vorlage des Sozialistengesetzes den Reichstag passieren. Außerdem hatte sich während des Wahlkampfs abgezeichnet, dass die meisten Mitglieder der neuen nationalliberalen Reichstagsfraktion die von Bismarck ausgegebene Devise »Für ein Sozialistengesetz und für eine Reichsfinanzreform« unterstützten. Um des Überlebens willen war die nationalliberale Fraktion entschlossen, erneut umzufallen, ihre Prinzipien zu verraten und sich mit der Rolle bloßen Stimmviehs zu bescheiden. Wie man sieht, hat das Elend des Liberalismus in Deutschland eine lange Tradition.

Die Abstimmung über das »Gesetz gegen die gemeingefährlichen Bestrebungen der Sozialdemokratie« am 18. Oktober 1878 wurde zum vollständigen Triumph Bismarcks. Konservative, Nationalliberale und einige Unabhängige stimmten mit 221 Stimmen geschlossen dafür, während +Zentrum, Fortschrittspartei und die Sozialdemokraten mit 149 Stimmen dagegen votierten. Den Nationalliberalen nutzte es dabei wenig, dass es ihrem linken Flügel noch gelungen war, die Gültigkeitsdauer des Gesetzes auf zweieinhalb Jahre zu begrenzen, eine Konzession, die Bismarck gerne einräumte, um die Gimpel vollzählig zu fangen.

Das Sozialistengesetz war, gemessen am rechtszivilisatorischen Standard des späten 19. Jahrhunderts, eine Schande, für die allein Bismarck die Verantwortung trägt. Er gab damit ein Beispiel für eine »Rechtstradition« in Deutschland, deren Doktrin sich im nationalsozialistischen Unrechtsstaat »völkisch« pervertiert entfaltete. Das Gesetz war der Ausfluss reiner Willkür, das jeden, der im Verdacht stand, mit der Sozialdemokratie in irgendeiner Beziehung zu stehen, schutzlos dem polizeilichen Zugriff aussetzte. Der preußische Obrigkeitsstaat mit Junkerfratze zeigte hier sein wahres Gesicht und lieferte solchermaßen den Beweis dafür, dass die hochgerühmten preußischen Tugenden auf eine Sklavenmoral hinausliefen.

Es ist nur ein schwacher Trost, dass die deutsche Sozialdemokratie dennoch nicht vernichtet wurde, wie es Bismarcks erklärter Wille war, sondern die Absichten ihres Verfolgers mit kontinuierlich ansteigenden Wahlergebnissen verhöhnte. Schließlich entbehrt es auch nicht der Ironie, dass es Sozialdemokraten waren, die 1918/19 den Konkurs des Bismarck-Reiches abzuwickeln hatten. – »Die Weltgeschichte«, sagte der preußische Staatsphilosoph Hegel, »ist das Weltgericht.«

Die Verabschiedung des Sozialistengesetzes, die Bismarck in Ergänzung zu seinem außenpolitischen Triumph auf dem Berliner Kongress einen nicht minder großen innenpolitischen Erfolg verschaffte, war jedoch der Beginn seiner Götterdämmerung, die fast zwölf Jahre dauerte, in denen es Bismarck gelang, seiner Schöpfung endgültig eine Prägung zu verleihen, von der sich Deutschland erst nach zwei verlorenen Weltkriegen und nach Verbrechen, für die es in der gesamten Weltgeschichte keinen Vergleich gibt, befreien konnte. Bismarck gelang es, das deutsche Volk mit seinen unstreitigen Triumphen wie mit seinen schäbigen Lügen, mit seinem Charme wie mit seiner Brutalität zu verblenden und von sich und seiner Einzigartigkeit derart zu überzeugen, dass es in ihm seinen größten Staatsmann erkannte und kritiklos bewunderte. In jenen zwölf Jahren von 1866 bis 1878 avancierte Bismarck endgültig zum Dämon der Deutschen.

Nach der Verabschiedung des Sozialistengesetzes konnte sich Bismarck jetzt der Verwirklichung eines weiteren Wahlversprechens, der »Reichsfinanzreform«, widmen. Hinter diesem Schlagwort verbarg sich nichts anderes als die grundsätzliche Abkehr von der bislang strikt liberalen Wirtschaftspolitik des Reiches. Bereits am 17. Oktober 1878, einen Tag vor Verabschiedung des Sozialistengesetzes, hatten 204 Reichstagsabgeordnete Bismarck eine Erklärung überreicht, in der sie ihn aufforderten, die deutsche Wirtschaft durch Schutzzölle gegen die ausländische Konkurrenz zu sichern. Das war möglicherweise der letzte Anstoß für Bismarck, seine diesbezüglichen Absichten zu verwirklichen, denn diese Abgeordneten, die sich als »Volkswirtschaftliche Vereinigung des Reichstags« vorstellten, repräsentierten exakt jene konservative Koalition, auf die sich der Kanzler künftig zu stützen beabsichtigte: Neben 75 von insgesamt 116 Konservativen und Freikonservativen gehörten dieser Vereinigung 87 von 94 Zentrumsabgeordneten an, außerdem noch 27 Mitglieder der nationalliberalen Reichstagsfraktion. In einem Schreiben an den Bundesrat vom 15. Dezember 1878 kündigte Bismarck einen Gesetzentwurf an, der Einfuhrzölle auf Lebensmittel und Industrieprodukte sowie eine Reihe indirekter Steuern vorsah.

Dieser Kurswechsel führte im Sommer 1879 zum endgültigen Bruch mit den Nationalliberalen. Zwar waren diese bereit, ihre prinzipiellen Einwände gegen indirekte Steuern hintanzustellen, wenn Bismarck seinerseits einem Kompromissvorschlag ihres Führers Bennigsen zustimmte, der aber lediglich dazu dienen sollte, dass sie ihr Gesicht wahrten. Bismarck fand sich dazu nicht bereit. Er akzeptierte lieber den Vorschlag des Zentrums, die sogenannte Franckenstein-Klausel, der zufolge nur ein Teil der neuen Steuern und Abgaben der Reichsregierung zufließen, während der größere Rest den einzelnen Ländern zugutekommen sollte. Dieser Schlüssel stand zwar in eklatantem Widerspruch zu Bismarcks erklärter Absicht, das Reich durch die Finanzreform von den Matrikularbeiträgen der Länder unabhängig zu machen, aber diese Inkonsequenz war der Preis, den Bismarck zahlen wollte, um einerseits eine Verständigung mit dem Zentrum zu erzielen und andererseits den Bruch mit den Nationalliberalen deutlich zu demonstrieren.

Die Wende, die Bismarck mit dem am 15. Juli 1879 verabschiedeten Zoll- und Steuergesetz einleitete, bedeutete mehr als nur eine Abkehr vom Wirtschaftsliberalismus. Die Getreidezölle und der demonstrative Bruch mit den Nationalliberalen verschafften den preußischen Großgrundbesitzern, den Junkern, nach 1879 einen jedes Maß übersteigenden Einfluss auf die inneren Geschicke des Reiches. Diese nur rund 25 000 Personen umfassende soziale Schicht wirkte dank ihrer engen verwandtschaftlichen Beziehungen zum preußischen Offizierskorps erheblich auf die soziale und politische Haltung und Mentalität der höheren Bürokratie, von Teilen der Industrie und des akademischen Mittelstandes ein. Ihr Einfluss wurde noch dadurch verstärkt, dass Bismarck nach 1879 wichtige Steuerungsfunktionen, die bislang von reichsunmittelbaren Behörden, wie dem Kanzleramt, wahrgenommen worden waren, an preußische Ministerien delegierte. Zugleich baute Bismarck Preußen mit aller Konsequenz zum Bollwerk der politischen Reaktion aus. Die Zusammensetzung des Preußischen Landtags, der im Gegensatz zum Reichstag seit der Reichsgründung von einer soliden konservativen Mehrheit beherrscht wurde, welche die schleichende absolutistische Aushöhlung des konstitutionellen Regimes in Preußen nur zu bereitwillig geschehen ließ, bot dafür die Voraussetzung. Bismarck erntete jetzt, was er schon bei der Gründung des Norddeutschen Bundes gesät hatte, als er das Dreiklassenwahlrecht für das Abgeordnetenhaus des Preußischen Landtags trotz seiner damaligen heftigen Kritik an diesem Wahlsystem und des Verdrusses, den es ihm in der Zeit des Verfassungskonflikts bereitet hatte, beibehielt.

Für den konsequenten Ausbau Preußens zu einem Hort der Reaktion nach 1881 steht ein Name: Robert von Puttkamer. Nach Ablösung des preußischen Kulturkampfministers Adalbert Falk am 13. Juli 1879 – zwei Tage später fand die Abstimmung über das Zoll- und Steuergesetz statt – wurde er zunächst Kulturminister, ab 1881 dann preußischer Innenminister. Puttkamer setzte im Auftrag Bismarcks die umfassende soziale Umschichtung des gesamten Justiz-, Militär- und Verwaltungsapparats unter reaktionären Vorzeichen ins Werk, mit der liberale Elemente systematisch beseitigt wurden. Die gesamte preußische Staatsverwaltung wurde anschließend von Beamten beherrscht, die in sozialer und politischer Hinsicht stramm konservative Anschauungen vertraten und stets einer strikten, disziplinarisch bewehrten Gesinnungskontrolle unterworfen waren. Seit den 1880er-Jahren achtete Bismarck im Übrigen darauf, dass eine wachsende Zahl dieser Beamten in Schlüsselstellungen der Reichsverwaltung einrückte.

Diesen Prozess versuchte Bismarck gleichsam charismatisch zu rechtfertigen und zu verbrämen. Immer häufiger bediente er sich für seine Politik nun des Kaisers, der längst ein willenloses Werkzeug in seinen Händen geworden war. Die sogenannten »kaiserlichen Botschaften« an den Reichstag, die Bismarck redigierte, waren dabei ein wichtiges Mittel. Der kaiserliche Erlass vom 4. Januar 1882, mit dem die Pflicht der Beamten, die Politik der Regierung bei Wahlen zu vertreten, disziplinarrechtlich verankert wurde, betonte auch einen Grundsatz, der dem Konstitutionalismus des preußisch-deutschen Reiches von allerhöchster Stelle die Maske bloßen Scheins abriss: Der Erlass proklamierte unmissverständlich, dass der Kaiser und König höchstpersönlich zur Leitung der Politik seiner Regierung berufen sei.

Es ist wiederholt gesagt worden, Bismarck habe sich mit der Betonung des monarchischen Prinzips letztlich sein eigenes Grab geschaufelt, weil er damit dem persönlichen Regiment Wilhelms II. den Weg geebnet habe. Das verkürzt den Sachverhalt erheblich. Voraussetzung für das persönliche Regiment Wilhelms II. war vielmehr, dass das von Bismarck aufgebaute und auf seine Person in einer bestimmten historischen, politischen und gesellschaftlichen Situation zugeschnittene Herrschaftssystem bereits vor seinem erzwungenen Abgang von der politischen Bühne völlig abgewirtschaftet hatte.

Von den Zeitgenossen haben die wenigsten Bismarcks Spiel durchschaut, ohne jedoch seine wahren Motive immer zu erkennen. Einer davon war der Führer des linken Flügels der Nationalliberalen, Eduard Lasker, der die konservative Wende in Bismarcks Politik als den Versuch kritisierte, unter dem Deckmantel des Anspruchs, das Ganze zu vertreten, in Wirklichkeit nur die wirtschaftlichen und sozialen Interessen der ostelbischen Großagrarier und einiger Sektoren der Schwerindustrie zu befördern. Laskers Rede während der Reichstagsdebatte Anfang Mai 1879 über die gesetzliche Grundlage der neuen Wirtschaftspolitik gipfelte schließlich in dem Vorwurf, Bismarck sei entschlossen, den historischen Kompromiss zwischen den alten und den neuen Führungsschichten, zwischen Bürgertum und Adel, der seit 1866 bestünde und der auch die Grundlage des Reiches von 1871 sei, aufzukündigen. Das traf alles zu, aber zugleich offenbart sich hier auch das Missverständnis, in dem selbst ein Mann wie Lasker Bismarck gegenüber befangen war. Für Bismarck war dieser Kompromiss nur ein konjunkturelles, aus opportunistischen Erwägungen heraus akzeptables Mittel gewesen. Niemals aber das, was es für Lasker und die liberal und national gesinnte deutsche Öffentlichkeit bedeutete: ein seinem ganzen Wesen nach unveränderlicher Glaubensartikel.

Bismarcks große innenpolitische Wende wurde von ihm noch mit einem paternalistischen Sahnehäubchen verziert, an dem sich auch heute noch die bismarckfrommen Gemüter gerne laben, wenn es gilt, die vorausschauenden Qualitäten ihres Idols herauszustreichen: die Sozialgesetzgebung. Bereits in der von Bismarck verfassten und verlesenen Thronrede zur Eröffnung des Reichstags am 12. Februar 1879 verwies er auf die Notwendigkeit, Gesetze zu schaffen, die geeignet seien, den sozialen Übeln des »Industrialismus« zu steuern. Diesen Ankündigungen folgte dann im April 1881 der Gesetzentwurf für eine Arbeiterunfallversicherung, wie sie seit längerem von dem Mainzer Bischof Emmanuel von Ketteler, einem der führenden Köpfe der katholischen Soziallehre, gefordert wurde. Diese Gesetzesinitiative stieß sofort auf den erbitterten Widerspruch der Liberalen und der Fortschrittspartei: Eine staatlich organisierte und bezuschusste Arbeiter-Versicherung sei nicht nur sozialistisch, sondern kommunistisch. Dies sei ihm ganz einerlei, versetzte Bismarck, er jedenfalls nenne es »praktisches Christentum« auf gesetzgeberischer Grundlage. Überraschenderweise meldete aber auch das Zentrum Widerspruch an. Dessen Führer Windthorst verwahrte sich besonders gegen das Prinzip eines staatlich geförderten Versicherungssystems. Gemeinsam mit den Liberalen brachte das Zentrum deshalb die Vorlage für die Arbeiterunfallversicherung zu Fall. Ein von der Regierung im Juni 1883 eingebrachter Gesetzentwurf für eine Krankenversicherung ohne staatliche Unterstützung wurde hingegen angenommen, und auch die Arbeiterunfallversicherung nahm im Juli 1884 die parlamentarischen Hürden, nachdem Bismarck der Forderung des Zentrums entsprochen hatte, die Verwaltung dieser Versicherung paritätisch von Arbeitgebern und Organisationen der Arbeitnehmer wahrnehmen zu lassen. 1889 folgte dann noch die Alters- und Invaliditätsversicherung.

Bismarcks konservativ-reaktionäre Wende war nur teilweise erfolgreich. Es gelang ihm beispielsweise zunächst nicht, sich auf ein festes konservatives Parteienbündnis zu stützen. Das Zentrum erwies sich als spröde Schöne, die immer wieder umworben werden wollte und die für ihre politische Kooperation stets einen Preis verlangte. Daher musste Bismarck immer häufiger im Reichstag lavieren und improvisieren, um sich für seine Gesetzesvorhaben eine Mehrheit zu verschaffen. Bismarck war die innenpolitische und parlamentarische Detailarbeit ein Gräuel. Dennoch sah er sich dazu gezwungen, an diesem neuen »Faß der Danaiden« zu schuften, denn er traute keinem anderen die Aufsicht über die »parlamentarische Hochdruckmaschine« zu. Zwar war im März 1878 das Amt eines stellvertretenden Reichskanzlers geschaffen worden, aber Bismarck mochte seine Autorität und Kompetenz nicht teilen. Seine Unfähigkeit, Macht zu delegieren, zwang Bismarck dazu, einen ganz erheblichen Teil seiner Zeit und Arbeitskraft dem Reichstag zu widmen. Zwischen 1879 und 1887 war er hier weitaus häufiger präsent als zu jeder anderen Zeit seines politischen Wirkens.

Einzige Erholung für seine überarbeitete Existenz seien, wie er Anfang 1881 dem britischen Botschafter in Berlin, Lord Odo Russell, versicherte, Gespräche über außenpolitische Fragen. Aber sogar dieses vertraute Feld erwies sich nach 1879 als zunehmend steiniger Acker, auf dem es selbst Bismarck schwerfiel, jenes elegante Ballett aufzuführen, mit dem er seine Partner umgarnte und die im gläubigen Staunen vor seinem Genie verharrende Nachwelt verzückte.

Mit Ausnahme Russlands waren alle europäischen Mächte mit dem Ergebnis des Berliner Kongresses zufrieden. Das Zarenreich war tief enttäuscht, weil es sich um die Früchte seines Sieges über die Türkei betrogen sah, und spielte die beleidigte Kokotte: Es machte aber nicht Großbritannien für diesen »Betrug« verantwortlich, von dem es zu den entscheidenden Konzessionen genötigt worden war, sondern Bismarck. Dabei hatte sich der deutsche Kanzler auf dem Berliner Kongress sehr für die Belange Russlands eingesetzt. England durch Beleidigtsein zu strafen hatte für Russland jedoch wenig Sinn, zumal sich der Adressat kaum würde beeindrucken lassen. Eine solche Haltung gegenüber Preußen und dem Reich einzunehmen war indes am Zarenhof eine gern und erfolgreich geübte Methode, um den »Juniorpartner« beim polnischen Beutezug wieder enger an sich zu binden. Für ein »preußisches Gambit« sprach in St. Petersburg außerdem, dass der Berliner Kongress die Koalition des Krimkrieges grosso modo restauriert hatte. Russland brauchte Preußen und das Reich, um aus seiner Isolation auszubrechen. Überdies schien sich Deutschland vorzüglich zu eignen, den russischen Interessen beizuspringen, zumal es sich zu Dank für die wohlwollende Neutralität von 1864 bis 1871 verpflichtet fühlen musste. Schließlich verfolgte man am Zarenhof noch immer den alten Plan, Österreich-Ungarn mithilfe Deutschlands dazu zu bewegen, die russischen Interessen bereitwilliger zu tolerieren.

Es war diese Konstellation, die Bismarck zum Handeln zwang, und nicht der berühmte »Ohrfeigenbrief«, den Zar Alexander II. am 15. August 1879 an Wilhelm I. sandte und in dem er in geradezu ultimativer Form forderte, das Reich möge sich gefälligst verbindlich über seinen künftigen außenpolitischen Kurs äußern. Gleichwohl machte die russische Demarche Bismarck deutlich, dass ihm jetzt keine andere Wahl bliebe, als die volle Verantwortung für ein Europa, zu dessen Gestaltung er selbst einen wesentlichen Beitrag geleistet hatte, zu übernehmen. Mit einschneidenden Folgen für ihn und seine Politik: Aus dem Stürmer und Dränger, dem »weißen Revolutionär« (Henry Kissinger), wurde nun ein Metternich redivivus, dessen wichtigstes außenpolitisches Ziel es künftig war, die monarchische Ordnung, die sich auf die Solidarität der legitimistischen Interessen gründete, zu bewahren. Zwar hatte er in seinen jüngeren Jahren dieses Konzept aus opportunistischen Erwägungen infrage gestellt, jetzt aber standen die Dinge anders, und Bismarck hatte nur noch den einen Wunsch, das mit so viel Glück Erreichte zu bewahren. Dazu schien ihm kein Mittel besser geeignet als eine Neuauflage des Dreikaiserbundes, eine renovierte »Heilige Allianz«.

Diese Absicht war jedoch von Anfang an mit zwei Makeln behaftet. Der Berliner Kongress hatte gezeigt, dass Österreich-Ungarn auf dem Balkan Interessen verfolgte, die sich kaum mit denen vereinbaren lassen würden, die Russland in diesem Raum hatte. Für Russland wie für Österreich war ein Bündnis mit dem Reich aber nur dann von Nutzen, wenn Letzteres die Absichten seines Partners auf dem Balkan rückhaltlos gegen den jeweils anderen unterstützte. Während es Metternich noch genügt hatte, die russisch-österreichischen Gegensätze dadurch zu bannen, dass er das Gespenst der europäischen Revolution beschwor, musste Bismarck sich eines wesentlich komplizierteren Verfahrens bedienen.

In einem ersten Schritt bot er deshalb Österreich-Ungarn eine Sicherheitsallianz an, den sogenannten Zweibund, ein Vorschlag, der in Wien zunächst mehr Überraschung als Begeisterung auslöste, fürchtete man doch hier mit Recht, ein so enges Bündnis verstärke die politische und wirtschaftliche Abhängigkeit von Berlin. Auch Wilhelm I. widersetzte sich diesem Bündnis anfangs entschieden. Dennoch obsiegte Bismarck einmal mehr, auch wenn der deutsch-österreichische Zweibund, der am 7. Oktober 1879 unterzeichnet wurde, in seinem Ergebnis keineswegs jene Allianz vorstellte, sondern ein Defensivbündnis mit sehr ungleich verteilten Lasten war: Deutschland verpflichtete sich, Österreich im Falle eines russischen Angriffs Beistand zu leisten. Sollte dagegen einer der Partner mit einer anderen Macht in einen Krieg verwickelt werden, versprach man sich nur wohlwollende Neutralität. Österreich würde also im Falle eines französischen Angriffs dem Reich nicht zu Hilfe eilen, eine Gegenleistung, die Bismarck auch gar nicht ernsthaft forderte. Seine Absicht war es vielmehr, Österreich-Ungarn die Unterstützung des Reiches förmlich aufzunötigen, auch um den fragwürdigen Preis, dass Deutschland mit Österreich ein gegen Russland gerichtetes

Bündnis einging. Bismarcks Hintergedanke war, Österreich aus der Koalition des Krimkrieges herauszulösen, indem er es mit seinen Sicherheitsinteressen fest an das Reich band.

Nach der verborgenen politischen Weisheit dieses Bündnisses wird man vergeblich fahnden. Bismarck selbst erklärte den im Übrigen geheimen Zweibund später damit, er habe die Sicherheit Deutschlands gegenüber Russland erhöht. Genau das Gegenteil traf zu. Das Bündnis bedeutete eine reale Gefährdung Deutschlands. Von Österreich-Ungarn und dessen Balkanaspirationen abgesehen, hatten Russland und das Reich keinerlei Reibungen. Auch die anderen möglichen Koalitionen, denen Bismarck mit dieser Allianz einen Riegel vorschieben wollte, gab es nur in seiner Phantasie: Nichts, aber auch gar nichts deutete im Jahre 1879 darauf hin, dass das zaristische Russland und das republikanische Frankreich sich gegen das Reich verständigen könnten. Auch gab es für die von Bismarck angeführte Befürchtung, Russland und Österreich würden sich auf Kosten Deutschlands verbünden und möglicherweise noch Frankreich zu dieser Neuauflage der »Kaunitz-Koalition« aus dem Siebenjährigen Krieg gewinnen, zu keiner Zeit den geringsten Anlass.

Bismarck war überdies zutiefst von der Überzeugung durchdrungen, dass die auswärtige Politik der Staaten allein von ihm und seinesgleichen, von Diplomaten, Staatsmännern und Monarchen, von einem Club der Mächtigen und Wissenden sozusagen, geleitet würde. Nur diese wären dazu berufen, die wahren, die eigentlichen Interessen ihrer Staaten zu erkennen und nach diesen ihr Handeln festzulegen. Die Erwartungen der Völker, deren Stimmungen und Abneigungen, die Macht von Kapital und Wirtschaft spielten dabei entweder keine oder nur eine untergeordnete Rolle, die sich aus seiner Sicht manipulieren und kontrollieren lassen würde. Deshalb waren die meisten der Verträge des »Systems« Bismarck geheim oder enthielten geheime Klauseln und Zusätze, die nur dem allerengsten Zirkel der Initiierten bekannt waren. Solche Arkana waren der Außenpolitik der absolutistischen Kabinette des 18. Jahrhunderts gemäß, nicht aber modernen Industriestaaten, die als »ultima ratio regum« millionenstarke Volksheere gegeneinander aufmarschieren lassen konnten.

Bismarcks politische Phantasie war friderizianisch möbliert. Aber die Gespenster, die er sich malte und die er mit seiner famosen Realpolitik zu bannen suchte, glichen sich, je länger er mit diesem Treiben fortfuhr, immer mehr der geheiligten »Macht der Tatsachen« an, dem wichtigsten Glaubensartikel seiner politischen Religion. Der »Alpdruck der Bündnisse« war zunächst nur eine Bismarck'sche Phantasmagorie, die er mit seinem »System« von einander bisweilen grotesk widersprechenden Allianzen zu exorzieren suchte, bis sie sich als *self-fulfilling prophecy* tatsächlich materialisierte. Der erste Schritt zu dieser Geisterbeschwörung war der Zweibund mit Österreich-Ungarn.

Weder Bismarck noch seinen späteren Bewunderern ist dabei in den Sinn gekommen, dass diese fragwürdige Allianz im Übrigen seinen eigenen, früher in einer ganz ähnlichen Konstellation geäußerten Einsichten zuwiderlief. Als Preußen am 20. April 1854 mit Österreich ein »Schutz- und Trutzbündnis« schloss, dessen Spitze ebenfalls gegen Russland gekehrt war und dessen Hintergrund ebenfalls die balkanischen Interessen der Donaumonarchie bildeten, hatte der damalige preußische Gesandte am Deutschen Bundestag diese Absicht in einem Schreiben vom 15. Februar 1854 an den preußischen Ministerpräsidenten Manteuffel mit den Worten kritisiert, damit kopple man »unsere schmucke und seefeste Fregatte an das wurmstichige Orlogschiff von Österreich«. In den fünfundzwanzig Jahren, die seither vergangen waren, hatte sich die Fregatte längst in ein mächtiges Schlachtschiff verwandelt, während das österreichische Orlogschiff noch viel stärker vom Wurmfraß befallen war.

Der deutsch-österreichische Zweibund machte aber noch

in anderer Hinsicht Schule. Er war das erste Bündnis, das nicht mit Blick auf einen unmittelbar drohenden Krieg geschlossen wurde; und es war auch die erste einer ganzen Reihe geheimer Allianzen, deren Bestimmungen den Völkern, auf deren Rechnung und Lasten sie geschlossen wurden, nicht bekannt waren. Eben deshalb weckten sie allerhand Argwohn, der dann wiederum andere Mächte im Interesse ihrer Selbstverteidigung zu ähnlichen Bündnissen anstiftete. Die Folge dieses Treibens, zu dem Bismarck den Anstoß gab, war, dass bald ganz Europa durchzogen war von einander sich überkreuzenden Bündnisverpflichtungen, die, weit entfernt davon, den Frieden sicherer zu machen, einen großen Krieg immer wahrscheinlicher werden ließen.

Bismarck blickte nicht so weit voraus, ihn interessierten überhaupt nur die unmittelbaren Konsequenzen seines Handelns. Als ihn später möglicherweise eine Ahnung beschlich, dass das nicht ausreichen könnte, hat er diese »Sehschwäche« als politische Weisheit ausgegeben. In einem Gespräch mit dem österreichischen Historiker Friedjung am 13. Juni 1890 verblüffte Bismarck diesen mit der Maxime: »Der Staatsmann gleicht einem Wanderer im Walde, der die Richtung seines Marsches kennt, aber nicht den Punkt, an dem er aus dem Forste heraustreten wird. Ebenso wie er, muß der Staatsmann die gangbaren Wege einschlagen, wenn er sich nicht verirren soll.« Sehr fraglich, ob Bismarck nach 1871 überhaupt noch eine Richtung kannte; zutreffend jedoch ist, dass er als Staatsmann stets die Wege einschlug, die ihm gangbar erschienen. Das waren nicht immer die besten, zumindest nicht für das Reich.

Der kurzfristige Erfolg, den Bismarck mit dem Zweibund erzielte, stellte sich ein, als er den Zaren nach zähem Hin und Her zum Beitritt bewegen konnte, selbstverständlich nur unter der Voraussetzung, dass die gegen Russland gerichtete Spitze der deutsch-österreichischen Vereinbarungen diesem strikt verborgen blieb. Dieses neue Dreikaiserbündnis vom

18. Juni 1881 verpflichtete die Vertragspartner zur Neutralität, falls einer von ihnen mit einer vierten europäischen Macht Krieg führe. Außerdem verpflichtete es zu wechselseitigen Konsultationen in allen Balkan-Fragen. Bismarck mochte nun wähnen, der Albdruck sei von ihm gewichen, den ihm seine Phantasie in einer Kombination aus russischem Panslawismus und französischen Revanchegelüsten vorgaukelte.

Das Dreikaiserbündnis hatte jedoch nur, und Bismarck wusste es, einen eher negativen Effekt, insofern es dem Reich das Gefühl vermittelte, in Europa unangreifbar zu sein. Dieses Gefühl würde aber nur so lange vorherrschen, wie Österreich und Russland sich nicht wegen irgendwelcher »Hammeldiebe« in die Haare gerieten. Diese Gefahr war aber stets vorhanden, denn das Dreikaiserbündnis stiftete keineswegs, wie Bismarck gehofft hatte, ein harmonischeres Verhältnis zwischen beiden Staaten. Außerdem dachte Österreich an die geheimen Klauseln des Zweibundes, nach denen es sich stets auf die Unterstützung des Reiches im Falle eines Konflikts mit Russland verlassen konnte. Das stärkte Österreichs politisches Selbstbewusstsein, während Deutschland nach wie vor keinerlei Garantie von seinem Bündnispartner für die Integrität seiner Westgrenzen erhielt. Um diesem Mangel abzuhelfen, verfiel Bismarck auf den Gedanken, mit Österreich und Italien im Mai 1882 eine geheime Tripel-Allianz abzuschließen. Nutznießer dieses Bündnisses war im Wesentlichen wieder Österreich, dem Italien damit indirekt den Besitz des Trentino und Triests garantierte. Deutschland und Österreich versicherten Italien ihres Beistandes im Falle eines von Italien unprovozierten Konflikts mit Frankreich. Im Gegenzug verpflichtete sich Italien, Deutschland beizustehen, sollte das Reich von Frankreich angegriffen werden. Bismarck machte sich über die militärische Bedeutung dieser Zusage jedoch keinerlei Illusionen, spottete er doch einmal, dass ihm ein italienischer Korporal mit Fahne und eskortiert von einem Trommler vollauf genüge. Aber selbst diese Tripel-Allianz, die für das Reich lediglich den Wert einer diplomatischen Chinoiserie besaß, hatte noch eine antirussische Spitze: Wenn Russland Österreich und Deutschland allein angriffe, sollte Italien wohlwollende Neutralität wahren. Griffen aber Russland und eine weitere europäische Macht, also Frankreich, die beiden anderen Vertragspartner an, verpflichtete sich Italien zu militärischem Beistand.

Der Abschluss der geheimen Tripel-Allianz gilt als Krönung von Bismarcks europäischem Bündnissystem, das angeblich den Frieden auf dem Kontinent wahrte und Bismarck das berühmte »Spiel mit den fünf Kugeln« erlaubte, das nur sein Genie beherrschte. Einer seiner Bewunderer hat versucht, die Grundregel dieses Spiels in den bemerkenswerten Satz zu pressen: »Bindungen an jede europäische Großmacht« aufzuweisen, »ohne doch an eine von ihnen angebunden zu sein« (J. Dülffer). Derlei hätte man im Leben gern, nur, es funktioniert nie. Diese Erfahrung blieb auch dem Genie Bismarck nicht erspart.

Nachdem Bismarck das Reich binnen drei Jahren mit so gut wie jeder europäischen Macht außer Frankreich verbündet hatte – das spröde Albion vertraute nach wie vor auf die »Balance of Power« und erlag nicht dem faulen Zauber des Bismarck'schen Systems –, scheute sich der Kanzler auch nicht, gewissermaßen über die Dörfer zu gehen und sich von Österreich-Ungarn in einem Netz von Pakten fangen zu lassen, die Wien mit Serbien (1881) und Rumänien (1883) abschloss.

Mit diesen, in ihrem Nutzen für das Reich höchst zweifelhaften, geheimen und halb geheimen Allianzen und Bündnissen hat es die politische Weisheit des Kanzlers vermocht, Deutschland, das erwiesenermaßen keine Interessen auf dem Balkan hatte, dennoch tief in die Belange der »Hammeldiebe« zu verstricken und dafür die »gesunden Knochen« so manchen pommerschen Musketiers zu verpfänden.

Das »Spiel mit den fünf Kugeln« war pure Akrobatik, denn das Bündnissystem hob sich selbst auf, wie Bismarcks Hauptschöpfungen, das Dreikaiserbündnis und die Tripel-Allianz, zeigen. Das Bündnis zielte auf eine österreichisch-russische Zusammenarbeit, während die Allianz die Voraussetzungen für einen österreichisch-russischen Krieg schuf. Das Dreikaiserbündnis war im Wesentlichen gegen England gerichtet, denn es enthielt das Versprechen, der englischen Flotte zumindest die Meerengen durch ein gemeinsames diplomatisches Vorgehen zu verschließen. Die Tripel-Allianz hingegen schielte, jedenfalls was Österreich und Italien anbelangte, auf die Unterstützung Englands.

Außerdem muss man sich die Frage stellen, warum Bismarck das Reich so eng ausgerechnet mit den zwei europäischen Mächten verband, die im Innern am instabilsten waren und sich nach außen am aggressivsten gebärdeten, mit Österreich und Italien? Und warum war dieses Bündnis, wenn es denn die pädagogische Absicht verfolgte, diese beiden Staaten ruhigzustellen, ausdrücklich gegen Frankreich und Russland gerichtet, die beiden konservativen, stabilen und weitgehend mit sich selbst beschäftigten Mächte, die zumindest in Europa einschließlich des Balkans seit 1879 keine Expansionsinteressen mehr hegten? Schließlich, und das ist das größte Rätsel, was dachte sich Bismarck für den nicht unwahrscheinlichen Fall, dass nicht mehr er und seinesgleichen die Fäden in der Hand hielten, sondern jene unkontrollierbaren und unberechenbaren Einflüsse von Panslawismus, Revanchismus oder Nationalismus an die Macht kämen? Wäre dann sein virtuoses, vorgeblich der Friedenssicherung dienendes System nicht genau die Kombination von Zündschnüren, die das Pulverfass unweigerlich zur Explosion brächten?

Im Grunde genommen versuchte Bismarck mit seinem europäischen Bündnissystem ebenjenes Spiel zu wiederholen, das er so erfolgreich bei der Lösung der deutschen Frage gespielt hatte: Damals hatte er sich mit den Kräften der deutschen Revolution verbündet, hatte deren Dynamik für die Durchsetzung seiner Interessen genutzt und sie damit gezähmt. Jetzt knüpfte er ein System internationaler Bündnisse in der Absicht, seine Partner durch allerlei Versprechungen, unbeschadet ihrer Einhaltung, von sich abhängig zu machen. Bismarcks Ziel war nicht Kooperation, sondern Kontrolle. Bismarck konnte keinen Gleichrangigen neben sich dulden, sondern nur Abhängige, die seinem Willen untertan waren. Er war eine ausgeprägt tyrannische Natur, und dem entsprach die Anlage seines innen- und außenpolitischen Systems: eine junkerlich-paternalistische Tyrannis.

Aber Bismarck ruhte nicht, seine auf diesem widersprüchlichen Bündnissystem gründende und deshalb störanfällige Außenpolitik durch eine weitere Dimension zu »bereichern«: die Kolonialpolitik. Bismarck hatte wiederholt glaubhaft versichert, er sei kein »Kolonialmensch«. Bereits während der Friedensverhandlungen mit Frankreich im Februar 1871 hatte er sich gegen Forderungen verwahrt, das Reich möge dabei auch auf Abtretung französischer Überseebesitzungen bestehen: »Ich will … gar keine Kolonien. Die sind bloß zu Versorgungsposten gut. In England sind sie jetzt nichts anderes, in Spanien auch nicht. Und für uns in Deutschland – diese Koloniegeschichte wäre für uns genau so wie der seidene Zobelpelz in polnischen Adelsfamilien, die keine Hemden haben.«

Diese Einsicht hatte auch Mitte der Achtzigerjahre nichts von ihrer Gültigkeit verloren, dennoch betrieb Bismarck jetzt Kolonialpolitik und sicherte dem Reich einige Fetzen Land in Mittel-, Südwest- und Ostafrika sowie einige Atolle und Inseln im fernen Pazifik. Über die Motive dieser von ihm jäh begonnenen und wenig später ebenso jäh wieder beendeten Kolonialpolitik wird bis heute viel gerätselt. Gewiss waren in diesen Jahren Kolonialismus und Imperialismus, die beide, nach Bismarcks Abgang im Schlagwort »Weltpolitik« zusammengefasst, in Deutschland eine recht lange Karriere haben sollten, die neueste politische Modetorheit, in der die europäische Öffentlichkeit schwelgte. Deshalb liegt die Vermutung nahe, Bismarck verfolgte mit seiner plötzlich ausgebrochenen Kolonialbegeisterung vor allem innenpolitische Absichten. Tatsächlich war die Kolonialpolitik das Thema der Reichstagswahlen im Herbst 1884. Bismarck konnte über Parteigrenzen hinweg auf die stürmische Zustimmung all jener rechnen, die im Erwerb von Kolonien die Bestätigung nationaler Größe zu erkennen wähnten. Entsprechend fiel auch das Ergebnis der Wahlen aus: Die Freisinnigen, die sich entschieden gegen eine deutsche Kolonialpolitik ausgesprochen hatten, verloren fast 40 Mandate, während sich die Konservativen um 28 Sitze verbesserten. Möglicherweise war Bismarck von einem weiteren innenpolitischen Motiv beeinflusst. Besonders die schutzzöllnerische Lobby agitierte seit geraumer Weile für den Erwerb von Kolonien, die als Rohstofflieferanten und Absatzgebiete gleichermaßen erstrebenswert zu sein schienen. Just dieses Kalkül stellte sich aber sehr rasch als Milchmädchenrechnung heraus. Außer Sisal und Kokosnüssen warfen die deutschen »Schutzgebiete« kaum etwas ab, und auch als Exportmärkte erlangten sie nie Bedeutung: Lediglich die ostelbischen Agrarier mit ihrem Quasi-Monopol bei der Herstellung von Kornbränden – allein auf den Bismarck'schen Gütern wurden vier Destillerien betrieben – hatten einen gewissen Vorteil davon: Nicht weniger als drei Fünftel aller deutschen Ausfuhren nach Westafrika etwa entfielen auf die »Klaren« aus dem Osten. – Bismarck bot die Kolonien im Übrigen dem italienischen Ministerpräsidenten Francesco Crispi, als dieser im Oktober 1887 in Friedrichsruh zu Besuch weilte, zum Kauf an.

Möglicherweise hegte Bismarck auch die Illusion, seine Unterstützung des »Kolonialrauschs« führe Großbritannien nachdrücklich vor Augen, wie sinnvoll es sei, dem Reich etwas mehr wohlwollende Beachtung zu schenken. Auch diese Absicht erfüllte sich nicht, denn Großbritannien beeilte sich stets, zu versichern, wie willkommen ihm gerade Deutschland als Nachbar in fernen Weltgegenden sei. Ungeachtet dieses Misserfolgs versuchte Bismarck dennoch, die erklärtermaßen antibritische Spitze seiner Kolonialpolitik zu einer Annäherung an Frankreich zu benutzen, das sich mit Großbritannien um die Herrschaft in Ägypten und den Sudan balgte. Frankreich, so seine Überlegung, solle doch in den weiten Sandwüsten Nordafrikas den Verlust von Elsass-Lothringen vergessen, wie Georges Clemenceau zutreffend argwöhnte.

Bismarcks Kolonialintermezzo endete abrupt, als im Sommer des Jahres 1885 Bulgarien, das mit seiner aggressiven Politik gegen die Bestimmungen des Berliner Kongresses verstieß, eine neue Balkan-Krise auslöste, die in kurzer Zeit eine Konfrontation zwischen Russland und Österreich-Ungarn heraufbeschwor. Eine derartige Zuspitzung der Situation musste Bismarck um jeden Preis verhindern. Ein österreichisch-russischer Krieg würde angesichts der militärischen Schwäche der Donaumonarchie binnen kürzester Zeit den im Zweibund verabredeten Bündnisfall auslösen. Aber selbst ohne diesen Konflikt zeigte sich jetzt, dass das Dreikaiserbündnis, das einen österreichisch-russischen Zusammenstoß auf dem Balkan verhindern sollte, nur so lange funktionierte, wie es zwischen beiden Mächten keine ernsthaften Differenzen gab. Da dieses Bündnis also nicht zum Krisenmanagement taugte, versuchte Bismarck, England ins Spiel zu bringen. Es sollte Österreich unterstützen und sich damit die Feindschaft Russlands zuziehen, während das Reich dann in die Rolle der neutralen Schiedsmacht schlüpfen konnte. Mit Rücksicht auf seine indischen Interessen, die durch Russland bedroht werden konnten, ließ sich England jedoch darauf nicht ein, sondern drehte den Spieß um: England stellte dem Reich seine Unterstützung gegen Frankreich in Aussicht, wenn dieses seinerseits Österreich beispringe, um alle russischen Versuche zu vereiteln, den Status quo ante wiederherzustellen.

Angesichts dieser verfahrenen Situation flüchtete Bismarck in eine ihm ungewohnte Offenheit: Der russischen Regierung versicherte er seine Unterstützung bei der Durchsetzung ihrer berechtigten und vertraglich verbrieften Ansprüche in Bulgarien. Und in Wien ließ er wiederholt verlauten, dass das deutsch-österreichische Defensivbündnis von 1879 keine Gültigkeit besitze, falls die österreichischen Expansionsgelüste auf dem Balkan einen Krieg auslösten. Das kühlte die bulgarische Krise etwas ab. Allerdings war darüber das Dreikaiserbündnis völlig wertlos geworden. Als es im Sommer 1887 auslief, machte keine der drei Mächte den Vorschlag, es zu verlängern.

Weit weniger gefährlich als die Bulgarienkrise, diente die im Laufe des Sommers 1886 in Frankreich sich aufbauende antideutsche Stimmung Bismarck als willkommener Anlass, sie propagandistisch auszuschlachten. Ursache war das Kolonialdebakel von Tonkin im Jahr 1885, das die Aufmerksamkeit der französischen Presse und Öffentlichkeit wieder auf Elsass-Lothringen lenkte. Der französische Chauvinismus fand seine Symbolfigur ausgerechnet im Kriegsminister Georges Boulanger, der sich zum Herold einer französischen Revanche-Politik machte und damit zum Liebling der französischen Massenpresse avancierte. Dessen säbelrasselnde Tiraden waren zwar nicht allzu ernst zu nehmen, aber Bismarck boten sie eine willkommene Gelegenheit, die französischen Revanchegelüste innenpolitisch wirksam herauszustellen. Obwohl der vom Reichstag nur alle sieben Jahre zu bewilligende Militärhaushalt, das sogenannte Septennat, erst im Frühjahr 1888 fällig war, brachte Bismarck den Entwurf bereits im November 1886 ein. Neben der Bewilligung der Mittel für eine Erhöhung der Mannschaftsstärke der Armee um rund 40000 auf eine »Friedensstärke« von 468000

Mann – ein Verlangen, das sich angesichts der französischen Rüstungsanstrengungen sehr gemäßigt ausnahm – verbarg sich die eigentliche innenpolitische Brisanz in einem anderen Punkt der Vorlage. Bismarck forderte nämlich gegen den erklärten Willen der Reichstagsmehrheit, dass auch dieser neue Militärhaushalt wieder sieben Jahre, also bis zum 31. März 1894, gelten sollte. Das Äußerste, was die Mehrheit jedoch zugestehen wollte, war eine Frist von drei Jahren.

Bismarck war wieder ganz in seinem Element. Würde der Reichstag die Gesetzesvorlage aus prinzipiellen Gründen ablehnen, könnte er ihn sofort auflösen und Neuwahlen ausschreiben, die ihm aller Voraussicht nach genehmere Mehrheitsverhältnisse verschafften. Das sagte er auch den Abgeordneten in seiner Rede vom 11. Januar 1887 ziemlich unverblümt. Dennoch wurde die Heeresvorlage abgelehnt. Unmittelbar danach, am 13. Januar 1887, wurde der Reichstag aufgelöst. Der sofort einsetzende Wahlkampf zeigte Bismarck noch einmal auf der Höhe seiner demagogischen Fähigkeiten. Zugleich glückte ihm ein entscheidender wahltaktischer Schachzug: Es gelang ihm, die Konservativen, die Reichspartei und die Nationalliberalen, die sich alle für die Annahme der Heeresvorlage ausgesprochen hatten, zu einem Wahlkartell zusammenzuschweißen. Dieses Kartell hatte den Zweck, bei Stichwahlen in den einzelnen Wahlkreisen nur einen einzigen Kandidaten der drei Parteien ins Rennen zu schicken, auf den sich dann die Stimmen der regierungsfreundlichen Wähler konzentrieren sollten. Beim reinen Mehrheitswahlrecht der Reichstagswahlen bedeutete diese Wahlabsprache schon im Voraus die sichere Gewähr für einen großen konservativen Wahlerfolg. Darüber hinaus tat Bismarck alles, um durch den Einsatz der ihm zu Gebote stehenden Agitations- und Propagandamittel die Wahl in einen Erdrutschsieg für die konservativen Kartellparteien zu verwandeln. Sein Standardthema war dabei die französische Kriegsdrohung. Hatte er diese Gefahr in seiner Reichstagsrede vom 11. Januar 1887 noch als bloße Eventualität geschildert, so tat er jetzt so, als stünde ein französischer Angriff unmittelbar bevor.

Dabei kam Bismarck der Umstand sehr zupass, dass jetzt, im Unterschied zu den Januartagen vor der Auflösung des Reichstags, diese Gefahr durch einen Umschwung der französischen Innenpolitik auch bei nüchterner Betrachtung durchaus im Bereich des Möglichen zu liegen schien. Es war jedoch Bismarck selbst, der entscheidend dazu beigetragen hatte, diese Gefahr heraufzubeschwören; denn ebenfalls an jenem 11. Januar 1887 hatte Bismarck in einer kurzen Rede lauthals die Einschätzung geäußert: »Wenn Napoleon III. den Feldzug 1870 gegen uns ... unternahm, lediglich, weil er glaubte, daß das seine Regierung im Inland befestigen würde, warum sollte dann nicht zum Beispiel der General Boulanger, wenn er ans Ruder käme, dasselbe versuchen?«

Wenn Bismarck als ein bei Freund und Feind gleichermaßen respektierter Staatsmann in öffentlicher Rede den absolut belanglosen und nur wegen seiner gelegentlichen nationalistischen Schaumschlägereien bekannten französischen Kriegsminister als potenzielle Gefahr für den europäischen Frieden einstufte, dann bedeutete dies eine unangemessene Aufwertung von dessen Person. Und in der Tat: Erst dieser Angriff Bismarcks machte Boulanger innerhalb Frankreichs zum Symbol des nationalen Widerstands und der Revanche. Boulangers Popularität wuchs gleichsam über Nacht ins Unermessliche, und der damalige französische Ministerpräsident Charles Louis Freycinet urteilte später in seinen Memoiren: »Durch Bismarck wurde der General der geheiligte Mann der Revanche.«

Die von Bismarck so sorgfältig inszenierte französische Kriegsdrohung hatte den innenpolitischen Erfolg, auf den es ihm angekommen war: Die Kartellparteien errangen einen großen Sieg, während die Freisinnigen über die Hälfte ihrer Reichstagsmandate einbüßten.

Der überwältigende Wahlsieg der Kartellparteien forderte jedoch seinen Preis: Das Misstrauen Frankreichs gegenüber dem Reich war danach nicht mehr zu besänftigen. Von der deutschen Politik weiter genährt, blühte der Revanchegedanke in breiten Schichten des französischen Volkes wieder auf, und jede dem Parlament verantwortliche Regierung hatte ihm Rechnung zu tragen. Frankreich begann sich wieder als Macht zu begreifen, deren Ziele vornehmlich in Europa lagen. Die französische Republik, die Bismarck mit seinem vermeintlich virtuosen europäischen Bündnissystem ein für alle Mal isoliert zu haben glaubte, brauchte nur noch sechs Jahre, um dieses Netz durch die Entente mit Russland zu zerreißen.

Die Boulanger-Krise, die Bismarck so geschickt für seine innenpolitischen Zwecke genutzt hatte, ging aber zunächst ohne weitere Folgen vorüber. Nachdem der französische Kriegsminister im Mai 1887 gestürzt worden war, signalisierte die französische Regierung Bismarck sofort, dass sie auch weiterhin auf bestimmten außenpolitischen Feldern an einer friedlichen und freundschaftlichen Zusammenarbeit mit dem Reich interessiert sei. Bismarck ging auf diese Offerten jedoch nicht ein, weil es ihm unterdessen gelungen war, das widerstrebende England stärker in eine Lösung der nach wie vor schwärenden bulgarischen Balkan-Krise einzubinden. Bismarck bediente sich dazu der Tripel-Allianz, von deren drei Partnern Italien einen für England besonders interessanten Kontrahenten abgab. England brauchte nämlich für seine ägyptischen und marokkanischen Belange diplomatische Unterstützung gegen Frankreich. Diese Hilfe gab Italien nur zu gern, war es doch von Frankreich in Tunesien ausgestochen worden. Außerdem konnte Italien auf die von Bismarck inszenierte französische Kriegslüsternheit verweisen. Das alles lockte England aus der Reserve. Am 12. Februar 1887 kam es zu einem informellen, lediglich auf dem Austausch von Noten basierenden Abkommen zwischen Italien und England, das eine weitgehende Zusammenarbeit und Abstimmung zunächst in mittelmeerischen, dann aber, auf ausdrücklichen Wunsch Englands, auch in balkanischen Fragen vorsah. Damit geriet Österreich ins Spiel, das von England mit energischer Unterstützung Bismarcks zum Beitritt aufgefordert wurde. Ende März 1887 schloss sich Österreich dieser anglo-italienischen Mittelmeerentente an, die in gewisser Weise der letzte große diplomatische Erfolg Bismarcks war.

Italien, England und Österreich verpflichteten sich, den Status quo im Mittelmeer, in der Adria, in der Ägäis und im Schwarzen Meer »autant que possible« zu garantieren. Falls eine Änderung dieses Status einträte, sollte diese nur nach Absprache der drei Regierungen anerkannt werden. Im Prinzip hatte Bismarck damit sein Ziel erreicht: Österreich bekam den trügerischen Eindruck vermittelt, England unterstütze seine Balkanpolitik, während Deutschland, das als Mitglied der im Februar 1887 verlängerten Tripel-Allianz ein stiller Teilhaber dieser streng geheimen Entente war, gegenüber Russland außen vor blieb.

Mit der Tripel-Allianz und der stillen Teilhaberschaft an der Mittelmeerentente war das Reich Partner zweier Bündnissysteme geworden, die sich sowohl gegen Russland als auch gegen Frankreich richteten. Folglich wollte Bismarck die Verbindungen zu Russland, die sich seit dem Auslaufen des Dreikaiserbündnisses nur noch auf die Beschwörung wechselseitigen Wohlwollens durch die beiden Monarchen und auf die polnische Leiche im gemeinsamen Keller gründeten, wieder enger knüpfen. Diesem Ziel diente der hochgeheime, erst durch eine Indiskretion Bismarcks 1896 bekannt gewordene und seither viel diskutierte Rückversicherungsvertrag, der nach zweimonatigen Verhandlungen am 18. Juni 1887 abgeschlossen wurde.

Nüchtern betrachtet, war dieser Vertrag, dem zunächst Bismarck, dann viele Historiker im Banne seines Urteils eine geradezu magische, den weiteren Gang der Entwicklung verändernde Wirkung zuschrieben, wäre er im Jahr von Bismarcks Sturz, 1890, verlängert worden, ziemlich bedeutungslos. Dies gilt schon für die gegenseitige Neutralitätsverpflichtung, die aber für den Konfliktfall ausdrücklich nicht gelten sollte, wenn Deutschland Frankreich oder wenn Russland Österreich-Ungarn angriffe. Außerdem erneuerte das Reich seine im Dreikaiserbündnis eingegangene Verpflichtung, Russland hinsichtlich Bulgariens und bei seinen Ansprüchen auf die Meerengen und Konstantinopel zu unterstützen, sollte es, wie es der Vertragstext blumig formulierte, der Zar für notwendig erachten, den »Schlüssel seines Reichs« in Verwahrung zu nehmen. Auch dieses Versprechen, das in direktem Widerspruch zu Geist und Inhalt von Tripel-Allianz und Mittelmeerentente stand, hatte für Russland allenfalls symbolischen Wert. Solange der Zar nicht die Garantie erhielt, nach eigenem Belieben gegen die österreichischen Balkanpläne vorgehen zu dürfen, ohne die Gegnerschaft des Reiches fürchten zu müssen, taugte das Versprechen, Russland freie Hand am Bosporus zu lassen, nichts. Die Gründe, warum sich Russland dennoch auf den Abschluss des Vertrags einließ, liegen auf der Hand: Der Zar wollte einerseits eine gegen Russland gerichtete Koalition der europäischen Mächte verhindern, andererseits aber auch vereiteln, dass der gesamte Balkan unter die Kontrolle Österreich-Ungarns fiele. Bismarck seinerseits glaubte, mit dem Rückversicherungsvertrag die Gewähr zu haben, dass Russland und Frankreich sich nicht in der Absicht verbündeten, Deutschland in die Zange zu nehmen.

Der Rückversicherungsvertrag, Bismarcks letzte diplomatische »Meisterleistung«, offenbart noch einmal sein hochbarockes Politikverständnis. Ausgerechnet er, dem täglich im Reichstag vor Augen geführt wurde, dass die »von oben« abgeschnittene Revolution keineswegs ein für alle Mal enthauptet worden war, vertraute auf geheime Verträge, die anderen, nicht minder geheimen Absprachen mit dritten Mächten glatt widersprachen. Sein hochgerühmter, prinzipienloser Machiavellismus entlarvt sich hier als die opportunistische Ausnutzung eines vermeintlichen Vorteils, eine Praxis, die ihr fragwürdiges und längst bankrottes Vorbild im Politik- und Diplomatieverständnis des *Ancien Régime* hatte.

Trotzdem wurde Bismarcks Einschätzung, der Rückversicherungsvertrag hätte auf Dauer eine russisch-französische Entente verhindert, immer wieder gläubig nachgebetet. Alles spricht dagegen. Ausgerechnet Bismarck war es, der dem russischen Unterhändler Paul Schuwalow ein solches Bündnis förmlich nahelegte, als er ihm den geheimen Text des Zweibundvertrags von 1879 vorlas, mit dem sich das Reich zur Unterstützung Österreich-Ungarns im Falle eines russischen Angriffs verpflichtet hatte. Bismarck sah sich zu diesem Schritt genötigt, weil das ursprüngliche russische Vertragsangebot vorsah, dass der Zar seine schützende Hand, die er seit der »Krieg-in-Sicht«-Krise von 1875 über Frankreich hielt, zurückzöge, wenn das Reich sich entschlösse, Österreich-Ungarn aufzugeben. Der Vorschlag der russischen Seite lautete auf strikte Neutralität für den Fall, dass einer der beiden Partner mit einer dritten Macht in Konflikt geriete. Im Lichte dieses Angebots, das die russischen Interessen getreulich widerspiegelte, und in Kenntnis des deutsch-österreichischen Zweibundvertrags wurde der Zar geradezu genötigt, so bald wie möglich eine russisch-französische Verständigung anzustreben, um zum einen den Zweibund zu konterkarieren, zum anderen aber dem aggressiven und expansiven Auftreten Österreichs auf dem Balkan, zweifelsfrei eine Folge des Zweibundes, unmittelbar entgegentreten zu können.

Der Rückversicherungsvertrag hätte eine russisch-französische Entente also gar nicht verhindern können, weil diese nur das Gegenstück zum deutsch-österreichischen Zweibund war, aus russischer Sicht sogar dessen logische Ergänzung. Dass diese Entente erst im August 1893 förmlich geschlossen wurde, hatte nichts mit der »Magie« des Rückversicherungsvertrags, geschweige denn mit dessen Inhalt zu tun, sondern allein damit, dass Frankreich dem Zaren zunächst nicht freie Hand auf dem Balkan und gegen die Türken lassen wollte.

Der Rückversicherungsvertrag ist das Dokument einer verfehlten Bismarck'schen Außenpolitik. Zuvor war Bismarck stets überzeugt, dass es genüge, Russland wohlwollende Neutralität zuzusichern, wenn es sich in den Besitz von Konstantinopel bringen wolle. Dafür erhielt er die Freundschaft des Zaren und das Versprechen, dass Russland Frankreich im Konfliktfall nicht schütze. Der Rückversicherungsvertrag enthielt ausdrücklich dieses Neutralitätsversprechen. Aber es genügte nun nicht mehr, denn jetzt musste sich Bismarck mit einer russisch-französischen Entente abfinden, obwohl er immer noch glaubte, diese werde nie zustande kommen. Der Beweis dafür ist sein Brief vom 19. August 1888 an Wilhelm II., in dem er seine Einschätzung bekundete, dass es das vordringlichste Sinnen und Trachten russischer Politik bleibe, »den Vorstoß auf Konstantinopel zu machen«. Seiner Meinung nach aber sei »es nicht in der Aufgabe unserer Politik, Rußland an der Ausführung seiner Pläne auf Konstantinopel zu hindern, sondern dies den anderen Mächten« zu überlassen. »Wenn Rußland sich dort einläßt, mindert sich seine Gefährlichkeit für uns durch Abziehung von unserer Grenze und durch die herausfordernde Spannung, in die es zu den Mittelmeermächten, namentlich zu England und auf die Länge auch zu Frankreich, tritt.«

Bismarck träumte von einer Erneuerung der Koalition des Krimkrieges. Er übersah dabei, dass sich die Interessen der einst an dieser Koalition beteiligten Mächte entscheidend verändert hatten: England beherrschte auch ohne Kontrolle der Dardanellen das gesamte Mittelmeer durch den Besitz von Gibraltar, Malta und Zypern. Außerdem waren die neuen Dardanellen des Empire der Suezkanal, über den England unterdessen verfügte. Österreich aber hatte jetzt ein vitales Interesse daran, dass der Erzrivale Russland die Meerengen zumindest nicht nach Belieben sperren konnte, denn der größte Teil seines Exporthandels wurde von Österreich über die Donau abgewickelt. Und was hätte Frankreich von der Erhaltung des Status quo im östlichen Mittelmeer und an den Meerengen haben sollen? Sein Einfluss in Ägypten wurde von England mehr und mehr zurückgedrängt, und aus dieser Perspektive verloren die Dardanellen für Paris erheblich an Bedeutung.

Noch in anderer Hinsicht wurde das Scheitern von Bismarcks Außenpolitik sichtbar: Er hatte sich immer geweigert, die österreichischen Expansionsgelüste auf dem Balkan zu unterstützen, in der Hoffnung, dies reiche aus, die deutsch-russische Freundschaft zu erhalten. Das war ein Irrtum, weil alle traditionellen Bindungen an Russland sich auf Dauer gegen die steigende Flut von Nationalismus und Panslawismus als nicht stark genug erwiesen. In den Verhandlungen über den Rückversicherungsvertrag wurde Bismarck klar, dass die Freundschaft mit Russland ihren Preis wenigstens in der Neutralität des Reiches haben müsse, sollte es zwischen St. Petersburg und Wien zu einem Konflikt kommen.

Im Rückversicherungsvertrag lässt sich das Menetekel des Reiches erkennen: Ohne Preisgabe Österreich-Ungarns liefe das Reich eines nicht allzu fernen Tages Gefahr, Krieg an zwei Fronten führen zu müssen. Der deutsch-österreichische Zweibund von 1879 machte einen solchen Ausgang ebenso wahrscheinlich wie die Annexion Elsass-Lothringens von 1871. Beide zusammen machten das Reich zum Gefangenen von Bismarcks angeblicher politischer Klugheit und Weitsicht.

Gewiss hatte Bismarck niemals beabsichtigt, den Zweibund, wie dann geschehen, zur dauernden Grundlage der Außenpolitik des Reiches zu machen, an der mit »Nibelungentreue« festgehalten wurde. Aber er konnte sich keine Konstellation vorstellen, in der die Sicherheit des Reiches gewährleistet sein würde, er aber auf diesen Vertrag verzichten könnte. Auch hier blieb er in seinen preußisch-protestantischen Obsessionen befangen. Ihm erschien ein solcher Vertrag als kleineres Übel gegenüber der Gefahr eines stetig zügelloseren Verlangens nach Errichtung eines Großdeutschlands, das endgültig die Voraussetzungen seiner Herrschaft über das Reich, das schon in der jetzigen Gestalt seiner Kontrolle zu entgleiten drohte, sprengen würde.

Die künftigen Geschicke des Reiches, die sich seinem Einfluss entzogen, waren dennoch von ihm in Bahnen gelenkt worden, aus denen es kein Entrinnen gab. Preußen war im Guten wie im Schlechten die wichtigste Macht des Reiches. Die von Bismarck in Preußen befestigten feudalen, antidemokratischen, militaristischen und obrigkeitsstaatlichen Fundamente erwiesen sich als ebenso dauerhaft wie die von ihm politisch geförderten, aber schon zu seiner Zeit überholten sozialen und gesellschaftlichen Strukturen. Bismarcks Außenpolitik mündete unter diesen zum allergrößten Teil von ihm selbst verursachten oder verschuldeten Voraussetzungen schließlich in eine Aporie, aus der sich einer seiner Nachfolger im Amt, Theobald von Bethmann Hollweg, im Juli 1914 nur noch mit »einem Sprung ins Dunkle« glaubte retten zu können.

ENDE OHNE SCHRECKEN

Die Gewitterwolken, die sich am europäischen Horizont über dem Reich zusammenballten, kontrastierten kaum mit einer freundlicheren Wetterlage in Deutschland. Trotz der Kartellmehrheit musste Bismarck mehr und mehr alle Entscheidungen vermeiden, bei denen er sich der Unterstützung, zumal des Zentrums, nicht sicher sein konnte. Das führte zu einem Immobilismus, der zeigte, dass das Bismarck'sche System keine andere Alternative mehr hatte, als sich in Reaktion oder Revolution zu flüchten.

Die Hochflut gesellschaftlicher Geltungsansprüche und materieller Interessen organisierte sich in einer immer bunteren Vielfalt von Verbänden und Vereinigungen. Diese Hochflut ließ sich aber auch nicht mehr mit den bisherigen Methoden einer manipulativen politischen Steuerung beeinflussen oder eindämmen. Diese Entwicklung, seit 1879 unübersehbar, veränderte die Voraussetzungen des Bismarck'schen Herrschaftssystems grundlegend. Die schmale Basis der politisch Bewussten und Aktiven, mit denen Bismarck gewöhnlich rechnete, hatte sich längst vergrößert. Der wachsende Verbreitungsgrad von Zeitungen, der Ausbau der Infrastruktur, die riesige Binnenwanderung vom Land in die Städte, die Verbesserung der schulischen Bildung, die zwar langsame, aber doch kontinuierliche Anhebung des Lebensstandards, aber auch der Kulturkampf und die Sozialistenverfolgung – all das leistete einen Beitrag zur Weckung des politischen Bewusstseins breiter Schichten.

Dieser Entwicklung begegnete Bismarck mit völligem Unverständnis. Durch die längst einer fernen Vergangenheit angehörenden Erfolge uneinsichtig geworden, versuchte er es mit alten Rezepten. Doch weder die von ihm beschworene Infragestellung seines Werks durch »Reichsfeinde« im Innern noch die vom französischen »Erbfeind« von außen drohende Gefahr taten wie früher ihre Wirkung. Um »Blut und Eisen« kreisten seine Gedanken immer öfter, damit müsste sich alles wieder in Ordnung bringen lassen. Letztlich schreckte er aber vor einem Staatsstreich zurück, um so das seiner Kontrolle entgleitende Reich mit den bewährten Methoden unverhüllter Reaktionspolitik wieder fest in den Griff zu bekommen.

Bismarck scheute diesen Schritt deshalb, weil er gute Gründe hatte, an seinem Erfolg zu zweifeln. Außerdem plagte ihn die Ungewissheit der Thronfolge, die ihn schon seit Längerem schreckte und die insbesondere sein Verhalten gegenüber den Liberalen beeinflusste. Im November 1887 war jedoch »amtlich« festgestellt worden, vermutlich zu Bismarcks Erleichterung, dass der von ihm als »liberal« gefürchtete Kronprinz Friedrich Wilhelm an Krebs litt. Damit waren alle seine Befürchtungen, aber auch die Erwartungen anderer hinsichtlich eines liberalen und wirklich konstitutionellen Regimes hinfällig geworden. Als Wilhelm I. am 9. März 1888 fast einundneunzigjährig starb, besaß der todkranke Kronprinz, der als Friedrich III. den Kaiserthron bestieg, längst nicht mehr die Lebenskraft, um die Geschicke des Reiches in neue, liberale Bahnen zu lenken.

Nach dem Tod Friedrichs III. am 15. Juni 1888 folgte ihm der gerade achtundzwanzigjährige Enkel Wilhelms I. auf den deutschen Kaiserthron. Allein die Jugend Kaiser Wilhelms II. schien vielen Zeitgenossen schon Gewähr dafür zu sein, dass nun endlich die seit Herbst 1887 andauernde und durch den dreifachen Thronwechsel im Jahre 1888 noch vertiefte innenpolitische Lähmung überwunden werde.

In diesen vielfältigen Erwartungen an die Person Wilhelms II. war der Untergang Bismarcks bereits angelegt.

Längst war der Nimbus des Erfolgs, der ihn wie eine eherne Rüstung gegen alle Attacken geschützt hatte, von Zweifeln an der Weisheit seines innenpolitischen Kurses angefressen worden. Neben dem jungen Kaiser, der ein Symbol für die strahlende Zukunft des Reiches zu sein schien, wirkte der alte Kanzler wie eine Gestalt aus grauer, trostloser Vorzeit, die sich nur noch mit skrupelloser List in ihrer Machtstellung behauptete und eben dadurch den Anbruch einer besseren Zukunft verzögerte.

Das Empfinden einer fatalen Zukunftslosigkeit Bismarcks, das über alle Parteigrenzen hinweg geteilt wurde, drücken jene Zeilen aus, die der politisch umtriebige Hofprediger und konservative Abgeordnete Adolf Stöcker am 14. August 1888 an den Chefredakteur der *Kreuzzeitung*, den Freiherrn von Hammerstein, richtete: »Man muß rings um das politische Zentrum respektive Kartell Scheiterhaufen anzünden und sie hell auflodern lassen, den herrschenden Opportunismus in die Flammen werfen und dadurch die Lage beleuchten. Merkt der Kaiser, dass man zwischen ihm und Bismarck Zwietracht säen will, stößt man ihn zurück. Nährt man in Dingen, wo er instinktiv auf unserer Seite steht, seine Unzufriedenheit, so stärkt man ihn prinzipiell, ohne persönlich zu reizen. Er hat kürzlich gesagt: ›Sechs Monate will ich den Alten verschnaufen lassen, dann regiere ich selbst.‹«

Bismarck erkannte rasch die ganze Brisanz jener Bedrohung seiner Machtstellung. Gegen die liberalen Aspirationen Friedrichs III. hatte er rechtzeitig Vorsorge getroffen. Aber gegen die von der Jugend Wilhelms II. ausgehende Faszination, die vor dem Hintergrund allgemeiner politischer Lähmung noch an Strahlkraft gewann, wusste er kein probates Mittel. Bismarck suchte in Winkelzügen seine Zuflucht, deren Erbärmlichkeit auch seine Zeitgenossen darüber aufklärte, wie sehr er das Amt mit seiner Person identifizierte, wie wichtig ihm der Besitz von Macht um ihrer selbst willen war.

Die ungelöste, mithilfe des Sozialistengesetzes lediglich gewaltsam aufgeschobene soziale Frage schien für Bismarck jenen Zündstoff zu bergen, der zur Explosion gebracht werden musste, damit er sich einmal mehr als unentbehrlicher Retter von Reich und Thron ins rechte Licht setzen konnte. Bismarck kam dabei zustatten, dass nicht nur der junge Kaiser und die ihm ergebenen Hofkreise, sondern auch Teile des Zentrums und der Fortschrittspartei wiederholt ihr Unbehagen über die unbedingte Unterdrückung der Sozialdemokratie geäußert hatten. Da diese Politik erwiesenermaßen den Einfluss der Sozialdemokratie auf die Arbeiterschaft nicht einzudämmen vermochte, waren viele bereit, einen politischen Ausgleich mit ihr zu versuchen. Niemand wollte die Dinge auf die Spitze treiben und den sozialen und politischen Umsturz durch eigene Starrheit provozieren. Bismarck aber lauerte darauf, dass alle, die dazu rieten, durch die Macht der Tatsachen diskreditiert würden.

Auch diesmal schien ein Zufall Bismarck in die Hände zu spielen. Während im Reichstag über die Alters- und Invaliditätsversicherung debattiert wurde, brach Anfang Mai 1889 im Ruhrgebiet ein Streik der Bergarbeiter aus, der bald auf andere Grubendistrikte im Reich übergriff. Hauptforderungen waren neben Lohnerhöhungen die Achtstundenschicht unter Tage, die Abschaffung von Überschichten sowie das Recht zur Wahl von Arbeiterausschüssen, die mit den Grubenherren bei künftigen Arbeitskonflikten verhandeln sollten. Vor allem die Arbeitszeitbegrenzung war Teil jenes Programms, dessen Verabschiedung wiederholt vom Reichstag mit großer Mehrheit gefordert, von Bismarck aber regelmäßig abgeblockt worden war, um die Dinge auf die Spitze zu treiben. Aus diesem Grunde setzte er sich jetzt dafür ein, dass der auf den Zechen tobende Arbeitskampf von den Beteiligten selbst beigelegt werden sollte. In einer Sitzung des Staatsministeriums vom 12. Mai 1889 begründete Bismarck in Gegenwart des Kaisers seinen Rat laut Protokoll mit folgenden infamen

Argumenten: »Angesichts der bevorstehenden Beratung über gegen die Sozialdemokratie gerichteten Gesetze möchte er es als politisch nützlich ansehen, wenn die Beilegung dieses Streiks und seiner traurigen Folgen nicht zu glatt und rasch erfolge, letztere sich vielmehr der liberalen Bourgeoisie fühlbarer machten. Dieselbe gehe immer von der Voraussetzung aus, unter der Sozialdemokratie leide die Regierung mehr als der Bürger, und wenn die Bewegung ernsthaft werde, unterdrücke die Regierung sie doch nötig.«

Im Gegensatz dazu trat der Kaiser vehement für die Sache der Streikenden ein und unterstützte deren Forderung nach Lohnerhöhung mit der Warnung an die Grubenbesitzer, er werde die Truppen aus den Streikgebieten zurückbeordern lassen. Diese Haltung verschaffte Wilhelm II., nachdem die Arbeitgeber in einigen Punkten nachgegeben hatten und die Ausstände deshalb beendet wurden, einen erheblichen Prestigegewinn. Seither war ihm eine Politik des sozialen Ausgleichs eine Herzensangelegenheit. Deshalb warf er sich in den folgenden Monaten auf die Ausarbeitung eines sozialpolitischen Programms. Bismarck beging nun den verhängnisvollen Fehler, das durch die Beilegung des Bergarbeiterstreiks enorm gesteigerte Selbstwertgefühl des jungen Herrschers zu unterschätzen. Statt ständig in der Nähe Wilhelms II. zu bleiben, um diesen vor anderen Einflüssen abzuschirmen, folgte er lieber seiner längst zur Gewohnheit gewordenen Bequemlichkeit und zog sich bereits Anfang Juni auf seine Landgüter zurück.

Der alte Fuchs schien die früher so feine Witterung für heraufziehende klimatische Veränderungen völlig verloren zu haben. Anders lässt sich nicht erklären, dass Bismarck im Oktober 1889, noch immer in Friedrichsruh weilend, den Reichstag mit einer Gesetzesvorlage überraschte, die weder den Intentionen des Kaisers entsprach, noch die Zustimmung der Kartellmehrheit finden würde. Im Herbst 1890 lief das Sozialistengesetz aus. Im Februar 1890 fanden turnusgemäß

Reichstagswahlen statt, von denen abzusehen war, dass die Kartellparteien sie nicht gewinnen würden. Daraus erklärt sich Bismarcks Eile, mit der er dem Reichstag am 25. Oktober. 1889 seinen Entwurf zum Sozialistengesetz zuleitete. Statt der bislang üblichen befristeten Verlängerung forderte er darin die unbeschränkte Dauer dieses Ausnahmegesetzes. Der Kartellreichstag hätte dem sicherlich entsprochen, wenn Bismarck in einem Punkt flexibler gewesen wäre: Auch die immer schon heiß umstrittene Befugnis der Polizei, Sozialdemokraten aus ihren Wohnorten auszuweisen, sollte nun ebenfalls unbefristet gelten. Diese Regelung, häufig rücksichtslos angewandt, hatte sich in der Praxis als kontraproduktiv erwiesen. Sie produzierte nicht nur zahlreiche sozialdemokratische Märtyrer, sondern trug auch dazu bei, dass die Verbannten in Gegenden agitatorische Wirksamkeit entfalten konnten, in denen die Sozialdemokratie bislang noch nicht als politische Kraft in Erscheinung getreten war. Dennoch blieb Bismarck in dieser Frage völlig unnachgiebig.

Nach Bismarcks Kalkül sollte das erheblich verschärfte Sozialistengesetz der Hebel sein, um seine Machtstellung auch gegenüber dem jungen Kaiser zu wahren. Stimmte eine Mehrheit dafür, wäre nicht nur die Politik vorsichtigen sozialen Ausgleichs, die der Kaiser eingeleitet hatte, erfolgreich diskreditiert. Das Bismarck'sche Reich wäre dann auch durch einen »kalten Staatsstreich« unter Assistenz seiner politischen Vertretungskörperschaft in einen unverhüllt repressiven Klassenstaat umgewandelt worden. Verweigerte aber der Reichstag seine Zustimmung, musste die Kartellmehrheit darüber zerbrechen. Dann würde es der Regierung aller Wahrscheinlichkeit nach nicht mehr gelingen, sich auf eine ihr ergebene Mehrheit zu stützen. Ihr bliebe, so Bismarcks Überlegung, nur die Alternative, wie zu Zeiten des preußischen Verfassungskonflikts, Reichstag und Reichsverfassung zu missachten und den Kurs des »reinen Staatsinteresses« zu steuern. Auch das wäre ein »kalter Staatsstreich«, der ihn, wie

Bismarck sich ausmalte, in jedem Falle dem Kaiser als Kanzler unersetzlich machen würde.

Zu einer solchen Politik des »aut Caesar, aut nihil« war Bismarck spätestens im Winter 1889/90 entschlossen. Doch ironischerweise scheiterten diese Pläne damals zum Segen des Reiches an jenem Ehrgeiz Wilhelms II., der später so häufig Ursache dafür war, dass das Reich irreparablen Schaden an seinem Ansehen in der Welt nahm. Dem Kanzler dürfte der Ehrgeiz des Kaisers nicht entgangen sein, nur über dessen Richtung befand er sich in völliger Unkenntnis. Bismarck war wohl irrigerweise davon überzeugt, der Kaiser werde den von ihm insgeheim geplanten Staatsstreich mit jugendlichem Übereifer unterstützen. Gegenüber dem Prinzen Reuß, der in Friedrichsruh zu Besuch war, bemerkte Bismarck am 7. Dezember 1889: »Mit der Eventualität einer feindlichen Mehrheit muß man ja immer rechnen; man kann drei-, viermal auflösen, zuletzt muß man doch die Töpfe zerschlagen. Diese Fragen, wie die der Sozialdemokratie, wie die des Verhältnisses zwischen Parlamenten und Einzelstaaten, werden nicht gelöst ohne Blutstaufe, wie die deutsche Einheit auch. Und da dem jüngeren Herrn Gewaltmaßnahmen locker im Nacken sitzen …«

Vielleicht dämmerte Bismarck sein Irrtum in der Einschätzung der kaiserlichen Haltung, als ihn am 9. Januar 1890 der Staatssekretär im Innenministerium, Heinrich von Bötticher, aufsuchte, um ihn zum Einlenken in der Frage der polizeilichen Ausweisungsbefugnis zu bewegen. Dieses wünsche insbesondere der Kaiser, der es andererseits begrüßen würde, wenn das Sozialistengesetz in abgemilderter Fassung den Reichstag passiere. Außerdem trüge sich der Kaiser mit der Absicht, die soziale Frage nicht nur mit repressiven Maßnahmen zu lösen, sondern auch durch Reformen, insbesondere auf dem Gebiet des Arbeiterschutzes. Auch habe ihm der Mitarbeiter des Auswärtigen Amtes, Friedrich von Holstein, aufgetragen, dem Kanzler auszurichten, er liefe Gefahr, isoliert zu werden, wenn er sich öffentlich gegen die sozialpolitischen Pläne Seiner Majestät ausspräche, ja, er eröffnete diesem dadurch geradezu die Möglichkeit, sich von ihm zu trennen.

Trotz dieser Hinweise und Warnungen beharrte Bismarck auf seinem Standpunkt. Weder war er bereit, die Ausweisungsbefugnis abzuschwächen, noch willens, das Arbeiterschutzprogramm des Kaisers gutzuheißen, gegen das Bismarck sich nach Gutsherrenart verwahrte: Man dürfe doch dem hungernden Arbeiter und der notleidenden Arbeiterwitwe nicht die Gelegenheit zum Verdienst beschneiden. Das waren Bismarcks Einwände gegen ein Programm, das eine gesetzliche Begrenzung der Arbeitszeit, ein generelles Verbot der Sonntagsarbeit sowie eine Beschränkung der Frauen- und Kinderarbeit vorsah.

Für den 23. Januar 1890 war die zweite Lesung des Sozialistengesetzes im Reichstag angesetzt. Just an diesem Tag erhielt Bismarck die ihn überraschende Mitteilung, dass für den 24. Januar eine Sitzung des Staatsministeriums unter Vorsitz des Kaisers anberaumt sei. Das war ein deutliches Signal. Nun würde im Machtkampf zwischen Kaiser und Kanzler eine Entscheidung fallen. Noch vor Beginn der Sitzung um sechs Uhr nachmittags versammelte Bismarck seine Mitarbeiter. Er wollte sie auf eine gemeinsame Linie in all jenen Fragen festlegen, die wahrscheinlich vom Kaiser aufgeworfen würden. Käme die Arbeiterschutzfrage zur Sprache, solle die Runde diesen Vorschlägen weder zustimmen noch sie ablehnen, sondern sich Zeit für sorgfältige Beratung erbitten. Würde aber das Sozialistengesetz angeschnitten, dann dürfe man sich keinesfalls für dessen Annahme ohne den Ausweisungsparagraphen aussprechen. Und, so fügte Bismarck hinzu, »man dürfe auch nicht durch Erklärungen im Reichstag das Zustandekommen ohne diesen Paragraphen erleichtern«.

Bismarck war also weiterhin entschlossen, an seiner Strategie festzuhalten. Mit der dilatorischen Behandlung des Arbeiterschutzprogramms wollte er lediglich Zeit gewinnen, bis es ihm gelänge, den Kaiser von seinen Vorstellungen abzubringen. Beim Ausweisungsparagraphen musste Bismarck, wollte er Erfolg haben, hart bleiben, denn am 25. Januar stand die entscheidende dritte Lesung des Gesetzentwurfs im Reichstag an.

Wie von Bismarck vermutet, wurden in der Sitzung jene beiden Punkte aufgeworfen. In der Frage des Arbeiterschutzes, den Wilhelm II. am liebsten sogleich in einer pompösen Proklamation verkündet hätte, einigten sich Kaiser und Kanzler nach erregtem Wortwechsel darauf, so lange damit zu warten, bis die einschlägigen Gesetzesvorlagen vorbereitet wären. Umso härter und unversöhnlicher prallten die gegensätzlichen Standpunkte aber in der Frage des Ausweisungsparagraphen aufeinander. Der Kaiser erklärte, es sei sein Wunsch, dass das Sozialistengesetz den Reichstag passiere, weshalb man den fraglichen Paragraphen fallenlassen müsse, zumal dieser weniger wichtig sei als der Fortbestand der Kartellmehrheit. »Bismarck widersprach«, so der Bericht des Landwirtschaftsministers Robert Freiherr Lucius von Ballhausen, »immer erregter, zuletzt sagend: Er könne nicht beweisen, daß diese Nachgiebigkeit Sr. Majestät verhängnisvolle Folgen haben werde, glaube es aber nach seiner langjährigen Erfahrung. Wenn Se. Majestät in einer so wichtigen Frage anderer Meinung sei, so sei er wohl nicht mehr recht an seinem Platz. Bleibe das Gesetz unerledigt, so müsse man sich ohne dasselbe behelfen und die Wogen höher gehen lassen. Dann möge es zu einem Zusammenstoß kommen.«

Der Kaiser erkannte sofort die Zwickmühle, in die Bismarck ihn zu manövrieren suchte. Träte der Kanzler zu diesem Zeitpunkt zurück, wäre dies, so die Warnungen seiner Berater, seinem Ansehen äußerst abträglich, auch wenn niemand mehr mit Bismarck zufrieden sei. Der Kaiser würde dann, wie es damals der deutsche Botschafter in Bukarest,

Bernhard von Bülow, in einem Brief an Philipp von Eulenburg, den Vertrauten des Kaisers, formulierte, »im verleumderischen Licht des jungen Lord von Edenhall« erscheinen, »der das Schicksal versuchen wolle trotz der Warnungen, die der greise Schenk erhebe – ›des Hauses ältester Vasall‹«.

Gäbe er aber nach, würden sich die Dinge so entwickeln, wie von Bismarck skizziert: Der Kanzler hatte erkennen lassen, dass er sich ein Scheitern des Sozialistengesetzes im Reichstag geradezu wünsche, weil er ein schärfer gefasstes Gesetz verabschiedet wissen wolle. Der Ausweisungsparagraph biete, so Bismarck, lediglich das allerunentbehrlichste Maß an Machtmitteln. Nach seiner Einschätzung sähe man sich aber bald schon genötigt, eine gesetzliche Handhabe zu fordern, die es erlaube, die sozialdemokratischen Agitatoren nicht nur aus ihrem Wohnort und Wirkungskreis zu verbannen, sondern sie ganz aus dem Reich auszuweisen. »Ohne Blut«, so fügte der Kanzler drohend hinzu, »würde es schwerlich abgehen, wenn wir nicht mehr, als ohne Gefahr zulässig, nachgeben und irgendwo standhalten wollten. Je später der Widerstand der Regierung eintrete, desto gewaltsamer werde er sein müssen.« Damit zeigte sich Bismarck entschlossen, geradewegs auf einen Bürgerkrieg zuzusteuern.

Entsprechend erregt reagierte Wilhelm II. »Er wolle ohne den äußersten Notfall solchen Katastrophen soweit möglich durch Präventivmaßregeln vorbeugen, nicht seine ersten Regierungsjahre mit dem Blut seiner Untertanen färben.« Da Wilhelm II. aber die Minister nicht zu einer Änderung ihrer reservierten Haltung bewegen konnte, um Bismarck zu isolieren, konnte sich der Kanzler noch einmal behaupten. Damit war das Schicksal des Sozialistengesetzes besiegelt: Am folgenden Tag scheiterte es in dritter Lesung, und die Kartellmehrheit zerbrach. Jetzt stand man vor einem innenpolitischen Scherbenhaufen, der ersten Voraussetzung für ein Gelingen von Bismarcks Staatsstreichplänen. Überdies hatte die Regierung für die bevorstehenden Reichstagswahlen keine zündende Parole, die ihr eine Mehrheit hätte verschaffen können.

Bereits zwei Tage nach dieser Sitzung des Staatsministeriums, von der, wie Lucius notierte, alle Anwesenden das Gefühl mitnahmen, »daß ein irreparabler Bruch zwischen Kanzler und Souverän« eingetreten sei, trachtete Bismarck danach, diesen Eindruck zu verwischen, um das weitere Gelingen seiner Absichten nicht zu gefährden. Er gab sich den Anschein, mittlerweile völlig anderen Sinnes geworden und nunmehr bereit zu sein, die sozialpolitischen Ziele des Kaisers zu unterstützen. Zugunsten des wichtigsten Beraters Wilhelms II. in diesen Fragen, des Freiherrn von Berlepsch, verzichtete Bismarck auf das bislang von ihm besetzte Ressort des preußischen Handelsministers. Am 28. Januar erfuhr Bismarck jedoch, dass Wilhelm II. mit dem sächsischen König verabredet hatte, dessen Regierung solle in allernächster Zeit beim Bundesrat einen Gesetzesantrag zum Arbeiterschutz einbringen, der ganz den sozialpolitischen Vorstellungen des Kaisers entsprach. Daraufhin bestellte Bismarck den sächsischen Gesandten zu sich und versuchte diesen mit der Drohung einzuschüchtern, dass er an dem Tage, an dem die sächsische Regierung diesen Antrag im Bundesrat stelle, von allen seinen Ämtern zurücktreten würde. Außerdem, so fügte er noch hinzu, sei »die soziale Frage nicht mit Rosenwasser zu lösen: hierzu gehöre Blut und Eisen«.

Bei einer weiteren Unterredung Bismarcks nur einen Tag später mit dem bayerischen Gesandten, dem er »sein Verhältnis zum Kaiser und die Krisis« schilderte, hatte das alles schon wieder eine ganz andere Färbung. Dem Gesandten sagte er, da diese Sache zwischen dem Kaiser und dem König von Sachsen verabredet worden sei, »könne er nicht im Bundesrat widersprechen. Er sei aber zu alt und habe keine Lust, seinen Namen für Maßregeln hinzugeben, welche seiner Überzeugung zuwiderlaufen … Seine Lage sei unhaltbar und er sei darum fest entschlossen, den übermäßig aufgebauschten Reichskanzler einer Schweningerkur [Ernst Schweninger war seit einigen Jahren Bismarcks Arzt, der dem wegen seiner unmäßigen Essgewohnheiten zu starker Leibesfülle neigenden Bismarck erfolgreiche Abmagerungskuren verordnete, J. W.] zu unterziehen. Der Anfang sei gemacht, indem er dem Kaiser den Oberpräsidenten von Berlepsch ... als Handelsminister vorgeschlagen habe, und der Kaiser sei sehr bereitwillig darauf eingegangen. So wolle er nach und nach den Reichskanzler gliederweise ablegen und nur den Rumpf, die Leitung der auswärtigen Politik behalten.«

Bismarcks chamäleongleiche Wandlungsfähigkeit war damit noch längst nicht erschöpft. Wiederum einen Tag später, am 31. Januar 1890, beriet das Staatsministerium erneut über den Entwurf des kaiserlichen Erlasses zum Arbeiterschutz. Bismarck, der die Sitzung leitete, setzte zwei Erlasse durch: Der eine betraf die Reichsgesetzgebung und wurde an die Fachminister weitergeleitet; der andere, der eine internationale Konferenz zu Fragen des Arbeiterschutzes – diese Konferenz war die neueste Lieblingsidee des Kaisers – vorsah, war an Bismarck als Kanzler des Reiches adressiert. An der Ausarbeitung beider Erlasse beteiligte sich Bismarck mit großem Eifer, verweigerte dann aber unter fadenscheinigen Vorwänden die von der Verfassung vorgesehene Gegenzeichnung. Beide Erlasse konnten deshalb lediglich mit der Unterschrift des Kaisers am 4. Februar 1890 im »Reichsanzeiger« veröffentlicht werden. Die Wirkung, die die Publikation der beiden Erlasse unter diesen Umständen und zwei Wochen vor den Reichstagswahlen hatte, war beträchtlich, damit aber vermutlich ganz den Erwartungen Bismarcks entsprechend.

Die Oppositionsparteien deuteten sie als Signal dafür, dass der Kaiser sich nunmehr entschlossen habe, auf ihre sozialpolitischen Vorstellungen einzugehen. Bismarck seinerseits ging davon aus, dass die Veröffentlichung der Erlasse so kurz vor der Wahl den Kartellparteien schadete, den Oppositionsparteien aber Stimmengewinne einbrächte. Ein Reichstag aber, in dem die »Reichsfeinde«, sprich das Zentrum, die Fortschrittspartei und die Sozialdemokraten, eine lediglich negative Mehrheit bildeten, musste das Reich ins Chaos stürzen. Damit wäre die Unsinnigkeit der kaiserlichen Politik bewiesen, die der Kanzler trotz heftiger Bedenken scheinbar loyal unterstützt hatte. Darüber hinaus böte sich dann als einziger Ausweg aus der verfahrenen Situation nur der an, den Bismarck von Anfang an angestrebt hatte: die offene Konfrontation mit dem Reichstag und schließlich, wenn diese nicht weiterführte, der Staatsstreich.

Wie bereits gegenüber dem bayerischen Gesandten angedeutet, eröffnete Bismarck dem Kaiser am 8. Februar, dass er das Amt des preußischen Ministerpräsidenten aufgeben wolle. Dieser Vorschlag hätte den Kaiser sofort misstrauisch machen müssen, aber wahrscheinlich lockte ihn die Aussicht, mit einem Rücktritt Bismarcks vom Amt des preußischen Ministerpräsidenten innenpolitisch freie Hand zu bekommen. Auf dem Gebiet der Außenpolitik hingegen könnte man den »Alten« noch eine Weile agieren lassen.

Die Vorteile, die Wilhelm II. von einer solchen »Schweningerkur« Bismarcks hatte, lagen auf der Hand: Bismarck, der am 1. April 1890 fünfundsiebzig Jahre alt wurde, zöge sich auf Raten, aber in allen Ehren, auf sein verdientes Altenteil zurück. Der Kaiser nahm deshalb Bismarcks Angebot, auf den Posten des preußischen Ministerpräsidenten zu verzichten, an. Als Datum vereinbarte man den 20. Februar 1890, den Tag der Reichstagswahlen. Auf ausdrückliche Bitte des Kaisers erklärte sich Bismarck auch zu innenpolitischer Schützenhilfe bei der Einbringung der Heeresvorlage im Reichstag bereit, die eine Erhöhung des Militäretats binnen weniger Jahre um über 100 Millionen Goldmark vorsah. Bismarck sagte zu, obwohl er bereits angedeutet hatte, dass er den Sinn einer derart massiven Erhöhung des Militäretats nicht nachvollziehen könne. Andererseits dürfte die Aussicht, dass die Vorlage am Widerstand des Reichstags scheiterte, seine Bereitwilligkeit, diese zu unterstützen, nur gesteigert haben. Nur so lässt sich Bismarcks ansonsten rätselhafter Sinneswandel erklären, denn wenige Tage nach dieser Unterredung bat Bismarck bei einem Routinevortrag am 12. Februar 1890 den Kaiser, seinen für den 20. Februar verabredeten Rücktritt von allen preußischen Ämtern »bis nach den ersten gewonnenen oder verlorenen Abstimmungen des neuen Reichstags über die Militärforderung und Erneuerung des Sozialistengesetzes, voraussichtlich bis Mai oder Juni« zu verschieben.

Ausschlaggebend für diesen Sinneswandel war vermutlich, dass sich Bismarck zwischen dem 8. und dem 12. Februar 1890 Klarheit verschafft hatte, wie wichtig dem Kaiser die Militärvorlage war. Als er sicher war, dass Wilhelm II. die Annahme dieser Vorlage mit aller Energie betreiben wollte, erkannte er darin eine willkommene Gelegenheit, den Konflikt mit dem Reichstag zu beschleunigen. Kombinierte man die Militärvorlage mit einem verschärften Sozialistengesetz, dann hatte man, so Bismarcks Kalkül, schneller als erhofft jene Situation, aus der nur noch der Staatsstreich einen Ausweg wiese. Damit aber nicht unversehens, wie sich ein anderer deutscher Reichskanzler einmal bei ähnlicher Gelegenheit ausdrückte, »… noch im letzten Moment ein Schweinehund einen Vermittlungsvorschlag vorlegt«, musste Bismarck für das Gelingen seines Plans das Amt des preußischen Ministerpräsidenten so lange behalten, bis der Konflikt tatsächlich ausgebrochen war. Wäre dies erst einmal geschehen, könnte man sowieso nicht mehr auf ihn verzichten. – Der Kaiser jedenfalls fügte sich den Vorstellungen seines Kanzlers mit den Worten: »Dann bleibt also einstweilen alles beim alten.«

Die Reichstagswahlen vom 20. Februar bescherten den Kartellparteien, wie erwartet, ein Desaster. Noch schöner aber war für Bismarck, dass sich alle Hoffnungen des Kaisers, die Wähler würden sich in hellen Scharen wegen der von ihm angekündigten Sozialpolitik von den Sozialdemokraten abwenden, als völlig irrig erwiesen. Ebenso gewiss war auf der anderen Seite, dass sich die »reichsfeindlichen« Parteien, gestärkt durch ihre hohen Stimmengewinne, renitenter denn je gerieren würden. Ihre bloß negative Mehrheit, so Bismarcks ganze Hoffnung, ließe dann keine andere Wahl mehr als den Staatsstreich.

Wie es weitergehen würde, sah nicht nur Bismarck, sondern auch einer seiner schärfsten Gegner, der badische Politiker Franz von Roggenbach, voraus. Am 4. März 1890 schrieb er an seinen Freund, den von Bismarck geschassten Admiral Albrecht von Stosch: »Nun haben sich die Verfemten [i. e. die »reichsfeindlichen« Parteien] zusammengetan – in der Tat das einzige, was ihnen übrigblieb – und haben vor aller Welt den Wahnsinn bewiesen, als Regierungssystem die seit 20 Jahren gebrauchte Verhetzung der Nation zu statuieren. Regierungsfähiger ist diese gemischte Gesellschaft, die nur das eine Merkmal trägt, nicht blind dem Kanzler zu Willen zu sein, nicht geworden. Zudem ist nicht die leiseste Aussicht vorhanden, daß künftige Wahlen jemals wieder eine Mehrheit zur Stelle bringen, die die Gefügigkeit der Kartellmajorität hat. Die Berufung auf die Verdienste der Reichsgründung – die Erweckung der finstern Leidenschaften des Kulturkampfs, der Interessenhandel der Schutzzollphase – und endlich die Gänsehaut ob angeblicher Kriegsgefahr tut es nicht mehr. Bleibt somit nur noch die soziale Gefahr als letztes Mittel für die Gepflogenheiten Bismarckscher Regierungsmethode, sich Majoritäten und Wahlen nach seinem Sinne zu schaffen. Wird ein Versuch damit dem allgemeinen Wahlrecht gegenüber glücken? Ich glaube, nur dann, wenn das diabolische Mittel angewendet wird, durch angelegte Putsche die kleinbürgerlichen und bäuerlichen Kreise zu erschrecken. Das führt nun freilich direkt auf den entgegengesetzten Weg als auf den, welchen die sozialen Reformationsideen des Kaisers gehen wollen.«

Franz von Roggenbach vermochte aber nicht die ganze Diabolik der Bismarck'schen Intrigen zu durchschauen. Was dieser wirklich plante, enthüllte er während eines Vortrags beim Kaiser am 25. Februar 1890. Mit ihm erstattete Bismarck Bericht über seine Einschätzung der Lage nach den Wahlen. Zunächst versicherte der Kanzler heuchlerisch, die sozialpolitischen Vorstellungen Wilhelms II. mit aller Energie im neuen Reichstag vertreten zu wollen. Gleichzeitig aber, so Bismarck, müsse vom Reichstag die Zustimmung zu der geplanten Erhöhung des Heeresetats und zum verschärften Sozialistengesetz, das vor allem eine Ausweisung sozialdemokratischer Agitatoren aus dem Reich zu ermöglichen habe, erlangt werden. Zu erwarten sei aber, dass beide Vorlagen im Reichstag scheiterten. Nachdem Reichstagsauflösungen keine Änderung bewirkt hätten, sollten die Bundesfürsten, die nach Bismarcks eigenwilliger Verfassungsinterpretation das Reich begründet und ihm seine Verfassung verliehen hätten, dieselbe abändern.

Mit anderen Worten: Die Bundesfürsten sollten gemeinsam einen Staatsstreich unternehmen, der nach Bismarcks Verfassungsverständnis völlig legal wäre. Wesentliches Ziel dieser »Verfassungsabänderung« sollte es nach Bismarck sein, den Sozialdemokraten das passive Wahlrecht zu entziehen. Außerdem wäre daran zu denken, die geheime Stimmabgabe durch eine öffentliche zu ersetzen, damit man diejenigen, die es gleichwohl noch wagten, für die SPD zu votieren, sofort sistieren könne. Lehnten sich aber die Massen gegen diese Verfassungsänderung auf, dann sollte der Kaiser den Ausnahmezustand proklamieren und die Unruhen mit militärischer Gewalt niederschlagen. »Jetzt«, so schloss Bismarck seine aberwitzigen Ausführungen, »ist so etwas noch möglich, später wird es unmöglich sein. Aber wenn die Sache in die Hand genommen wird, muß sie auch unter allen Umständen durchgefochten werden. Dann darf es nur heißen: No surrender! Keine Übergabe!«

Bismarck glaubte sich in alter, erfolgreicher Rolle, die er zum ersten Mal vor 28 Jahren im Schlosspark von Babelsberg gegeben hatte. Damals schwor er seinem Souverän Vasallentreue mit den Worten: »... lieber mit dem Könige untergehn, als Eure Majestät im Kampfe mit der Parlamentsherrschaft im Stiche lassen«. Vor 28 Jahren war es aber der König gewesen, der sich einer ausweglosen Situation gegenübersah. Jetzt hingegen brauchte Bismarck eine ausweglose Situation des Reiches, um selbst noch eine Zukunft zu haben.

Es ist müßig, all jene Anlässe und Gründe anzuführen, die dann als Vorwände dienten, um Bismarcks Entlassung zu rechtfertigen. Der Entschluss Wilhelms II., Bismarck zu entlassen, beruhte einzig auf seiner Einsicht, dass der Weg Bismarcks der Weg zu Gewalt und Staatsstreich war, der nur dazu dienen sollte, dessen Kanzlerschaft zu retten. Als der Kaiser Bismarck am 4. März 1890 befahl, auf die Vorlage eines verschärften Sozialistengesetzes zu verzichten, da diese nur geeignet sei, den Erfolg der Arbeiterschutzgesetzgebung zu vereiteln und sie überdies eine »ganz nutzlose Provokation der Wähler« darstelle, wusste Bismarck, dass sein Spiel verloren war.

Nach diesem 4. März gingen noch zwei Wochen der Ungewissheit ins Land, ehe sich der Kanzler ins Unvermeidliche schickte. Am Abend des 18. März 1890 sandte er dem Kaiser das letzte seiner meisterlich formulierten Schriftstücke: sein Rücktrittsgesuch, das sofort angenommen wurde.

In den letzten eineinhalb Jahren seiner Kanzlerschaft hatte Bismarck nur darum gekämpft, diesen Tag und dieses Schreiben zu vermeiden. In diesem Kampf bot er noch einmal das ganze Arsenal seiner Listen und Tricks auf, dessen er sich mit Erfolg und Skrupellosigkeit bedient hatte und von denen die Nachwelt fatalerweise noch weit mehr verblüfft und beeindruckt sein sollte als die Mitwelt. Das Ende kam, genau zwei Wochen vor seinem 75. Geburtstag, völlig unspektakulär.

Aber Bismarck wusste, dass sein größter Triumph noch vor ihm lag, seine Apotheose, deren eigener Regisseur er sein würde. Alle Fehler und Versäumnisse, die seinem Werk und Wirken anhafteten, würde er entweder ungeschehen machen oder der Verantwortung seiner Nachfolger anlasten. Sein Rücktrittsschreiben war schon ganz auf diesen Ton gestimmt, betonte er doch die Notwendigkeit, die Verfassung zu achten und den Frieden in Europa zu wahren.

Das Interregnum bis zur Amtseinführung des neuen Kanzlers, des Generals Leo von Caprivi, nach ihm noch der beste Kopf unter allen Kanzlern des Kaiserreichs, dauerte neun Tage. Sie waren angefüllt mit lauter letzten Abschieden. Am Grab Wilhelms I. legte Bismarck drei rote Rosen nieder, und selbst der Witwe des unglücklichen Friedrich III., die Bismarck stets mit Hass und seinem ganzen Argwohn verfolgt hatte, stattete er einen Höflichkeitsbesuch ab. Es folgte die feierliche Amtsübergabe an seinen Nachfolger im Berliner Stadtschloss, bei der Kaiser Wilhelm II. Bismarck zum Herzog von Lauenburg erhob und ihm den Rang eines Generalobersten der Kavallerie verlieh, verbunden mit dem Titel eines Feldmarschalls.

Bismarcks Sohn Herbert schrieb dem ihm befreundeten englischen Staatsmann Lord Rosebery, wie sein Vater diese Standes- und Rangerhöhung kommentiert hatte: »My father said it is very strange: The Emperor names his best General a Chancellor and his best Chancellor a Field Marshal.« Seinen neuen Titel, Herzog von Lauenburg, wolle er benutzen, wenn er inkognito reise, spottete Bismarck. Sein Sarkasmus hatte seinen Abgang von der Macht unbeschädigt überstanden.

Am 29. März 1890 verließ Bismarck zum letzten Mal seine Dienstwohnung in der Wilhelmstraße. In einer Kalesche fuhr er zum Lehrter Bahnhof, die Straßen waren von Neugierigen gesäumt. Am Bahnhof war eine Ehrenwache aufgezogen, und eine Militärkapelle spielte. Wilhelm II. war selbstverständlich nicht erschienen, aber am darauffolgenden Dienstag, als Bismarck in Friedrichsruh seinen 75. Geburtstag feierte, traf aus Berlin ein Geschenk des Kaisers ein: ein überlebensgroßes Porträt Seiner Majestät. Damit begann jene Epoche, der Wilhelm II. ihren Namen gab, weil er sie bis zum Grad jener Vollkommenheit verkörperte, die ihn fraglos zum Vorbild vieler seiner Zeitgenossen werden ließ.

Vor dem Hintergrund dieser Zeit, die dem Grundsatz huldigte, nichts sei wahrer als der Schein, entwarf Bismarck in den acht ihm noch bleibenden Jahren seine Verklärung, die sein Werk und Wirken ins Überlebensgroße, ins Legendäre transzendierte.

Politik ist das Schicksal.« Dieser Erfahrung Napoleons I. konnte auch Bismarck nicht entrinnen, der gesagt hatte, er könne sich nicht wie ein Bär in den Winterschlaf zurückziehen. Der Abschied vom Amt, in dessen Sielen er wohl am liebsten gestorben wäre, erfüllte ihn mit Bitternis und einem immensen Gefühl von Leere. Seine Gesellschaft bildeten die Doggen, das Personal und Johanna. Im Sommer 1890 erschien kein einziger Politiker in Friedrichsruh, kein Mitspieler machte ihm die Aufwartung. Die Langeweile, die Bismarck bisweilen überfiel, zerrte an seinen Nerven, und erneut stellte er sich die Frage: Was tun? Die Antwort lag nahe: Rache.

Seit jeher hatte er hinter allem, was der Ausführung seiner Pläne hinderlich war, irgendwelche dunklen, ihm feindlich gesinnten Mächte und Personen vermutet, die ihm schaden, ihn aus dem Amt drängen wollten. Jetzt, so redete er sich ein, hatten die Verschwörer triumphiert, den jungen, noch unerfahrenen Kaiser gegen ihn eingenommen und seinen Abschied von der Macht erzwungen. Diese Machenschaften aufzudecken und gleichzeitig eine ideale, über jeden Verdacht erhabene Darstellung seines Wollens und Tuns zu geben, mit der die Zukunft aus der Vergangenheit beschworen wurde – diese Vorstellung inspirierte ihn, als er sich im September 1890 in Friedrichsruh daranmachte, Lothar Bucher seine Erinnerungen zu diktieren.

Es war dies eine über alle Maßen erschöpfende, eine fürchterliche Arbeit. Während des Diktats überfiel Bismarck häufig alter Groll, erging er sich in lebhaften Invektiven gegen

Personen, Zeitgenossen, Gegenspieler, die längst von der Bühne abgetreten waren oder die er seinem Willen unterworfen hatte. Schlimmer war für Bucher jedoch die Aufgabe, diese eigenwilligen Erinnerungen mit jenen Fakten einigermaßen in Übereinstimmung zu bringen, wie sie Akten und Dokumente belegten, die Bismarck in großer Zahl aus dem Kanzleramt nach Friedrichsruh hatte schaffen lassen. Man wird Bismarck nicht grundsätzlich unterstellen können, dass er sein vergangenes Handeln so darstellen wollte, wie er es im Lichte gegenwärtiger Erfahrungen und künftiger Erwartungen gerne gesehen hätte. Manches wird in der Perspektive des Erinnerns verzerrt, bei vielen Ereignissen verwirren sich die offizielle Version der Akten und die tatsächlichen Vorgänge, derer sich nur der Beteiligte genau zu entsinnen wähnt. Andererseits lässt sich zweifelsfrei nachweisen, dass Bismarck seinem politischen Handeln einen Sinn, eine große Perspektive zu geben versuchte. Das gilt namentlich für seine Darstellung der deutschen Einheit, die Bismarck so anlegte, als habe er von Anfang an einen genauen Plan gehabt, den er schrittweise umsetzte. Was ihm jedoch misslungen war, das verschwieg Bismarck oder leugnete strikt jegliche Verantwortung.

Lothar Bucher, der immer wieder vergeblich versuchte, seinen »Chef« wenigstens zu einer gewissen Objektivität und Wahrhaftigkeit anzuhalten, erschöpfte diese Anstrengung derart, dass er ernsthaft erkrankte und im Oktober 1892 starb. Bei Buchers Tod waren die *Gedanken und Erinnerungen*, wie der endgültige Titel der Memoiren lautete und deren erste beide Bände im November 1898, Bismarcks Todesjahr, erschienen, zu etwa einem Drittel fertiggestellt. Danach verlor Bismarck das Interesse daran, das ursprünglich viel umfangreicher geplante Projekt fortzusetzen. Bis unmittelbar vor seinem Tod unterzog er das bereits Vorhandene umfangreichen Korrekturen, ordnete die Kapitel neu, verlagerte einige Akzente, milderte Urteile und unterschied vor allem deutlicher zwischen dem, was ihm wünschbar gewesen wäre, und dem, was er tatsächlich zu realisieren vermocht hatte. Das änderte aber nichts an dem ursprünglichen Plan, eine persönliche Erinnerung an vergangenes Geschehen im Lichte gegenwärtiger Unzufriedenheiten zu geben. Das Ergebnis sind politische Memoiren, die ein in ihrem Genre großes literarisches Lesevergnügen sind. Ihre Qualität als historische Quelle ist jedoch höchst fragwürdig.

Möglicherweise verlor Bismarck nach Buchers Tod das Interesse daran, die Nachwelt mit seinen Erinnerungen zu erleuchten, weil er entdeckte, dass es wirksamere Mittel gab, schon die Mitwelt mit Einsichten zu beglücken. Auch ohne Amt reizte es ihn, seinen Einfluss auf das Geschehen zu erproben. Dieser Absicht kam eine geradezu kultische Verehrung seiner Person entgegen, kaum dass er die Bühne verlassen hatte. Der Inszenierung dieser Verehrung diente ein von ihm aufgezogener Propagandaapparat. Er stützte sich zum einen auf die Presse, vor allem auf die *Hamburger Nachrichten* und deren politischen Redakteur Hermann Hofmann, zum anderen auf einen kleinen Kreis von Getreuen. Dazu gehörten sein Privatsekretär Rudolf Chrysander und der Publizist Moritz Busch, seit dem Krieg 1870/71 einer seiner engsten Mitarbeiter. Vervollständigt wurde dieser Zirkel durch Heinrich von Poschinger und den Gymnasiallehrer Horst Kohl, der Bismarcks gesammelte Reden in 14 Bänden herausgeben sollte. Dieser kleine Kreis von ergebenen Dienern seines Ruhms sorgte dafür, dass das Interesse der Öffentlichkeit stetig mit allerlei Neuigkeiten, Anekdoten, Maximen und Lebensweisheiten Bismarcks bedient und wachgehalten wurde. Darüber hinaus war Bismarck selbst sein bester Promotor. Kein Journalist, der sich um ein Gespräch bemühte, wurde abgewiesen, kein Ansinnen, eine öffentliche Rede zu halten, abschlägig beschieden. Bismarck nutzte diese Gelegenheiten, um entweder das zu sagen, was seine jeweiligen Gesprächspartner hören wollten, oder um die Kassandra im Sachsenwald zu spielen und mit seinen Äußerungen diejenigen, die jetzt in Berlin die Geschäfte leiteten, zu erschrecken oder ihnen deutlich zu machen, dass er sie allesamt für unzünftige Politiker und Tölpel hielt. Auf die Dauer hatte er damit so viel Erfolg, dass er Wilhelm II. ernstlich verärgerte, auch wenn er sich hütete, dessen Person direkt zu attackieren. Bismarck wurde so zu einer politischen Gegenmacht, die desto gewaltiger zu werden schien, je schärfer und rücksichtsloser seine in der Presse veröffentlichten kritischen Kommentare und Indiskretionen ausfielen.

Am Hof, in der Regierung und in den politischen Kreisen Berlins wuchs daher der Verdacht, Bismarck plane ein Comeback. Er werde versuchen, seine Faszination auf weite Kreise der Öffentlichkeit in politische Macht umzumünzen, und sich vielleicht an die Spitze einer neuen Bewegung stellen, die seine Reden und seine Kritik zu ihrem Programm machte. Als Bismarck sich im April 1891 als Kandidat der Nationalliberalen Partei bei einer Nachwahl zum Reichstag in einem bei Hannover gelegenen Wahlkreis aufstellen ließ, aber erst im zweiten Wahlgang gegen einen sozialdemokratischen Arbeiter aus einer Zigarrenfabrik gewann, glaubten viele, dies sei der Beginn eines großen politischen Rachefeldzugs. Im Juni dieses Jahres ließ Wilhelm II. sich in vertrauter Runde vernehmen, er werde gegen den Reichsgründer einen Hochverratsprozess anstrengen, ihn als »Reichsfeind« verklagen, mit der Folge, dass der ehemalige Reichskanzler »doch noch eines Tages in Spandau endigen« werde.

Dazu kam es nicht, aber Bismarck erschien auch nicht als Jupiter tonans in Berlin, um als einfacher Abgeordneter die Regierung das Fürchten zu lehren. Im November 1892 ließ er einen französischen Journalisten auf die Frage, warum er sein Reichstagsmandat nicht wahrgenommen habe, wissen, er besäße kein Haus in Berlin und hasse im übrigen Hotels und Hotelbetten. Das waren natürlich lahme Ausreden. Wahrscheinlicher ist, dass Bismarck möglichen Demütigungen und Niederlagen, die seinen Nimbus beschädigt hätten, aus dem Weg gehen wollte. Dass er sein Reichstagsmandat erst in der Stichwahl errungen hatte, muss ihm schon zu denken gegeben haben. Es sodann als einfacher, machtloser Abgeordneter wahrzunehmen, sich von allen drangsalieren zu lassen, die von ihm jene Raffinessen gelernt hatten, die nur der üben konnte, der die Macht besaß, musste für ihn eine wenig verlockende Aussicht gewesen sein. Da war es schon klüger, sich auf Distanz und, wie der Habicht über dem Hühnerhof, die Berliner Kleingeister aus der Ferne in Furcht und Schrecken zu halten. Das gelang ganz vorzüglich, wie etwa die peinlichen Vorgänge anläßlich der Hochzeit seines Sohnes Herbert zeigen, der am 21. Juni 1892 in Wien die ungarische Gräfin Marguerite Hoyos heiratete. Als in Berlin bekannt wurde, dass Bismarck diese Hochzeit zu einer Reise nutzen wollte, bei der er auf der Hinfahrt in Dresden, auf der Rückreise in München Station zu machen plante, hatte diese Ankündigung geradezu hysterische Reaktionen zur Folge. Von einer »politischen Demonstration der Dynastie Bismarck« wurde geraunt, von einem »Rattenkönig von Intrige«. Wilhelm II. entblödete sich nicht, einen persönlichen Brief an Kaiser Franz Joseph zu schreiben und diesen zu bitten, seinem »ungehorsamen Untertanen« Bismarck keine Audienz zu gewähren, denn diese sei als »Hauptnummer« eines auf die Sensationslust der Massen abgestellten »Schwindels« geplant.

Zwar konnten die Höfe Bismarck nun nicht empfangen, aber die Reise wurde dennoch zu seinem ganz persönlichen Triumph. Wo immer Bismarck erschien, kam es zu großen Sympathiebekundungen und Demonstrationen. Er nutzte sie zu Ansprachen und anderen Äußerungen, denen es häufig nicht an kritischen Spitzen gegen die Politik des »Neuen Kurses« von Caprivi und dem Kaiser mangelte. In einem Interview mit der in Wien erscheinenden *Neuen Freien Presse* ließ er sich vernehmen, ihm sei es nur noch um sein Erbe zu tun, das sein Nachfolger zu verspielen drohe. Er halte sich deshalb die Option offen, im Reichstag zu erscheinen, dort »die Regierungen en visière anzugreifen, gewissermaßen als Chef der Opposition«.

Das waren nur leere Drohungen, wie Bismarck selbst nur zu bewusst war. Auf seiner Heimreise nach Schönhausen machte er auch in Jena halt, wo er auf dem Marktplatz zu Professoren und Studenten sprach. In dieser Rede machte er das staunenswerte Eingeständnis, dass er der Krone in der Verfassung des Reiches allzu große Macht gegeben habe, zum Nachteil des Reichstags. Parlamente aber bedürften der Freiheit, um erfolgreich Kritik üben, warnen und unter gewissen Umständen sogar die Regierung leiten zu können. Das waren Einsichten und Worte, die man von Bismarck am allerwenigsten erwartet hätte.

Auch wenn er jetzt am eigenen Leibe die Nachteile des autokratischen Herrschaftssystems erlebte, wusste er genau, dass in diesem System kein Oppositionsführer vorgesehen war und selbst sein Ansehen und Gewicht diesen Mangel nicht wettmachen konnten. Daran änderte auch die in den folgenden Monaten in der Öffentlichkeit wachsende Kritik an der Regierung Caprivi nichts. Diese Unzufriedenheit war nicht Wasser auf Bismarcks Mühlen. Welches Programm hätte er auch bieten können? Seine Rezepte waren ebenso bekannt wie ihre Erfolglosigkeit.

Bismarck hatte sich selbst überlebt. Die Zeit, in die er noch hineinragte, dachte längst in anderen Kategorien als in jenen, die ihm vertraut waren und mit denen er souverän jonglieren konnte. Was jetzt kommen sollte, kündigte sich in den Worten des Soziologen Max Weber gelegentlich seiner Freiburger Antrittsvorlesung von 1895 an: »Wir müssen begreifen, dass die Einigung Deutschlands ein Jugendstreich war, den die Nation auf ihre alten Tage beging und seiner Kostspieligkeit halber besser unterlassen hätte, wenn sie der Abschluss und nicht der Ausgangspunkt einer deutschen Weltmachtpolitik sein sollte.«

Deutsche Weltmachtpolitik!? – Nichts dürfte Bismarck ferner und fremder gewesen sein. Schon der Wechsel von der vertrauten Weltanschauungspolitik zu einer rigiden Interessenpolitik blieb für ihn ebenso wie deren Ursachen ein Buch mit sieben Siegeln. Dabei hatte er sich selbst zum Wortführer großagrarischer Interessen gemacht. Aber die hatte er immer vertreten, weil es stets seine ureigensten gewesen waren. Dass er aber mit dem von ihm inaugurierten Schutzzollsystem einer Entwicklung Vorschub leistete, die sein Lebenswerk entschieden mehr bedrohen sollte als jeglicher Zank auf dem Balkan, ist ihm nie aufgegangen. Darin liegt Bismarcks Tragik als Politiker. Max Weber diagnostizierte sie hellsichtig ebenfalls in seiner Antrittsvorlesung mit den Worten, sie werde »die Zukunft wohl darin finden, daß unter ihm das Werk seiner Hände, die Nation, der er die Einheit gab, langsam und unwiderstehlich ihre ökonomische Struktur veränderte und eine andere wurde, ein Volk, das andere Ordnungen fordern musste als solche, die er ihm geben und denen seine cäsarische Natur sich einfügen konnte«.

Als Max Weber dies sagte, war es schon recht still um Bismarck geworden. Gewiss, noch immer hielt er Reden oder gab Interviews, erschienen Aufsätze aus seiner Feder, aber es waren nur noch Schwanengesänge, Fußnoten eines großen, grimmigen Mannes zum politischen Tagesgeschehen, die wie historische Reminiszenzen ohne aktuelle Brisanz anmuteten. Die einzige Ausnahme bot die Enthüllung des hochgeheimen »Rückversicherungsvertrags« in einem Artikel für die *Hamburger Nachrichten*, der im Oktober 1896 erschien. Wilhelm II. sprach wieder von Hochverrat, kam aber rasch zu der Einsicht, dass ein scharfes Vorgehen gegen den alten Herrn seiner eigenen Popularität abträglich sein würde.

Im Übrigen war es zwischen den beiden indessen zu einer Art von »Aussöhnung« gekommen, die in viel Aufsehen erregenden Besuchen und Gegenbesuchen ihren Niederschlag fand, bei denen beide es aber stets vermieden, über irgendwelche politischen Themen zu sprechen. Diese Entspannung ihres Verhältnisses minderte die latente Bedrohung, die Bismarck noch immer darstellte, erheblich.

Als Wilhelm II. Bismarck Mitte Dezember 1897 mit großer Entourage ein letztes Mal in Friedrichsruh besuchte, wo dieser nach dem Tod seiner Frau Johanna, die am 27. November 1894 in Varzin gestorben war, ausschließlich lebte, raffte sich der alte Mann zu einer letzten, enigmatischen Warnung an seinen Monarchen auf: »Majestät, so lange Sie dies Offizierskorps haben, können Sie sich freilich alles erlauben: sollte das nicht mehr der Fall sein, so ist das ganz anders.« Wilhelm II. sollte noch reichlich Gelegenheit haben, den Sinn dieser Warnung zu verstehen.

Danach gab es auch für Bismarck nicht mehr viel zu sagen, machten ihm Altersgebrechen zu schaffen, die ihn an den Rollstuhl fesselten. Im Hochsommer 1898 bekam er eine Lungenentzündung, mit der sich sein Ende ankündigte, das ihn am 30. Juli 1898 im Kreise seiner Familie ereilte. Es war ein heißer Sommerabend, und Bismarck, der Durst litt, nahm noch einmal seine ganze Kraft zusammen, um nach einem Glas Limonade zu greifen, trank es aus, sank mit dem Ruf »Vorwärts« zurück in die Kissen und verschied.

Bismarcks Tod markiert nicht das Ende einer Epoche. Auch aus seiner Ära, die allenfalls von 1866 bis zum Ende des Berliner Kongresses 1879 währte und die er noch rund zehn Jahre in seinem Amt selbst überlebte, überdauerte fast keine seiner Leistungen und Errungenschaften längere Zeit. Was blieb, waren für ihn lediglich Etappenziele oder politische Diversifikationen: Schleswig-Holstein, eine Grenze zwischen Bayern und Österreich und ein staatliches System der Sozialversicherung.

Bismarck hat den Zusammenbruch des Deutschen Reiches,

dem er die äußere Gestalt und sein inneres Gepräge gab, nicht mehr erlebt. All jene aber, die ihm nach seinem Rücktritt zujubelten, die sich in Vereinen zusammentaten, um ihm Denkmäler und Bismarcktürme zu errichten, und von denen manche in die Politik mit dem Anspruch eintraten, sein Erbe sachwalterisch fortzusetzen, haben damit nur die Logik seines Verfalls, für die Bismarck gleichermaßen verantwortlich ist, beschleunigt. Für die Kontinuität der deutschen Geschichte von Bismarck über Wilhelm II. bis zu Hitler stehen jene Millionen Deutsche, die im Reich, mit dem Reich und im Schatten Bismarcks groß wurden und die dann dieses Reich 1933 einem Mann überantworteten, der es endgültig liquidieren sollte. Zwischen 1866 und 1933 liegen nicht Jahrhunderte und Generationen, sondern nur 67 Jahre. Das Exempel liefert ein Mann, der als junger preußischer Offizier bei Königgrätz kämpfte, der bei der Proklamation des Reiches im Spiegelsaal von Versailles zugegen war, der 1914/15 die erfolgreichen Abwehrschlachten in Ostpreußen schlug und der 1933 einen Mann zum Kanzler des Deutschen Reiches bestellte, den er im Gespräch mit seinen Vertrauten nur als den »böhmischen Gefreiten« zu bezeichnen pflegte.

Kontinuitäten haben auch ihre Ironie: Dort, wo heute am Rande des ehemaligen Konzentrationslagers Buchenwald bei Weimar der Glockenturm steht, der nach der Befreiung des Lagers zum Gedenken an die Opfer errichtet wurde, erhob sich bis 1945 ein Bismarckturm. Seine Quadersteine lieferten das Baumaterial für dieses Mahnmal, das einsteht für das Ende in Schande, das Bismarcks Erbe nahm. Saxa loquuntur.

NACHWORT

Weit mehr als auf seine Zeitgenossen, unter denen gerade die herausragenden wie Jacob Burckhardt, Friedrich Nietzsche oder Theodor Mommsen seiner Politik mit Kritik und Ablehnung gegenüberstanden, hat Bismarck prägenden Einfluss auf die Nachwelt ausgeübt. Vor allem nach seinem Tod, als die mannigfachen Widersprüchlichkeiten seines politischen Erbes immer sichtbarer wurden, diese aber ausschließlich dem mangelnden Geschick seiner Nachfolger zugeschrieben wurden, erfuhr sein Genie eine Steigerung zur Apotheose. Wesentlichen Anteil daran, sein Werk gegen jede kritische Infragestellung zu immunisieren, hatte die kaum überschaubare Zahl von Historikern und gelehrten Adoranten, die sich bis in unsere Tage hinein nicht genugtun konnten, seine Persönlichkeit zu rühmen und sein vermeintlich erfolgreiches Handeln zu verherrlichen.

Verglichen mit jenem anderen Dämon, der die Deutschen zu ihrer ewigen Schande im 20. Jahrhundert in seinen Bann schlug, war Bismarck sicherlich die einzige vergleichsweise positiv zu bewertende Ausnahmegestalt der neueren deutschen Geschichte. Ja, je mehr es mit dem Deutschen Reich bergab ging, die Niederlage im Ersten Weltkrieg ihre Fortsetzung in der politischen und wirtschaftliche Dauermisere der Weimarer Republik fand, desto stärker faszinierte Bismarck als Vorbild. Daran änderte auch nichts, dass der Rattenfänger, der dann auf der Szene erschien und den Deutschen ein Tausendjähriges Reich verhieß, mit ebenjenen Sehnsüchten und Hoffnungen spielte, die viele mit Bismarck verknüpft hatten. Bismarck behauptete sich auch nach 1945 als Fixstern am politischen Horizont, dessen Strahlenglanz erst in allerjüngster Zeit verblasste.

Das Datum, das Bismarcks Gestalt und Wirken endgültig ins Historische entrückte und damit einer kritischeren Prüfung überantwortete, ist der 9. November 1989, der Tag des Mauerfalls in Berlin. Damit begann ein Prozess, der innerhalb kürzester Zeit und auf friedlichem Wege zur Wiederherstellung der deutschen Einheit führte. Bismarck hatte seine Einheit mit »Blut und Eisen«, List und Tücke und, wie er einmal gesprächsweise sagte, »unter dem drohenden Gewehranschlag Europas« geschaffen. In all dem war ihr rascher Zerfall bereits angelegt gewesen, zumal er auch nach 1871 nichts unternahm, um diese von ihm gewaltsam herbeigeführte deutsche Einheit von Preußens Gnaden innerlich zu vollenden.

Die erneute Einigung der Deutschen Ende der Achtzigerjahre unseres Jahrhunderts gründet in gegenteiligen Voraussetzungen. Sie wurde nicht gegen Europa, sondern mit ausdrücklicher Zustimmung der europäischen Staatenwelt bewerkstelligt. Im Wesentlichen ist das ein Ergebnis der Politik, die politischen Traditionen entstammt, die von Bismarck als »reichsfeindlich« gebrandmarkt und unnachsichtig verfolgt wurden: der christlichen und der sozialdemokratischen.

Konrad Adenauer, der seine politische Karriere noch in der Zentrumspartei der Weimarer Republik begann, meisterte die schwierige Aufgabe, das freie Rumpfdeutschland nach 1945 in den Verbund der westlichen Zivilisationen und Demokratien einzugliedern. Der Sozialdemokrat Willy Brandt ergänzte die Westintegration der Bundesrepublik durch die Aussöhnung mit den Staaten Osteuropas, und Helmut Kohl schließlich hat es sich zum Ziel gesetzt, das vereinte Deutschland in der geplanten politischen Union Europas fest zu verankern.

Wo Bismarck auf Konfrontation und Ausgrenzung setzte, vertrauten diese Kanzler auf Ausgleich und Integration. Aber es gibt auch noch einen wesensmäßigen Unterschied zwischen Bismarck und ihnen. Bismarck war Intellektueller und Spieler, der zum politischen Täter wurde. Das ist eine entscheidende Voraussetzung für die so lang anhaltende Faszination, die er unbeschadet der Fragwürdigkeit seiner Leistung auszuüben vermochte. Adenauer, Brandt oder Kohl sind keine Intellektuellen oder Spieler, auch alles andere als politische Täter. Sie beschränken sich im Wesentlichen darauf, innerhalb der parlamentarischen Demokratie politisches Wollen zu beeinflussen und zu vollziehen, das nach deren Regeln von einer Mehrheit artikuliert wird.

Bismarck war solches Denken und Handeln fern und fremd. Das Reich, das er im wahren Sinne des Wortes zusammenkriegte, wurde gegen die Zeit und den in ihr herrschenden Geist bürgerlicher Zivilität geschaffen. Deshalb hatte es keinen Bestand und hätte ihn auch nie gehabt, selbst wenn seine Machtausstattung noch größer gewesen wäre. Es waren Bismarcks Fehler und seine Hybris, die den Untergang seines Werks verursachten. Bismarck ist deshalb mitverantwortlich für die Katastrophe, die über die Deutschen im 20. Jahrhundert hereinbrach; denn, um einen von Reinhart Koselleck auf Friedrich II. gemünzten Satz zu paraphrasieren: Das Erbe Bismarcks an die Zukunft Deutschlands reichte so weit, wie es kritiklos bewundert wurde.